Hessen vorne?

Kai Eicker-Wolf/Stefan Körzell (Hg.)

Hessen vorne?

Zu den Herausforderungen der Landespolitik in Hessen

büchner-
verlag
wissenschaft und kultur

Besuchen Sie uns im Internet:
www.buechner-verlag.de

ISBN 978-3-941310-34-6

Umschlaggestaltung: Wolfgang Büchs, Frankfurt am Main
Lektorat und Korrektorat: Christian Axnick und Sylvia Kampa
Druck und Bindung: KM-Druck, Groß-Umstadt
Printed in Germany

Bibliografische Informationen der Deutschen Nationalbibliothek
Die Deutsche Nationalbibliothek verzeichnet diese Publikation in der Deutschen Nationalbibliografie, detaillierte bibliografische Angaben sind im Internet über http://dnb.ddb.de abrufbar.

Inhalt

Einleitung

»Hessen vorn!« – dies war erstmals im Jahr 1962 die Wahlkampfparole des hessischen Ministerpräsidenten Georg August Zinn, die in den 1960er Jahren die eindrucksvolle Entwicklung des Bundeslandes seit dem Zweiten Weltkrieg prägnant beschreiben sollte. Der SPIEGEL stellte anlässlich der darauf folgenden Wahl im Jahr 1966 fest, dass vieles für diesen Slogan spreche: In Hessen blühe zwei Jahrzehnte nach dem Kriegsende »ein zweites deutsches Wirtschaftswunder – ein hessisches.« Doch welchen Bestand hat der stolze Slogan aus dem vergangenen Jahrhundert heute – nach 14 Jahren CDU-Regierung?

Wirft man einen Blick auf die Wirtschaftskraft, die Höhe der Löhne und die Arbeitslosigkeit, dann steht Hessen im Bundesländervergleich recht gut da: Beim Bruttoinlandsprodukt pro Kopf und beim Durchschnittslohn rangiert Hessen unter den Flächenländern auf dem ersten Platz. Auch die Arbeitslosenquote liegt unter dem gesamt- und dem westdeutschen Wert, hier schneiden Bayern und Baden-Württemberg allerdings besser ab als Hessen. Die relativ gute Position Hessens bei den genannten Indikatoren im Bundesländervergleich ist jedoch nicht das Verdienst derjenigen Parteien, die seit der Jahrtausendwende die Landesregierung stellen: Hessen hatte auch schon in den 1990er Jahren die gleichen Positionen unter den Bundesländern inne.

In der Wirtschafts- und Sozialpolitik stehen CDU und FDP in Hessen – das Land wird seit 1999 von der Union alleine oder zusammen mit den Freidemokraten regiert – für einen an neoliberalen Vorstellungen orientierten Kurs. Dies wird besonders deutlich im Bereich der Haushaltspolitik, hier orientierten sich beide Parteien am Leitbild des »schlanken Staates« und provozierten damit in der jüngeren Vergangenheit heftige gesellschaftliche Auseinandersetzungen: So haben sie während der langen Stagnationsphase von 2001 bis 2005 mit der so genannten »Operation Sichere Zukunft« im Jahr 2004 – trotz massiver Proteste im Vorjahr – ein sehr hartes ausgabenseitiges Konsolidierungsprogramm umgesetzt. Im Jahr 2010 und in den ersten Wochen des darauf folgenden Jahres wurde in Hessen über die – Ende März 2011 durch einen Volksentscheid legitimierte – Verankerung der Schuldenbremse in der Landesverfassung gestritten. Im gleichen Jahr traten erhebliche Kürzungen des Landes bei den Zuweisungen an die Kommunen in Kraft, die für großen Unmut bei Landkreisen, Städten und Gemeinden sorgten. Und im Jahr 2012 brachte die Landesregierung den umstrittenen so genannten »Kommunalen Schutzschirm« auf den Weg, der der kommunalen Ebene eine Entschuldung und Zinsdiensthilfen in Aussicht stellte, dies aber mit harten Konsolidierungsauflagen verband.

Die angesprochenen haushaltspolitischen Streitpunkte und Weichenstellungen werden im ersten Beitrag von *Kai Eicker-Wolf* und *Achim Truger* vor dem Hintergrund der Haushaltsentwicklung des Landes und der Kommunen in Hessen sowie der Steuerpolitik seit der Jahrtausendwende behandelt. Die Autoren diskutieren den ausgabenseitigen Spielraum der Finanzpolitik in Hessen zur Sicherung der Handlungsfähigkeit des Landes und der Kommunen auf den traditionellen Gebieten und für zentrale Zukunftsinvestitionen. Angesichts der strukturellen Unterfinanzierung der gesamten öffentlichen Haushalte wird eine dauerhafte Stärkung der staatlichen Einnahmenbasis empfohlen, zum Beispiel durch die Wiedererhebung der Vermögensteuer oder die Weiterentwicklung der Gewerbe- zur Gemeindewirtschaftssteuer.

Im zweiten und dritten Beitrag befasst sich *Christian Rothländer* mit der tarifpolitischen Situation im öffentlichen Dienst in den Jahren 2004 bis 2013 und der Umsetzung des föderalisierten Dienstrechts in Hessen. Die tarifpolitische Lage hat sich nach dem im April 2004 erfolgten Austritt des Landes Hessen aus der Tarifgemeinschaft deutscher Länder (TdL), dem Arbeitgeberverband der Bundesländer, drastisch verändert. Rothländer geht auf Hintergründe und Auswirkungen ein und schildert die Konstellation seit 2010 nach der Vereinbarung eines »Haustarifvertrages« (Tarifvertrag für den öffentlichen Dienst des Landes Hessen). Der Beitrag wird abgerundet mit einem Ausblick auf die Zeit ab dem Jahr 2014.

Dem angesprochenen Leitbild vom »schlanken Staat« folgen auch die Privatisierungsmaßnahmen der Landesregierung. Die beiden großen Privatisierungen – die Teilprivatisierung der Justizvollzugsanstalt (JVA)

Hünfeld und die Privatisierung der Universitätsklinika Gießen und Marburg – können kaum, wie von der Landesregierung eigentlich angestrebt, als »Leuchtturmprojekte« gelten: Der hessische Rechnungshof kritisierte die Kalkulation und die Vertragsgestaltung bei den Verträgen zur JVA Hünfeld, und in der Öffentlichkeit gilt die Klinikprivatisierung in Mittelhessen als gescheitert. Die Privatisierung der Uniklinika Marburg und Gießen ist Thema des Aufsatzes von *Dirk Gehrke*, während sich *Werner Rügemer* mit der Teilprivatisierung der JVA Hünfeld auseinandersetzt.

Mit den strukturpolitischen Herausforderungen in Hessen beschäftigt sich *Dajana Kratzer-Rudolf* in ihrem Beitrag. Unter anderem plädiert die Autorin für soziale Kriterien bei der Wirtschaftsförderung. Als zentrale strukturpolitische Herausforderung macht Kratzer-Rudolf die Energiewende aus: Zwar habe die Landesregierung mit der Einrichtung des Hessischen Energiegipfels, der auf Anregung des DGB Hessen-Thüringen einberufen wurde, einen ersten Schritt hin zu einer koordinierten Energiepolitik gemacht. Allerdings bleibe die danach folgende Politik weit hinter ihren Möglichkeiten zurück: So sind seitens der Landesregierung auch über ein Jahr nach Abschluss des Energiegipfels noch immer keine Zwischenziele oder -schritte bis 2050 definiert worden.

Generell müssen sich alle CDU-geführten Landesregierungen seit Antritt von Roland Koch als Ministerpräsident im Jahre 1999 den Vorwurf gefallen lassen, dass sie sozialen Belangen keine hohe Priorität eingeräumt haben. Dies zeigt sich etwa daran, dass Hessen als eines der letzten Bundesländer im Mai 2012 einen ersten Landessozialbericht vorgelegt hat. Der Auftrag des Hessischen Landtages zur Erstellung des Berichtes wurde jedoch nur unvollständig erfüllt, da der Bericht keine Handlungsempfehlungen enthält. Auch fehlen wichtige Themen (z.B. soziale Stadt, öffentliche Armut), oder sie werden nur unzureichend angesprochen (z.B. extreme Armut und Reichtum) – den hessischen Sozialbericht und seine Entstehung behandelt der Text von *Karl Koch*.

Besonders schmerzhafte Kürzungen im Sozialbereich wurden im Rahmen der so genannten »Operation Sichere Zukunft« vorgenommen, die unter anderem den Bereich der aktiven Gleichstellungspolitik betrafen (Kürzungen bei der Finanzierung von Frauenhäusern, bei Maßnahmen zum beruflichen Wiedereinstieg oder bei Frauenbildungsprojekten usw.). Ausgehend von den aktuellen Geschlechterverhältnissen in Hessen beleuchtet *Clarissa Rudolph* die Frage, inwieweit in den letzten Jahrzehnten und aktuell die Verwirklichung von Geschlechtergerechtigkeit als Aufgabe wahrgenommen wird. Es zeigt sich insgesamt, dass in den letzten Jahren auf Landesebene eine zunehmende Marginalisierung der Frauenpolitik zu verzeichnen ist. Die normativ und institutionell vorhandenen Möglichkeiten einer Steuerung in Richtung mehr Geschlechtergerechtigkeit werden kaum wahrgenommen.

Eine bemerkenswert negative Entwicklung weist Hessen im Bereich der niedrigen Entlohnung auf. Obwohl in keinem anderen Flächenland ein höheres Bruttoinlandsprodukt pro Kopf erzeugt oder ein höherer Durchschnittslohn gezahlt wird, ist der hessische Niedriglohnsektor seit Mitte der 1990er Jahre sehr stark gewachsen und in etwa so groß wie der westdeutsche. Zwar sind die Ursachen für diese Entwicklung nicht unmittelbar der hessischen Landesregierung anzulasten; sie sind auf der gesamtdeutschen Ebene zu suchen (Hartz-Gesetzgebung, immer weniger Allgemeinverbindlicherklärungen von Tarifverträgen usw.). Allerdings müssen sich die hessische CDU und FDP vorhalten lassen, auf der Landesebene keine Maßnahmen ergriffen zu haben, um Niedriglohnbeschäftigung und Lohndumping entgegenzuwirken. Ganz im Gegenteil: Mit ihrem jüngst verabschiedeten Mittelstands- und Vergabegesetz hat die Landesregierung Tariftreuebestimmungen, die die öffentliche Auftragsvergabe an eine tarifliche Entlohnung koppeln, eine explizite Absage erteilt. Hessen gehört so neben Sachsen und Bayern zur kleinen Minderheit von Bundesländern, die sich konsequent weigern, etwas gegen Niedrig- und Armutslöhne zu unternehmen – Niedriglohnsektor und Tariftreue thematisieren *Kai Eicker-Wolf* und *Thorsten Schulten* in ihrem Aufsatz.

Der Beitrag von *Uta Meier-Gräwe* lotet vor dem Hintergrund des tiefgreifenden Strukturwandels von Familie und Gesellschaft den infrastrukturellen Unterstützungsbedarf von Eltern und Kindern, insbesondere in kommunalen Problemquartieren, aus. Gestützt auf ausgewählte Evaluationsergebnisse der Einführung von Familienzentren in Hessen wird gezeigt, dass solche Einrichtungen, die ihre kindbezogenen Betreuungs-, Bildungs- und Erziehungsangebote um verschiedene Formen der Elternbildung, aber auch der Beratung und niedrigschwelligen Unterstützung im Sozialraum erweitern, eine bedeutsame strukturelle Antwort auf gesellschaftliche Herausforderungen sind. Die damit verbundenen hohen Qualitätsstandards und Professionalisierungserfordernisse stehen allerdings in einem diametralen Gegensatz zum Entwurf des geplanten Hessischen Kinderförderungsgesetzes.

Ein Politikfeld, das während der vergangen Jahre durch permanente Konflikte gekennzeichnet war, ist der Bildungsbereich. Zu nennen sind hier zum Beispiel die Auseinandersetzungen um die Studiengebühren, die der hessische Landtag als erstes Bundesland im Jahr 2008 wieder abschaffte – Roland Koch war seinerzeit aufgrund der unklaren Mehrheitsverhältnisse im Hessischen Landtag nur geschäftsführend tätig. Zu denken ist aber auch an die zahlreichen Konflikte im Schulbereich, wobei die Landesregierung sich hier zuletzt aufgrund zahlreicher Proteste seitens der Lehrerinnen und Lehrer, der Eltern und der Schülerinnen und Schüler dazu gezwungen sah, bei der Schulzeitverkürzung (G8) zumindest ein Stück weit einzulenken und den Gymnasien die Wahlfreiheit zwischen G8 und G9 zu überlassen.

Auch ganz aktuell sorgte die Landesregierung noch einmal mit einem bildungspolitischen Thema für Proteste, und zwar durch die Verabschiedung des Hessischen Kinderförderungsgesetzes (HessKiföG). Den Bereich der vorschulischen Bildung haben zwei Beiträge zum Inhalt. *Ortrun Brand* beschäftigt sich mit dem Ausbau der Kleinkindbetreuung in Tagespflege – einem Tätigkeitsfeld, in dem die Entlohnung nicht existenzsichernd ausfällt, und das durch mangelnde Möglichkeiten der Interessenvertretung gekennzeichnet ist. Grundlegend problematisch sind nach Einschätzung von Brand dabei fehlende landesweite Regelungen. Das anschließende Interview mit *Kirsten Frank* hat das Kinderförderungsgesetz und die Situation der frühkindlichen Bildung und Betreuung in Hessen zum Inhalt.

Gegenstand des dann folgenden Aufsatzes von *Gerd Turk* und *Harald Freiling* ist der Schulbereich – beide Autoren sehen in der Privilegiensicherung durch die Auslese im gegliederten Schulwesen den »ehernen Grundsatz« von 14 Jahren CDU-Schulpolitik. Sie beschreiben die Angriffe auf die Professionalität der Lehrkräfte und die auch von den FDP-Kultusministerinnen betriebene Etablierung einer »selbstständigen Schule« als Maßnahmen einer stärker betriebswirtschaftlichen Steuerung der Schule. Gleichzeitig verhinderte das Korsett des »schlanken Staates« eine Verbesserung der Lernbedingungen. Die Darstellung der schulpolitischen Auseinandersetzungen zwischen 1999 und 2013 macht deutlich, dass sich die konservative und neoliberale Schulpolitik nicht nur mit ihren inneren Widersprüchen, sondern auch mit dem Widerstand von

Eltern, Lehrkräften, Schülerinnen und Schülern und Gewerkschaften auseinandersetzen musste.

Mit der hessischen Hochschulpolitik setzt sich *Roman Georg* im vorletzten Beitrag auseinander. Die hessische Hochschulpolitik habe sich, so George, in den vergangenen Jahren zwar klar am Leitbild der unternehmerischen Universität orientiert, gleichwohl sei dies noch lange nicht kohärent umgesetzt. Das liege nicht zuletzt am erfolgreichen Widerstand wie der Verteidigung des gebührenfreien Studiums, der die Entwicklung eines »Bildungsmarktes« verhindert habe. Aber auch das Bundesverfassungsgericht hat nach Einschätzung von Georg mit seinem Urteil zur W-Besoldung den Leistungselementen bei der Entlohnung von Professorinnen und Professoren Grenzen gesetzt, was ebenfalls dem Einzug von ökonomischen Steuerungselementen entgegenwirke. Letztlich gerate das Modell der unternehmerischen Hochschule zunehmend in die Kritik.

Den Abschluss des Sammelbandes bildet der Text von *Michael Fütterer*, der sich mit der Ausbildungssituation in Hessen befasst. Dabei stellt Fütterer weder der bundes- noch der landespolitischen Ebene ein gutes Zeugnis aus: Nach seiner Einschätzung wurden die grundsätzlichen Probleme und Widersprüche des dualen Systems der Berufsausbildung nicht angegangen. So habe keine der in der jüngeren Vergangenheit ergriffenen Maßnahmen die Abhängigkeit des Ausbildungsplatzangebots von der wirtschaftlichen Entwicklung auch nur annähernd aufgehoben – jedes politische Vorhaben stehe unter dem Vorbehalt, dass es den Verwertungsinteressen der Wirtschaft nütze oder ihnen zumindest nicht schade. Der Ausbildungsplatzmangel werde meist unter dem Gesichtspunkt eines möglichen Fachkräftemangels und Standortnachteils für die deutsche Wirtschaft diskutiert, und nur selten werde der Anspruch der Jugendlichen auf eine gute Ausbildung und Zukunftsperspektiven als Ausgangspunkt genommen.

Die meisten Leserinnen und Leser dürften nach der Lektüre der Aufsätze zu dem Schluss kommen, dass der Slogan »Hessen vorn« von der noch amtierenden Landesregierung für ihre Politik kaum in Anspruch genommen werden kann – zu schlecht fällt die Bilanz in zentralen Politikbereichen aus. Aber egal, wie die Mehrheitsverhältnisse nach der Wahl im September im kommenden Landtag aussehen werden: Der Deutsche Gewerkschaftsbund setzt in Hessen im Interesse der Arbeitnehmerinnen und Arbeitnehmer auf einen Politikwechsel, der sich vom neoliberalen Leitbild des »schlanken Staates« verabschiedet, und der insbesondere in den Bereichen Wirtschafts-, Arbeitsmarkt-, Sozial- und Bildungspolitik eine sozial ausgewogene und nachhaltige Entwicklung zum Ziel hat. Hierzu soll und will der vorliegende Sammelband einen Beitrag leisten.

Für die Herausgeber
Stefan Körzell

Steuersenkungen und Schuldenbremse: Die hessischen Landes- und Kommunalfinanzen in der Klemme

Kai Eicker-Wolf und Achim Truger

1. Einleitung

Eine Beschäftigung mit der Haushaltspolitik des Landes Hessen und der hessischen Kommunen ist nicht zuletzt deshalb besonders interessant, weil hier – vor dem Hintergrund der gesamtdeutschen finanzpolitischen Entwicklung – in den zurückliegenden Jahren zentrale und von heftigen politischen Auseinandersetzungen begleitete haushaltspolitische Weichenstellungen erfolgt sind: So ist während der langen Stagnationsphase von 2001 bis 2005 auf der Landesebene mit der so genannten »Operation Sichere Zukunft« im Jahr 2004 trotz massiven Protesten ein sehr hartes ausgabenseitiges Konsolidierungsprogramm auf den Weg gebracht worden. Im Jahr 2010 und in den ersten Wochen des darauffolgenden Jahres wurde in Hessen über die – am 27. März 2011 durch einen Volksentscheid legitimierte – Verankerung der Schuldenbremse in der Landesverfassung gestritten. Im gleichen Jahr traten erhebliche Kürzungen des Landes bei den Zuweisungen an die Kommunen in Kraft, die für großen Unmut bei Landkreisen, Städten und Gemeinden sorgten. Und im Jahr 2012 brachte die Landesregierung dann den so genannten »Kommunalen Schutzschirm« auf den Weg, der der Kommunalen Ebene eine Entschuldung und Zinsdiensthilfen in Aussicht stellte, dies aber mit harten Konsolidierungsauflagen verband. Interessant ist im Zusammenhang mit der trendmäßig restriktiven Haushaltspolitik des Landes während der Regierungszeit von Roland Koch auch, dass letzterer zusammen mit dem ehemaligen Bundesfinanzminister Peer Steinbrück federführend bei der Ausarbeitung der Unternehmensteuerreform 2008 gewesen ist, die beträchtliche Einnahmenverluste für die öffentliche Hand zur Folge gehabt hat.

Die angesprochenen haushaltspolitischen Streitpunkte und Weichenstellungen werden im folgenden Kapitel 2 vor dem Hintergrund der Haushaltsentwicklung des Landes und der Kommunen in Hessen behandelt. Hieran schließt sich in Kapitel 3 ein Blick auf die steuerreformbedingten Einnahmenausfälle seit der Jahrtausendwende an, die in erheblichem Umfang zur Unterfinanzierung der öffentlichen Haushalte geführt haben. Im 4. Kapitel werden dann die finanzpolitischen Perspektiven von Land und Kommunen angesichts struktureller Unterfinanzierung und Schuldenbremse behandelt.

2. Zur Einnahmen- und Ausgabenentwicklung in den öffentlichen Haushalten in Hessen

2.1 Der hessische Landeshaushalt

Seit der Jahrtausendwende drehen sich die haushaltspolitischen Debatten in Hessen vor allem um die Entwicklung der Staatsverschuldung und Fragen der Haushaltskonsolidierung. Eine wichtige Rolle spielt dabei naturgemäß die Entwicklung des Haushaltssaldos: Der hessische Landeshaushalt weist seit 1992 in keinem Jahr einen Überschuss auf, und insbesondere in den Jahren ab 2001 und ab 2008 sind hohe Finanzierungsdefizite auszumachen (Abbildung 1).

Abbildung 2 ist zu entnehmen, dass die Ursache für den starken Anstieg und die Beständigkeit des hessischen Nettofinanzierungsdefizits von 2001 bis 2004 nicht auf der Ausgaben-, sondern auf der Einnahmenseite zu suchen ist. Abbildung 2 zeigt die Entwicklung der (bereinigten) Gesamtausgaben (mit und ohne Zahlungen im Rahmen des Länderfinanzausgleichs und des Kommunalen Finanzausgleichs) sowie der Gesamteinnahmen und der Steuereinnahmen von 1992 bis 2011. Wie zu sehen ist, vergrößerte sich das Defizit ab dem Jahr 2000 nicht wegen eines übermäßigen Ausgabenanstiegs, sondern aufgrund eines Rückgangs der Einnahmen bis zum Jahr 2004. Das gleiche gilt für die Entwicklung ab dem Jahr 2007: Auch hier waren es die Einnahmen, die einbrachen.

Abbildung 1: Das Nettofinanzierungsdefizit in Milliarden Euro im hessischen Landeshaushalt 1992–2011

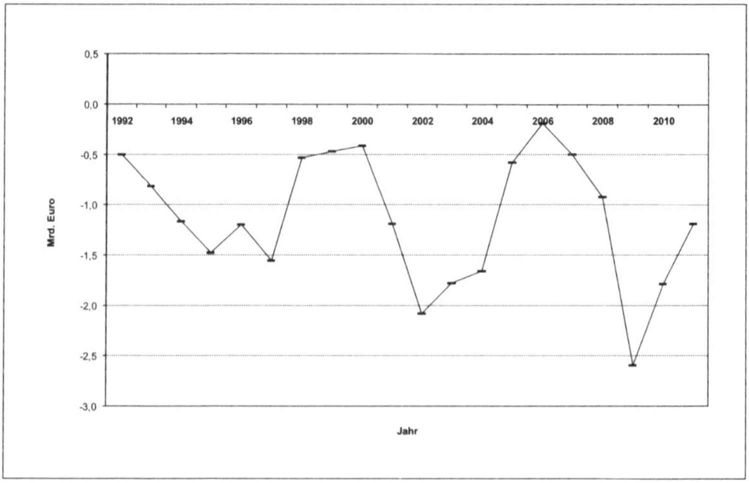

Quelle: Hessisches Ministerium der Finanzen, eigene Berechnungen.

*Abbildung 2: Die Einnahmen- und Ausgabenentwicklung im hessischen Landeshaushalt in Milliarden Euro 1992–2011**

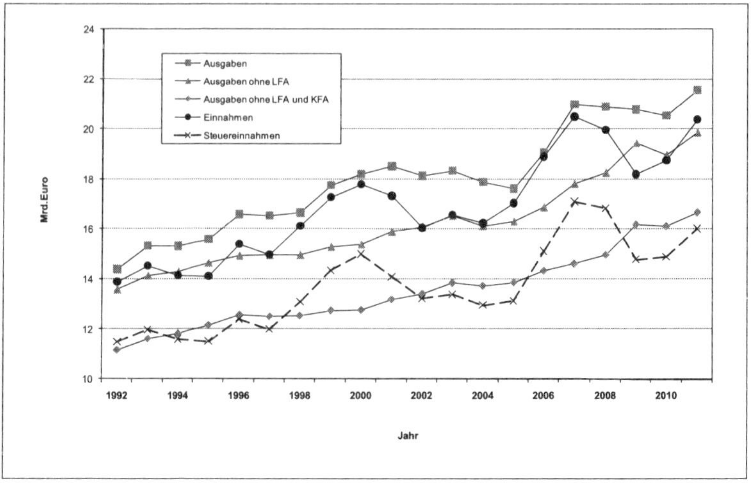

** LFA = Länderfinanzausgleich; KFA = Kommunaler Finanzausgleich.*

Quelle: Hessisches Ministerium der Finanzen, eigene Berechnungen.

Die Schwankungen der Landeseinnahmen hängen stark vom Konjunkturgeschehen ab, wie Abbildung 3 zeigt. Das Wirtschaftswachstum in Hessen verläuft dabei grundsätzlich sehr ähnlich wie das gesamtdeutsche, das heißt auch Hessen erlebte nach dem Jahr 2000 eine bis in das Jahr 2005 hinein andauernde Stagnationsphase, und auch die hessische Wirtschaft war im Jahr 2009 von einem massiven Rückgang der Wirtschaftsleistung in Folge der internationalen Finanz- und Wirtschaftskrise getroffen.[1] In Phasen kräftigen Wirtschaftswachstums steigen regelmäßig auch die Steuereinnahmen – meist sogar überproportional – stark an. Umgekehrt schwächt sich die Einnahmenentwicklung in konjunkturellen Schwächephasen deutlich ab. Wie in Kapitel 3 ausführlich dargelegt wird, ist der Absturz der Einnahmen in den Jahren von 2002 bis 2004 und im Jahr 2009 allerdings durch massive Steuersenkungen auf Bundesebene sehr verstärkt worden.

Abbildung 3: Veränderung des realen BIP und der Landeseinnahmen in Hessen 1993–2011

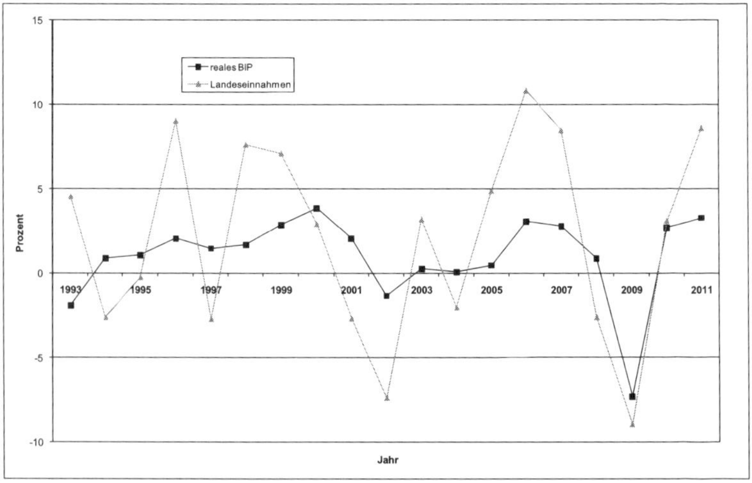

Quelle: Statistisches Bundesamt

1 In der Zeit seit 1992 weisen Hessen und Gesamtdeutschland annähernd identische durchschnittliche Wachstumsraten auf, und auch die Arbeitslosenquoten entwickeln sich parallel, wobei die hessische Quote immer unter der deutschen liegt.

Wenn die Ausgabenentwicklung im Landeshaushalt analysiert wird, dann fällt der sehr moderate Anstieg ins Auge: Für die Jahre 2001–2011 liegt die jahresdurchschnittliche Wachstumsrate der hessischen Staatsausgaben bei gerade einmal 1,6 Prozent – dies entspricht dem Durchschnittswert aller Bundesländer. Hessen belegt im Ländervergleich einen mittleren Platz (vgl. Tabelle 1). Dabei muss bedacht werden, dass es sich um eine nominale Entwicklung handelt – die durchschnittliche Inflationsrate (HVPI) lag in Deutschland im Zeitraum 2001–2011 mit einem Wert von 1,7 Prozent über dem Anstieg der nominalen Staatsausgaben.[2] Daran gemessen sind die Staatsausgaben real sogar leicht gesunken.

Tabelle 1: Durchschnittlicher Anstieg der Staatsausgaben in den Bundesländern 2001–2011*

Bundesland	*2001–2011*
Bayern	2,9
Rheinland-Pfalz	2,3
Baden-Württemberg	2,0
Niedersachsen	2,0
Schleswig-Holstein	1,9
Nordrhein-Westfalen	1,8
Hessen	1,6
Hamburg	1,5
Saarland	1,2
Bremen	0,9
Berlin	0,4
Brandenburg	0,2
Sachsen	0,0
Mecklenburg-Vorpommern	-0,1
Thüringen	-0,3
Sachsen-Anhalt	-0,4
Länder gesamt	*1,6*

** Prozentuale Veränderung gegenüber dem Vorjahr.*

Quelle: Bundesministerium der Finanzen, eigene Berechnungen.

2 Der BIP-Deflator ist mit einem Prozent geringer gestiegen als der Harmonisierte Verbraucherpreisindex (HVPI) – aber auch unter Berücksichtigung des BIP-Deflators ist der reale Anstieg der Ausgaben sehr zurückhaltend und die Haushaltspolitik als im Trend *restriktiv* zu charakterisieren.

Auch der Verlauf der Staatsquote – also das Verhältnis von staatlichen Ausgaben zum Bruttoinlandsprodukt (BIP) – zeigt, dass die Ausgabenpolitik der hessischen Landesregierung bereits vor oder spätestens seit der Jahrtausendwende im Trend restriktiv ausgefallen ist. Egal, wie die Staatsquote ausgewiesen wird – ob mit oder ohne Länderfinanzausgleich (LFA) bzw. Kommunalem Finanzausgleich (KFA) – es ist spätestens ab dem Jahr 2000 ein sinkender Trend auszumachen. Dabei ist zu beachten, dass der Anstieg der Staatsquote im Jahr 2009 insbesondere Folge der Weltwirtschaftskrise ist – das Bruttoinlandsprodukt im Nenner der Staatsquote ist im Jahr 2009 stark eingebrochen und hat so zu einem deutlichen Anstieg der Staatsquote geführt. Ohne diesen wirtschaftlichen Einbruch hätten sich die Staatsquoten unter Berücksichtigung des Länderfinanzausgleichs und des Kommunalen Finanzausgleichs in den Folgejahren ungefähr auf dem Niveau des Jahres 2008 bewegt – das heißt, der in den Jahren 2009 ff. auszumachende Anstieg der Staatsquoten ist nicht Folge einer besonders expansiven Ausgabenpolitik, sondern vor allem des wirtschaftlichen Einbruchs in Folge der internationalen Finanz- und Weltwirtschaftskrise.

Besonders restriktiv fiel die Ausgabenpolitik des Landes im Jahr 2004 aus. Damit hatte die damalige CDU-Alleinregierung von Ministerpräsident Koch im Vorjahr große gesellschaftliche Auseinandersetzungen provoziert: Im November 2003 protestieren 45.000 Menschen in der Landeshauptstadt Wiesbaden gegen das Vorhaben der Landesregierung, auf das infolge von Rezession und Steuersenkungen gestiegene Haushaltsdefizit mit drastischen und vor allem auf der Ausgabenseite ansetzenden Konsolidierungsmaßnahmen zu reagieren. Die Proteste blieben ohne Wirkung: Unter dem Titel »Operation Sichere Zukunft« brachte die Landesregierung ein Konsolidierungsprogramm auf den Weg, das gegenüber der Ursprungsplanung Kürzungen in Höhe von einer Milliarde Euro vornahm und in der mittleren Frist vor allem auf Personalabbau durch Arbeitszeitverlängerung und Arbeitsverdichtung setzte.[3] Die Personalausgaben standen dabei aufgrund ihrer Größenordnung immer wieder im Fokus von Sparbemühungen der Landesregierung. Die Per-

3 Auch gegenüber dem Vorjahr sinken die Ausgaben (mit und ohne Berücksichtigung von LFA und KFA) – damit setzt die Landesregierung im Zuge einer konjunkturellen Flaute einen negativen und damit prozyklisch wirkenden fiskalischen Impuls. Vgl. zu den Details der Haushaltspolitik im Rahmen der »Operation Sichere Zukunft« Eicker-Wolf (2004) und Truger u.a. (2007: 11 ff.). Vgl. auch Eicker-Wolf (2011: 47 ff.).

*Abbildung 4: Die Staatsquote des Landes Hessen (staatliche Ausgaben im Landeshaushalt in Prozent des hessischen BIP) 1992–2011**

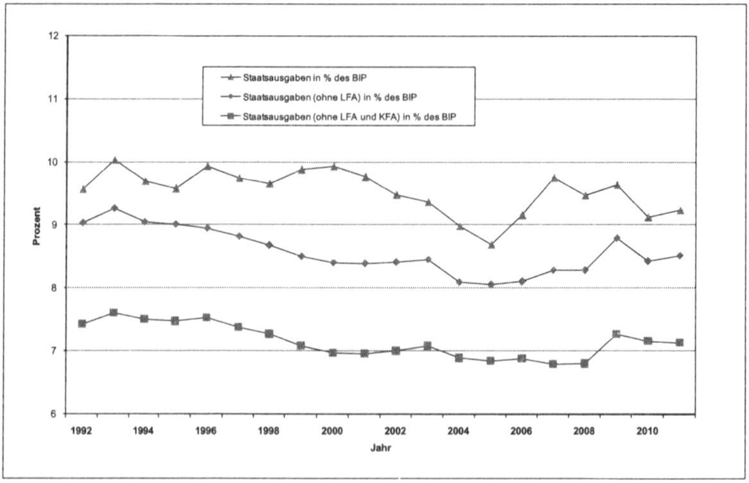

**LFA = Länderfinanzausgleich; KFA = Kommunaler Finanzausgleich*

Quelle: Hessisches Ministerium der Finanzen, Statistisches Bundesamt, eigene Berechnungen.

sonalausgaben des Landes können hierfür allerdings nicht zur Begründung herangezogen werden, da sie keine expansive Entwicklung aufweisen – ganz im Gegenteil: Gemessen an der Wirtschaftsentwicklung ist seit Ende der 1990er Jahre ein sinkender Trend auszumachen (vgl. Eicker-Wolf 2011a: 52 ff.).

Anders als noch im Jahr 2004 reagierte die Landesregierung im Zuge der globalen Finanz- und Wirtschaftskrise 2009ff. nicht prozyklisch. Vielmehr lag der Ausgabenanstieg (ohne LFA) im Jahr 2009 deutlich über dem langjährigen Durchschnitt, und das Land legte ein Sonderinvestitionsprogramm mit einem beachtlichen Volumen in Höhe von 1,7 Milliarden Euro auf, dessen größerer Teil den Kommunen in Hessen zufloß. Das Investitionsprogramm wurde über die Wirtschafts- und Infrastrukturbank Hessen (WIBank) abgewickelt.[4] Das Investitionspro-

4 Die Tilgung ist im Laufe von 30 Jahren vorgesehen, wobei 5/6 der Tilgungsleistung auf das Land und 1/6 auf die Kommunen entfallen. Die Zinsen werden im Rahmen des Kommunalen Finanzausgleichs verrechnet (vgl. dazu ausführlich Eicker-Wolf/Truger 2010: 36 f.).

gramm des Landes und die Konjunkturfördermittel des Bundes haben nach einer ausführlichen Analyse der *HessenAgentur* positive Impulse gesetzt (vgl. Krings u.a. 2012): Es wird rückwirkend eine antizyklische Wirkung attestiert, eine Beschäftigungssicherung im hessischen Baugewerbe in Höhe von knapp 20.000 Arbeitsplätzen ermittelt und eine Verbesserung der Infrastrukturausstattung ausgemacht.

Im Krisenjahr 2009 spielten für den recht starken Anstieg des Haushaltsdefizits sowohl ausgaben- als auch einnahmenseitige Entwicklungen eine Rolle – die Ausgaben des Landes bereinigt um LFA und KFA stiegen um immerhin acht Prozent, während die Einnahmen konjunkturbedingt stark einbrechen. Im Jahr 2010 ist die Fiskalpolitik in Hessen dann wieder auf einen restriktiven Kurs umgeschwenkt – in den Jahren 2010–2012 stiegen die Ausgaben ohne LFA und KFA im Durchschnitt um etwa ein Prozent pro Jahr. Betroffen vom Sparkurs des Landes sind allerdings auch die Kommunen, die auf Dauer mit rund 350 Millionen Euro weniger aus dem Kommunalen Finanzausgleich auskommen müssen – hierauf wird in Abschnitt 2.3 ausführlich eingegangen.

Das Sparprogramm im Jahr 2004 und die im Trend restriktive Haushaltspolitik des Landes wurden immer mit dem Argument begründet, dass die öffentliche Hand über ihre Verhältnisse und auf Kosten der kommenden Generationen gelebt habe. In diesem Zusammenhang wird in den letzten Jahren zudem auf die Vorgaben der im Grundgesetz verankerten Schuldenbremse[5] verwiesen, die man erfüllen müsse.

Die Schuldenbremse ist im März 2011 durch eine Volksabstimmung in der Hessischen Landesverfassung verankert worden. Dabei stimmten immerhin 30 Prozent gegen dieses Vorhaben, das von allen im Landtag vertretenen Parteien außer der Partei DIE LINKE auf den Weg gebracht worden war. Der Volksabstimmung waren heftige Auseinandersetzungen um das Für und Wider einer Schuldenbremse in der Landesverfassung vorausgegangen.[6] Gegen die Schuldenbremse mobilisierte ab Dezember 2010 die *Plattform Handlungsfähiges Hessen*, der neben dem DGB Hessen-Thüringen auch *ATTAC*, der *Beamtenbund*, das entwicklungspolitische Netzwerk *epn* und andere Organisationen angehörten. Die Plattform rief – unter anderem gestützt auf kritische haushaltspoliti-

5 Vgl. dazu kritisch zum Beispiel Truger (2011) und Eicker-Wolf/Himpele (2011).

6 Vgl. dazu ausführlich Eicker-Wolf (2011a: 68 ff. und 2011b).

sche Analysen des *Instituts für Makroökonomie und Konjunkturforschung*[7] – dazu auf, bei der Abstimmung über die Schuldenbremse mit »Nein« zu votieren. Dabei führten die Gegner der Schuldenbremse vor allem zwei zentrale Punkte ins Feld. Zum einen wurde darauf verwiesen, dass eine Kreditfinanzierung von Investitionen im Sinne der so genannten »Goldenen Regel der Finanzpolitik« durchaus sinnvoll sei. Und zum anderen wurde auf die steuerreformbedingten Einnahmenausfälle der öffentlichen Hand seit der Jahrtausendwende hingewiesen: Durch Steuersenkungen waren, so das Argument, dem Staat in erheblichem Umfang Einnahmen verloren gegangen, und die Schuldenbremse setze das neoliberale Leitbild vom »schlanken Staat« durch den Zwang zu Ausgabenkürzungen in die Realität um.

Auf die Folgen der Steuerreformen für die öffentlichen Einnahmen in Hessen wird ausführlicher im Kapitel 3 eingegangen, während die Schuldenbremse im Kapitel 4 noch einmal thematisiert wird. Im Folgenden wird jedoch zunächst ein Blick auf die Entwicklung der kommunalen Haushalte in Hessen geworfen.

2.2 Einnahmen- und Ausgabenentwicklung der Kommunen in Hessen[8]

In Deutschland bestehen mit den Kommunen, den Bundesländern und dem Bund drei Gebietskörperschaftsebenen, die im Gefüge des föderalen Systems unterschiedliche Aufgaben zu erfüllen haben.[9] Die Bundesländer[10] sind für wesentliche Bereiche des Bildungssektors, der Inneren Sicherheit und der Rechtspflege verantwortlich, woraus in ihren Haushalten ein hoher Personalkostenanteil resultiert: Etwa 40 Prozent der Ausgaben auf Länderebene entfallen auf Personalkosten (inklusive

7 Vgl. zum Beispiel Truger/Will (2009) und Truger u.a. (2009a und 2009b). Relevant ist auch Himpele (2010).

8 Die Ausführungen im Kapitel 2.2 und 2.3 basieren auf Eicker-Wolf/Truger (2012). Die präsentierten Zeitreihen für Hessen sind vom Statistischen Landesamt zur Verfügung gestellt worden – letztere allerdings nicht in aggregierter Form. Elektronisch kann das Statistische Landesamt Zahlen ab dem Jahr 1994 liefern.

9 Dies ist die ökonomische Perspektive – rechtlich handelt es sich bei den Kommunen um keine eigene Gebietskörperschaftsebene, vielmehr sind die Kommunen staatsrechtlich Teil der Bundesländer.

10 Zur Staatstätigkeit der Bundesländer vgl. Hildebrandt/Wolf (2008).

Pensionszahlungen und Beihilfeausgaben). Auch wenn das Haushaltsvolumen der Kommunen geringer ist als das der Länder, so erfüllen die Kommunen doch wichtige Aufgaben und tätigen ebenfalls erhebliche Ausgaben, zum Beispiel im sozialpolitischen Bereich. Bemerkenswert ist auch, dass auf die kommunale Ebene immerhin 60 Prozent der gesamten öffentlichen Investitionen entfallen.

Die Entwicklung der kommunalen Einnahmen und Ausgaben in Hessen – für die hier Zahlen ab Mitte der 1990er Jahre präsentiert werden – weicht mit Blick auf die allgemeine Einnahmen- und Ausgabenentwicklung bis zur globalen Finanz- und Wirtschaftskrise nicht grundsätzlich vom gesamtdeutschen Trend ab (Abbildung 5). Auffällig – und damit erklärungsbedürftig – ist allerdings die Entwicklung der Ausgaben und der Einnahmen in den Jahren 2010 und 2011, die mit einem auch im Bundesländervergleich sehr großen Defizit einhergehen (vgl. Abbildung 6).[11]

Die Wachstumsrate der kommunalen Ausgaben in den Jahren 1995 bis 2011 weist in Hessen einen Durchschnittswert von 1,8 Prozent auf und liegt damit deutlich höher als im Bundesdurchschnitt (1,2 Prozent). Die Abweichung gegenüber dem deutschen Durchschnittswert ist dabei zu einem guten Teil auf den sehr hohen Anstieg der Ausgaben in Hessen um 8,1 Prozent in einem einzigen Jahr, dem Jahr 2010, zurückzuführen. Im Jahr 2011 ist das Ausgabenwachstum in Hessen auf einen Wert von rund einem Prozent zurückgegangen. Werden die Jahre 2010 und 2011 ausgeklammert, dann ergeben sich für Deutschland und Hessen mit 1,1 Prozent bzw. 1,4 Prozent Werte, die deutlich näher beieinander liegen. Was steckt hinter dem ungewöhnlich hohen Anstieg der hessischen Kommunalausgaben im Jahr 2010, der auch mit einem sehr großen Defizit (negativer Finanzierungssaldo) einherging?

11 Vgl. dazu BMF (2012: 6 f.)

Abbildung 5: Bereinigte Einnahmen, korrigierte bereinigte Einnahmen und Ausgaben der Kommunen in Hessen 1994–2011*

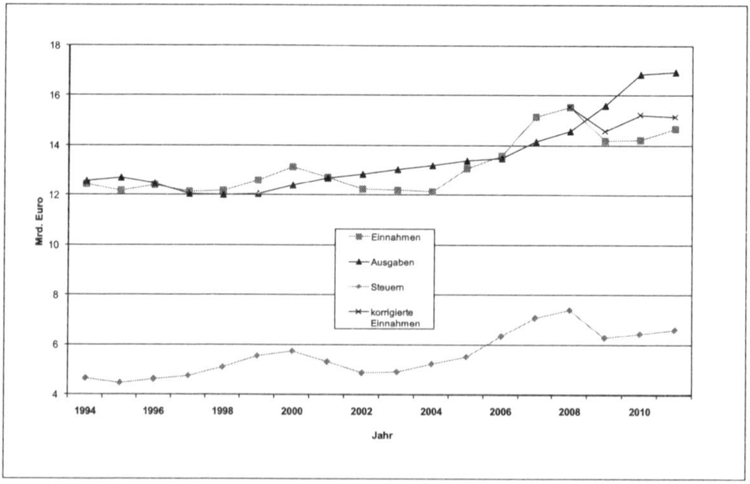

** Korrigiert um die Mittel für Investitionen, die im Rahmen der Konjunkturprogramme von der WI-Bank von 2009 bis 2011 zur Verfügung gestellt wurden.*

Quelle: Hessisches Statistisches Landesamt, eigene Berechnungen und Darstellung.

Die erklärungsbedürftige Entwicklung in Hessen hat unter anderem mit dem Sonderinvestitionsprogramm in Höhe von 1,7 Milliarden Euro zu tun, das die hessische Landesregierung als Reaktion auf die globale Finanz- und Wirtschaftskrise und in Ergänzung zu den Mitteln aus dem Konjunkturpaket II des Bundes beschlossen hat. Den hessischen Kommunen standen durch die Investitionsprogramme von Bund und Land insgesamt fast 1,9 Milliarden Euro zur Verfügung – einschließlich eines Eigenanteils von rund 300 Millionen Euro: die Kommunen konnten auf 500 Millionen Euro aus dem Bundes- und fast 1,1 Milliarden Euro aus dem Landesprogramm zurückgreifen. Mit Verzögerung haben die Investitionsfördermittel offensichtlich im Jahr 2010 Wirkung gezeigt. Der Ausgabenanstieg in Höhe von – in absoluten Werten – rund 1,2 Milliarden Euro im Jahr 2010 ist zu etwa 40 Prozent auf einen Anstieg der kommunalen Investitionstätigkeit in Hessen zurückzuführen.

Abbildung 6: Finanzierungssaldo und korrigierter Finanzierungssaldo der Kommunen in Hessen 1994–2011*

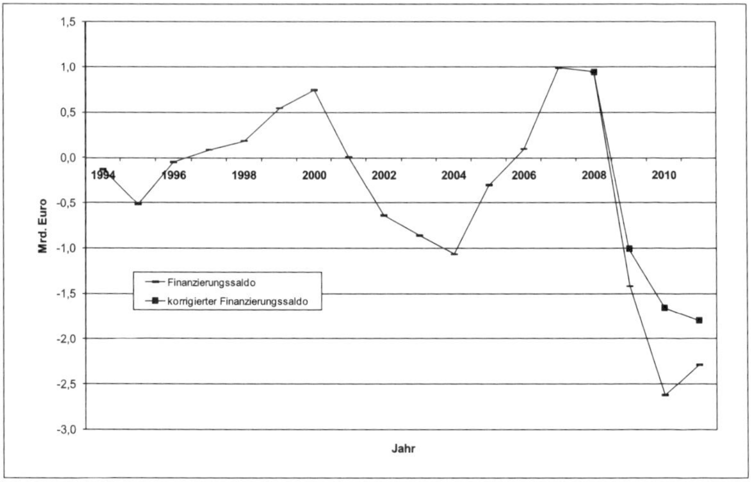

**Korrigiert um die Mittel für Investitionen, die im Rahmen der Konjunkturprogramme von der WI-Bank von 2009 bis 2011 zur Verfügung gestellt wurden.*

Quelle: Hessisches Statistisches Landesamt, eigene Berechnungen und Darstellung.

Bei der Defizitentwicklung der hessischen Kommunen in den Jahren 2009–2011 ist die Art und Weise der Mittelzuführung der Sonderinvestitionsmittel des Landes an die Kommunen zu beachten. Das Investitionsprogramm ist zusammen mit dem auf Hessen entfallenden Teil der Mittel aus dem Konjunkturprogramm II des Bundes über die Wirtschafts- und Infrastrukturbank Hessen (WIBank) abgewickelt worden. Aus abrechnungs- und buchungstechnischen Gründen wird dieser Mittelzufluss aber bei den bereinigten Einnahmen der Kommunen nicht erfasst – dadurch wird für Hessen in den Jahren 2009–2011 im Grunde aus buchungstechnischen Gründen ein zu hohes Defizit ausgewiesen.

Nach Angaben der WIBank sind den Kommunen insgesamt Mittel in Höhe von 1,867 Milliarden Euro zugeflossen, die sich wie folgt auf die vergangenen drei Jahre verteilen: 2009: 413 Millionen Euro, 2010: 966 Millionen Euro und 2011: 488 Millionen Euro. Wenn die Einnahmen in den Jahren 2009, 2010 und 2011 um diese Beträge erhöht werden, dann fällt der negative Finanzierungssaldo deutlich geringer aus (Abbildung 6).

Neben der Ausgabenentwicklung bzw. der Verbuchung der Konjunkturfördermittel ist die sehr schwache Einnahmenentwicklung in Hessen eine weitere Ursache für die hohen Finanzierungsdefizite in den vergangenen Jahren. In den Jahren 2008–2011 sind die Einnahmen – und hier ist insbesondere die Steuerentwicklung zu nennen, bei den Steuern wiederum die Gewerbe- und die Einkommensteuer – in Hessen geringer gestiegen oder stärker eingebrochen als in Deutschland insgesamt. Im Jahr 2011 fiel dabei die im Vergleich zum Bundesdurchschnitt extrem schwache Entwicklung der Gewerbesteuer und der kommunalen Einkommensteueranteile auf: Während das Aufkommen aus der Gewerbesteuer in den deutschen Flächenländern um 13,2 Prozent und das der Einkommensteuer um 6,9 Prozent gestiegen ist, fallen die Wachstumsraten für Hessen mit 2,6 Prozent bzw. 0,9 Prozent extrem gering aus. Besonders auffällig ist die rückläufige Entwicklung des Gewerbesteueraufkommens der kreisfreien Städte im Jahr 2011.

Neben den allgemein moderaten Ausgabenanstiegen der Kommunen ist die Entwicklung der Ausgabenquote (»kommunale Staatsquote«) – also das Verhältnis der Kommunalausgaben zum gesamtwirtschaftlichen Produktionsvolumen, also zum BIP – ein weiteres Indiz für die zurückhaltende Ausgabentätigkeit der Kommunen. Diese Quote ist genau wie die Einnahmenquote sowohl in Deutschland insgesamt als auch in Hessen ab Mitte der 1990er Jahre stark zurückgegangen (vgl. Abbildung 7). Die Entwicklung am aktuellen Rand ist insbesondere durch die globale Finanz- und Wirtschaftskrise zu erklären: Der starke Rückgang des BIP hat die Quote im Jahr 2009 steigen und die wirtschaftliche Erholung im Jahr 2010 hat sie wieder sinken lassen. In Hessen schlägt sich die geschilderte Sonderentwicklung bei den Investitionen auch in der Entwicklung der Ausgaben- und Einnahmenquote nieder – in der Entwicklung der Einnahmenquote kommt auch die angesprochene sehr schwache Einnahmenentwicklung im Jahr 2011 zum Ausdruck.

*Abbildung 7: Einnahmen-, korrigierte Einnahmen-** und Ausgabenquote (»kommunale Staatsquote«) der Gemeinden in Hessen 1994–2011**

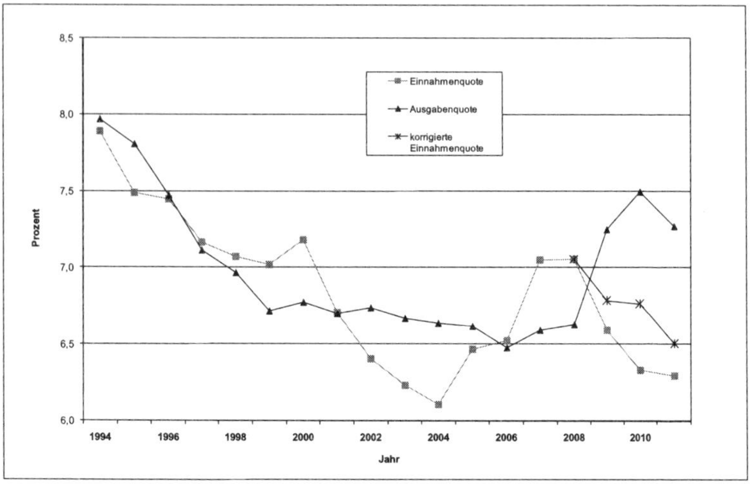

**Ausgaben der hessischen Kommunen gemäß Abbildung 5 in Prozent des hessischen BIP.*

*** Korrigiert um die Mittel für Investitionen, die im Rahmen der Konjunkturprogramme von der WI-Bank von 2009 bis 2011 zur Verfügung gestellt wurden. Quelle: Hessisches Statistisches Landesamt, eigene Berechnungen und Darstellung.*

Ein Indiz für die schwierige kommunale Finanzsituation ist der drastische Anstieg der so genannten Liquiditätskredite, die von der langfristigen Kreditaufnahme (Kreditmarktschulden) zu unterscheiden sind. Langfristige Kredite dürfen bekanntlich nur dann (im Vermögenshaushalt) aufgenommen werden bzw. werden von der Kommunalaufsicht nur dann genehmigt, wenn dies durch die Leistungsfähigkeit der Kommunen sichergestellt ist – das heißt die Kommunen müssen in der Lage sein, Zinszahlungen und Tilgung auch zu leisten.

Liquiditätskredite sollten im Gegensatz zur langfristigen Kreditaufnahme ursprünglich der Überbrückung kurzfristiger finanzieller Engpässe dienen, sie haben sich aber mittlerweile zu einem Dauerfinanzierungsinstrument entwickelt. Dieser Sachverhalt lässt sich für Hessen verdeutlichen (vgl. Abbildung 8): Bei den Liquiditätskrediten ist ab 2003 ein Anstieg und von 2006 bis zur globalen Finanz- und Wirtschaftskrise das Verharren auf einem Niveau von über drei Milliarden Euro zu verzeichnen. In den Jahren 2009 bis 2011 verdoppelten sich die

*Abbildung 8: Kreditmarktschulden (Kernhaushalte) und Liquiditätskredite der hessischen Kommunen 1995–2011**

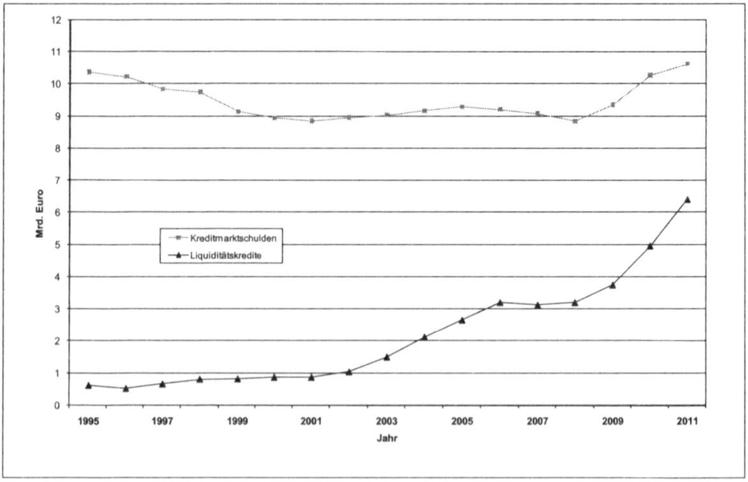

**jeweils zum 31.12.*

Quelle: Hessisches Statistisches Landesamt, eigene Darstellung.

Liquiditätskredite auf 6,4 Milliarden Euro. In Deutschland – und hier ist Westdeutschland bestimmend – ist ein ganz ähnlicher Trend wie in Hessen auszumachen.

Seit der Jahrtausendwende liegt Hessen beim Pro-Kopf-Wert der Liquiditätskredite über dem Durchschnitt der Flächenländer – wobei der Abstand zum Durchschnitt im Trend steigt und insbesondere in den Jahren 2010 und 2011 deutliche Sprünge nach oben macht. Allerdings liegt Hessen auch im Jahr 2011 nicht an der Spitze der Bundesländer, sondern wird, wie Abbildung 9 zeigt, von Nordrhein-Westfalen, Rheinland-Pfalz und dem Saarland übertroffen.

*Abbildung 9: Die Liquiditätskredite pro Kopf im Bundesländervergleich 2011**

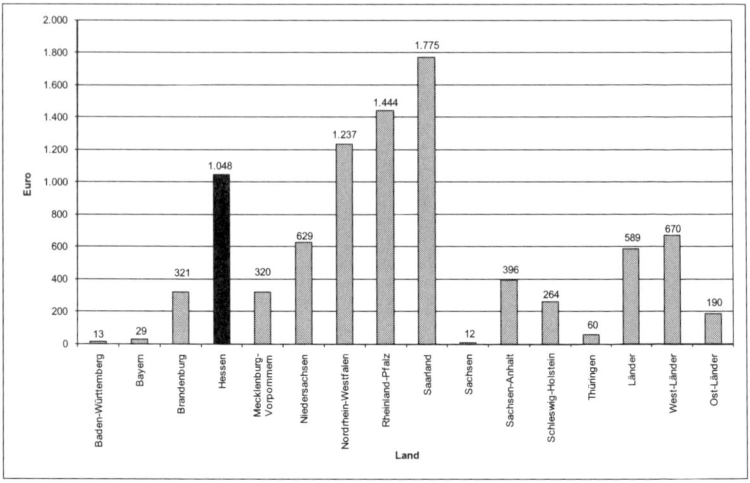

** Flächenländer.*

Quelle: Bundesministerium der Finanzen, eigene Darstellung.

2.3 Die Kürzungen bei den Landeszuweisungen und der Kommunale Schutzschirm

Das Land Hessen hatte in der Mittelfristigen Finanzplanung für die Jahre 2008 bis 2012 angekündigt, dass die Leistungen an die Kommunen im Kommunalen Finanzausgleich ab dem Jahr 2011 um 400 Millionen Euro jährlich abgesenkt werden sollten (vgl. HMF 2009a: 45). Dies wurde in der darauffolgenden Finanzplanung noch einmal bestätigt (vgl. HMF 2009b: 44). Begründet wurde dieses Vorhaben damit, »dass sich die Anteile an den im Land nach Durchführung des bundesstaatlichen Finanzausgleichs verbleibenden Steuereinnahmen in den vergangenen Jahren weiter zugunsten der kommunalen Ebene und damit zu Lasten des Landes verschoben haben.« (HMF 2009a: 44). Das Land weise im Jahr 2008 den niedrigsten Anteilswert seit der erstmaligen Ermittlung der entsprechenden Quoten im Jahr 1979 auf (vgl. HMF 2009b: 43). Letzteres liege unter anderem »in deutlich steigenden Leistungen des Landes an die Kommunen im Rahmen des Kommunalen Finanzausgleichs« begründet (HMF 2009a: 45). Der Betrag von 400 Millionen Euro »entspricht den finanziellen Lasten, die sich im Jahr 2008 für das

Land aus der Anrechung der hohen Steuerkraft der hessischen Kommunen im Länderfinanzausgleich ergeben« (ebd.). Tatsächlich ist die Kürzung bei den Landeszuweisungen dann im Jahr 2011 in Höhe von 344 Millionen Euro etwas geringer ausgefallen als ursprünglich angekündigt (HMF 2011b: 34).

Nach von uns durchgeführten Berechnungen zu den Steueranteilen von Land und Kommunen seit 1994 scheinen die vom Land gemachten Aussagen zur Verschiebung der Quoten nicht zutreffend. Dabei ist zu beachten, dass bei den Berechnungen des Landes nur die Zuweisungen im Rahmen des KFA zu Grunde gelegt werden. Diese Auswahl ist willkürlich, da die Kommunen auch Landeszuweisungen außerhalb des KFA erhalten. Werden letztere und auch die Zuweisungen der Kommunen an das Land einbezogen, ergibt sich für den Zeitraum von 1994 bis 2008 das in Abbildung 10 dargestellte Bild: Die Anteilswerte des Landes und der Kommunen schwanken stark und ohne Trend. In den Jahren 2007 bis 2009 verschoben sich zwar die Anteile zugunsten der Kommunen, was vor allem mit der positiven Entwicklung des Gewerbesteueraufkommens im Zuge des Aufschwungs nach der langen Stagnationsphase von 2001 bis 2005 zusammen hing. Im Jahr 2010 – also im Jahr vor den Kürzungen der Landeszuweisungen an die Kommunen – hat sich das Verhältnis wieder deutlich zum Vorteil des Landes verschoben, so dass keine dauerhafte Verschiebung der Quoten zugunsten der Kommunen bzw. zu Lasten des Landes auszumachen ist.[12]

12 Auch wenn nur die Landeszuweisungen des Landes im Rahmen des Kommunalen Finanzausgleichs zu Grunde gelegt werden, ändert dies nichts an dem generellen Befund, dass es keinen Trend bei der Steuerverteilung zugunsten der Kommunen gibt.

*Abbildung 10: Anteile von Land und Kommunen an den in Hessen verbleibenden Steuereinnahmen 1994–2011**

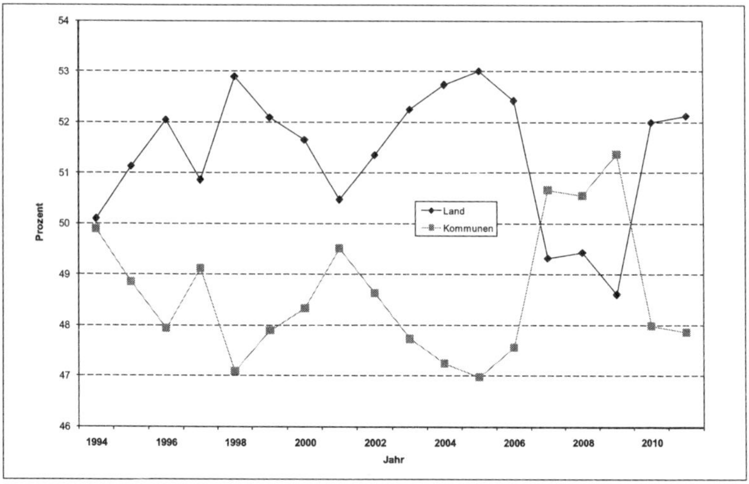

**Land: Steuereinnahmen abzügl. LFA und abzügl. Zuweisungen an die Kommunen zuzügl. Zuweisungen von den Kommunen; Kommunen: Steuereinnahmen zuzügl. Zuweisungen vom Land abzügl. Zuweisungen an das Land.*

Quelle: Hessisches Statistisches Landesamt und Hessisches Ministerium der Finanzen, eigene Berechnungen und Darstellung.

Nicht zutreffend ist zudem die Behauptung des Hessischen Finanzministeriums, dass den Kommunen deutlich steigende Leistungen im Rahmen des Kommunalen Finanzausgleichs zu Gute gekommen seien. Aufschlussreich ist in diesem Zusammenhang insbesondere das Verhältnis der Zuweisungen des Landes bezogen auf die gesamten Landessteuereinnahmen (vgl. Abbildung 11): Sowohl für die gesamten Zuweisungen als auch für die KFA-Zuweisungen sind keine steigenden Trends feststellbar.

*Abbildung 11: Die gesamten Zuweisungen des Landes und die Landeszuweisungen im Rahmen des KFA als Anteil an den Landesteuereinnahmen 1994–2011**

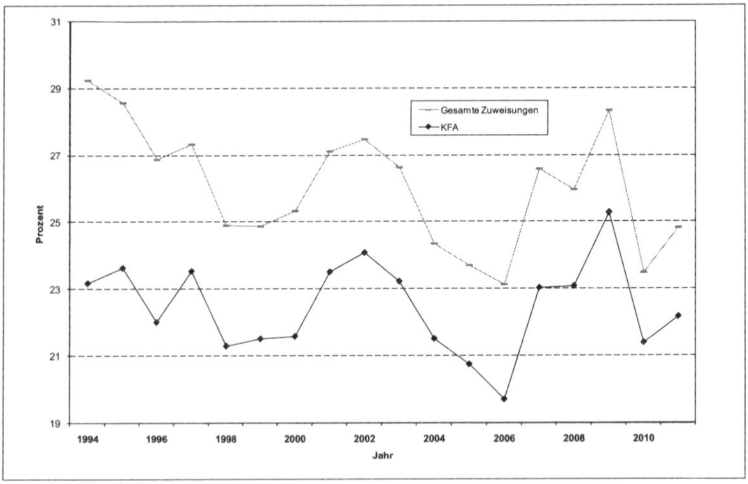

**Land: Steuereinnahmen abzügl. LFA.*

Quelle: Hessisches Statistisches Landesamt und Hessisches Ministerium der Finanzen, eigene Berechnung und Darstellung.

Die hessische Landesregierung hatte zur Rechtfertigung ihrer Kürzungen zwei Gutachten in Auftrag gegeben, die zum einen die Aufgaben- und Ausgabenverteilung zwischen Land und kommunaler Ebene im Ländervergleich (Zimmermann 2010) und zum anderen den Kommunalen Finanzausgleich und die Entwicklung der Kommunal- und Landesfinanzen im Ländervergleich (Scherf 2010) zum Gegenstand haben. Die Aufträge für die Gutachten sind im Zusammenhang mit der Arbeit der so genannten Haushaltsstrukturkommission (HMF 2011a) vergeben worden.

Die Aufgaben- und Ausgabenverteilung zwischen Land und Kommunen wird üblicherweise durch den so genannten Kommunalisierungsgrad gemessen. Dieser zeigt an, wie hoch der Anteil der Kommunalen Ausgaben an den Gesamtausgaben, also der Summe der Landesausgaben und der Kommunalen Ausgaben, ist:

$$\text{Kommunalisierungsgrad} = \frac{\text{Kommunale Ausgaben}}{\text{Kommunale Ausgaben} + \text{Landesausgaben}} \cdot 100$$

Um die Frage zu beantworten, ob die Verteilung der finanziellen Mittel zwischen Land und Kommunen der Aufgaben- und Ausgabenverteilung entspricht, muss dem Kommunalisierungsgrad die Verteilung der Einnahmen zwischen Land und Kommunen gegenübergestellt werden. Dabei kommen Zimmermann und Scherf zu dem Ergebnis, dass sich der Kommunalisierungsgrad im längerfristigen Durchschnitt auf 46,8 Prozent beläuft, und daran gemessen die Einnahmen der hessischen Kommunen um 700 Millionen Euro zu hoch ausfallen. Auf dieser Grundlage scheinen die Kürzungen des Landes bei den Zuweisungen an die Kommunen mithin gerechtfertigt zu sein.

Jedoch haben sich Junkernheinrich u.a. (2011 und 2012) in zwei Stellungnahmen für den Haushaltsausschuss des Hessischen Landtags kritisch mit den Berechnungen von Zimmermann und Scherf auseinandergesetzt.[13] Junkernheinrich u.a. verweisen darauf, dass zur Ermittlung des Kommunalisierungsgrads die Finanzierungsverantwortung zu Grunde zu legen ist, und nicht wie bei Zimmermann/Scherf die Durchführungsverantwortung. Statt der von Zimmermann/Scherf verwendeten *unmittelbaren Ausgaben* müssten, so Junkernheinrich u.a., die *Zuschussbedarfe* verwendet werden (vgl. z..B. Junkernheinrich u.a. 2012: 9).

Daneben weisen Junkernheinrich u.a. insbesondere in ihrer zweiten Stellungnahme aus dem Jahr 2012 auf verschiedene Probleme bei der Berechnung des Kommunalisierungsgrades auf Grundlage der Gesamtausgaben hin: So spiegelten etwa die Ausgaben auch die haushaltsrechtlichen Möglichkeiten einer Kreditfinanzierung wider, die bei Ländern höher als bei den Kommunen seien. Des Weiteren, so Junkernheinrich u.a., werde die kommunale Aufgaben- und Ausgabentätigkeit »jedoch auch und vor allem durch die Erfüllung staatlich vorgeschriebener Leistungen geprägt. Ob bzw. in welchem Umfang die kommunale Ebene noch kommunale Aufgaben erfüllt, lässt sich anhand ihres Ausgabenanteils nicht ermitteln« (Junkernheinrich u.a. 2012: 37).

13 Die erste Stellungnahme aus dem Jahr 2011 beruht dabei in wesentlichen Teilen auf Boettcher/Holler (2011).

Auf der Grundlage ihrer Überlegungen kommen Junkernheinrich u.a. (2012) zu dem Ergebnis, dass in Hessen eine Ungleichverteilung *zulasten* der Gemeinden und Gemeindeverbände in Höhe von 93 Millionen Euro vorliegt.[14] Alles in allem sind die Argumente für die Kürzungen der KFA-Mittel durch das Land Hessen damit wenig überzeugend. Generell gilt, dass die Zuweisungen des Landes die Kommunen in die Lage versetzen sollen, die ihnen zugewiesenen Aufgaben zu erfüllen. Dies ist – wenn man den plausiblen Argumenten von Junkernheinrich u.a. folgt – aber offensichtlich nicht der Fall. Ganz im Gegenteil: Das Land Hessen müsste die jüngst beschlossenen Kürzungen der Landeszuweisungen zurücknehmen und seinen Kommunen darüber hinaus zusätzliche Mittel zuweisen.

Insgesamt liegt der Verdacht nahe, dass das Land seine eigene schwierige finanzielle Situation auf Kosten der Kommunen lindern will. Ein solcher Eingriff ist in der Geschichte des KFA keineswegs ungewöhnlich, wie die folgende Passage aus der Monographie von *Broer* zum hessischen KFA aus dem Jahr 2001 belegt:

> »Insgesamt ist aus diesen Ausführungen ersichtlich, dass die von der Landesregierung so hoch gepriesene ›Schicksalsgemeinschaft‹ in der Realität häufig genug durch die tatsächliche finanzielle Situation in den Hintergrund gedrängt wird. […] Entsprechend war die Reaktion des Landes, als in den 70er und 80er Jahren die Steuereinnahmen nicht mehr im gleichen Umfang wuchsen bzw. stagnierten oder gar sanken. Denn auch in diesem Fall wurde die kommunale Ebene über die Verbundquote an den Einnahmenminderungen automatisch beteiligt, was aber vom Land mit dem Hinweis darauf, dass sich die Steuereinnahmen der Kommunen besser als die eigenen entwickelt haben, als nicht ausreichend angesehen wurde.« (Broer 2001: 52)

Kurz vor dem Landtagsbeschluss über die Kürzungen der Landeszuweisungen an die Kommunen im Dezember 2010 verkündete Ministerpräsident Bouffier im September des gleichen Jahres das Aufspannen eines »Kommunalen Schutzschirms« – das heißt die Einrichtung eines Kommunalen Entschuldungsfonds –, und im Jahr 2012 hat die Landesregierung dann ein entsprechendes Gesetz (Hessisches Kommunales Schutzschirmgesetz, kurz SchuSG) auf den Weg gebracht. Das Land will sich dabei der WIBank bedienen, die Investitions- und Kassenkredite

14 Allerdings errechneten Junkernheinrich u.a. (2011) in der ersten Stellungnahme sogar eine Unterfinanzierung der hessischen Kommunen in Höhe von 995 Millionen Euro, ohne dass die Diskrepanz jedoch im zweiten Gutachten erläutert würde.

der Kommunen in Höhe von 2,8 Milliarden Euro ablösen soll. Die Refinanzierung soll auf dem Finanzmarkt erfolgen, der Zeitraum der Refinanzierung beträgt bis zu 30 Jahre. Das Land soll über diesen Zeitraum der WIBank die für die Refinanzierung zu leistenden Beträge zahlen. Zudem will das Land eine Zinsverbilligung von bis zu 434 Millionen Euro gewähren. Im Grundsatz und für sich betrachtet scheint diese Initiative durchaus begrüßenswert zu sein, bei genauerer Betrachtung ist dies aber nicht der Fall, da die im Schutzschirmgesetz (SchuSG) vorgesehenen Entschuldungs- und Zinsdiensthilfen kaum eine entlastende Wirkung entfalten.

So werden die hessischen Kommunen in der langen Frist aufgrund der im SchuSG enthaltenen Regelungen um die Zinszahlungen auf 2,8 Milliarden Euro entlastet, und das Land tilgt in dieser Höhe Investitions- und Kassenkredite. Damit übernimmt das Land durch den »Schutzschirm« – selbst wenn die Schulden der kommunalen Eigenbetriebe außen vor gelassen werden – nicht einmal 20 Prozent der kommunalen Schulden (vgl. oben Abschnitt 2.2). Für die Kommunen dürfte aber sowieso vor allem die kurz- und mittelfristige Wirkung der Zinsdiensthilfe auf ihre Haushaltslage von Interesse sein, und diese fällt insbesondere im Vergleich zu den voran stehend geschilderten Kürzungen des Landes ab dem Jahr 2011 bei den Zuweisungen an die Kommunen gering aus: Die Kommunen erhalten vom Land über einen Zeitraum von 15 Jahren Zinsdiensthilfen (einschließlich einer zusätzlichen Zinsdiensthilfe aus dem Landesausgleichsstock), die den laufenden Haushalt entlasten, in Höhe von maximal 56 Millionen Euro (in den dann folgenden 15 Jahren reduziert sich die Entlastung durch die Zinsdiensthilfe auf maximal 42 Millionen Euro). Ganz generell gilt, dass sich ohne nähere Angaben über die Zinsstruktur der gegebenenfalls abgelösten kommunalen Kredite und der von der WI-Bank aufgenommene Kredite – und diese sind nicht bekannt – keine exakten Aussagen über die Auswirkungen auf die laufenden Haushalte treffen lassen.[15]

Von den antragsberechtigten 106 Kommunen haben bislang 102 bilaterale Verhandlungen mit dem Land über die Inanspruchnahme der Schutzschirm-Mittel aufgenommen. Dabei sehen sich die potenziellen Schutzschirm-Kommunen mit der Forderung nach erheblichen Konsolidierungsauflagen konfrontiert, die auch schon in der Begründung zum

15 Vgl. dazu ausführlicher Truger (2012).

Schutzschirm-Gesetz angekündigt worden waren: »Kommunen, die Leistungen aus dem Kommunalen Schutzschirm erhalten, müssen zu eigenen erheblichen Kraftanstrengungen bereit sein. Diese Bereitschaft ist Voraussetzung für die Solidarität des Landes und der kommunalen Familie.« Wie diese »notwendigen Maßnahmen« aussehen sollten, hat das Hessische Innenministerium zusammen mit dem Hessischen Rechnungshof in einem immerhin 56 Seiten starken Leitfaden zusammengestellt (vgl. Hessisches Ministerium des Innern und für Sport und Der Präsident des Hessischen Rechnungshofs – Überörtliche Prüfung kommunaler Körperschaften 2012). Der Maßnahmenkatalog enthält detaillierte Vorschläge zu Lohn- und Personalkürzungen, Kürzungen im Bildungsbereich, Kürzungen im Sozialbereich, Erhöhungen von Gebühren, Privatisierungen, Leistungskürzungen usw. Zwar wird in der lokalen Presse über Proteste gegen den Schutzschirm berichtet, es zeichnet sich aber aktuell ab, dass die Schutzschirm-Kommunen trotz Bedenken viele dieser Vorschläge des Maßnahmenkatalogs umsetzen werden, um eine Teilentschuldung zu erreichen.

3. Die steuerreformbedingten Einnahmenausfälle in Hessen

Häufig wird die Ausgabenentwicklung der öffentlichen Hand für die zunehmende Verschuldung des Staates verantwortlich gemacht und behauptet, dieser habe lange Zeit »über seine Verhältnisse gelebt« – entsprechende Überlegungen liegen zum Beispiel der so genannten Schuldenbremse zu Grunde, die im Jahr 2009 im Grundgesetz und im Jahr 2011 in der Hessischen Landesverfassung verankert worden ist. Auf dieser Grundlage wird dann in der Regel eine ausgabenseitige Konsolidierung der öffentlichen Haushalte gefordert und vorangetrieben, ohne auch nur einen Blick auf die Einnahmenentwicklung zu richten.[16]

Für das Land und die Kommunen in Hessen ist voran stehend gezeigt worden, dass von einer übermäßig expansiven Ausgabenpolitik in den letzten knapp 20 Jahren nicht die Rede sein kann. Dieser Be-

16 Ein mustergültiges Beispiel für eine solche Vorgehensweise hat jüngst die Vereinigung der Hessischen Unternehmerverbände (2012) vorgelegt.

fund hat auch für Deutschland insgesamt Gültigkeit. So ist die staatliche Ausgabenentwicklung in den zehn Jahren vor der globalen Finanz- und Wirtschaftskrise im internationalen Vergleich extrem zurückhaltend ausgefallen:[17] Die durchschnittliche jährliche Wachstumsrate der gesamtstaatlichen Ausgaben in den Jahren 1999–2008 liegt in Deutschland bei nominal 1,5 Prozent. Real – also bereinigt um die Inflationsrate – sind die deutschen Staatsausgaben sogar um durchschnittlich 0,2 Prozent pro Jahr gesunken.[18] Der entsprechende Wert der alten EU-Länder liegt mit einem (nominalen) Wert von 4,3 Prozent knapp dreimal so hoch. In diesem Zeitraum verzeichnete kein anderes entwickeltes Industrieland mit Ausnahme von Japan ein niedrigeres Staatsausgabenwachstum als Deutschland. Zwar sind die Ausgabenanstiege der öffentlichen Hand in Deutschland bedingt durch die Konjunkturpakete in den Jahren ab 2009 im Vergleich zu anderen Staaten etwas höher ausgefallen, aber auch unter Berücksichtigung dieser beiden Jahre bleibt die deutsche Ausgabenpolitik in der längeren Perspektive im internationalen Vergleich extrem restriktiv und Deutschland »Vize-Weltmeister« im Sparen (vgl. Tabelle 2).

*Tabelle 2: Die Staatsausgabenentwicklung in ausgewählten Staaten seit 1999**

Land	*1999–2008*		*1999–2011*	
	Nominal	*real***	*Nominal*	*real***
EU-27	4,3	1,5	3,7	1,1
EU-15	4,0	1,8	3,5	1,4
EWU-17	3,8	1,6	3,5	1,4
EWU-12	3,8	1,6	3,4	1,4
Belgien	4,1	1,8	4,2	2,0
Bulgarien	11,7	4,6	8,9	2,9
Tschechische Republik	6,0	3,2	4,9	2,5
Dänemark	3,3	1,1	3,6	1,5
Deutschland	*1,5*	*-0,2*	*1,7*	*0,1*
Estland	12,6	7,6	9,1	4,7
Irland	10,9	7,3	8,2	5,7

17 Vgl. dazu auch Truger (2011).

18 In Tabelle 2 ist der Harmonisierte Verbraucherpreisindex (HVPI) zu Grunde gelegt worden. Wird der BIP-Deflator verwendet, so fallen die realen Wachstumsraten etwas höher aus – an dem grundsätzlichen Befund einer sehr restriktiven Ausgabentätigkeit in Deutschland gerade auch im internationalen Vergleich ändert dies nichts.

Land	*1999–2008*		*1999–2011*	
	Nominal	*real***	*Nominal*	*real***
Griechenland	8,4	5,0	5,7	2,4
Spanien	7,4	4,0	6,1	3,2
Frankreich	4,0	2,0	3,7	1,9
Italien	3,6	1,2	3,0	0,7
Zypern	8,9	6,0	7,9	5,2
Lettland	14,7	8,6	10,0	4,9
Litauen	8,7	5,8	6,3	3,3
Luxemburg	7,4	4,4	7,3	4,5
Ungarn	9,5	2,7	7,7	1,5
Malta	5,6	3,0	4,9	2,4
Niederlande	5,0	2,5	4,5	2,3
Österreich	3,1	1,2	3,0	1,1
Polen	7,5	3,5	7,3	3,4
Portugal	5,4	2,4	4,8	2,2
Rumänien	31,3	9,9	24,1	6,8
Slowenien	9,2	3,6	7,9	3,2
Slowakische Republik	6,9	0,7	6,3	1,0
Finnland	4,0	2,2	4,1	2,1
Schweden	3,4	1,6	3,2	1,5
Großbritannien	7,1	5,2	6,0	3,8
Island	13,4	8,6	9,3	3,6
Norwegen	6,2	4,2	6,1	4,1
Schweiz	2,4	-	2,5	-
USA	6,3	3,3	5,7	3,1
Japan	-1,5	-1,3	-0,8	-0,5

**Wachstumsrate der staatlichen Ausgaben gegenüber dem Vorjahr; EU = Europäische Union; EWU = Europäische Währungsunion.*

*** HVPI.*

Quelle: Eurostat, eigene Berechnungen.

Angesichts einer solchen Ausgabenentwicklung stellt sich natürlich die Frage, warum bei den öffentlichen Haushalten in Deutschland ein permanenter Konsolidierungsdruck zu bestehen scheint, und warum selbst in konjunkturell guten Jahren keine nennenswerten Überschüsse in den öffentlichen Haushalten ausgewiesen wurden. Die Antwort auf diese Frage liefert ein Blick auf die Einnahmenentwicklung und hier insbesondere auf die Auswirkungen der Steuerpolitik – dabei wird hier in Anschluss an und in Fortschreibung von Truger u.a. (2007) auf die steuerreformbedingten Ausfälle seit 1998 eingegangen, die durch die Steuerpolitik seit Antritt von Gerhard Schröder als Bundeskanzler verursacht worden sind.[19]

Erhebliche Steuerausfälle haben die Steuerrechtsänderungen der rot-grünen Bundesregierung verursacht, dies gilt vor allem für die *Steuerreform 2000*. Diese sollte als zentrales wachstums- und beschäftigungspolitisches Instrument fungieren – tatsächlich hat sie zu erheblichen Steuerausfällen geführt, ohne dass dies erkennbar positiv auf das Konjunkturgeschehen gewirkt hätte.[20] Besonders von ihr profitiert haben aufgrund des von 53 auf 42 Prozent abgesenkten Einkommensteuerspitzensatzes reiche Haushalte. Und auch der Unternehmenssektor ist sowohl durch die Einkommensteuersenkung als auch durch die Reform der Körperschaftsteuer kräftig entlastet worden, nach Angaben des Bundesministeriums der Finanzen um jährlich elf Milliarden Euro. In den Jahren 2001–2005 liegen die reformbedingten Einnahmenausfälle zwischen 24 und 43 Milliarden Euro (vgl. Abbildung 12), was gut einem bis zwei Prozent des BIP in diesen Jahren entspricht.

Unter der Großen Koalition hat die Steuerpolitik bis zum Ausbruch der globalen Finanz- und Wirtschaftskrise im Herbst 2008 *summa summarum* einen anderen Kurs verfolgt: Zwar hat es auch in dieser Zeit zahlreiche steuerliche Entlastungen vor allem für den Unternehmenssektor gegeben – zu denken ist hier insbesondere an die im Jahr 2007 verabschiedete und im Folgejahr in Kraft getretene *Unternehmensteuerreform 2008*,[21] die die Unternehmen um jährlich fünf Milliarden Euro

19 Ebenfalls aufschlussreich sind in diesem Zusammenhang sowohl die Berechnungen von Hausmann (o.J.) zu den steuerpolitisch bedingten Einnahmenausfällen der Stadt Hannover – bezogen auf den Zeitraum der letzten 30 Jahre – sowie die Antworten der Schleswig-Holsteinischen Landesregierung auf eine Kleine Anfrage von Bündnis 90/DIE GRÜNEN nach den finanziellen Auswirkungen der Steuerrechtsänderungen in den Jahren 2008–2010 (Kleine Anfrage der Abgeordneten Monika Heinold (BÜNDNIS 90/DIE GRÜNEN) und Antwort der Landesregierung – Finanzministerium. Auswirkungen Steuerrechtsänderungen auf S.-H., Drucksache 17/573 vom 7.6.2010). Beide Berechnungen stützen die hier präsentierten Zahlen.

20 Vgl. hierzu ausführlich Truger (2004 und 2009).

21 Angesichts der erheblichen Steuersenkungen, die dem Unternehmenssektor durch die Steuerpolitik seit der Jahrtausendwende zu Gute gekommen sind, ist es wenig erstaunlich, dass etwa der Hessische Unternehmerverband für einen ausgabenseitigen Konsolidierungskurs wirbt (vgl. Vereinigung der Hessischen Unternehmerverbände 2012: 41 ff.).

entlastet hat. Insgesamt haben die in den Jahren 2006 und 2007 beschlossenen steuerpolitischen Maßnahmen die Haushaltslage jedoch verbessert, da Steuererhöhungen wie der Anstieg der Umsatzsteuer und der Versicherungsteuer zum ersten Januar 2007 und der Abbau von Steuervergünstigungen quantitativ dominiert haben. Wird die Wirkung der Steuerpolitik von Rot-Grün seit 1998 und von Schwarz-Rot in den Jahren 2006 und 2007 insgesamt betrachtet, dann sind trotz der einnahmenseitigen Konsolidierung durch die Große Koalition immer noch hohe steuerreformbedingte Ausfälle in der Größenordnung von jährlich gut 20 Milliarden Euro auszumachen. Durch die Steuersenkungen in den Konjunkturpaketen und im Ende 2009 auf den Weg gebrachten »Wachstumsbeschleunigungsgesetz« haben sich die steuerreformbedingten Einnahmenausfälle dann wieder deutlich erhöht.

Abbildung 12 zeigt diese jährlichen, steuerreformbedingten Ausfälle. Insgesamt belaufen sich diese aktuell auf allen Gebietskörperschaftsebenen auf rund 50 Milliarden Euro pro Jahr. Seit der Jahrtausendwende summieren sich die Ausfälle bis einschließlich 2011 auf mittlerweile fast 400 Milliarden Euro.

Abbildung 12: Die steuerreformbedingten Ausfälle aufgrund von Steuergesetzesänderungen durch die verschiedenen Regierungskoalitionen seit 1998 von 2000–2012 in Mrd. Euro

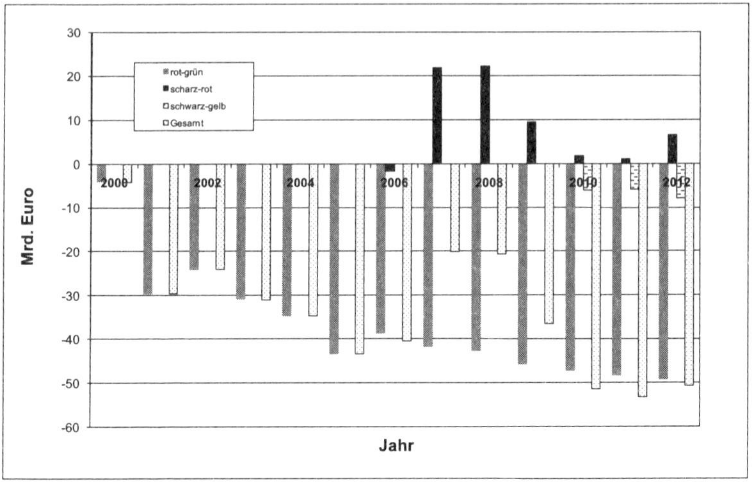

Quelle: Bundesministerium der Finanzen, eigene Berechnungen und Darstellung.

Abbildung 13: Die steuerreformbedingten Ausfälle beim Land Hessen und den hessischen Kommunen aufgrund von Steuergesetzesänderungen seit 1998 in den Jahren 2000–2012 (ohne Berücksichtigung von LFA und ohne KFA)

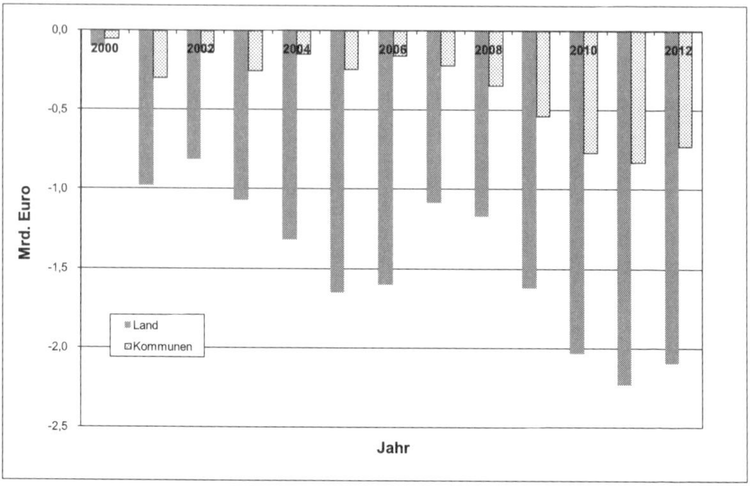

Quelle: Bundesministerium der Finanzen, eigene Berechnungen und Darstellung.

Für Hessen ergeben sich für Land und Kommunen die in den Abbildungen 13 bzw. 14 ausgewiesenen Steuerausfälle – und zwar mit bzw. ohne Berücksichtigung von Länderfinanzausgleich (LFA) und Kommunalem Finanzausgleich (KFA). Werden LFA und KFA einbezogen, dann haben die hessischen Kommunen aufgrund der Steuerpolitik seit 1998 in den vergangenen Jahren Mindereinnahmen in Höhe von rund 1,1 Milliarden Euro zu verkraften. Beim Land ergeben sich noch höhere Ausfälle als bei den Kommunen. Im Zeitraum 2000–2011 haben die Kommunen bzw. das Land durch die Steuerpolitik in der Summe Einnahmeeinbußen von mehr als sieben bzw. zehn Milliarden Euro hinnehmen müssen.

Abbildung 14: Die steuerreformbedingten Ausfälle beim Land Hessen und den hessischen Kommunen aufgrund von Steuergesetzesänderungen seit 1998 in den Jahren 2000–2012 (mit Berücksichtigung von LFA und KFA)

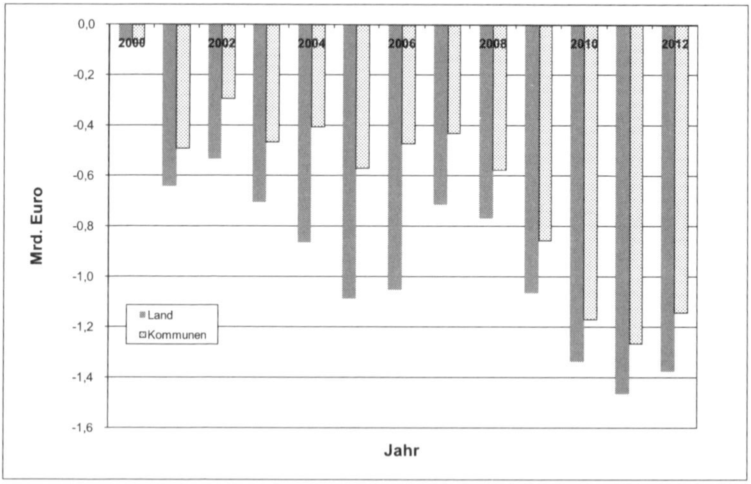

Quelle: Bundesministerium der Finanzen, eigene Berechnungen und Darstellung.

Abbildung 15 zeigt, wie sich die Finanzierungssalden von Land und Kommunen in Hessen rein rechnerisch ohne die Steuersenkungen seit dem Jahr 2000 entwickelt hätten. Der Vergleich mit den Abbildungen 1 und 6 zeigt, dass sich die Haushaltslage ohne die steuerreformbedingten Einnahmenausfälle deutlich entspannt hätte: Der Landeshaushalt hätte in vier und die Kommunen hätten sogar in sechs Jahren Überschüsse aufgewiesen. In der Summe hätten Städte, kreisangehörige Gemeinden und Landkreise in der Zeit von 2000–2011 sogar einen Überschuss von knapp 700 Millionen Euro statt eines Defizits in Höhe von mehr als sieben Milliarden Euro aufgewiesen. Das kumulierte Defizit des Landes hätte sich im gleichen Zeitraum von annähernd 15 Milliarden Euro auf etwa 4,5 Milliarden Euro reduziert.

Abbildung 15: Die Finanzierungssalden des Landes und der Kommunen in Hessen, korrigiert um die steuerreformbedingten Einnahmenausfälle 2000–2011

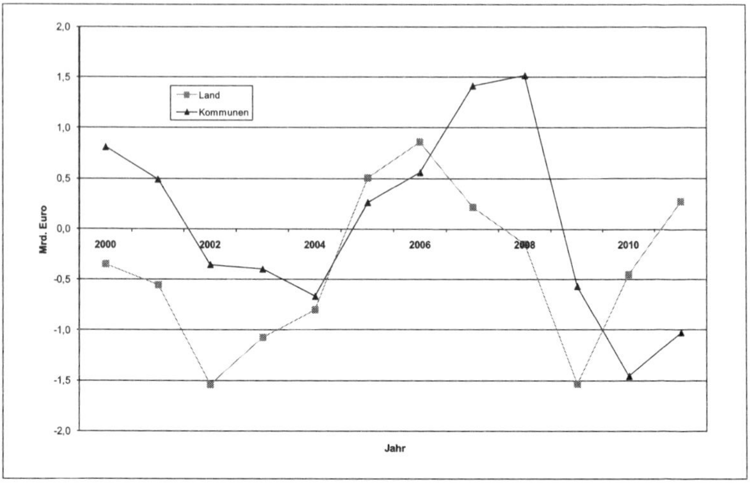

Quelle: Hessisches Ministerium der Finanzen, Bundesministerium der Finanzen, Hessisches Statistisches Landesamt, eigene Berechnungen und Darstellung.

4. Finanzpolitische Perspektiven

Der ausgabenseitige Spielraum der Finanzpolitik in Hessen zur Sicherung der Handlungsfähigkeit des Landes und der Kommunen auf den traditionellen Gebieten und für zentrale Zukunftsinvestitionen wird in den nächsten Jahren von zwei interdependenten Faktoren bestimmt werden: Zum einen von den Vorgaben und der genauen landesrechtlichen Umsetzung der Schuldenbremse, zum anderen von der Entwicklung der Staatseinnahmen. Letztere wiederum hängen einerseits von der konjunkturellen Entwicklung, andererseits von steuerpolitischen Beschlüssen auf der Bundesebene ab. Je mehr es gelingt, bei der Umsetzung der Schuldenbremse im Rahmen der grundgesetzlichen und der landesverfassungsrechtlichen Bestimmungen gewährte Spielräume zu nutzen, je besser die Konjunktur sich entwickelt und je größer die auf Bundesebene beschlossenen strukturellen Einnahmenverbesserungen für Länder und Kommunen, desto leichter wird eine progressive Politik auf Landesebene fallen.

Um den selbst vorgegebenen Abbaupfad im Rahmen der Schuldenbremse zu erreichen – vorgegeben ist ein linearer Abbau der Nettokreditaufnahme bis auf Null im Jahr 2019 – plant das Hessische Finanzministerium in den Jahren 2014–2016 eine relativ restriktive Ausgabenpolitik (vgl. Tabelle 3), um den Defizitabbau voranzutreiben – lediglich im Jahr 2013 fällt die Ausgabentätigkeit – wohl aus wahltaktischen Gründen – leicht expansiv aus.[22] Unter anderem plant das Land Hessen, in den kommenden Jahren 1.900 Stellen im Landesdienst abzubauen (HMF 2012a: 22), um die Konsolidierung des Landeshaushalts voranzutreiben. Dabei wird für die Jahre ab 2013 eine Einnahmen- bzw. Steuerentwicklung unterstellt, die – für den Fall, dass Steuersenkungen unterbleiben und die Konjunktur nicht stark einbricht – sogar eher als vorsichtig anzusehen ist. Positiv auf der Einnahmenseite macht sich dabei auch bemerkbar, dass der hessische Landtag im überparteilichen Konsens die Anhebung der Grunderwerbsteuer von 3,5 auf 5 Prozent beschlossen hat, die zusätzliche jährliche Einnahmen in Höhe von etwa 230 Millionen Euro bringen soll (ebd.: 28).

*Tabelle 3: Eckdaten der Finanzplanung des Landes 2013–2016**

Jahr	*Gesamtausgaben*	*Gesamtausgaben-LFA*	*Gesamtausgaben-LFA-KFA*	*Einnahmen*	*Steuern*
2013	4,4	4,7	4,2	5,2	5,1
2014	2,2	2,1	2,4	4,1	4,6
2015	1,6	1,3	0,9	4,0	4,1
2016	2,0	1,8	1,3	3,1	4,0
2014–2016	*1,9*	*1,7*	*1,5*	*3,7*	*4,2*

**Veränderungen gegenüber dem Vorjahr.*

Quelle: Hessisches Ministerium der Finanzen

Die mittelfristig vorgesehene, moderat restriktive Ausgabenentwicklung hängt aber natürlich in hohem Maße von der Konjunktur- und damit automatisch der Einnahmenentwicklung ab. Sollte die Konjunktur sich

22 Eine deutliche Zunahme mit 4,5 Prozent ist etwa bei den Personalausgaben vorgesehen, und beim Kommunalen Finanzausgleich ist ein Plus von 6,9 Prozent eingeplant (vgl. BMF 2012a: 48).

von ihrer gegenwärtigen Schwäche schnell und mittelfristig unerwartet kräftig erholen, werden sich die Ausgabenspielräume im Rahmen der selbst gesteckten Vorgaben spürbar erhöhen. Sollte sich die Konjunktur dagegen nur zögerlich erholen oder gar einige Zeit in einer stagnativen Situation verharren, würden die Defizite deutlich ansteigen, und entsprechende Korrekturen auf der Ausgabenseite würden nötig. Überschlagsweise lässt sich auf der Basis von Truger u.a. (2011) je Prozentpunkt geringeren oder höheren realen BIPs mit einem Einnahmenverlust/-gewinn von knapp 300 Millionen Euro für den hessischen Landeshaushalt rechnen. Eine spürbare Konjunkturabschwächung würde den hessischen Landeshaushalt daher schnell in einer Dimension von 500 bis 1.000 Millionen Euro belasten. Die Nettokreditaufnahme im Jahr 2012 lag bei rund 1,5 Milliarden Euro – insofern ist klar, dass im Rahmen der Schuldenbremse eine konkrete Vorkehrung für solche konjunkturellen Risiken getroffen werden muss.

Hierzu liegen bislang allerdings keinerlei konkrete Pläne vor: Die Schuldenbremse ist wie in Abschnitt 2.1 dargestellt im März 2011 zwar in der Hessischen Landesverfassung verankert worden, allerdings gibt es bis jetzt kein Ausführungsgesetz.[23] Die Landesregierung will in der laufenden Legislaturperiode ein solches Gesetz auf den Weg bringen, und dabei an die Ende 2010 gemeinsam mit SPD und BÜNDNIS 90/DIE GRÜNEN verabredeten Eckpunkte[24] anknüpfen. Konkret vorbereitet oder gar entschieden ist allerdings bislang noch nichts.

Die Verankerung der Schuldenbremse in der vorgeschlagenen Form in der Landesverfassung reicht wie gesehen allerdings für eine adäquate Umsetzung der Schuldenbremse keinesfalls aus. Es bedarf vielmehr noch zahlreicher Konkretisierungen, um die der Begrenzung durch die Schuldenbremse unterliegenden strukturellen Defizite ermitteln zu können. Dies betrifft die Frage der Behandlung von finanziellen Transaktionen – wie zum Beispiel Privatisierungserlösen –, und von Nebenhaushalten. Es betrifft auch die genaue Unterscheidung von strukturellen und konjunkturellen Defiziten und damit die Wahl eines geeigneten Konjunkturbereinigungsverfahrens. Zuletzt schließlich sollte man auch

23 Zum Überblick über die Verankerung der Schuldenbremse in den Bundesländern vgl. Deutsche Bundesbank (2011: 33 ff. und 2012).

24 Dringlicher Entschließungsantrag der Fraktionen der CDU, der SPD, der FDP und BÜNDNIS 90/DIE GRÜNEN betreffend Ausgestaltung der Schuldenbremse in Hessen vom 15.12.2010, Drs. 18/3492.

schon Überlegungen zur Konkretisierung des Ausnahmetatbestandes der außergewöhnlichen Notsituation anstellen.[25]

Der Bund hat – außer beim letztgenannten Punkt – bereits die entsprechenden Konkretisierungen vorgenommen. Diese Konkretisierungen werden weitestgehend auch bei der Kontrolle der Konsolidierungsfortschritte bei den Ländern eingesetzt, die Konsolidierungshilfen empfangen. Naturgemäß hat der Bund ein Interesse daran, dass sich auch die übrigen Bundesländer dem von ihm angewendeten Verfahren unterwerfen – es kann nicht in seinem Interesse sein, wenn in Deutschland ab dem Jahr 2020 möglicherweise 17 unterschiedliche Schuldenbremsen nebeneinander existieren. Allerdings sollte man sich dem vom Bund angewendeten Verfahren nicht vorschnell anschließen. Es weist viele Mängel auf, und es kann daher zum Wohle der Bundesländer nötig sein, zweckdienlichere Verfahren anzuwenden, die zudem stärker auf die spezifischen Problemlagen des jeweiligen Landes zugeschnitten sind. Selbst wenn dies nicht so wäre, wäre es schon aus taktischen Gründen unklug, dem Interesse des Bundes ohne jede Gegenleistung zu entsprechen: Wenn der Bund ein Interesse an einer bundesweit möglichst einheitlichen und reibungslosen Umsetzung der Schuldenbremse und der Reduktion der strukturellen Defizite hat, dann sollte er den Ländern im Gegenzug für ihre Kooperation zum Beispiel höhere Einnahmen zubilligen.

Die Berechnung des der Schuldenbremse unterliegenden strukturellen Defizits erfordert die Lösung einiger Abgrenzungsprobleme. Das Grundgesetz macht hierzu keine näheren Angaben und lässt insofern einigen Spielraum. Der Bund hat sich letztlich an die Abgrenzung der Volkswirtschaftlichen Gesamtrechnung (VGR) und die für den Stabilitäts- und Wachstumspakt gültigen Regelungen angelehnt (vgl. BMF 2010, S. 11ff.). Demnach sind finanzielle Transaktionen, also nichtvermögenswirksame Einnahmen oder Ausgaben wie etwa Privatisierungserlöse oder Darlehensvergaben, im Rahmen der Schuldenbremse nicht zu berücksichtigen. Dies ist grundsätzlich sinnvoll; insbesondere wird dadurch verhindert, dass durch die Schuldenbremse ein direkter Druck zur Veräußerung von Landesvermögen entsteht. Allerdings sollte man sich der Tatsache bewusst sein, dass indirekt trotzdem ein Druck zur Privatisierung entstehen kann. Es kann zum Beispiel immer argumentiert werden, die bei der Privatisierung entstehenden Veräußerungserlöse könn-

25 Dies und die folgenden Abschnitte basieren auf Truger (2012b, S. 7 ff.).

det worden (vgl. Aiginger u.a. 2010). Je nach den genauen Konditionen ist prinzipiell denkbar, dass dies auch für *sale-and-lease-back*-Operationen gilt. In sehr kurzfristiger Betrachtung könnte dadurch ein Konsolidierungsvorteil entstehen, der sich aber möglicherweise recht bald wieder in einen Nachteil verwandeln könnte. Wichtig ist auch, dass die Behandlung von Rücklagen genau geklärt wird. Die Anreize zur Bildung bestimmter grundsätzlich sinnvoller Rücklagen (zum Beispiel Pensionsrücklagen, Rücklagen zur antizyklischen Gemeindefinanzierung) sollten durch die gewählte Abgrenzung nicht zerstört werden.

Bezüglich der Frage der Zulässigkeit von Sondervermögen und »Schattenhaushalten« muss, was auf den ersten Blick aus Gründen der Transparenz und der Begrenzung des Schuldenstandes plausibel erscheint, auf den zweiten Blick nicht unbedingt plausibel sein, wenn wichtige andere ökonomische, soziale oder finanzpolitische Kriterien herangezogen werden. Wie in Abschnitt 2 angesprochen, verstößt die im Grundgesetz vorgesehene strukturelle Nullverschuldung der Länder gegen die Goldene Regel der Finanzpolitik, nach der (Netto-)Investitionen durch eine Nettokreditaufnahme finanziert werden sollten, weil sie zukünftigen Generationen zugute kommen. Aufgrund dieses Verstoßes würden die heutigen Generationen voll zur Finanzierung von Investitionen herangezogen, von deren zukünftigem Nutzen sie nicht mehr profitieren würden. Die rational zu erwartende Reaktion wären dann zu geringe öffentliche Investitionen – die Haushaltskonsolidierung würde zu Lasten der öffentlichen Investitionen und zukünftiger Generationen gehen. Um dies zu vermeiden, kann es grundsätzlich sinnvoll sein, wesentliche Investitionsbereiche in Sondervermögen mit eigener Verschuldungsmöglichkeit auszulagern, um so die Wirkungsweise der Goldenen Regel zum Wohle zukünftiger Generationen wieder herzustellen. Das Land Hessen hat sich diese Möglichkeit bereits im Rahmen des »Kommunalen Schutzschirms« zunutze gemacht. Hier sollten andere Potenziale geprüft werden.

Die Bestimmung einer Konjunkturkomponente im Rahmen der Schuldenbremse ist fast zwingend notwendig, wenn eine prozyklische, Krisen verschärfende Politik im Abschwung vermieden werden soll. Ohne eine Konjunkturkomponente, die die konjunkturbedingten Effekte auf das Landesbudget einfängt und im Konjunkturhoch konjunkturbedingte Überschüsse fordert sowie im Tief entsprechende Defizite zulässt, wäre die Finanzpolitik im Abschwung gegebenenfalls zu einer totalen Parallelpolitik gezwungen, sobald der Haushaltssaldo unter Null abzurutschen droht.

Der Bund verwendet im Rahmen seiner Ausgestaltung der Schuldenbremse seine Interpretation des Verfahrens der EU-Kommission; einzelne Bundesländer verwenden oder planen – wie Rheinland-Pfalz in Anlehnung an einen Vorschlag von Deubel (2010) – ganz andere Verfahren. Das RWI (2010) hat sich in einem Gutachten im Auftrag des BMF dafür ausgesprochen, dass sich alle Länder letztlich an das vom Bund verwendete Verfahren ankoppeln. Das heißt die Produktionslücke, also die konjunkturelle Lage der Wirtschaft, wird vom BMF bundeseinheitlich für ganz Deutschland bestimmt. Die Konjunkturkomponente der Ländergesamtheit ergibt sich dann durch Multiplikation der Produktionslücke mit der Budgetsensitivität der Länderebene. Die Konjunkturkomponente der einzelnen Länder ergibt sich daraus als Anteil an derjenigen der Ländergesamtheit, wobei dieser Anteil dem Anteil des jeweiligen Landes am gesamten Ländersteueraufkommen aus der Steuerschätzung entspricht. Das RWI führt als zentralen Grund für diese Ankopplung an das Bundesverfahren neben der Einheitlichkeit vor allem an, dass die Einnahmensituation eines Bundeslandes aufgrund der nivellierenden Wirkung des Länderfinanzausgleichs i.w.S. sehr stark mit der gesamtdeutschen Wirtschafts- und Einnahmenentwicklung korreliert sei, so dass die Bestimmung eigenständiger länderspezifischer Produktionslücken nicht notwendig sei.

Für Hessen als ökonomisch bedeutendes Bundesland stimmt dies jedoch streng genommen nicht mehr ganz – die Steuerentwicklung in Hessen kann einen spürbaren Einfluss auf die für den Finanzausgleich relevante durchschnittliche Steuerkraft haben. Aus diesem Grund ist für Hessen und andere große Bundesländer die nivellierende Wirkung des Länderfinanzausgleichs nicht so stark, und eine dort vom Bundesdurchschnitt abweichende Wirtschaftsentwicklung kann auch in einer spürbar anderen Einnahmenentwicklung resultieren, weshalb eine bundeseinheitliche Regelung für Hessen nicht ohne weiteres sinnvoll sein muss. Selbst wenn dies anders wäre, spricht viel gegen eine Ankopplung an das Verfahren des Bundes. Das Verfahren des Bundes ist ganz einfach schlecht: Es ist extrem komplex, intransparent und dadurch gestaltungsanfällig (vgl. Truger/Will 2012). Es führt zudem zu relativ prozyklischen Ergebnissen, kann also leicht dazu führen, dass im Abschwung die konjunkturbedingt für zulässig erachteten Defizite zu niedrig angesetzt werschlecht: Es ist extrem komplex, intransparent und dadurch gestaltungsanfällig (vgl. Truger/Will 2012). Es führt zudem zu relativ prozyklischen Ergebnissen, kann also leicht dazu führen, dass im Abschwung die konjunkturbedingt für zulässig erachteten Defizite zu niedrig angesetzt werden, während spiegelbildlich im Aufschwung die Konsolidierung nicht schnell genug erfolgt.

Der ehemalige rheinland-pfälzische Finanzminister Ingolf Deubel, obwohl einer der Väter der Schuldenbremse in der Föderalismuskommission II, hat mittlerweile eingestanden, dass er,

> »[…] – obwohl gelernter Finanzwissenschaftler und Ökonometriker – zum Zeitpunkt meiner Zustimmung im Bundesrat die aus diesem Ausführungsgesetz für den Bundeshaushalt folgenden Konsequenzen nicht in allen Facetten überschaut habe. […] Aus heutiger Sicht würde ich dem Bund dringend von einer solch präzisen Festlegung auf ein so unpräzises Verfahren abraten.« (Deubel 2010, S.2)

Dem ist wenig hinzuzufügen. Aus diesem Grund sollte Hessen aktiv nach einem anderen Verfahren Ausschau halten, das transparenter ist und zugleich eine verlässlichere und stetigere Planung der Ausgaben über den Konjunkturzyklus hinweg erlaubt. Anregungen können der ganz anders gelagerte Ansatz von Deubel (2010) oder die in der Schweiz praktizierte Konjunkturbereinigung mittels des relativ weniger schwankungsanfälligen modifizierten HP-Filters (Bruchez 2003) geben. Es wäre auch möglich, die technische Festlegung des Verfahrens zu umgehen und einen weitgehenden diskretionären Spielraum für das Finanzministerium zu gewähren.

Gerade was den Problemkomplex der konjunkturgerechten Gemeindefinanzierung angeht, bieten sich im Rahmen einer landesspezifischen Umsetzung der Schuldenbremse auch Chancen. So könnten die Länder zwar wohl im Rahmen von Artikel 109 Absatz 2 und Absatz 5 für die Defizite ihrer Kommunen zur Verantwortung gezogen werden; im Rahmen der für die Ländergesamtheit zugrunde gelegten Budgetsensitivität wird die Budgetsensitivität der Gemeindeebene jedoch (außer für Stadtstaaten) nicht einbezogen. Würde dies im Rahmen einer landesspezifischen Regelung getan, könnte das Land den Kommunen im Abschwung antizyklische Konjunkturausgleichszahlungen leisten (nach Maßgabe der zusätzlichen Kreditaufnahmemöglichkeiten, die sich aus der dem Land zugeschlagenen Budgetsensitivität der Kommunen ergedie staatliche Finanzlage erheblich beeinträchtigt« zu verstehen ist. Erwägenswert erscheint diesbezüglich neben einem außergewöhnlich starken Wirtschaftseinbruch oder einer sehr langen hartnäckigen Stagnationsphase auch ein besonders starker struktureller Einnahmeneinbruch, das heißt ein Einbruch, der den Rahmen der von der Budgetsensitivität oder ähnlichen Kennziffern abgebildeten Reaktion bei weitem übersteigt. Ein solcher Einbruch kann zum Beispiel auf Steuersenkungen beruhen, aber auch auf einem unvorhergesehenen überproportionalen Einbruch bei einzelnen Steuern. Insofern erscheint es sinnvoll, die Möglichkeit von zeitlich begrenzten Strukturanpassungskrediten einzuführen, wie dies im Entwurf für das Ausführungsgesetz für die rheinland-pfälzische Schuldenbremse vorgesehen ist (vgl. Landtag Rheinland-Pfalz 2011).

Es sei ausdrücklich erwähnt, dass auch im Rahmen der hierzulande viel gepriesenen Schweizer Schuldenbremse bei ihrer Einführung im Jahr 2003 nach einem unvorhergesehenen Konjunktureinbruch mit unerwartet hohem strukturellen Einnahmenrückgang für einen Zeitraum von drei Jahren eine vorübergehend höhere Neuverschuldungsmöglichkeit eingeräumt wurde (vgl. Schweizer Bundesrat 2003, sowie kritisch zur Schweizer Schuldenbremse Truger/Will 2012b).

Die vorstehend skizzierten Optionen im Rahmen der Schuldenbremse sollten sehr sorgfältig geprüft und abgewogen werden. In der Tat ist es völlig unverständlich und staatspolitisch angesichts der drohenden Konsequenzen grob fahrlässig, dass dies nicht bereits lange vor der Verankerung der Schuldenbremse geschehen ist. Die im Rahmen einer rationalen Umsetzung eröffneten finanzpolitischen Spielräume können je nach Konjunkturlage entscheidend in der Frage sein, ob eine plumpe Konsolidierungspolitik ähnlich der »Operation Sichere Zukunft« vermieden werden kann, oder ob bestimmte progressive Anliegen verwirklicht werden können. Es kann hier durchaus um einen Spielraum in Höhe von 500 Millionen Euro oder mehr gehen.

Das Erstaunliche an der gesamten Debatte um die Situation der öffentlichen Haushalte in Hessen und anderswo ist, dass sie in der Regel ohne Bezug zur bundespolitischen Einnahmenpolitik und -geschichte eine ausgabenseitige Konsolidierung propagiert oder praktiziert, und dass insbesondere die Folgen der Steuerpolitik der vergangenen Jahre vollkommen ausgeblendet werden. Dafür gibt es neben der *Mittelfristigen Finanzplanung* des Landes zahlreiche Beispiele: So mahnt der Hessische Rechnungshof (2012) die Kommunen zu Kürzungen bei freiwilligen Leistungen und den Investitionen, und auch die Vereinigung der Hessischen Unternehmerverbände (2012) spricht sich wie bereits erwähnt für Kürzungen bei den Landesausgaben aus, ohne die Folgen der Steuerreformen der vergangenen Jahre überhaupt zu erwähnen. Auch im Kommunalen Schutzschirmgesetz fehlt jede Auseinandersetzung mit der Frage, warum vielen Kommunen schon seit längerer Zeit die Konsolidierung ihrer Haushalte misslingt. Genau eine solche Auseinandersetzung ist jedoch eine notwendige Voraussetzung, um einschätzen zu können, ob die im Rahmen des Schutzschirmgesetzes verlangte Konsolidierung innerhalb weniger Jahre wirklich sachgerecht ist, und ob sie eine realistische Perspektive darstellt.

Die Befürworterinnen und Befürworter von ausgabenseitigen Konsolidierungsmaßnahmen müssen sich auch den Vorwurf gefallen lassen, dass sie sich einer ernsthaften Debatte um notwendige Ausgabenbedarfe entziehen. So besteht in den Aufgabenfeldern Bildung und öffentliche Investitionen eine starke Unterfinanzierung, und für diese Politikfelder sind wesentlich die Bundesländer bzw. ihre Kommunen verantwortlich.[26] Wer hier substanzielle Verbesserungen erreichen will, muss eine dauerhafte Stärkung der staatlichen Einnahmenbasis erreichen, gerade auch angesichts der erheblichen geschilderten steuerreformbedingten Ausfälle, die alle Gebietskörperschaftsebenen zu verzeichnen hatten und haben.

Aus Sicht der Kommunen etwa wäre eine sinnvolle Maßnahme die Weiterentwicklung der Gewerbe- zur Gemeindewirtschaftsteuer, wie dies im Rahmen der gescheiterten Gemeindefinanzreform im Jahr 2003 vorgesehen war (vgl. dazu Vesper 2004) und von den Kommunalen Spitzenverbänden nach wie vor gefordert wird:[27] Durch die Einbeziehung der gesamten Einkünfte aus selbständiger Tätigkeit, einschließlich der Freiberufler, wird der Kreis der Steuerpflichtigen ausgeweitet, und durch die Verbreiterung der Bemessungsgrundlage wird die Ergiebigkeit erhöht und die Schwankungsanfälligkeit reduziert. Die vorgeschlagene

---

26 Vgl. dazu generell Truger (2011). Zum Ausgabenbedarf im Bildungssektor vgl. die Studie von Piltz (2011), der Zahlen für die einzelnen Bundesländer bereitstellt. Zum Investitionsbedarf der Kommunen, die rund 60 Prozent der gesamten öffentlichen Investitionsausgaben tätigen, vgl. Reidenbach u.a. (2008).

27 Zur jüngst ebenfalls gescheiterten Reform der Gemeindefinanzierung durch die Regierung Merkel vgl. Simmler/Walch (2011).

Verbreiterung sollte dabei den Steuerbilanzgewinn unter Hinzurechnung aller Zinsen aus Dauerschulden sowie des Finanzierungsanteils aller Mieten, Pachten und Leasingraten umfassen.

Die Ausdehnung der Gewerbesteuer auf Freiberufler und Selbständige liegt nahe, da dieser Personenkreis die kommunale Infrastruktur genauso in Anspruch nimmt wie der aktuelle Kreis der Gewerbesteuerzahlenden (vgl. Broer 2011). Als Argument für die Verbreiterung der Bemessungsgrundlage lässt sich anführen, dass dadurch etwa der Privilegierung des Fremdkapitaleinsatzes entgegengewirkt wird.[28] Ganz generell gilt, dass die geringere Anfälligkeit der Gemeindewirtschaftsteuer für Konjunkturschwankungen das Investitionsverhalten der Gemeinden deutlich verstetigen und damit einen Beitrag zur makroökonomischen Stabilität leisten würde. Das zu erwartende Mehraufkommen würde sich auf etwa zwölf Milliarden Euro belaufen, allerdings müssen gut acht Milliarden Euro pauschaliert bei der Einkommensteuer angerechnet werden.

Darüber hinaus würde eine Wiedererhebung der Vermögensteuer sowohl dem Land als auch den Kommunen in Hessen zu Gute kommen, da das Aufkommen aus der Vermögensteuer den Ländern zufließt und in Hessen zu den fakultativen Steuern im hessischen KFA zählt.[29] Nicht zuletzt angesichts der enormen und zudem auch noch stark gestiegenen Ungleichverteilung des Vermögens wäre diese Maßnahme sinnvoll: Im Jahr 2007 belief sich das Nettovermögen der Personen über 16 Jahren auf 6,6 Milliarden Euro, wobei die reichsten zehn Prozent der Bevölkerung hiervon 61 Prozent besessen haben.[30] Wenn eine moderate Fortschreibung der Entwicklung des Vermögensbestands vorgenommen wird, dann gelangt man zu einem aktuellen Wert von über sieben Milliarden Euro. Eine Vermögensteuer mit einem Freibetrag in Höhe von 500.000 Euro und einem Steuersatz von lediglich 1 Prozent würde konservativ geschätzt der öffentlichen Hand insgesamt Einnahmen in Höhe von rund 20 Milliarden Euro bringen, wovon – nach den Zahlungen im Rahmen des Länderfinanzausgleichs – rund 1,5 Milliarden Euro in

28 Vgl. dazu die Ausführungen von Ronnecker (2011), der sich mit diesem Argument vor allem gegen die Verkleinerung der Bemessungsgrundlage der Gewerbesteuer durch eine generelle Abschaffung der gewerbesteuerlichen Hinzurechnungen wehrt.

29 Vgl. dazu ausführlich Truger u.a. (2007).

30 Vgl. Frick/Grabka (2009) und Frick u.a. (2010); siehe auch Bertelsmann Stiftung (2012).

die Kassen der hessischen Landesregierung gespült würden.[31] An diesen Einnahmen wären die hessischen Kommunen nach derzeitigem Rechtsstand automatisch durch die entsprechenden Regelungen im Rahmen des KFA in Höhe von etwa 350 Millionen Euro beteiligt.

Literatur

Aiginger, Karl/Böheim, Michael/Budimir, Kristina/Gruber, Norbert/Pitlik, Hans/Schratzenstaller, Margit/Walterskrichen, Ewald (2010), *Optionen zur Konsolidierung der öffentlichen Haushalte in Österreich*, Österreichisches Institut für Wirtschaftsforschung WIFO, Wien.

Bach, Stefan/Beznoska, Martin (2012), Erhebliches Aufkommenspotential trotz erwartbarer Ausweichreaktionen, in: *DIW Wochenbericht* 42/2012, S. 12–17

Bertelsmann Stiftung (2012), *Mittelschicht unter Druck?*, Gütersloh.

BMF [Bundesministerium der Finanzen] (2010), *Kompendium zur Verschuldungsregel des Bundes gemäß Artikel 115 Grundgesetz*, Berlin.

BMF [Bundesministerium der Finanzen] (2012), *Eckdaten zur Entwicklung und Struktur der Kommunalfinanzen 2002 bis 2011*, Berlin.

Boettcher, Florian/Holler, Benjamin (2011), Relative Unterfinanzierung der kommunalen Ebene? Zur Frage der vertikalen Finanzmittelverteilung in den Ländern, in: Hansmann, Marc (Hrsg.), *Kommunalfinanzen in der Krise*, Berlin, S. 72–89.

Broer, Michael (2001), *Der kommunale Finanzausgleich in Hessen*, Frankfurt.

Broer, Michael (2011), Steuersystematische Überlegungen und empirische Wirkungsanalysen zur aktuellen Gewerbesteuerreformdiskussion, in: Hansmann, Marc (Hrsg.), *Kommunalfinanzen in der Krise*, Berlin, S. 154–172.

Bruchez, Pierre-Alain (2003), *A Modification of the HP Filter Aiming at Reducing the End-Point Bias*, Working Paper der EFV, Doc. No.: ÖT/2003/3.

Deubel, Ingolf (2010), *Konjunkturausregulierung und Länderhaushalte. Ein Beitrag zur praktischen Umsetzung der Schuldenbremse und des Konsolidierungshilfengesetzes*, Bad Kreuznach.

31 Nach neuen Berechnungen des DIW würde eine Vermögensteuer mit einem Freibetrag in Höhe von zwei Millionen Euro für Alleinstehende (Verheiratete: vier Millionen Euro), der allerdings mit steigendem Vermögen abschmilzt, und einem Steuersatz in Höhe von einem Prozent immerhin 11,6 Milliarden Euro erbringen. Für juristische Personen ist eine Freigrenze in Höhe von 200.000 Euro vorgesehen, vgl. Bach/Beznoska (2012). Selbst eine so ausgestaltete Vermögensteuer würde für das Land Hessen ein Einnahmeplus von 800 Millionen Euro einbringen.

Deutsche Bundesbank (2011), Die Schuldenbremse in Deutschland – Wesentliche Inhalte und deren Umsetzung, in: *Monatsbericht der Deutschen Bundesbank* Oktober 2011, Frankfurt, S. 15–40.

Deutsche Bundesbank (2012), Zur Entwicklung der Länderfinanzen in Deutschland seit dem Jahr 2005, in: *Monatsbericht der Deutschen Bundesbank* Oktober 2012, Frankfurt, S. 31–51.

Eicker-Wolf, Kai (2004), Die Wiedergewinnung finanzpolitischer Spielräume durch die Solidarische Einfachsteuer: Das Beispiel Hessen, in: *WSI Mitteilungen*, H. 12, S. 662–668.

Eicker-Wolf, Kai (2011a), An den Grundpfeilern unserer Zukunft sägen, in: Eicker-Wolf, Kai/Thöne, Ulrich (Hg.), *An den Grundpfeilern unserer Zukunft sägen*, 2. Auflage, Marburg.

Eicker-Wolf, Kai (2011b), Schuldenbremse mit Verfassungsrang?, in: *Forum Wissenschaft*, H. 1, S. 51–54.

Eicker-Wolf, Kai/Himpele, Klemens (2011), Die Schuldenbremse als politisches Projekt, in: *Prokla*, H. 2, S. 195–212.

Eicker-Wolf, Kai/Truger, Achim (2010), *Entwicklung und Perspektiven der Kommunalfinanzen in Hessen. Studie im Auftrag von ver.di Hessen,* Frankfurt.

Eicker-Wolf, Kai/Truger, Achim (2012), *Kommunalfinanzbericht 2012. Studie im Auftrag von ver.di Hessen*, Frankfurt.

Frick, Joachim R./Grabka, Markus M. (2009), Gestiegene Vermögensungleichheit in Deutschland, in: *DIW Wochenbericht* 4/2009.

Frick, Joachim R./Grabka, Markus M./Hauser, Richard (2010), *Die Verteilung der Vermögen in Deutschland*, Berlin.

Gebhardt, Heinz/Kambeck, Rainer/Matz, Florian (2011), *Sprengsatz Länderhaushalte – Wege zu einer nachhaltigen Haushaltspolitik: Was taugt der Stabilitätsrat? Taugt er als Vorbild für Europa?*, Essen.

Hansmann, Marc (o.J.), *Memorandum der Landeshauptstadt Hannover zu den Auswirkungen steuerpolitischer Entscheidungen auf den städtischen Haushalt*, Hannover.

Hessische Landesregierung/Hessischer Landkreistag/Hessischer Städtetag/Hessischer Städte- und Gemeindebund (2012), *Rahmenvereinbarung zwischen Kommunalen Spitzenverbänden und Landesregierung über einen Kommunalen Schutzschirm in Hessen*, Wiesbaden.

Hessisches Ministerium des Innern und für Sport und Der Präsident des Hessischen Rechnungshofs – Überörtliche Prüfung kommunaler Körperschaften (2012), *Haushaltskonsolidierung und Schutzschirm-Kommunen. Leitfaden für konsolidierungsbedürftige Gemeinden und Gemeindeverbände* [Entwurf], Darmstadt.

Hildebrandt, Achim/Wolf, Frieder (Hrsg.) (1992), *Die Politik der Bundesländer*, Wiesbaden.

Himpele, Klemens (2010), *Die Umsetzung der Schuldenbremse in den Ländern*, Wien.

HMF [Hessisches Ministerium der Finanzen] (2009a), *Finanzplan des Landes Hessen für die Jahre 2008 bis 2012*, Wiesbaden.

HMF [Hessisches Ministerium der Finanzen] (2009b), *Finanzplan des Landes Hessen für die Jahre 2009 bis 2013*, Wiesbaden.

HMF [Hessisches Ministerium der Finanzen] (2011a), *Regierungskommission »Haushaltsstruktur«, Abschlussbericht*, Wiesbaden.

HMF [Hessisches Ministerium der Finanzen] (2011b), *Finanzplan des Landes Hessen für die Jahre 2011 bis 2015*, Wiesbaden.

HMF [Hessisches Ministerium der Finanzen] (2012a), *Finanzplan des Landes Hessen für die Jahre 2012 bis 2016*, Wiesbaden.

HMF [Hessisches Ministerium der Finanzen] (2012b), *Ausführungsgesetz zur verfassungsrechtlichen Schuldenbremse* (Konzeptpapier vom 20. November 2012), Wiesbaden.

HMF [Hessisches Ministerium der Finanzen] (2012c), *Der Haushaltsvollzug 2012. Unterrichtung des Haushaltsausschusses am 23. Januar 2013*, Wiesbaden.

Junkernheinrich, Martin/Boettcher, Florian/Holler, Benjamin (2011), *Stellungnahme für die öffentliche Anhörung des Haushaltsausschusses des Hessischen Landtags zum Abschlussbericht der Regierungskommission »Haushaltsstruktur« am 10. August 2011*, Kaiserslautern.

Junkernheinrich, Martin/Boettcher, Florian/Holler, Benjamin (2012), *Ist die Einnahmenverteilung im Land Hessen zwischen den Kommunen und der Landesebene aufgabenangemessen? – Finanzwissenschaftliche Stellungnahme für den Haushaltsausschuss des Hessischen Landtags*, Kaiserslautern.

Krings, Kerstin/Harsche, Johannes/van den Busch, Uwe/Bauer, Claus (2012), *Auswirkungen der Konjunkturprogramme für Hessen – Zusammenfassender Abschlussbericht* – Hessen Agentur Report Nr. 825, Wiesbaden.

Landtag Rheinland-Pfalz (2011), *Gesetzentwurf der Landesregierung für ein Ausführungsgesetz zu Artikel 117 der Verfassung für Rheinland-Pfalz*, Drucksache 16/503, Mainz.

Piltz, Henrik (2011), *Bildungsfinanzierung für das 21. Jahrhundert. Finanzierungsbedarf der Bundesländer zur Umsetzung eines zukunftsfähigen Bildungssystems*, Frankfurt.

Reidenbach, Michael/Bracher, Tilman/Grabow, Busso/Schneider, Stefan/ Seidel-Schulze, Antje (2008), *Investitionsrückstand und Investitionsbedarf der Kommunen*, Berlin.

Ronnecker, Stefan (2011), Die gewerbesteuerlichen Hinzurechnungen im Kontext der Gemeindefinanzreform, in: Hansmann, Marc (Hrsg.), *Kommunalfinanzen in der Krise*, Berlin, S. 173–193.

RWI [Rheinisch-Westfälisches Institut für Wirtschaftsforschung] (2010), *Ermittlung der Konjunkturkomponente für die Länderhaushalte zur Umsetzung der in der Föderalismuskommission II vereinbarten Verschuldungsbegrenzung, Gutachten im Auftrag des Bundesministeriums der Finanzen*, Essen.

Scherf, Wolfgang (2010), *Kommunaler Finanzausgleich und Entwicklung der Kommunal- und Landesfinanzen im Ländervergleich,* Gießen.

Schweizer Bundesrat (2003), *Botschaft zum Entlastungsprogramm 2003 für den Bundeshaushalt (EP 03)*, Bern.

Simmler, Martin/Walch, Florian (2011), Gemeindefinanzreform gescheitert: Warum sich die Kommunen querlegen, in: *DIW-Wochenbericht* 43/2011, S. 3–11.

Truger, Achim (2004), Rot-grüne Steuerreformen, Finanzpolitik und makroökonomische Performance – was ist schief gelaufen?, in: Hein, Eckhard/Heise, Arne/Truger, Achim (Hrsg.): *Finanzpolitik in der Kontroverse*, Marburg, S. 169–208.

Truger, Achim (2009), Ökonomische und soziale Kosten von Steuersenkungen. *Prokla,* H. 1, S. 27–46.

Truger, Achim (2011), Steuersenkungen, Schuldenbremse und Konjunkturrisiken, in: Eicker-Wolf, Kai/ Thöne, Ulrich (Hg.), *An den Grundpfeilern unserer Zukunft sägen*, 2. Auflage, Marburg, S. 15–43.

Truger, Achim (2012a), *Das hessische kommunale Schutzschirmgesetz – von einer echten Problemlösung weit entfernt. Schriftliche Stellungnahme des Instituts für Makroökonomie und Konjunkturforschung (IMK) in der Hans-Böckler-Stiftung zur Anhörung im Haushaltsausschuss des Hessischen Landtags zum Gesetzentwurf der Fraktion der Landesregierung für ein Hessisches kommunales Schutzschirmgesetz (Schutzschirmgesetz – SchuSG) – Drucks. 18/5317 –*, Düsseldorf.

Truger, Achim (2012b), *Umsetzung der Schuldenbremse in Landesrecht: Vom Grundgesetz gewährte Spielräume konstruktiv nutzen*, IMK Policy Brief, 1/2012, IMK in der Hans-Böckler-Stiftung, Düsseldorf.

Truger, Achim/Will, Henner (2009), *Finanzpolitische und makroökonomische Risiken der Schuldenbremse in Schleswig-Holstein*, IMK-Policy Brief, IMK in der Hans-Böckler-Stiftung, Düsseldorf.

Truger, Achim/Will, Henner (2012a), Gestaltungsanfällig und pro-zyklisch: Die deutsche Schuldenbremse in der Detailanalyse, in: Hetschko, Clemens, Pinkl, Johannes, Pünder, Hermann, Thye, Marius (2012): *Staatsverschuldung in Deutschland nach der Föderalismusreform II – eine Zwischenbilanz*, Hamburg, Bucerius Law School Press, S. 75–100.

Truger, Achim/Will, Henner (2012b), *Eine Finanzpolitik im Interesse der nächsten Generationen, Schuldenbremse weiterentwickeln: Konjunkturpolitische Handlungsfähigkeit und öffentliche Investitionen stärken*. IMK Studies, Nr. 24, IMK in der Hans-Böckler-Stiftung, Düsseldorf.

Truger, Achim/Eicker-Wolf, Kai/Blumtritt, Marcus (2007), *Auswirkungen der (Wieder-)Einführung einer Vermögensteuer auf die hessischen Landesfinanzen,* IMK Studies 07, IMK in der Hans-Böckler-Stiftung, Düsseldorf.

Truger, Achim/ Eicker-Wolf, Kai/Will, Henner/Köhrsen, Jens (2009a), *Auswirkungen der Schuldenbremse auf die hessischen Landesfinanzen*, IMK-Studies 6–2009, IMK in der Hans-Böckler-Stiftung, Düsseldorf.

Truger, Achim/Will, Henner/Teichmann, Dieter (2011), *IMK-Steuerschätzung 2011–2015: Kräftige Mehreinnahmen: kein Grund für finanzpolitischen Übermut*, IMK Report Nr. 62/2011.

Truger, Achim/Will, Henner/Köhrsen, Jens (2009b), *Die Schuldenbremse: Eine schwere Bürde für die Finanzpolitik. Stellungnahme des IMK in der Hans-Böckler-Stiftung im Rahmen der öffentlichen Anhörung des nordrhein-westfälischen Landtags.* IMK-Policy Brief, IMK in der Hans-Böckler-Stiftung, Düsseldorf.

Vereinigung der Hessischen Unternehmerverbände (2012), *Generationengerechtigkeit braucht solide Staatsfinanzen*, Frankfurt.

Vesper, Dieter (2004), Was von der Gemeindefinanzreform übrig blieb, in: *INTERVENTION*, Nr. 2, H. 1, S. 41–51.

Zimmermann, Horst (2010), *Aufgaben- und Ausgabenverteilung zwischen Land und kommunaler Ebene im Ländervergleich*, Marburg.

Die tarifpolitische Situation im öffentlichen Dienst in Hessen von 2004 bis 2013

Christian Rothländer

Im September 2013 wird in Hessen ein neuer Landtag gewählt. Auch aus tarifpolitischer Sicht ist dies ein wichtiger Termin. Zum Zeitpunkt der Wahl wird das Bundesland Hessen seit neun Jahren nicht mehr Mitglied des Arbeitgeberverbandes der Bundesländer, der Tarifgemeinschaft deutscher Länder (TdL), sein. Nachdem Berlin seit Beginn dieses Jahres wieder Mitglied in der TdL ist, nimmt Hessen seit Januar 2013 insoweit eine singuläre Stellung ein. Es lohnt sich, aus Anlass der jetzt anstehenden Landtagswahlen einen Blick zurück auf die jüngere Geschichte zu werfen und einen Ausblick in die Zukunft zu wagen, da eine mögliche Rückkehr Hessens in die TdL im Landtagswahlkampf sicher eine Rolle spielen wird.

Was bisher geschah: 2003 bis 2007

Im Rahmen der Tarifrunde in 2003 haben die Tarifvertragsparteien des öffentlichen Dienstes entschieden, den in die Jahre gekommenen *Bundesangestelltentarifvertrag* – kurz *BAT* – zu reformieren, und ihn so an die Anforderungen eines immer stärker dem europäischen Wettbewerb ausgesetzten öffentlichen Dienstes anzupassen. Dabei sollte auch die schon seit längerer Zeit als überholt betrachtete Zweiteilung des Tarifrechts in »Angestellte« (BAT) einerseits sowie »Arbeiterinnen und Arbeiter« andererseits aufgelöst werden. Zumal es sich faktisch sogar um eine Dreiteilung handelte, weil für den Bereich der Arbeiterinnen und Arbeiter des Bundes und der Länder der MTArb galt,[1] während im kommunalen Be-

1 Manteltarifvertrag für die Arbeiterinnen und Arbeiter des Bundes und der Länder (MT-Arb).

reich noch der BMT-G II[2] angewendet wurde.[3] Als überholt betrachtet wurde im Übrigen weniger das »Mantelrecht« der Tarifverträge, also die Regelung der allgemeinen Arbeitsbedingungen, sondern vielmehr das jeweilige Eingruppierungsrecht, also zum Beispiel die Anlagen 1a und 1b BAT.

Das Reformprojekt war kein einfaches Vorhaben, denn der BAT hatte immerhin seit 1961 Gültigkeit und war für alle Betroffenen ein eingeführtes, bekanntes Regelwerk. Der Verhandlungsprozess gestaltete sich dann auch sehr schwierig. Es kam trotz intensivem Diskussionen zu keinen greifbaren Ergebnissen, weshalb einzelne Arbeitgeber Druckmittel einsetzten.

Für die Tarifbereiche Land und Bund, nicht jedoch im kommunalen Bereich, erfolgte mit Wirkung zum 30.06.2003 bzw. zum 31.07.2003 die Kündigung der Zuwendungstarifverträge (so genanntes »Weihnachtsgeld« sowie Urlaubsgeld) durch die jeweiligen Arbeitgeber. Mit Wirkung zum 01.05.2004 hat nur die Tarifgemeinschaft deutscher Länder (TdL) die Arbeitszeitvorschriften in BAT und MTArb für den Tarifbereich West gekündigt. Die gekündigten Tarifbestimmungen unterlagen der Nachwirkung nach § 4 Abs. 5 Tarifvertragsgesetz (TVG). Parallel dazu ist das Land Hessen mit Wirkung zum 01.04.2004 aus dem Arbeitgeberverband TdL ausgetreten. Nach Einschätzung des damaligen Ministerpräsidenten Roland Koch (CDU) war die Struktur der Tarifgemeinschaft »nicht mehr geeignet, zu vernünftigen Ergebnissen zu kommen«.[4] Zudem ergänzte der damalige Finanzminister Karlheinz Weimar (CDU) in einem Gespräch mit ver.di, dass es »uns vor allem ekelt, dass die TdL uns zentral bindet und eigene Entscheidungsmöglichkeiten verhindert«. Die entsprechende politische Entscheidung fiel schon im Dezember 2003. Neben Berlin war Hessen damit zum damaligen Zeitpunkt das zweite Bundesland, das dem Arbeitgeberverband nicht mehr angehörte. Wobei die Situation mit Berlin nicht vergleichbar war, da Berlin durch die TdL wegen der Herstellung der Einkommensgleichheit von West und Ost Anfang der 1990er Jahre aus der TdL aus-

2 Bundesmanteltarifvertrag für Arbeiterinnen und Arbeiter gemeindlicher Verwaltungen und Betriebe (BMT-G II).

3 Die Föderalisierung des Beamtenrechts im Jahr 2006 und die damit in Zusammenhang stehende Auseinanderentwicklung der Beschäftigungsbedingungen bleibt im Folgenden unberücksichtigt.

4 »Länder dringen auf Dienstreform«, DIE WELT vom 14.01.2004.

geschlossen wurde. Die unterschiedliche Bezahlung von Beschäftigten eines Bundeslandes, die zudem auch fachlich zusammenarbeiten müssen, führte zu Spannungen, die den Senat des Landes Berlin zu diesem Schritt bewogen.

Neben der Frage, wie die gekündigten Tarifverträge in die Tarifauseinandersetzung des Jahres 2005 einbezogen werden sollten, stellte sich insbesondere für die Hessische Landesverwaltung und deren rund 45.000 Tarifbeschäftigte die Situation als neu dar. Aufgrund des Austritts aus dem Arbeitgeberverband mussten die betroffenen Gewerkschaften erstmalig Tarifverhandlungen unmittelbar mit dem Land Hessen führen und versuchen, die eigenen Forderungen durchzusetzen.

Gleichwohl beließ es Hessen nicht bei dem Austritt aus der TdL, sondern leitete weitere Maßnahmen ein.

Angriff auf das Urlaubs- und das Weihnachtsgeld

Das Hessische Ministerium des Innern und für Sport (HMdIS) hatte mit Erlass vom 08.07.2003[5] bestimmt, dass nach den jeweils wirksam gewordenen Kündigungen der Tarifverträge bei neu einzustellenden Beschäftigten – bzw. bei Beschäftigten, deren arbeitsvertraglicher Status sich ändert (Änderung des Arbeitszeitvolumens, Ablauf einer Befristung und Folgevertrag) – folgende Nebenabrede in die Arbeitsverträge aufgenommen werden soll:

> »Die gekündigten Tarifverträge [...] werden bis zum Zeitpunkt einer neuen Vereinbarung mit der Maßgabe angewendet, dass für die Höhe der Zuwendung der tarifliche Bemessungssatz, höchstens aber derjenige Bemessungssatz zu Grunde gelegt wird, der für vergleichbare Beamtinnen und Beamte des Landes jeweils maßgebend ist und Urlaubsgeld nur gezahlt wird, wenn und soweit vergleichbare Beamtinnen und Beamte des Landes ebenfalls ein Urlaubsgeld erhalten«.

Im Ergebnis lief dies darauf hinaus, dass inhaltlich die gleichen Regelungen gelten, wie sie seit 2004 für hessische Beamtinnen und Beamte der Landesverwaltung und auch in den Kommunen galten. Das heißt, der genannte Personenkreis erhält eine *Sonderzahlung* (altes Weihnachts-

5 Staatsanzeiger 2003, S. 2890.

geld), die monatlich im voraus gezahlt wird und rund fünf Prozent der maßgebenden Bezüge des jeweiligen Monats ausmacht[6].

Daneben gibt es einen *jährlichen Festbetrag* (altes Urlaubsgeld), der im Beamtenbereich aber nur an die Besoldungsgruppen bis einschließlich A 8 gezahlt wird und 161,17 Euro beträgt. Übertragen auf den Tarifbereich (§ 11 BAT) bedeutete dies, dass die Beträge bis einschließlich BAT Vc bzw. Kr VI gezahlt werden.

Dieser Erlass wurde ohne die Mitbestimmung nach § 74 Abs. 1 Nr. 13 HPVG (Mitbestimmung bei Lohngestaltung) seitens des zuständigen Hauptpersonalrats (HPR) beim Hessischen Ministerium des Innern und für Sport veröffentlicht. Auf Empfehlung des ver.di-Landesbezirks Hessen hin wurde seitens des HPR am 17.12.2003 beim Verwaltungsgericht in Wiesbaden deshalb ein personalvertretungsrechtliches Beschlussverfahren eingeleitet[7] – im Ergebnis dann auch mit juristischem Erfolg. Das VG Wiesbaden hat in insgesamt drei Entscheidungen festgestellt, dass vor dem Erlass einer jeweiligen Arbeitgeberrichtlinie das personalvertretungsrechtliche Beteiligungsverfahren einzuhalten ist.[8]

Erhöhung der Arbeitszeit auf das dienstrechtliche Niveau

Das Hessische Ministerium des Innern und für Sport (HMdIS) hatte zudem mit Schreiben vom 27.04.2004 ein Mitwirkungsverfahren (siehe oben) gegenüber dem HPR beim HMdIS in Bezug auf die geplante Neuregelung der Arbeitszeit eingeleitet. Es war beabsichtigt, bei Neueinstellungen, Statusänderungen etc. im Wege einer arbeitsvertraglichen Nebenabrede die Arbeitszeiten zu vereinbaren, die seit dem 01.01.2004 auch für die Beamtinnen und Beamten gelten: Bis zur Vollendung des 50. Lebensjahres 42 Stunden, vom 50. bis zum 60. Lebensjahr 41 Stun-

6 § 3 ff. des Gesetzes zur Umsetzung von Öffnungsklauseln im Bereich der Besoldung und Beamtenversorgung sowie zur Änderung reisekostenrechtlicher Vorschriften v. 22.10.2003, GVBl. I 2003, S. 280.

7 *Rothländer*: Kündigung der Tarifverträge über das Urlaubs- und das Weihnachtsgeld im öffentlichen Dienst und besoldungsrechtliche Öffnungsklauseln, PersR 2003, 434 ff.

8 *VG Wiesbaden* v. 14.01.2005, ZTR 2005, S. 225; zu allem: *Hohmann* in HBR I § 83 HPVG Rn. 79 m. w. N. aus der Rspr.

den und ab Vollendung des 61. Lebensjahres dann 40 Stunden wöchentlich.[9] Zum Gesamtverständnis muss hier erwähnt werden, dass im Rahmen der sogen. »Operation Sichere Zukunft« die Landesregierung entschieden hatte, die Arbeitszeit aller Beamtinnen und Beamten heraufzusetzen. Für den Bereich der Lehrerinnen und Lehrer wurden die Pflichtstunden erhöht, für den Bereich der allgemeinen Beamtinnen und Beamten wurde die regelmäßige wöchentliche Arbeitszeit auf das oben angegebene Niveau angehoben. Insoweit passte sich die tarifpolitische Auseinandersetzung in die allgemeine Kürzungsdiskussion der Regierung Koch, die auch viele soziale Projekte betraf, ein.

Die Frist zur Stellungnahme in diesem Beteiligungsverfahren lief Ende Juni 2004 ab. Die Gewerkschaft ver.di hatte dem HPR beim HMdIS die Ablehnung dieses Vorhabens sowohl aus beteiligungsrechtlichen (nur Mitwirkung nach § 63 HPVG und nicht etwa Mitbestimmung nach § 74 Abs. 1 Nr. 9 HPVG) sowie aus tarifpolitischen Gründen und Gründen der Verletzung des Gleichbehandlungsgrundsatzes – und zwar innerhalb des Tarifbereiches – empfohlen. ver.di hatte zudem angeregt, einen Antrag auf Erlass einer einstweiligen Anordnung sowie ein weiteres Beschlussverfahren beim VG Wiesbaden einzuleiten, wenn das HMdIS bei seiner mitbestimmungsfeindlichen Haltung bleiben würde. Dies geschah dann auch mit Erfolg. Da das Innenministerium auch vor dem Hintergrund des Vorgehens in Sachen »Weihnachtsgeld« und »Urlaubsgeld« (s. o.) nunmehr wenigstens ein Mitwirkungsverfahren eingeleitet hatte, war es solange gehindert, eine Neuregelung zu veröffentlichen.

Aus dieser Situation ergaben sich für Hessen eine Reihe von tarifrechtlichen und auch tarifpolitischen Konsequenzen. Mit Blick auf den Austritt Hessens aus der TdL galt § 3 Abs. 3 TVG. Das heißt, trotz dem Austritt galten und gelten die tarifrechtlichen Regelungen weiter (Fortgeltung) – und dies auch für Beschäftigungsverhältnisse, die im Fortgeltungszeitraum begründet worden sind. Änderungen der Arbeitsbedingungen sind – soweit arbeitnehmerseitig eine Tarifbindung besteht – mit Ausnahme der gekündigten Tarifvorschriften für Urlaubs-, Weihnachtsgeld und Arbeitszeitbestimmungen, nicht möglich.

---

9 Im Bereich der Beamtinnen und Beamten gilt diese, nach Lebensalter gestaffelte Arbeitszeit bis zum heutigen Tag (Stand: 31.03.2013). Ob sie für sich betrachtet, mit Blick auf das europarechtliche Verbot der Diskriminierung wegen des Lebensalters, haltbar ist, und welche Konsequenzen sich aus einem eventuellen Rechtsstreit ergeben, soll hier nicht erörtert werden.

Bezüglich der gekündigten Tarifregelungen (Weihnachtsgeld, Urlaubsgeld und Arbeitszeit; Stand: 30.06.2004) galt zwar die Nachwirkung gemäß § 4 Abs. 5 TVG. Allerdings mit der Besonderheit, dass diese nur solange Gültigkeit hat, bis die gekündigten Regelungen *durch eine andere Abmachung ersetzt werden.*

Insbesondere mit Blick auf die Fortgeltung nach § 3 Abs. 3 TVG hatten die Beschäftigten zu beachten, dass es sich um eine rein statische Fortgeltung handelt. Das heißt, Änderungen des fortgeltenden Tarifvertrages wirken sich trotz Tarifbindung (Gewerkschaftsmitgliedschaft) nicht aus.

Dies hatte und hat für den Bereich des Landes Hessen insgesamt zur Folge, dass die Verhandlungen auf der Bundesebene unter anderem mit der TdL für Hessen jedenfalls unmittelbar, direkt und tarifrechtlich ohne Folgen bleiben. Ein Tarifabschluss galt in Hessen nicht für den Bereich der Landesverwaltung, weder für die tarifgebundenen Beschäftigten noch sonst. Es musste von daher eine eigenständige Diskussion und vor allem auch tarifpolitische Durchsetzungsfähigkeit entwickelt werden. Für Hessen war im Übrigen seitens des damaligen Ministerpräsidenten Koch definitiv erklärt worden, dass es Ziel sei, die Arbeitszeitverlängerung im Beamtenbereich (40, 41 bzw. 42 Stunden) dauerhaft auch auf alle Tarifbeschäftigten zu übertragen.

Als Reaktion auf die seitens der TdL erfolgten Kündigungen der Tarifverträge (s.o.) zogen die Gewerkschaften auf der Bundesebene die einzige, aus ihrer Sicht folgerichtige Konsequenz: Die TdL wurde aus dem seit Anfang 2003 laufenden Neuordnungsprozess des Tarifrechts des öffentlichen Dienstes, der seinerzeit noch nicht abgeschlossen war, ausgeschlossen.

Damit standen die Gewerkschaften im Rahmen der Tarifrunde des Jahres 2005 vor der besonderen Situation, dass es nicht »nur« um eine Lohn- und Gehaltsrunde gehen würde, sondern die Ergebnisse der Modernisierungsverhandlungen mit dem Ziel, zu einem neuen Tarifrecht für den öffentlichen Dienst zu kommen, zu entscheiden waren. Dies erfolgte dann auch: Im September 2005 einigten sich die Tarifvertragsparteien des Bundes und der Kommunen mit den Gewerkschaften auf den »Tarifvertrag für den öffentlichen Dienst« (TVöD), der mit Wirkung zum 01.10.2005 in Kraft trat und den BAT, den MTArb und den BMT-G II ersetzte. Das galt aber eben nicht für den Bereich der Länder sowie für Hessen und Berlin. Die Atomisierung des ehemals als (relativ) monolithisch geltenden Tarifrechts begann.

Anfang Februar 2006 fanden dann auch Streiks der Gewerkschaft ver.di im Bereich der TdL statt, weil diese sich weigerte, den mit den Arbeitgebern Bund und dem *Verband der kommunalen Arbeitgeberverbände* (VKA) ausgehandelten TVöD als »Blaupause« 1:1 zu übernehmen. Also ging es in diesem Bereich nicht nur um den Streit über die Dauer der regelmäßigen wöchentlichen Arbeitszeit, sondern auch um die grundsätzliche Frage, ob sich die Länder dem TVöD anschließen oder nicht. Sie lehnten dies ab. Tarifrechtlich hatte dies zunächst einmal zur Folge, dass in allen Bundesländern nach wie vor der BAT sowie der MTArb weiterhin galt – allerdings »statisch«, da sie seitens der anderen Tarifvertragsparteien (Bund und VKA) wegen der Ersetzung in deren Bereichen durch den TVöD nicht mehr »gepflegt« wurden. Neben der Arbeitszeit waren die Regelungen zu den Sonderzahlungen (Weihnachtsgeld und Urlaubsgeld) Streitpunkte. Erklärungen einzelner Ministerpräsidenten in Talkshows, ebenfalls an einer Modernisierung des Tarifrechts für ihren Bereich interessiert zu sein, verdienten zwar eine gewisse Beachtung – Tatsache war jedoch, dass im Rahmen der laufenden Verhandlungen arbeitgeberseitig kein konkretes Angebot vorlag. Daran änderte auch das Spitzengespräch mit der TdL am 20.02.2006 in Berlin nichts. Die Verhandlungen wurden auf Anfang März 2006 vertagt.

An den Verhandlungen mit der TdL waren die Länder Hessen und Berlin nicht beteiligt. Ein Abschluss mit der TdL hätte *tarifrechtlich* keine unmittelbaren Wirkungen auf diese Bundesländer als Arbeitgeberin gehabt. Von daher konzentrierten sich die Arbeitskampfmaßnahmen im Bereich der Länder in und auf die Bundesländer, die der TdL angehörten. Nach längeren Auseinandersetzungen und Streiks kam es zu einer Tarifeinigung mit der TdL auf einen, nur für den Bereich der Bundesländer und auf deren Situation abgestimmten, eigenen Tarifvertrag: den »Tarifvertrag für den öffentlichen Dienst der Länder« (TV-L). Er trat mit Wirkung zum 01.11.2006 in Kraft. Aber auch dies änderte für Hessen (und Berlin) nichts. Wegen fehlender Mitgliedschaft in der TdL galten in Hessen immer noch der alte BAT und der MTArb. Gleichwohl wurde der Handlungsdruck auf das »gallische Dorf« größer.

Die Provokation des Jahres 2007: Gesetzliche Regelung der Einkommenserhöhung von Tarifbeschäftigten

Die hessischen Gewerkschaften haben nach der Vereinbarung des TV-L angeboten, diesen auch in Hessen zur Anwendung zu bringen, zum Beispiel auf der Grundlage eines Anwendungstarifvertrages. Dies scheiterte an der mangelnden Bereitschaft der Landesregierung. Mehr noch: Ende 2007 verabschiedete der Landtag ein Gesetz, mit dem zum ersten Mal nach 1945 die Einkommensentwicklung von Tarifbeschäftigten durch Gesetz (!) und nicht durch Tarifvertrag geregelt wurde. Ein einmaliger Vorgang, der auch bundesweit für Schlagzeilen sorgte und zudem natürlich eine lebhafte juristische Debatte auslöste.[10] Parallel dazu war dann auch die landespolitische Situation zu beachten. Im Frühjahr 2008 fanden Landtagswahlen statt, die zu keiner Bildung einer stabilen Regierung führten. Zwar hatten die Fraktionen von SPD, Bündnis 90/Die Grünen sowie die neu in das Parlament gekommene Partei Die Linke eine rechnerische Mehrheit. Die Regierungsbildung scheiterte jedoch daran, dass sich einige Abgeordnete der SPD weigerten, zusammen mit der Linken die Sozialdemokratin Andrea Ypsilanti zur Ministerpräsidentin zu wählen. Das Ergebnis war ein Jahr des Stillstandes. Die Landesregierung unter Roland Koch blieb geschäftsführend im Amt, verfügte aber über keine parlamentarische Mehrheit. Die Folge waren schließlich Neuwahlen im Frühjahr 2009. Diese hatten eine Regierungsmehrheit von CDU und FDP zum Ergebnis.

Wahlanalysen zeigten deutlich, dass CDU und FDP Stimmenverluste bei den über 160.000 Beschäftigten des öffentlichen Dienstes hinnehmen mussten.

2009: Jahr des Wandels

Anfang 2009 begannen dann die Verhandlungen über ein eigenes, hessisches Tarifrecht, die sich den ganzen Sommer bis zum Herbst 2009 hinzogen. Aber immerhin kam ein Ergebnis zustande. Ende September 2009 wurde eine Verständigung auf einen Manteltarifvertrag für den

10 Rieble/Leitmeier: Landesgesetze über tarifliche Arbeitsbedingungen?, ZTR 2008, S. 237 ff.

öffentlichen Dienst des Landes Hessen (TV-H) und eine Reihe weiterer Verträge, zum Beispiel für Auszubildende und Praktikantinnen und Praktikanten erzielt. Das neue Recht trat mit Wirkung zum 01.01.2010 in Kraft. Über fünfeinhalb Jahre nach dem Austritt des Landes Hessen war es den Gewerkschaften damit gelungen, die tarifpolitische Hängepartie zu beenden.

TV-H folgt dem TV-L

Inhaltlich folgt der TV-H weitestgehend dem TV-L. Besonderheiten bestehen insbesondere bei der Gestaltung des Urlaubsrechts und der unveränderten Zahlung eines Kinderzuschlags, den es ansonsten weder im TVöD noch im TV-L gibt. Auf die Einführung von leistungsbezogenen Einkommenselementen wurde von Anfang an verzichtet – und zwar bereits zu einem Zeitpunkt, als es diese Regelung auf der Ebene der TdL noch gab (§ 18 TV-L). Mittlerweile ist diese auch dort nicht mehr enthalten, lediglich § 18 TVöD-AT enthält noch eine entsprechende Bestimmung.

Gerade im Landesbezirk der Gewerkschaft ver.di ist in den vergangenen Jahren über so genannte »Vorteilsregelungen für Gewerkschaftsmitglieder« breit diskutiert worden. Dabei geht es darum, ob es bestimmte Regelungen/Leistungen in einem Tarifvertrag geben soll, die nur und ausschließlich den Mitgliedern der vertragschließenden Gewerkschaften zu Gute kommen. Nach der seit 1967 geltenden Rechtsprechung des Bundesarbeitsgerichts (BAG) waren solche Klauseln unzulässig. Diese Rechtsprechung änderte sich im Jahre 2009.[11] Nunmehr hielt das BAG so genannte *»einfache Differenzierungsklauseln«* für zulässig, insbesondere in »Haustarifverträgen«, weniger in Flächentarifverträgen. Der TV-H ist ein »Haustarifvertrag«, da er nur für den Bereich der hessischen Landesverwaltung gilt. Im Rahmen der Verhandlungen zum Übergangsrecht vom BAT bzw. MTArb in den TV-H haben die Gewerkschaften deshalb an einem besonderen Sachpunkt (Fortgeltung der Regelung eines Urlaubsanspruchs von 33 Tagen ab dem Jahr, in dem das 50. Lebensjahr vollendet wird) Einsprich erhoben. Erreicht werden sollte damit ein

11 *BAG* Urteil v. 18.03.2009, ZTR 2009, S. 6 (Pressemitteilung des BAG).

Fortbestand dieser Regelung nur für die Mitglieder der vertragschließenden Gewerkschaften,[12] die im September 2009 ihre Mitgliedschaft auch nachweisen konnten. Das Land Hessen als Arbeitgeber wollte hingegen eine finale Beendigung dieser hessischen Sonderregelung erreichen, die es ansonsten in keinem Bundesland gibt. Nach längeren internen Diskussionen lehnte die Arbeitgeberseite dieses Ansinnen jedoch ab. Zur Begründung wurde im Wesentlichen angeführt, dass man als Arbeitgeber zur Gleichbehandlung aller verpflichtet sei und keine internen Konflikte wolle. Auch wenn die Gewerkschaften sich in diesem Punkt nicht durchsetzen konnten, so bleibt für sie das Thema »Vorteilsregelung« doch auf der Tagesordnung. Sollte es bei der tarifrechtlichen Sonderstellung des Landes auch nach der Landtagswahl im September 2013 bleiben, muss damit gerechnet werden, dass alle Gewerkschaften diesen Punkt zum passenden Zeitpunkt erneut auf die Tagesordnung setzen, zumal die Rechtsprechung sich mittlerweile verstetigt hat und thematisch um das Thema der so genannten »Spannenklauseln« erweitert wurde.[13]

Die Entwicklung der Jahre 2010 bis Ende 2012

Schon im Juli 2010, also nur sieben Monate nach dem Inkrafttreten des TV-H, hat ver.di im Rahmen eines ersten Änderungstarifvertrages für den Bereich der Ärztinnen und Ärzte Anpassungen hinsichtlich deren Einkommensentwicklung vereinbart. Aktuell (Stand: 31.03.2013) sind mittlerweile insgesamt sechs (!) Änderungstarifverträge zum TV-H vereinbart worden, im Durchschnitt damit immerhin zwei pro Jahr. Auch zu den weiteren Tarifverträgen sind bereits umfangreiche Änderungen vorgenommen worden.

Im Rahmen der Tarifrunde des Jahres 2011 wurde dann im April 2011 eine Tarifsteigerung für die Jahre 2011 bis einschließlich 2012 erzielt. In diesem Zusammenhang wurden in einigen Tarifverträgen auch weitere Änderungen vorgenommen. Parallel dazu gelang es im März

---

12 Diese sind: ver.di, GEW, GdP, IG BAU und die dbb tarifunion.

13 *Schubert:* Richterliche Grenzen für die Vereinbarung von Differenzierungsklauseln, ZTR 2011, S. 579 ff.

2011 im Rahmen der Anpassungsverhandlungen für den Bereich der drei hessischen Staatstheater (Kassel, Wiesbaden und Darmstadt), zwei neue Tarifverträge abzuschließen, die das bis dahin geltende, zum Teil noch aus den 1960er Jahren stammende Tarifrecht ersetzten.

Im Februar 2013 begann die nach 2010 dritte Tarif- und Besoldungsrunde mit dem Land Hessen. Deren Ausgang stand zum Zeitpunkt des Redaktionsschlusses dieses Buches noch nicht fest. Die Gewerkschaften erheben in dieser »Tarif- und Besoldungsrunde« den Anspruch, eben nicht nur für die rund 45.000 Tarifbeschäftigten des Landes zu verhandeln, sondern wegen der beim Land liegenden Gesetzgebungskompetenz[14] hinsichtlich der Besoldung, auch für die insgesamt 106.000 Beamtinnen und Beamten des Landes sowie der Städte, Gemeinden, Landkreise und der Deutschen Rentenversicherung Hessen. Rechnet man die Beschäftigten der jeweils rechtlich selbständigen Universitäten Frankfurt a. M. (3.700) und Darmstadt (3.900) hinzu, so vertreten die Gewerkschaften in diesen hessischen »Tarif- und Besoldungsrunden« insgesamt rund 158.600 Betroffene – allein schon hinsichtlich der Größenordnung ein zu beachtender Wirtschaftsfaktor.

Wenn man sich den Ausgangspunkt des gesamten Neuordnungsprozesses des Tarifrechts des öffentlichen Dienstes (Kritik am BAT und seinem Eingruppierungsrecht) ansieht, dann muss man heute bilanzieren:

- Hinsichtlich des sogen. »Mantelrechts« ist mittlerweile durchgehend eine Neuregelung erfolgt (TVöD, TV-L, TV-H etc.).
- Was fehlt, ist eine grundlegende Neuordnung des Eingruppierungsrechts bzw. der Vereinbarung einer Entgeltordnung zum jeweiligen Tarifrecht. Bislang ist dies lediglich für den Bereich des TV-L seit dem 01.01.2012 gelungen.
- Eine Entgeltordnung zum TVöD steht genauso aus, wie eine zum TV-H. In Hessen haben die entsprechenden Verhandlungen Ende 2012 begonnen, sind aber noch nicht zu einem Abschluss gekommen.

Jenseits einer Mitgliedschaft in der TdL ist dies eine generelle Zukunftsaufgabe: Vor dem Hintergrund des nicht mehr nach Statusgruppen unterscheidenden Tarifrechts Eingruppierungsregelungen zu finden, die den aktuellen und kommenden Anforderungen des öffentlichen Diens-

14 Art. 74 Abs. 1 Nr. 27 GG.

tes gerecht werden. ver.di hat hierzu Vorschläge gemacht,[15] die auf Seiten der Arbeitgeber bislang keine Zustimmung fanden.

2014: Rückkehr in die TdL?

Für die Gewerkschaften ist und bleibt es tarifpolitisches Ziel, dass das Land Hessen in die TdL zurückkehrt. Gleichwohl ist damit bis zum Ende der aktuellen Legislaturperiode des Landtages Mitte Januar 2014 nicht zu rechnen. Wenn es zu einer entsprechenden politischen Mehrheit kommt, dann muss eine neue Landesregierung zunächst einen entsprechenden Beschluss fassen und einen Aufnahmeantrag in die TdL stellen. Wird dem zugestimmt, bedarf es (erneuter) Überleitungs- und Übergangsverhandlungen zur Anwendung des TV-L-Rechts. Es darf dabei nicht vergessen werden, dass der TV-H Sonderregelungen enthält (Fortgeltung des Anspruchs auf 33 Tage Urlaub; Kinderzuschlag), die es aus gewerkschaftlicher Sicht auch nach Rückkehr in die TdL zu sichern gilt. Von daher könnte am Wahlabend insoweit auch dieses politische Ergebnis: »Rückkehr in die TdL« feststehen. Die Aufgabenstellung, das dann auch zu bewältigen, bleibt.

15 *Fieg/Rothländer:* Das ver.di-Modell einer Entgeltordnung zum TVöD und zum TV-L, ZTR 2008, S. 410 ff.

Die Umsetzung des föderalisierten Dienstrechts in Hessen

Christian Rothländer

Mit Wirkung zum 01.09.2006 wurde das bis dahin relativ einheitlich geltende und zentral geregelte Dienstrecht der Beamtinnen und Beamten »föderalisiert«. Durch eine Änderung des Grundgesetzes wurde erreicht, dass dem Bund nur noch die Gesetzgebungskompetenz für Statusfragen zusteht. Die Bereiche »Besoldung«, »Versorgung« und »Laufbahnrecht« hingegen wurden »föderalisiert«[1] – das heißt, in diesen Bereichen besitzen die Bundesländer für ihren Zuständigkeitsbereich eine eigene Gesetzgebungskompetenz. Bis dahin verfügte der Bund über die Gesetzgebungskompetenz in Sachen »Besoldung« (seit ca. 1975) und »Versorgung«. Natürlich erfolgte die Änderung im Jahr 2006 vor dem Hintergrund, dass gerade in der unmittelbaren Landesverwaltung in aller Regel mehr Beamtinnen und Beamte beschäftigt sind als Arbeitnehmerinnen und Arbeitnehmer. Allein in Hessen fallen rund 106.000 Beamtinnen und Beamte nunmehr unter den Regelungsbereich des Landesgesetzgebers. Die Länder wollten in dieser Sache nicht nur via Bundesrat mit entscheiden, welche Besoldungs- und damit in aller Regel auch Versorgungserhöhungen eintreten, sondern sie wollten darüber direkt und unmittelbar bestimmen können. Natürlich wirkt sich dies dann auch auf die anderen Dienstherren aus, die Beamtinnen und Beamte beschäftigen, wie zum Beispiel die Städte, Gemeinden und Landkreise, die Deutsche Rentenversicherung und viele andere mehr. Da diese aber über keine Gesetzgebungskompetenz verfügen, kann es eine weitere Verlagerung »nach unten« nicht geben.

Hessen gehörte unter dem damaligen Ministerpräsidenten Koch (CDU) zu den stärksten Befürwortern eines föderalisierten Dienstrechts. Die hessischen Gewerkschaften gingen seinerzeit davon aus, dass es nach dem Inkrafttreten der grundgesetzlichen Änderungen alsbald losgehen

1 Art. 74 Abs. 1 Nr. 27 GG

würde mit dem Gebrauch der neu gewonnenen Handlungsspielräume. Gleichwohl, es passierte … nichts.

Mai 2007: Dienstrechtskongress ohne DGB-Gewerkschaften

Für Mai 2007 lud die Landesregierung zu einem großen »Dienstrechtskongress« nach Wiesbaden ein. Natürlich hatten auch der DGB und die in ihm zusammengeschlossenen Mitgliedsgewerkschaften eine Einladung erhalten. Kurzfristig entschieden sich die DGB-Gewerkschaften jedoch dagegen, die Einladung anzunehmen. Der Grund dafür war eine Provokation der CDU-geführten Landesregierung zusammen mit dem Landesverband des Deutschen Beamtenbundes (dbb). Bekanntlich galt im Beamtenbereich seit 2004 – Stichwort »Operation Sichere Zukunft«[2] – eine nach dem Lebensalter gestaffelte Arbeitszeit von 40, 41 und 42 Stunden. Um diese Folgen der Arbeitszeitverlängerung etwas »abzumildern«, stellten Landesregierung und dbb in einer Pressekonferenz gemeinsam die Einführung eines sogenannten »Lebensarbeitszeitkontos« vor. Diejenigen, die 42 Stunden arbeiten müssen, sollen die Differenzstunde von 41 zu 42 Stunden auf ein Lebensarbeitszeitkonto gutgeschrieben bekommen, das am Ende des Berufslebens dann konzentriert abgebaut werden soll. Wer auf Grund des Lebensalters auf die 41 Stunden zurückgeht, soll diese Gutschrift nicht mehr erhalten – es sei denn, der oder die Beschäftigte würde doch weiter 42 Stunden arbeiten. Die Gewerkschaften haben diese Aktion als einen Affront gegenüber all denen aufgefasst, die sich gegen die Verlängerung der Wochenarbeitszeit engagiert haben. Vor diesem Hintergrund war es nicht sinnvoll, an einem Kongress teilzunehmen, in dem nicht mehr sachlich, rational und mit wissenschaftlichem Anspruch über die künftige Entwicklung des Dienstrechts diskutiert werden konnte.

2 Vgl. dazu den Beitrag von Eicker-Wolf/Truger in diesem Band, S. 15 ff.

2007 bis Ende 2008: Arbeitsgruppen auf der Ebene des Innenministeriums

Nach dem Kongress im Jahr 2007 wurden auf der Ebene des Innenministeriums Arbeitsgruppen zu den föderalisierten Bereichen gebildet, die praktische Vorschläge zur Umsetzung machen sollten. Diese sollten dann Anfang/Mitte 2008 präsentiert werden, um in Gesetzesvorlagen zu münden. An dieser Arbeit haben sich die Gewerkschaften beteiligt und zahlreiche Vorschläge eingebracht. Gleichwohl scheiterte die gesetzgeberische Umsetzung an der neuen Situation nach der Landtagswahl im Jahr 2008, die neue parlamentarische Mehrheiten mit sich brachte, aber keine Regierungsbildung. In dieser Situation behalf man sich dann mit dem Einsetzen einer Mediatorengruppe.

August 2008: Mediatoren nehmen ihre Arbeit auf

Im August 2008 berief der seinerzeit nur geschäftsführend amtierende Ministerpräsident Koch eine vierköpfige Mediatorengruppe. Sie bestand aus dem Bundesminister a. D. Friedrich Bohl (CDU), Oberbürgermeister Wolfram Dette (Wetzlar, FDP), Staatsminister a. D. Lothar Klemm (SPD) und Staatsminister a. D. Rupert von Plottnitz (Bündnis90/Die Grünen). Die genaue Arbeitsweise der Mediatoren ist nicht bekannt. Auf ihre Einladung hin fand im März 2009 ein einmaliges Gespräch dieser Gruppe mit Vertreterinnen und Vertretern von Gewerkschaften und dem dbb Hessen statt. Die Positionen wurden angehört, diskutiert wurde wenig. Im Nachgang haben die Gewerkschaften den Mediatoren ihre grundsätzlichen Positionen zugeleitet, ohne je wieder etwas zu hören. Von einer Mediation zwischen widerstreitenden Interessen mit dem Ziel, zu einer gemeinsamen Linie zu gelangen, konnte nicht wirklich die Rede sein, und dies wurde vermutlich auch nie angestrebt. Rückblickend betrachtet, ging es vermutlich um das Vortäuschen operativer Betriebsamkeit nach außen und vor allem um Zeitgewinn. Für wirkliche, gesetzgeberische Aktivitäten fehlten der geschäftsführenden Landesregierung die Mehrheiten, vielleicht aber auch ein wirkliches Konzept.

Durch die Föderalisierungsentscheidung entfiel auf Bundesebene das Beamtenrechtsrahmengesetz (BRRG), welches Rahmenvorschriften für die Landesgesetzgebung enthalten hatte. Es wurde mit Wirkung zum 01.04.2009 ersetzt durch das Beamtenstatusgesetz (BeamtStG), das im Wesentlichen direkt und unmittelbar geltende Vorschriften für die Länder (nicht für den Bund) enthält. Gleichwohl bedurfte dies zum Teil noch der landesrechtlichen Ausprägung, die bis zum 01.04.2009 vorzunehmen war. Dies gelang Hessen gerade noch rechtzeitig durch den Erlass des Hessischen Beamtenrechtsanpassungsgesetzes.[3] Es enthielt aber wirklich nur eine rein technische Anpassung an die geänderten Gegebenheiten und keine wirkliche Nutzung der neuen Handlungsspielräume.

Im Dezember 2009 schließlich lag der Bericht der Mediatorengruppe vor, der kaum Überraschungen enthielt und hier nicht weiter behandelt werden soll. Zu diesem Zeitpunkt gab es parlamentarisch zumindest (wieder) stabile Mehrheiten, da aus den Landtagswahlen im Frühjahr 2009 eine CDU/FDP-Koalition hervorgegangen war.

Wer jetzt erwartet hatte, dass es nunmehr mit einer zügigen, gesetzgeberischen Umsetzung des zu diesem Zeitpunkt immerhin schon seit drei Jahren föderalisierten Dienstrechts voranging, sah sich erneut getäuscht. Es tat sich wieder … nichts.

Mai 2010: Erstes Gesetz zur Modernisierung des Dienstrechts wird vorgelegt

Erst im Mai 2010 brachten dann die Landtagsfraktionen von CDU und FDP den Entwurf eines *Ersten Gesetzes zur Modernisierung des Dienstrechts in Hessen* (DRModG) in den Landtag ein. Die zentralen Inhalte lassen sich wie folgt beschreiben: Die Lebensarbeitszeit wurde grundsätzlich vom 60. auf das 62. Lebensjahr (im Bereich der Sicherheitsdienste), die allgemeine Altersgrenze vom 65. auf das 67. Lebensjahr angehoben.

3 Gesetz zur Anpassung des Beamtenrechts in Hessen an das Beamtenstatusgesetz –Hessisches Beamtenrechtsanpassungsgesetz (HBRAnpG) vom 05.03.2009, GVBl. I 2009, S. 95 ff.

Im Einzelfall kann auf Antrag bis zum 70. Lebensjahr gearbeitet werden. Wer früher in den Ruhestand geht, muss mit Versorgungsabschlägen von bis zu 18 Prozent rechnen. Mit anderen Worten: Es ging um die *Pension mit 67* analog zum Bereich der gesetzlichen Rentenversicherung und nicht um Modernisierung.

Kernpunkt des Gesetzentwurfes ist die *Anhebung der Regelaltersgrenzen*. Künftig soll die Versetzung in den Ruhestand erst mit Ablauf des Monats erfolgen, in dem das *67. Lebensjahr* vollendet wurde (§ 50 Abs. 1 HBG).

Nach einer Anhörung im Innenausschuss wurde das Gesetz dann mit der Mehrheit der Fraktionen von CDU und FDP und gegen die Stimmen von SPD, Bündnis90/Die Grünen sowie der Linken am Donnerstag, den 18.11.2010 in dritter Lesung beschlossen. Im Verhältnis zum ursprünglichen Gesetzentwurf haben sich gleichwohl noch Änderungen ergeben:

- Es bleibt dabei, dass Schwerbehinderte unverändert mit Vollendung des 60. Lebensjahres auf eigenen Antrag in den Ruhestand versetzt werden können. Ursprünglich war geplant, auch diese Altersgrenze auf das 62. Lebensjahr anzuheben.
- Für den Bereich der Polizei, des Justizvollzuges und der Berufsfeuerwehren wird eine in drei Schritten gestaffelte Schutzregelung aufgenommen, die bewirkt, dass, wenn im jeweiligen Umfang Schicht- bzw. Wechselschichtdienst geleistet wurde, es insoweit bei der besonderen Altersgrenze mit Vollendung des 60. Lebensjahrs bleibt.

Im Kern setzte die Landesregierung mithin ihr Anliegen um, beginnend mit dem Jahr 2012 und dem Jahrgang 1947 das Pensionseintrittsalter auf das 67. Lebensjahr anzuheben. Der Jahrgang 1964 ist dann der erste, der vollumfänglich bis zum 67. Lebensjahr arbeiten muss, damit eine ungekürzte Pension in Anspruch genommen werden kann. Das Gesetz trat mit Wirkung zum 01.01.2011 in Kraft, mit der Anhebung der Altersgrenzen wurde im Jahr 2012 begonnen.

November 2012: Zweites Gesetz zur Modernisierung des Dienstrechts wird vorgelegt

Auch nach Verabschiedung des Gesetzes aus dem Jahr 2010 stand immer noch die Umsetzung der großen Themenblöcke »Besoldung«, »Laufbahnrecht« und eine ggf. grundlegende Änderung im Bereich des allgemeinen Beamtenrechts (Änderung des Hessischen Beamtengesetzes, kurz HBG) auf der Tagesordnung. Kurz vor Ende der fünfjährigen Wahlperiode[4] schließlich brachten Ende November 2012 erneut die Fraktionen von CDU und FDP ein »Zweites Gesetz zur Modernisierung des Dienstrechts in Hessen« in den Landtag ein.[5]

Der Entwurf umfasst einschließlich der Begründung über 300 Seiten. Er wurde in der Plenarsitzung des Hessischen Landtages am 14.12.2012 in erster Lesung behandelt und dem zuständigen Innenausschuss zur Beratung überwiesen. Über sechs Jahren, nachdem die Föderalismusreform I mit Wirkung zum 01.09.2006 in Kraft getreten ist, will Hessen nunmehr umfänglich von seiner Gesetzgebungskompetenz Gebrauch machen. Die wesentlichen Elemente dieses Vorhabens sollen kurz dargestellt werden.

Allgemeines Beamtenrecht

Das Hessische Beamtengesetz (HBG) war bereits 2009 in einem ersten Schritt an die Bedingungen des neuen Beamtenstatusgesetzes (BeamtStG) angepasst worden. Nunmehr sind folgende Neuerungen vorgesehen:

a) Erstmalig wird direkt im Gesetz die Verpflichtung festgelegt »*die Befähigung und fachliche Leistung [...] regelmäßig zu beurteilen*« (§ 59 Abs. 1 HBG). Damit wird die dienstliche Beurteilung gesetzlich normiert. Deren Einzelheiten hingegen sollen in einer gesonderten Verordnung geregelt werden.

---

4 Seit Anfang 2013 steht fest, dass die Wahlen zur 19. Legislaturperiode des Hessischen Landtags am 22.09.2013 stattfinden werden.

5 Zweites Gesetz zur Modernisierung des Dienstrechts in Hessen (2. DRModG) – Drucks. 18/6558 vom 28.11.2012.

b) Künftig sollen auch Beamtinnen bzw. Beamte auf Widerruf aus familiären Gründen Teilzeitarbeit ausüben dürfen, wenn dadurch die Ausbildung nicht gefährdet wird (§ 63 Abs. 2 HBG).
c) Teilzeitarbeit mit weniger als der Hälfte der regelmäßigen Arbeitszeit, mindestens jedoch mit 15 Stunden pro Woche, soll statt max. 15 Jahren künftig max. 17 Jahre möglich sein (§ 63 Abs. 3 HBG).
d) Eine Beurlaubung aus familiären Gründen soll statt derzeit max. 12 Jahre künftig max. 14 Jahre möglich sein (§ 64 Abs. 1 HBG).
e) Das gewerkschaftliche Beteiligungsverfahren (§ 95 HBG) und auch die Landespersonalkommission (§ 98 HBG) bleiben bestehen. Dies gilt auch für ihre personelle Zusammensetzung.
f) Es bleibt bei dem Anspruch auf Dienstbefreiung zum Beispiel zur Ausübung einer gewerkschaftlichen Betätigung (§ 69 Abs. 3 HBG). Allerdings wird die derzeitige analoge Anwendung der Regelungen über die Dienstbefreiung auch auf die Arbeitsbefreiung für Arbeitnehmerinnen und Arbeitnehmer (zur Zeit § 215 Abs. 1 in Verbindung mit § 106 HBG) aufgehoben.

Laufbahnrecht

Der »einfache Dienst« soll abgeschafft werden. Künftig gibt es nur noch die Laufbahngruppen des mittleren, gehobenen und höheren Dienstes (§ 11 Abs. 3 HBG). Zudem werden die rund 100 bestehenden Fachrichtungen auf 11 reduziert. So sollen zum Beispiel die Fachrichtungen der »Allgemeinen Verwaltung«, der »Feuerwehr«, der »Steuerverwaltung« und der »Justiz« bestehen bleiben. Ob es auch künftig das Instrument des »prüfungsfreien Aufstiegs« geben wird, ergibt sich nicht aus den vorliegenden Unterlagen. Derartige Regelungen können in der Hessischen Laufbahnverordnung getroffen werden, die als Entwurf nicht vorliegt.

Besoldungsrecht

a) An dem »*Grundsatz der funktionsgerechten Besoldung*« sowie der Bestimmung des Grundgehaltes nach dem verliehenen Amt wird festgehalten (§§ 21, 22 HBesG).

b) Auch an dem System der Stellenobergrenzen soll festgehalten werden (§ 27 HBesG).
c) Wie schon im Tarifbereich (TVöD, TV-H) wird künftig das Grundgehalt jedoch nicht mehr ausgehend vom Besoldungsdienstalter (= 21. Lebensjahr), sondern nach Stufen bemessen. Grundsätzlich erfolgt mit der Einstellung die Einordnung in die Stufe 1 der jeweiligen Besoldungsgruppe. Vorbeschäftigungszeiten können anerkannt werden und führen zu einer höheren Stufenzuordnung (§ 29 HBesG). Das weitere Aufsteigen erfolgt dann nach der dienstlichen Erfahrungszeit (§ 28 HBesG).
d) Die Möglichkeit der Verkürzung des Stufenaufstiegs bleibt bestehen (§ 28 Abs. 4 Satz 1 HBesG). Demgegenüber ist die Möglichkeit des Anhaltens des Stufenaufstiegs nicht mehr vorgesehen.
e) Das System der familienbezogenen Besoldungsbestandteile bleibt bestehen (§ 42 ff. HBesG).
f) Auch künftig sollen bei besonderen Leistungen Leistungsprämien und Leistungszulagen gezahlt werden können. Neu ist, dass auch »*Sonderurlaub in Höhe von bis zu drei Arbeitstagen je Kalenderjahr*« als Leistungskomponente gewährt werden kann (§ 46 Abs. 1 Satz 1 HBesG).

Die zum Zeitpunkt des Inkrafttretens *vorhandenen Beamtinnen und Beamten* der A-, B- und R-Besoldung werden durch ein gesondertes Besoldungs- und Versorgungsüberleitungsgesetz (HBesVÜG) in die *neuen Tabellen übergeleitet*. Erst danach erfolgt der dann weitere Aufstieg innerhalb der Stufen nach der (neuen) Erfahrungszeit (§ 28 Abs. 3, 4 HBesG).

Die *Struktur der neuen Besoldungstabelle A* (A 3 bis A 16) ist Bestandteil des Gesetzentwurfs. Wie schon derzeit steigt das Grundgehalt dabei nach Erfahrungszeiten. Das Endgrundgehalt der jeweiligen Besoldungsgruppe kann nach 23 Jahren erreicht werden.

Versorgungsrecht

Der vorliegende Entwurf enthält auch eine komplette Aufnahme/Wiedergabe des erst zum 01.01.2011 in Kraft getretenen HBeamtVG. Gleichwohl wird jedoch an der 2011 eingeführten »*Pension mit 67*« (§ 80 HBeamtVG) mit allen Übergangsregelungen auch für den Bereich des Justizvollzuges und der Feuerwehr (§§ 113, 114 in Verbindung mit § 112 HBG) festgehalten.

a) Es entfällt die bisherige Einschränkung, dass nur Zeiten nach Vollendung des 17. Lebensjahres als ruhegehaltfähige Dienstzeit anerkannt werden. Künftig werden somit auch grundsätzlich Zeiten vor Vollendung des 17. Lebensjahrs anerkannt.
b) Es bleibt dabei, dass für jedes Jahr 1,79375 Prozent als Ruhegehaltssatz anerkannt werden, der maximale Ruhegehaltssatz beträgt unverändert 71,75 Prozent. Damit kann der maximale Satz nach 40 Jahren erreicht werden (1,79375 x 40 = 71,75 Prozent).
c) Neu geregelt wird die Mitnahmefähigkeit von Versorgungsansprüchen bei einer Entlassung aus dem Beamtenverhältnis, um zum Beispiel im privaten Bereich eine Erwerbstätigkeit aufzunehmen. Hierfür wird das neue Instrument des *Altersgeldes* geschaffen (§ 76 ff. HBeamtVG). Die Zahlung des Altersgeldes lebt dann auf, wenn die Regelaltersgrenze nach dem HBG erreicht ist oder aber ein sozialversicherungsrechtlicher Fall der Erwerbsminderung (§ 43 SGB VI) eintritt.
d) Um Altersgeld zu erlangen, muss eine ruhegehaltfähige Dienstzeit von mindestens 5 Jahren zurückgelegt sein. Die Berechnung des Altersgeldes erfolgt so, als sei es eine übliche Pension.
e) Analog der Umstellung der Besoldungstabelle auf Erfahrungszeiten werden auch alle zum Zeitpunkt des Inkrafttretens des Gesetzes vorhandenen *Versorgungsempfänger in die neue Tabelle übergeleitet.* Dies erfolgt im Prinzip nach dem gleichen System wie bei den aktiven Beamtinnen und Beamten.

Sonstige Änderungen

Es sollen in einer Reihe von Gesetzen und Verordnungen Folgeänderungen vorgenommen werden, und zwar im HPVG, in der Hessischen Urlaubsordnung und in der Hessischen Arbeitszeitverordnung, auf die hier nicht im Detail eingegangen wird.

Das weitere Verfahren/Inkrafttreten

Der Gesetzentwurf ist in *erster Lesung am 14.12.2012* im Hessischen Landtag beraten worden. Der federführende Innenausschuss hat die Gewerkschaften, die kommunalen Spitzenverbände, Vertreterinnen bzw. Vertreter aus der Wissenschaft und eine Vielzahl anderer Organisationen zu einer *schriftlichen Stellungnahme* aufgefordert. *Abgabetermin war der 14.02.2013.* Am *07.03.2013* fand im Hessischen Landtag eine mündliche Anhörung statt. Nach den aktuell – Ende März 2013 – vorliegenden Informationen ist seitens der Mehrheitsfraktionen von CDU und FDP nicht an ein schnelles Gesetzgebungsverfahren gedacht. Geplant ist eine Verabschiedung in der letzten Plenarsitzung vor der Sommerpause 2013 (25.06. bis 27.06.2013). Grundsätzlich soll das Gesetz am »*ersten Tag des neunten auf die Verkündung folgenden Kalendermonats*« in Kraft treten (Art. 33). Angenommen, das Gesetz würde in der zweiten Juli-Woche 2013 verkündet, dann würde es (von Ausnahmen abgesehen) am 01.04.2014 in Kraft treten. Aus diesen Zeitabläufen ist zu ersehen, dass zum Zeitpunkt des Redaktionsschlusses dieses Buches (Ende März 2013) das Gesetzgebungsverfahren noch nicht abgeschlossen war.

Besoldungsentwicklungen 2007 bis 2012

Kurz erwähnt werden soll, dass von der mit Wirkung zum 01.09.2006 ebenfalls gewonnenen Gesetzgebungskompetenz in Sachen »Besoldung« tatsächlich Gebrauch gemacht wurde. In drei Besoldungsanpassungsgesetzen seit 2007[6] – zuletzt im Oktober 2011 – wurde immer unter Beachtung der jeweiligen tariflichen Entwicklung eine Anpassung vorgenommen. Hier besteht in Hessen im Unterschied zu allen anderen Bundesländern die besondere Situation, dass das Land eben nicht nur allein über die Besoldungsstruktur und die Entwicklung der Höhe der Besoldung entscheiden kann, sondern auch die Möglichkeit besteht, dies mit dem tarifpolitischen Bereich zu synchronisieren.[7] Seit dem

6 Hessisches Besoldungs- und Versorgungsanpassungsgesetz 2007/2008 v. 28.09.2007, GVBl. I 2007, S. 602 ff. Hessisches Besoldungs- und Versorgungsanpassungsgesetz 2009/2010 v. 18.06.2009, GVBl. I 2009, S. 175 und Hessisches Besoldungs- und Versorgungsanpassungsgesetz 2011/2012 v. 06.10.2011, GVBl. I 2011, S. 530 ff.

7 Vgl. dazu den Beitrag zur Tarifpolitik im öffentlichen Dienst in diesem Band, S. 59 ff.

01.02.2013 »läuft« eine weitere Tarif- und Besoldungsrunde in Hessen. Zum Zeitpunkt des Redaktionsschlusses dieses Buchs lag ein Ergebnis noch nicht vor.

Fazit

Was ist nun übrig geblieben von der »Föderalisierung«? Aus hessischer Sicht jedenfalls nicht allzu viel. Mit Blick auf die beiden »großen« Gesetzgebungsmaßnahmen ist festzustellen, dass unverändert Bund und Länder untereinander »abschreiben«. Trotz föderalisierter Situation erfolgen bilaterale Absprachen und die Übernahme von Regelungen, die andere Bundesländer oder der Bund (zum Beispiel neue Besoldungstabelle) bereits verabschiedet haben. Die konzeptionellen Vorschläge, die zum Beispiel der DGB Hessen Anfang 2009 unterbreitet hat, wurden nicht zur Kenntnis genommen und auch nicht breit erörtert. Gleichwohl wird man nüchtern feststellen müssen, dass es – jedenfalls mittelfristig – ein »zurück« zur Situation vor dem September 2006 wohl kaum geben wird. Die Gewerkschaften, gerade in den Bundesländern, tun gut daran, sich darauf auch im Binnenverhältnis einzustellen.

Die Privatisierung der Universitätskliniken Gießen und Marburg

Dirk Gehrke

Am 14.12.2004 kündigte der Hessische Ministerpräsident Koch die Privatisierung der vorher noch zu fusionierenden Uniklinika Gießen und Marburg (kurz UKGM) an. Privatisiert werden sollte der Krankenhausbetrieb, während Forschungs- und Lehraufgaben der Universitätsklinik in öffentlicher Hand bleiben sollten.

Begründet wurde dieses Vorhaben mit erheblichen Investitionsrückständen besonders am Standort Gießen, aber auch in Marburg, wobei die Finanzierung der hessischen Unikliniken schon Jahre zuvor im bundesdeutschen Vergleich weit unterdurchschnittlich war. Die Landesregierung wollte damit ein bundesweit einmaliges »Leuchtturmprojekt« errichten, da aus ihrer Sicht nur so der dauerhafte Universitätsbetrieb an beiden Standorten zu sichern wäre und ein Investor bzw. Betreiber gefunden werden konnte, der sich verpflichtet, einen Großteil der Kaufsumme in Form von Investitionen zu tätigen, zu denen das Land Hessen nicht mehr in der Lage oder nicht mehr bereit war.

Die Entscheidung war von Beginn an hoch umstritten. Die Beschäftigtenvertreter beider Standorte – unterstützt von der Gewerkschaft ver.di, der SPD und den Grünen sowie weiten Teilen der Bürgerschaft – formulierten den Protest am lautesten und nachhaltigsten. Eine Bürgerinitiative gegen den Verkauf der Kliniken wurde in Marburg gegründet und eine Initiative zur Einleitung eines Volksbegehrens, welche im wesentlichen von der Partei »Die Linke« unterstützt wurde.

In erster Linie erwarteten die Privatisierungsgegner eine Verschlechterung der ärztlichen und pflegerischen Versorgung in Folge von personellen Einsparungen und Leistungsausweitungen ohne angemessene Personalaufstockung. Der SPD-Landtagsabgeordnete Thomas Spies, der selber früher als Arzt am Marburger Universitätsklinikum tätig war, prägte den Ausdruck »Privatisierung tötet«. Allen Protesten zum Trotz – unter anderem wurden mehr als 20.000 Unterschriften gegen das

Privatisierungsvorhaben beim damaligen Wissenschaftsminister Udo Corts, CDU, abgegeben – hielt die Landesregierung an ihren Privatisierungsplänen fest und schuf im Verlauf des Jahres 2005 die rechtlichen Voraussetzungen für den Verkauf und die Umwandlung in eine GmbH.

Rechtliche Voraussetzungen

Am 16. Juni 2005 wurde das Gesetz über die Errichtung des Universitätsklinikums Gießen und Marburg[1] (UK-Gesetz oder auch »Vorschaltgesetz«) erlassen. Dieses regelte die Zusammenlegung der beiden eigenständigen Universitätskliniken (Anstalten des öffentlichen Rechtes), versetzte die in der Krankenversorgung und Verwaltung bisher tätigen Landesbediensteten zum neuen Klinikum und leitete sie in den Anstaltsdienst der fusionierten Anstalt über. Einzelne Beschäftigte haben sich gegen diese Zwangsüberleitung aus dem Landesdienst in den Anstaltsdienst mit Unterstützung der Gewerkschaft gerichtlich gewehrt und erst 2011 vor dem Bundesverfassungsgericht Recht bekommen[2] – mit der Folge, dass dem Land Hessen aufgegeben wurde, eine Rückkehrmöglichkeit in den Landesdienst zu eröffnen, die im Verlauf des Jahres 2012 von ca. 350 Arbeitnehmern und Arbeitnehmerinnen genutzt wurde.

Im UK-Gesetz wurde die Landesregierung weiterhin ermächtigt, durch Rechtsverordnung (UK – Umwandlungsverordnung) einen Formwechsel des UKGM zum Beispiel in eine GmbH durchzuführen. Das *Gesetz zur Änderung des Gesetzes für die hessischen Universitätskliniken und anderer Vorschriften,*[3] das im Dezember 2005 in dritter Lesung vom Landtag beschlossen worden ist, löste das für die Universitätskliniken grundlegende UniKlinG vom 26.6.2000 ab. Entscheidend war die Einführung des neuen Paragraphen 25a. Dieser setzt fast alle Paragraphen des UniKlinG für das neue Klinikum in privater Trägerschaft außer Kraft, außer den Bestimmungen über die Aufgaben des Universitätsklinikums, die Zusammenarbeit mit der Universität und die Nebentätigkeiten.

1 Gesetz- und Verordnungsblatt für das Land Hessen, Teil I – 23. Juni 2005 S.432.
2 Beschluss des Ersten Senats vom 25. Januar 2011 – 1 BvR 1741/09.
3 Gesetz- und Verordnungsblatt für das Land Hessen, Teil I – 27. Dezember 2005 S. 843.

Eingeführt wurde die so genannte *Beleihung* des privaten Klinikums mit hoheitlichen Aufgaben in Forschung und Lehre. Durch die Beleihung werden Hoheitsrechte auf Privatpersonen übertragen. Sie treffen auf Grund der Beleihung selbst die Entscheidung über hoheitliche Maßnahmen.

Näheres wird in einem öffentlich-rechtlichen *Kooperationsvertrag* zwischen privatem Universitätsklinikum (UKGM), medizinischen Fachbereichen und den Universitäten geregelt. Insofern untersteht das private Klinikum der Rechtsaufsicht des Ministeriums für Wissenschaft und Kunst. Weiterhin wird in Fällen der Uneinigkeit zwischen der Universität und dem privaten Klinikum, in denen Belange von Forschung und Lehre berührt werden oder sich Streitigkeiten aus dem oder über den Kooperationsvertrag ergeben, eine paritätisch besetzte *Schlichtungskommission* tätig. Bei Stimmengleichheit entscheidet das vorsitzende Mitglied, das auf Vorschlag des Wissenschaftsrates, auf den unten noch näher eingegangen wird, bestellt wird. So soll im Streitfall eine wissenschaftsorientierte Entscheidung sichergestellt werden.

Das *wissenschaftliche Personal* der privatisierten Klinik ist bei der Universität in Ausübung der Aufgaben in Forschung und Lehre beschäftigt und steht somit grundsätzlich im Dienst des Landes. Für die Aufgaben der Krankenversorgung können Verträge mit dem privaten Klinikum geschlossen werden. Ansonsten wird das wissenschaftliche Personal, das in der Regel den tariflichen Bestimmungen des TV-ÄH (Tarifvertrag für Ärzte an Universitätskliniken des Marburger Bundes) oder des TV-H (ver.di Tarifvertrag für den öffentlichen Dienst in Hessen) unterliegt, für die Aufgaben der Krankenversorgung von der Universität dem privaten Klinikum gestellt. Das private Klinikum hat Weisungsrecht aufgrund eines Vertrages mit dem Land. *Beamte* wurden nach ihrer Zustimmung dem UKGM zugewiesen. Mit *Professorinnen und Professoren* kann und soll das private Klinikum Chefarztverträge abschließen, kann aber nicht dazu gezwungen werden. Die Rechte aus bestehenden Verträgen blieben unberührt.

Weitere Änderungen betreffen das *Hessische Personalvertretungsgesetz (HPVG).*[4] Nach der Umwandlung der fusionierten Anstalt in eine GmbH 2006 wurden an den Standorten Gießen und Marburg *Betriebsräte* gebildet, die grundsätzlich für das am Klinikum tätige – auch für

4 Gesetz- und Verordnungsblatt für das Land Hessen, Teil I – 22. Juni 2011 S.267.

das wissenschaftliche – Personal zuständig sind. Für die Beschäftigten gilt das aktive und passive Wahlrecht nach den Bestimmungen des Betriebsverfassungsgesetzes. Für das gestellte und zugewiesene Personal (wissenschaftliches Personal und Beamte) wurden weiterhin *eigenständige Personalräte bei den Universitäten* für die Angelegenheiten gebildet, für die der Betriebsrat nicht zuständig ist (z.B. Einstellungen, Eingruppierungen, Beförderungen von Beamten). Die beiden Vertretungen können gemeinsame Sitzungen abhalten. Die andere Betriebspartei ist die Geschäftsführung der GmbH, der auch die Dienststellenleiterfunktion (für den Personalrat) übertragen wurde. Mittlerweile bestehen je ein Betriebsrat sowie ein Personalrat pro Standort, weiterhin ein standortübergreifender Gesamtbetriebsrat. Die eigenständigen Personalräte werden möglicherweise mit den Personalräten der Universitäten noch zwei Gesamtpersonalräte bilden, was zum jetzigen Zeitpunkt aber noch nicht entschieden ist. Die Auftrennung der Aufgaben der Beschäftigtenvertretungen ist schwierig; bis zum heutigen Zeitpunkt (Januar 2013) wurde noch nicht in allen Beteiligungstatbeständen klar entschieden bzw. eindeutig getrennt. Möglicherweise bestehen auch Doppelzuständigkeiten von Betriebsrat und Personalrat, obwohl die Landesregierung das bei der Neufassung des HPVG vermeiden wollte. Aktuell möchte der eigenständige Personalrat in Marburg zum Beispiel ein Mitbestimmungsrecht in Arbeitszeitfragen in Forschung und Lehre erhalten, was aber das Verwaltungsgericht in Gießen und der Verwaltungsgerichtshof in Kassel dem Betriebsrat zugeschrieben haben. Die Zusammenarbeit von Personalrat und Betriebsrat ist aber grundsätzlich sehr gut, was unter anderem daran liegt, dass einzelne Arbeitnehmer Mitglieder beider Gremien sind.

Weiterhin wurde das *Hessische Hochschulgesetz*[5] im Jahr 2009 geändert: Es wurde eine *Strukturkommission* bestehend aus Vertretern des UKGM, der Dekane und der Universitätspräsidien zur Vorbereitung von Strukturentscheidungen gebildet, die in die klinischen Belange des privaten Betreibers hinein reichen. Mit den Vertretern des UKGM muss Einvernehmen erzielt werden. Im Streitfall wird die Schlichtungskommission (s.o.) eingeschaltet.

Bei *Berufungen* von Professorinnen und Professoren kann das beteiligte Klinikum widersprechen, wenn der Bewerber für die Aufgaben der Krankenversorgung nicht geeignet ist. Der Ruf kann nach Entscheidung

5 Hessisches Hochschulgesetz GVBL I 2009, S. 666.

des Ministeriums erfolgen, ein Anspruch auf einen Chefarztvertrag mit dem Klinikum in privater Trägerschaft besteht aber nicht. Dass ein solcher Dissens zwischen privatem Klinikum und Ministerium je auftreten wird, ist allerdings eher unwahrscheinlich.

Die *Verordnung zur Umwandlung des Universitätsklinikums Gießen und Marburg in eine Gesellschaft mit beschränkter Haftung (UK-Umw-VO)* vom 1. Dezember 2005 regelte den Formwechsel in eine GmbH mit dem Land Hessen als alleinigem Gesellschafter. Der Sitz der Gesellschaft ist in Gießen. Der Aufsichtsrat der fusionierten Anstalt des öffentlichen Rechtes blieb zunächst bestehen, bis nach den Vorschriften des Mitbestimmungsgesetzes ein neuer Aufsichtsrat für die neu begründete GmbH gewählt wurde.

Am 31.1.2006 hat der Hessische Landtag mit den Stimmen von CDU und FDP den Verkauf von 95 Prozent der Geschäftsanteile an die Rhön-Klinikum AG (RKA) beschlossen, nachdem am 27.01.2006 das Bundeskartellamt und der Wissenschaftsrat dem Verkauf an die RKA zugestimmt hatten. Das grundlegende Verhältnis zwischen dem Land Hessen, den Universitäten Gießen und Marburg und der RKA regelt ein *Konsortialvertrag*, in dessen Präambel ausgeführt ist, dass die RKA ein zukunftssicheres Konzept für den Erhalt und Ausbau der beiden Universitätsklinikstandorte vorgelegt hat. Unter anderem, enthält der Vertrag umfangreiche Investitionsverpflichtungen von annähernd 370 Millionen Euro an beiden Standorten, die bis zum Jahresende 2012 getätigt sein müssen. Auch werden Heimfallrechte an das Land im Konsortialvertrag geregelt. Der finanzielle Anteil des Kaufpreises mit ca. 110 Millionen Euro ist in eine gemeinnützige Forschungsstiftung (von Behring-Röntgen Stiftung) eingegangen, die nationale und internationale Forschungsprojekte der Hochschulmedizin in Gießen und Marburg fördert. Das UKGM ist mit seinen beiden Standorten Gießen und Marburg Deutschlands drittgrößte Universitätsklinik mit über 9000 Beschäftigten.

2009: Wissenschaftsrat zeigt dem Land Hessen und den Fachbereichen die gelbe Karte

Bereits im Zuge der gesetzlichen und administrativen Vorbereitung des Verkaufes an die Rhön-Klinikum AG wurde eine Evaluation durch den Wissenschaftsrat (WA) vereinbart, die im Rahmen eines Besuches Anfang November 2009 und nach Auswertung schriftlicher Berichte beteiligter Gremien erfolgte. Diese Stellungnahme des Wissenschaftsrates, eines der wichtigsten wissenschaftspolitischen Beratungsgremien in Deutschland, zur Entwicklung der universitätsmedizinischen Standorte Gießen und Marburg nach Fusion und Privatisierung der Universitätsklinika wurde mit Spannung erwartet. Sie wurde nach Selbstberichten der Beteiligten, nach Besuchen von Arbeitsgruppen des WA und nach Gesprächen mit Beschäftigten bzw. Beschäftigtenvertretern entwickelt.

Die wesentlichen Beteiligten hatten sich im Rahmen von Selbstberichten, deren Inhalt in das Gutachten des WA eingeflossen ist, bereits kritisch geäußert: so monierten zum Beispiel der Fachbereich Medizin und die Universität in Marburg die geringe finanzielle Ausstattung durch das Land, äußerten Besorgnis über kommende finanzielle Belastungen aufgrund der Bedienung der Baukredite für die umfangreichen Baumaßnahmen des privaten Trägers und beklagten die nicht arbeitsfähige Strukturkommission, die die Universitätsmedizin in Mittelhessen voran bringen sollte.[6] Außerdem wurden Schwierigkeiten bei der Zusammenarbeit von Marburger und Giessener Wissenschaftlern beschrieben.

Das Land Hessen wiederum lobte seine universitätsmedizinischen Initiativen und seine damalige Entscheidung, zu privatisieren. Der Bericht des Landes stützte das Modell einer privatisierten und fusionierten Universitätsklinik, was nicht anders zu erwarten war. Ähnliches gilt für den Bericht der Gesellschaft UKGM.

Die Personalvertretungen äußerten Kritik: aufgeführt wurden Stellenkürzungen im Pflegebereich, besonders im ersten Jahr nach der Privatisierung, die zu Mehrbelastung im ärztlich-wissenschaftlichen Bereich geführt hatten. Auch waren aufgrund der Leistungssteigerung nach der Privatisierung durch mehr Behandlungsfälle bei steigendem Schwere-

---

6 Stellungnahme zur Entwicklung der universitätsmedizinischen Standorte Gießen und Marburg nach Fusion und Privatisierung der Universitätsklinika (Drs. 9843–10), Mai 2010, in: http://www.wissenschaftsrat.de/download/archiv/9843–10.pdf, S.13.

grad Überstunden vermehrt angefallen und somit insgesamt die Zeit für die Forschung geringer. Der Personalrat berichtete von der Betonung betriebswirtschaftlicher Faktoren zu Lasten von Forschung und Lehre und von den Schwierigkeiten im Umgang mit der Geschäftsführung der UKGM und führte noch eine Reihe weiterer, teilweise gravierender Missstände an.[7]

Der Wissenschaftsrat kam in der zusammenfassenden, abschließenden Bewertung zu folgendem Schluss: Für den universitätsmedizinischen Standort Gießen und Marburg wurde eine große Chance gesehen, sich zu einem national und international konkurrenzfähigen Standort zu entwickeln. Er bat alle beteiligten Akteure, in den kommenden Jahren die Bedingungen für eine solche Entwicklung zu schaffen und behielt sich vor, frühestens nach fünf Jahren eine erneute Begutachtung vorzunehmen.[8]

Obwohl dieser Bericht von allen offiziell Beteiligten außer den Beschäftigtenvertretungen als Erfolg des »Leuchtturmprojektes« gewertet wurde, war er doch im Grunde höchst bedenklich, wenn nicht sogar katastrophal.

Besonders schlecht schnitt das Land Hessen mit seiner Wissenschaftspolitik ab, und auch die Fachbereiche an beiden Standorten wurden heftig kritisiert. Verglichen damit war die Kritik an dem privaten Träger eher moderat. Der WA empfahl, dass das Land stärker steuernd eingreifen und die Akteure auf ihre gemeinsamen Aufgaben und Ziele verpflichten sollte, darüber hinaus den deutlich unterdurchschnittlichen Landeszuführungsbetrag je Studierenden aufzustocken, die Standorte nicht kaputt zu sparen und die privatisierte Zahnmedizin in die Universitäten zu reintegrieren. Der Prozess der Verschmelzung der beiden Klinika zu einem wurde als nicht erfolgreich angesehen, er sollte zukünftig unter Moderation erfolgen. Das Land sollte zum Beispiel einen externen wissenschaftlichen Beirat ins Leben rufen, um Fachbereiche und UKGM zu unterstützen und endlich zu gemeinsamen Forschungsschwerpunkten, abgestimmten Lehrplänen und gemeinsamer krankenversorgerischer Schwerpunktsetzung zu kommen. Mittelfristig sollten nicht nur die Kliniken verschmelzen, sondern auch die Fachbereiche fusionieren.

7 Ebd.:S.25
8 Ebd.:S.74

Das UKGM wiederum sollte eine vernünftige Personalplanung garantieren, sich von dem Rhönkonzern-internen Benchmarking verabschieden und stattdessen ein an Universitätskliniken ausgerichtetes Benchmarking entwickeln. Die Entlastung des Ärztlichen Dienstes und des Pflegedienstes von berufsfremden Tätigkeiten war rudimentär, so der Wissenschaftsrat. Die Zahl an Professuren und Stellen für Wissenschaftler/innen einschließlich Ärzten/Ärztinnen war unterdurchschnittlich im Vergleich zu anderen Universitätskliniken, die Zahl der Pflegestellen lag im Durchschnitt und sollte nicht weiter abgesenkt werden. Forschungszeiten konnten nur marginal-nachrangig in Anspruch genommen werden, dieses Problem hat sich aber an anderen Universitätskliniken ähnlich dargestellt.

Weiterhin beschrieb der Bericht die Schwierigkeiten, die sich durch die Aufspaltung in den öffentlich-rechtlichen Forschungs- und Lehreteil sowie in die privatwirtschaftliche Krankenversorgung ergeben haben: Die eng gefassten Bestimmungen der Trennungsrechnung hätten letztendlich die Entwicklung von Instituten oder Abteilungen, die sowohl Lehre und Forschung als auch Krankenversorgung betrieben haben, behindert. Teilweise war man sich seit Jahren nicht darüber einig geworden, wer welche Kosten zu tragen hat. Nach Ansicht des WA hatten die beiden gesetzlich verankerten Kommissionen – die Struktur- und die Schlichtungskommission – ihre Aufgabe nicht erfüllt. Neben Streitigkeiten über Stimmrechte hatte man im wesentlichen in den letzten vier Jahren vor der Evaluation bei nur drei Sitzungen beider Gremien Geschäftsordnungsfragen geklärt.

Es gab nach Auffassung des WA keine Strategie der Fachbereiche an beiden Standorten, gemeinsam Forschung und Lehre und Krankenversorgung zu optimieren. Der WA warf vor allen Dingen den Fachbereichen, die auf ihrer Trennung beharrten, vor, konzeptionslos zu sein und Chancen einer Fusionierung vergeben zu haben. Er ging sogar so weit vorzuschlagen, dass Kliniken mit gleicher thematischer Ausrichtung zu einer zusammengefasst werden sollen – und zwar an einem Standort, an dem dann auch die Leitung, die Professur und die Forschung konzentriert worden wären. Der andere Standort wäre dann – abgewertet – erhalten geblieben, sofern es klinisch oder räumlich notwendig gewesen wäre.

Man kann sich aufgrund der Brisanz dieser Vorschläge vorstellen, wie unmotiviert sich die jeweiligen Standortvertreter mit diesen Fragen auseinandersetzen würden.

Ausführlich beschrieb der WA die traditionell schwierigen Verhältnisse zwischen Gießen und Marburg, geprägt von gegenseitiger Ablehnung, Misstrauen und Angriffen, wobei die etablierten Gremien darin versagt hätten, Gegensätzliches zu einen und Aufbruchstimmung zu vermitteln. Verglichen damit hätte das UKGM die in es gesetzten Erwartungen erfüllt. Der WA lobte ausdrücklich den Aufbau des Partikeltherapiezentrums (PTZ) in Marburg, das zum Zeitpunkt der Erstellung dieses Beitrages noch nicht in Betrieb gegangen ist und möglicherweise auch aus wirtschaftlichen Erwägungen nicht in Betrieb gehen wird, und die Einrichtung einer selbstfinanzierten entsprechenden Professur. Diese Innovation im Rahmen der Strahlenheilkunde war bereits 2011 technisch fertig gestellt, aber weil die technische Leistungsfähigkeit in der Realität niedriger ausfiel, als in den Erstellungsverträgen zwischen der Siemens AG (Lieferant) und der Rhön-Klinikum AG vereinbart, nicht in Betrieb gegangen. Die wirtschaftliche Kalkulation ergab, dass die Anlage nicht profitabel betrieben werden konnte. Die Anlage wurde 2012 an die Siemens AG zurück verkauft bzw. nicht abgenommen. Auf die aktuelle Entwicklung wird weiter unten noch eingegangen.

Handfeste Hinweise auf Veränderungen zum Schlechteren oder Besseren anhand von objektiv messbaren Parametern wie Drittmitteleinwerbungen oder Prüfungsabschlüssen der Studenten/innen nach der Privatisierung ließen sich nach Erkenntnissen des WA nicht finden. Die Krankenversorgung war auf dem Niveau anderer Universitätsklinika, der WA erwartete aber aufgrund der Neubauten in Gießen und Marburg, deren schnelle Umsetzung von allen Beteiligten bzw. Befragten gelobt wurde, deutliche Effizienzsteigerungen. Diese treten üblicherweise in Krankenhäusern auf, wenn Wege verkürzt werden und moderne technische Ausstattung zum Beispiel in Operationssälen Abläufe verbessern hilft. Aus heutiger Sicht sind die Effekte allerdings hinter den Erwartungen zurückgeblieben. Zwar konnte die Zahl der behandelten Patienten und Schweregrade gesteigert werden, was zu höheren Erlösen führte, aber besonders im Materialkostenbereich und im kleineren Ausmaß bei den Personalkosten ist es zu solchen Steigerungen gekommen, dass die Klinik 2012 erstmals einen Fehlbetrag von ca. -8,7 Millionen Euro auswies.

2012/2013: Einschneidende Veränderungen

In den Jahren 2006 und 2010/2011 kam es zu zwei Phasen von Personalabbau, der teilweise in einem geordneten Verfahren im Rahmen ausgehandelter Betriebsvereinbarungen mit Abfindungsregelungen für so genannte rentennahe Jahrgänge vollzogen wurde. Es wurden besonders 2006 viele bestehende Fristverträge in der Pflege nicht verlängert. Hiervon war auch OP-Personal betroffen, das nicht mehr ersetzt werden konnte, als später Leistungssteigerungen geplant waren. Der zweite Versuch 2010/2011, in einer Größenordnung von ca. 250 Vollzeitkräften Personal zu reduzieren, hatte aber wegen der heftigen Gegenwehr der Betriebsräte und von ver.di nicht die von der damaligen Geschäfts- bzw. Konzernführung gewünschte Auswirkung gehabt. Im weiteren Verlauf des Jahres 2011 trat sogar eine gewisse Normalisierung der Verhältnisse ein: Viele Beschäftigte brachten der damaligen Geschäftsführung, an deren Spitze mit Irmgard Stippler erstmals eine Frau stand, Vertrauen entgegen. An Betriebsvereinbarungen und anderen Verbesserungen in den Betrieben wurde ernsthaft gearbeitet. Außerdem wurde im Zusammenhang mit Leistungssteigerungen Personal aufgestockt.

Eine zunehmende wirtschaftliche Schieflage nach Fertigstellung der Klinikneubauten an beiden Standorten 2011 mit erheblichen Zins- und Abschreibungslasten änderte die Situation. Der Vorstand der Rhön-Klinikum AG fühlte sich berufen, hart durchzugreifen – mit der Folge, dass die kaufmännische Geschäftsführung inklusive der Vorsitzenden der Geschäftsführung komplett ausgetauscht wurde. Die Geschäftsführung besteht in der Regel aus sechs Geschäftsführern/innen. Seit 2006 sind ca. 20 Geschäftsführer/innen eingesetzt gewesen, teilweise waren sie nur wenige Monate im Amt. Die Zahl von 500 abzubauenden Stellen machte die Runde, womit die Situation schlagartig eskalierte.

Vor den Aufsichtsratssitzungen fanden Demonstrationen und mehrere Flugblattaktionen statt, ein neues Bürgerbündnis wurde gegründet und eine Demonstration mit 2.500 Teilnehmern/innen gegen den Stellenabbau wurde in Marburg von den Bürgern und ver.di organisiert. An vorderster Stelle des Kampfes für den Erhalt der Arbeitsplätze standen die ver.di-Betriebsräte. Das »Bündnis für unser Klinikum«, in dem Betriebsräte, gesellschaftliche Gruppen, Parteien und Gewerkschaften sowie Bürger vertreten sind, forderte im wesentlichen eine Rückführung der Kliniken in eine öffentlich-rechtliche gemeinnützige Trägerform.

Über 52.000 Unterschriften wurden für den Erhalt der Arbeitsplätze, die Verbesserung der Arbeitsbedingungen und für personelle Mindeststandards vor allem im Marburger Stadt- und Landbereich gesammelt und dem hessischen Ministerpräsidenten Bouffier im Januar 2013 in Marburg übergeben. Über Monate fanden sich Marburger Bürger in der größten Stadtkirche zusammen, um im Rahmen des Gesundheitspolitischen Montagsgebetes Vorträge verschiedener Funktionsträger des Klinikums, von Bürgern und Patienten anzuhören und damit der Forderung nach Rückführung des UKGM in die öffentliche Hand Ausdruck zu verleihen.

Die Klinikdirektoren beider Standorte forderten den Verbleib der alten Geschäftsführung und den Erhalt der Arbeitsplätze. Sie schlossen sich dem Protest der Betriebsräte im Kern an – dabei thematisierten sie insbesondere die Gefahr für die Universitätsstandorte und erklärten die Privatisierung der Universitätskliniken für gescheitert. Auch die Universitätspräsidentin in Marburg und die Dekane beider Standorte solidarisierten sich. Personelle Vorschläge zur Besetzung der Geschäftsführerstellen von Seiten der Arbeitgeber wurden von den Arbeitnehmervertretern im Aufsichtsrat verhindert, unterstützt durch die gesamte Belegschaft inklusive der Chefärzte. Schließlich schloss sich sogar der hessische Ministerpräsident Bouffier (CDU) der Forderung an, dass kein Stellenabbau durch das Auslaufenlassen befristeter Arbeitsverträge erfolgen dürfe, die aber von der neu eingesetzten Geschäftsführung ignoriert wurde. Die Geschäftsführung – der aktuelle Vorsitzende ist gleichzeitig auch Vorstand in der Rhön-Klinikum AG – hielt am Personalabbau fest. Hierbei kam ihr zugute, dass nach und nach Beschäftigte die Option nutzten, zum Land Hessen zurückzukehren, da das Land Hessen das Rückkehr-»Gesetz zur Stärkung der Arbeitnehmerrechte«[9] erlassen musste, wozu es vom Bundesverfassungsgericht mit dem im Januar 2011 ergangenen Urteil (siehe oben, Fußnote 2) verpflichtet worden war. Allein aufgrund dieser Effekte, ohne betriebsbedingte Kündigungen, wurden von Januar bis Oktober 2012 bereits ca. 120 Vollzeitstellen eingespart. Ein neuer Stellenplan wurde entwickelt, der von den ärztlichen Geschäftsführern mitgetragen wurde. Er befindet sich noch immer in der Diskussion mit

9 Gesetz zur Änderung des Gesetzes zur Stärkung der Arbeitnehmerrechte am Universitätsklinikum Gießen und Marburg vom 2. Juli 2012 in: Gesetz- und Verordnungsblatt für das Land Hessen, Teil I 2012, Nr. 14, S. 226.

den Betriebsräten. Eine wesentliche Reduktion der Arztstellen ist dort nicht vorgesehen, überwiegend soll in den so genannten »patientenfernen« Bereichen Personal abgebaut werden, und zwar in einer Größenordnung zwischen 200 und 300 Vollzeitstellen. Dies wurde damit begründet, dass einem drohenden operativen Defizit von 20 Millionen Euro begegnet werden müsse.

Auf ein weiteres wichtiges Ereignis muss noch eingegangen werden: im April 2012 wurde bekannt, dass die Fresenius SE die Aktienmehrheit (das Ziel waren mehr als 90 Prozent) der Rhön-Klinikum AG übernehmen wollte. Ziel war die Verschmelzung des Fresenius-Tochterkonzerns Helios, ein anderer großer privater Krankenhausbetreiber in Deutschland, mit dem Rhön-Konzern unter der Führung von Helios. Aus der Wiesbadener Staatskanzlei war zu vernehmen, dass dieses Vorhaben begrüßt würde, da die Beziehungen zwischen Landesvertretern und der Rhön-Klinikum AG zu diesem Zeitpunkt an einem Tiefpunkt angekommen waren, was im Wesentlichen auf den Streit um die Nicht-Inbetriebnahme des Partikeltherapiezentrums in Marburg und auf Uneinigkeit über Trennungsrechnungsthemen zurückzuführen war. Die geplante Übernahme durch bzw. Fusion mit Helios kam aufgrund der hoch angesetzten und schließlich mit 84,3 Prozent knapp verfehlten Annahmequote von 90 Prozent der Aktien nicht zustande, ein zweiter Anlauf wurde von Fresenius nicht gestartet. Konkurrenten wie Sana und Asklepios hatten sich zudem nicht unbeträchtliche Aktienpakete gesichert, auch der nordhessische Infusions- und Medizinproduktefabrikant Braun Melsungen gehört jetzt – wie auch diverse Hedgefonds – zu den Eignern der Aktiengesellschaft. Wäre es zu einem Eignerwechsel des Konzerns zu Fresenius gekommen, wäre nach den Bestimmungen des oben erwähnten Konsortialvertrages ein so genannter »change-of-control«-Fall eingetreten, und das Land Hessen hätte die Kliniken zurückfordern können. Dies hat das Land Hessen aber nie wirklich in Betracht gezogen. Da sich nach Scheitern der Übernahme durch Fresenius an den Eigentümerverhältnissen des UKGM kurzfristig nichts ändern würde, blieb keine andere Wahl, als wieder aufeinander zuzugehen. Rhön-Klinikum AG, UKGM und die Landesregierung bekräftigten wiederholt den Willen, den Bestand der privatisierten Universitätskliniken zu sichern, während die Oppositionsparteien in Wiesbaden nach wie vor von der gescheiterten Privatisierung sprachen und selbst die örtliche CDU in Marburg die Verstaatlichung forderte und ein Genossenschaftsmodell favorisierte.

Im Sommer 2012 hat das Land Hessen ein Moderationsverfahren in Gang gesetzt, um die Wogen zu glätten. Das Verfahren war an sich nicht ergebnisoffen, da es ernsthafte Überlegungen zu einer Rückabwicklung der Privatisierung auf Landesebene nicht gegeben hat. Frühzeitig sprach der Moderator Bohl – der Kanzleramtsminister von Helmut Kohl war und in Marburg lebt – von einer zweiten Chance für Rhön. Nach einer Analyse der Unternehmensberatung McKinsey & Company, die im Einvernehmen mit dem Rhön-Vorstand durch die Geschäftsführung berufen wurde und eine Potentialeinschätzung der Kliniken liefern sollte, wurde ein Entwicklungspotential durch Wachstum für die Kliniken gesehen: Die weitere Reduktion der Liegezeiten und eine konsequentere Ausschöpfung des »Patientenmarktes« bei annähernd gleichem Personalstand sollten eine finanzielle Konsolidierung herbeiführen.

Die neue Geschäftsführung und die Konzernspitze forcierten unterdessen die Verhandlungen mit dem Land Hessen, um Investitionsmittel, auf die die Rhön-Klinikum AG bis 2012 vertraglich verzichtet hatte, zu bekommen, da inzwischen die Bundes-Hochschulbauförderung für das UKGM ersatzlos entfallen war und zusätzliche, dringend notwendige Investitionen nun wirklich nicht mehr durch die Beschäftigten erwirtschaftet werden konnten. Ende Januar 2013 gab die Landesregierung die Vereinbarungen zwischen Land, Konzern, UKGM und Universitäten, die als »Letter of intent« zu verstehen und bis zum heutigen Tage noch nicht in allen Einzelheiten ausgearbeitet sind, der Öffentlichkeit bekannt. Die wichtigsten Bestandteile dieser Vereinbarung sind der gemeinsame Wille zur Inbetriebnahme des Partikelzentrums und somit der vorläufige Verzicht auf eine Schadensersatzklage durch die Landesregierung; eine Investitionsförderung von 13 Millionen Euro pro Jahr nebst einem Strukturausgleich von 3 Millionen Euro; die Vereinbarung von Gestellungen von mindestens 150 Beschäftigten, die eigentlich ihr Rückkehrrecht zum Land in Anspruch genommen haben; und beschäftigungssichernde Maßnahmen, die noch am wenigsten konkret sind und erst von den Tarifvertragsparteien und mit den Betriebsräten ausgehandelt werden sollen. Im Gegenzug wird vom Land ein Ombudsmann bestellt, der von Maßnahmen der Geschäftsführung unterrichtet wird und Beschwerden von Beschäftigten und aus Lehre und Forschung entgegen nimmt, ein Beirat mit Landesbeauftragten installiert und der Aufsichtsrat auf Arbeitgeberseite mit zwei Landesvertretern erweitert.[10]

Somit kommen wir zur Gretchenfrage: Ist die Privatisierung gescheitert? Kann die Privatisierung einer Universitätsklinik ein zukunftsweisender Weg sein? Eine Antwort, die nur auf die Profitinteressen von Aktionären hinweist, wäre plakativ, aber nicht umfassend genug.

Tatsächlich ist noch kein in Gießen oder Marburg erwirtschafteter Gewinn an die Aktionäre geflossen. Aus wirtschaftlicher Sicht ist die Rhön-Aktie mit Blick auf das Ergebnis in Gießen und Marburg nicht empfehlenswert. Es ist auch schlichtweg nicht zu erwarten, dass größere Gewinne abgeführt werden, da der Investitionsbedarf und Kosten treibende Innovationen an Universitätskliniken naturgemäß viel höher einzuschätzen sind als an Krankenhäusern der Regel- oder auch Maximalversorgungsstufe, die üblicherweise von der Rhön-Klinikum AG betrieben werden. Die vom Vorstand der Rhön-Klinikum AG geäußerten Gewinnerwartungen haben allerdings eine Phalanx von Geschäftsführern verschlissen, die offensichtlich alle ihre Zielvorgaben nicht erreichten. Diese Orientierung hat zu einem erheblichen Innovationsstau geführt, es sind Informationslücken entstanden, und wichtige Steuerungsinstrumente des Controllings wurden nicht ins Werk gesetzt. Jede neue Geschäftsführung hat sich über die Fehler der alten beschwert, war aber selber nie lange genug im Amt, um ruhig oder beständig vernünftige Neuerungen zu etablieren. Es hat eindeutige Managementfehler gegeben.

Bis in die Adventszeit kamen besorgte Bürger montags in der Kirche zusammen, um Neues aus dem UKGM zu erfahren oder um für eine menschenwürdige Medizin einzustehen. Die großen gesundheitspolitischen Themen auf Bundesebene, die sich um Gewinnstreben im Gesundheitswesen drehen, waren und sind lokal immer mit dem UKGM verknüpft. In der traditionell kritischen Bürgerschaft Marburgs werden auch traditionell systemkritische bzw. medizinsystemkritische Fragen gestellt. Die Geschäftsführung verspricht in Interviews der lokalen Presse und in Betriebsversammlungen Abhilfe. Auf den Stationen und anderen Bereichen in Gießen und Marburg, wo sich die Überlastungsan-

10 Ministerpräsident Bouffier und Wissenschaftsministerin Kühne-Hörmann zur Vereinbarung mit der Rhön-Klinikum AG zu UKGM 29.01.2013 – Pressemitteilung des Hessischen Ministeriums für Wissenschaft und Kunst »Ein zukunftsfähiges Gesamtpaket zur Sicherung des Medizinstandorts Mittelhessen«.

zeigen häufen, kommt diese leider nicht an. Die bekannteste Aktion der Geschäftsführung war stattdessen die Schließung der betriebseigenen Wäscherei.

Im Frühjahr 2012 schien es so, als ob sich die gesamte Belegschaft einschließlich der Klinikdirektoren einig ist, dass die Privatisierung ein Fehler war. Ein knappes Jahr später erklären die Klinikdirektoren zusammen mit der Geschäftsführung aber ihre Absicht, für die von McKinsey empfohlene Leistungssteigerung zu sorgen. Von Scheitern der Privatisierung spricht auf dieser Seite niemand mehr öffentlich. Aus der finanziellen Talsohle ist das UKGM bei weitem nicht heraus. Nun erklärt sich die Landesregierung zur finanziellen Förderung bereit. Das wird sicherlich helfen, wichtige Investitionen zu tätigen. Damit haben aber weder das Land Hessen, die Regierungsparteien in Wiesbaden noch die Rhön-Klinikum AG ihren Willen aufgegeben, an der Privatisierung festzuhalten, sondern sie sprechen von einem »zukunftsfähigen Gesamtkonzept«.[11] Sie werden darin von der einflussreichen Gruppe der Professoren und Professorinnen und Klinikdirektoren unterstützt, die aus Sorge um das Fernbleiben von Patienten keine weitere öffentliche Auseinandersetzung über die Verhältnisse im UKGM wünscht.

Schwerpunkt der Beschäftigtenvertreter und der Gewerkschaft ver.di wird die Sicherung der Arbeitsverhältnisse und Verbesserung der Arbeitsbedingungen sein, da die geplante Leistungssteigerung bei Personalabbau die Arbeitsbedingungen verschlechtern wird. Auf dieser Seite fehlt der Glaube an ein zukunftsfähiges Konzept. Sie findet sich gestützt durch die hessischen Oppositionsparteien und die breite Veröffentlichung ihrer Meinung, der Sorge um Arbeitsplätze und Arbeitsbedingungen, in den Printmedien.

Ob die Privatisierung gescheitert ist, ist nicht einfach zu erkennen. Auf Basis von objektiven Kriterien könnte zum Beispiel der Wissenschaftsrat eine erneute Evaluation vornehmen, was er sich ja bereits vorbehalten hat. Tatsächlich hat in den letzten sieben Jahren keine weitere Privatisierung einer Universitätsklinik in Deutschland stattgefunden, obwohl dies in vielen Bundesländern diskutiert wurde. Die öffentliche Meinung bewertet die Verhältnisse am ersten privatisierten Universitätsklinikum überwiegend kritisch und hält die Privatisierung für geschei-

11 Ebd.

tert. Dieser Sachverhalt wurde in der Diskussion in anderen Bundesländern häufig heran gezogen, wenn es galt, Privatisierungen zu verhindern.

Man kann mit Recht gespannt sein, was passiert, wenn es im September 2013 zu einem Politikwechsel in Hessen kommen sollte. Konsequenterweise müsste eine rot-grüne Landesregierung umgehend Rückkaufverhandlungen aufnehmen. Ausgeschlossen ist aber auch nicht, dass die Kliniken an einen anderen Interessenten verkauft werden. Auch in diesem Fall hätte das Land ein Rückforderungsrecht, da auch hier ein »change-of-control«-Fall vorliegt. Betriebsräte und Gewerkschaftsmitglieder werden sich immer um die Arbeitsbedingungen, die Beschäftigungssicherheit und die Gesundheit der Beschäftigten zu kümmern haben. Unabhängig von der Frage, unter welcher Trägerschaft die Bedingungen dafür besser oder schlechter sind, gilt dies in privaten wie öffentlich organisierten Betrieben.

JVA Hünfeld: Chronologie eines voraussehbaren Desasters

Werner Rügemer

Die Justizvollzugsanstalt (JVA) Hünfeld im Kreis Fulda ist das erste Public-Private-Partnership-Projekt dieser Art in Deutschland. Privatisierte und teilprivatisierte Gefängnisse gab es bis dahin nur in den USA und Großbritannien. Der hessische Ministerpräsident Roland Koch lobte bei der Einweihung am 7. Dezember 2005: »Ab sofort steht dem hessischen Strafvollzug in Hünfeld eine der modernsten, wirtschaftlichsten und sichersten Justizvollzugsanstalten Deutschlands zur Verfügung.« Sein Justizminister Christean Wagner pries die JVA Hünfeld als »Leuchtturm-Projekt«, das nicht nur in Deutschland und in der EU, sondern bis nach Japan ausstrahle.

Aber der Leuchtturm leuchtet nicht mehr. Wie kam es dazu, wie musste es sogar logischerweise dazu kommen? [1]

»Leider nur Teilprivatisierung möglich«

Das Traumpaar CDU und FDP, im Frühjahr 1999 gewählt, bildete unter Ministerpräsident Roland Koch die neue hessische Landesregierung. Die beiden Parteien hielten in ihrem Koalitionsvertrag programmatisch fest: Der Staat muss möglichst herausgehalten werden, Investoren sollen möglichst viele staatliche Aufgaben übernehmen, die Bürger sollen »Eigenverantwortung« üben. So führte die Regierung Koch für Studenten die Studiengebühren ein. Sie verkaufte das Universitäts-Klinikum Marburg-Gießen an die Rhön-Klinikum AG, auch hier war Hessen der Vorreiter in Deutschland.

1 Case Study Justizvollzugsanstalt Hünfeld, www.bppp.de, abgerufen am 4.7.2007.

In der Koalitionsvereinbarung hieß es weiter, dass Planung, Bau und Betrieb der neu zu errichtenden JVA so weit wie möglich privaten Unternehmen anzuvertrauen seien. Koch und seine Regierung hätten am liebsten die Vollprivatisierung nach US-Vorbild durchgeführt. Bekanntlich orientierte sich der Ministerpräsident auch in anderer Hinsicht an rüden US-Vorbildern, beispielsweise an der rigorosen Zwangsarbeit für Arbeitslose, verbunden mit hartem Strafvollzug, wie er es sich im US-Bundesstaat Wisconsin angeschaut und noch weiter verschärft hatte (»Wisconsin-Modell«).[2]

Die Landesregierung setzte im Sommer 1999 eigens eine Arbeitsgruppe ein. Sie trug den Namen »Modellprojekte zur Privatisierung im Strafvollzug«. Damit wurde auch signalisiert, dass es nicht nur um die *eine* neue JVA ging, sondern um mehr. Der Rechtsausschuss des Landtags reiste eigens nach Großbritannien, um das dort nach dem PPP-Muster privatisierte Gefängnis Doncaster zu besichtigen (Barisch 2010: 43).

Im Januar 2000 legte die Arbeitsgruppe ihren Bericht vor, Ergebnis: Vollprivatisierung ist in Deutschland verfassungsrechtlich nicht möglich, möglich sei nur eine Teilprivatisierung, und zwar nach dem Muster des Public Private Partnership (PPP). Das bedeutet: Die öffentliche Hand vergibt für einen längeren Zeitraum den Betrieb eines Gebäudekomplexes – Schule, Justizzentrum, Polizeipräsidium, Gefängnis u.ä. – an einen privaten Investor und zahlt diesem solange eine Miete. Die Befürworter behaupten: PPP ist finanziell wesentlich günstiger (vgl. Rügemer 2011).

Deshalb bereitete die Landesregierung die Teilvergabe der nicht hoheitlichen und sicherheitsrelevanten Aufgaben vor. Der Investor sollte demnach folgende Aufgaben übernehmen: Reinigung, Wartung, Instandhaltung der Gebäude und der technischen Anlagen, Videoüberwachung, Verpflegung der Gefangenen, Stellung des Anstaltsarztes und des Pflegepersonals in der Krankenstation, psychosoziale Beratung, Betrieb von Werkstätten für Aufträge von Unternehmen, schulische und berufliche Bildung der Gefangenen, Sport- und Freizeitangebote, kaufmännische und sonstige Verwaltungstätigkeiten. Das macht zusammen etwa 45 Prozent der in einer JVA notwendigen Arbeiten aus.

Staatsbedienstete sollten weiter dort tätig sein, wo es um »Eingriffsbefugnisse« gegenüber den Häftlingen geht: Aufnahme und Entlassung,

---

2 Das bringt Roland Koch, die tageszeitung vom 30.9.2003.

Vollzugsplanung, Lockerungsentscheidungen, Disziplinarmaßnahmen, Kontrolle der Außenkontakte und die gesamte Organisationshoheit.

Die Vorbereitung: Berater und Rechnungshof

2002 schloss das Justizministerium einen Generalplanvertrag mit dem Architekturbüro frick krüger nusser plan2. Dem folgte 2003 die getrennte Ausschreibung für Bau und Betrieb. Mit dem Bau des neuen Gefängnisses wurde ganz herkömmlich das Bauunternehmen Züblin beauftragt, und das klappte auch. Nach anderthalb Jahren war der Bau mit 502 Haftplätzen und den dazugehörigen Trakts für Verwaltung, Versorgung und Werkstätten fertig, und es gab keinen Ärger.

Dann kam das Herzstück, die Teilprivatisierung des Betriebs. Um alles richtig zu machen, engagierten Koch und Wagner zwei private Berater, nämlich eine große Anwaltskanzlei und eine »Unternehmensberatergruppe«. Die kosteten zwar einige Millionen, aber ihre Namen wurden in der Öffentlichkeit nicht so deutlich genannt. Auch das private Ingenieursbüro Alfen Consult wurde engagiert; es gehört dem Professor Wilhelm Alfen, dem Unternehmens-Guru in Sachen Public Private Partnership.[3]

Der Hessische Rechnungshof erstellte einen Kriterienkatalog, wie die Kosten für einen herkömmlichen, staatlichen Gefängnisbetrieb auf längere Sicht genau errechnet werden können. Es musste ja eine Grundlage geben, um die nach der Ausschreibung eintreffenden PPP-Angebote mit den Kosten der herkömmlichen Erledigung vergleichen zu können.

Das Versprechen: 15 Prozent Vorteil

Die Landesregierung änderte jedoch mithilfe von Alfen Consult ohne Begründung den Kriterienkatalog. So kamen die Befürworter des PPP-Konzepts zu dem Ergebnis: Das Angebot des privaten Betreibers ergebe einen Kostenvorteil von 15 Prozent gegenüber einem voll öffentlichen

3 Zu Alfen Consult vgl. Rügemer (2011: 85 f.).

Betrieb. In Geld ausgedrückt sollte die Ersparnis für den Staat jährlich 750.000 Euro betragen (Hessischer Rechnungshof 2012: 16). Der Vertrag folgte dem PPP-Muster und hatte eine Laufzeit von fünf Jahren, die um zwei Jahre verlängert werden konnte. Danach musste neu ausgeschrieben werden.

So beauftragte die Landesregierung den in ihren Augen günstigsten Bieter, die Serco GmbH. Sie ist die deutsche Tochtergesellschaft der englischen Serco Group. Serco warb damit, dass man in Großbritannien neben zahlreichen anderen PPP-Projekten auch mehrere britische Haftanstalten mit 3.000 Gefangenen nach dem PPP-Muster betreibe. Daneben ist das Unternehmen weltweit tätig in den öffentlichen Bereichen Justiz, Sicherheit, Schulen und Hochschulen, Gesundheit und Verkehr, sowie Luft- und Raumfahrt und Verteidigung sowie in der Privatindustrie. Neben dem günstigen Angebot spielte auch dieser Hintergrund eines »renommierten« Weltunternehmens eine Rolle bei der Auftragsvergabe, nach dem Motto: Ein multinationaler Konzern kann nichts falsch machen.

Für das »Hünfelder Modell« warben die Befürworter nicht nur mit dem angeblichen Kostenvorteil. »Durch die Übernahme von 45 Prozent der Betriebsleistungen durch Serco werden signifikante Qualitätsverbesserungen erreicht. So wird beispielsweise die Beschäftigungsquote der Gefangenen deutlich gesteigert. Gleichzeitig gelingt es Serco, durch optimierte Prozessabläufe, betriebswirtschaftliches know-how und den effizienten Einsatz von Personal und Ressourcen die Betriebskosten für das Gefängnis 15 Prozent unter den Kosten einer staatlichen Eigenlösung zu halten.«[4] Das »Hünfelder Modell« sollte zugleich der Region mehrfache Vorteile bringen. 90 Prozent der Serco-Mitarbeiter sollten aus der Region stammen. Einen Großteil der Versorgungsleistungen wie Wasser, Strom und Lebensmittel bezieht die JVA von regionalen Anbietern.

Im Dezember 2005 weihte Ministerpräsident Koch das fertige Gefängnis ein, zum 1. Januar 2006 begann der teilprivatisierte Betrieb. Dabei stellte Serco 102 der insgesamt 217 Beschäftigten. Nach den ersten

4 Serco GmbH: Justizvollzugsanstalt Hünfeld. Case Study, http://bppp.digramm.com/media/file/6.Justizvollzugsanstalt_Huenfeld.pdf, abgerufen am 4.7.2007. Diese Website ist die des Bundesverbandes Public Private Partnership (BPPP), des größten PPP-Lobbyverbandes in Deutschland.

fünf Jahren wurde, wie geplant, der Vertrag mit Serco um zwei Jahre verlängert.

Manipulationen zugunsten der PPP-Version

Der Hessische Rechnungshof hatte ab 2003 im Dialog mit dem Ministerium ein Kosten-Modell der Eigenbewirtschaftung entwickelt. Damit sollte für den Vergleich mit der PPP-Erledigung eine Grundlage geschaffen werden. Im Jahre 2012, vor der Neuausschreibung der privaten Dienstleistungen, untersuchte der Rechnungshof die Auftragsvergabe 2003 und die seitherigen Erfahrungen. Die Ergebnisse sind für die PPP-Version vernichtend.

1. Vergleichsbasis zugunsten von PPP verändert: Noch während der Ausschreibung 2003 und nach dem Eingang der Angebote, so stellte der Rechnungshof rückblickend fest, beauftragte das Ministerium die schon genannte »Unternehmensberatungsgruppe« damit, die Kosten einer direkt staatlichen Erledigung erneut zu überprüfen. Das Modell des Rechnungshofs wurde mehrere Male geändert, und zwar ohne Begründung. Zudem wurden die Änderungen nicht ausreichend dokumentiert.

Damit »errechneten« die Ministerialbeamten, dass die Einnahmen des Gefängnisses im staatlichen Vollbetrieb um 58 Prozent niedriger ausfallen würden. Damit war gemeint, dass der private Investor für die Werkstätten sehr viel mehr Aufträge von Unternehmen hereinholen könne – damit wurden die Einnahmen nach dem PPP-Modell deutlich höher geschätzt. »Die Kosten des Eigenbewirtschaftungsmodells wurden nach der Angebotsauswertung um mindestens 15 Prozent erhöht. Durch diese Änderungen ergab sich ein Wirtschaftlichkeitsvorteil für die Teilprivatisierung.« (Hessischer Rechnungshof 2012b: 7) Weiter stellte der Rechnungshof fest: »Da die Kosten im Angebot des privaten Betreibers höher waren als die Kosten im Eigenbewirtschaftungsmodell, ergab sich der errechnete Wirtschaftlichkeitsvorteil der Teilprivatisierung letztlich allein aufgrund der prognostizierten geringeren Erlöse im Eigenbetrieb.« (ebd.: 9)

Nachträglich rechtfertigte sich das Ministerium gegenüber dem Rechnungshof, die vermutlich geringeren Erlöse bei der Eigenrealisierung seien das Ergebnis der »Wettbewerbsbeschränkungen«, denen der Staat unterworfen sei.

2. Verleugnete Transaktionskosten: Der Rechnungshof ging auch auf eine typische Manipulation bei den PPP-Wirtschaftlichkeitsvergleichen ein. Auch im Fall Hünfeld wurde diese Manipulation praktiziert.

Für die umfangreichen Beratungen durch eine Anwaltskanzlei, durch eine Unternehmensberatungsgruppe und durch den Wirtschaftlichkeitsvergleich selbst entstanden Kosten für Honorare. Gleichzeitig entstanden im Ministerium wegen des aufwendigen PPP-Verfahrens zusätzliche Personalkosten, und zwar vor und nach der Vertragsunterzeichnung. Aufgrund des vielhundertseitigen und hochkomplizierten Vertragswerks musste die öffentliche Hand weitere teure Berater engagieren: »Insbesondere die Kosten für die rechtliche Vertragsauslegung, bei Vertragsstreitigkeiten und bei Vertragsänderungen nach der Vergabeentscheidung waren vorhersehbar und hätten bei der Privatisierungsentscheidung berücksichtigt werden müssen.« (ebd.: 10)

Alle diese – bei allen PPP-Projekten typischerweise auftauchenden – Kosten wurden aber im Wirtschaftlichkeitsvergleich für die JVA Hünfeld nicht genannt. Auch auf diese Weise wurde die angebliche Vorteilhaftigkeit der PPP-Version herbeimanipuliert. Leider nennt der Rechnungshof nicht die Höhe dieser Zusatzkosten.

3. Wechselnde Auslastung: Der Rechnungshof stellt weiter fest, dass Ministerium und private Berater ein weiteres Risiko der PPP-Variante unter den Teppich geschoben haben. Sie legten die geschätzten Einnahmen des Investors aus den Aufträgen für die Werkstätten als sicher und unveränderlich zugrunde. Dass sich aber die Belegungszahlen der Häftlinge ändern können und daher die Auslastung der JVA Schwankungen unterworfen sein wird, das hätte ein einfacher Blick auf die Belegungsstatistiken anderer Haftanstalten ergeben können. So erwiesen sich die Versprechen des Investors über die zahlreichen Auftragsarbeiten als illusorisch.

4. Datenmanipulation: Das Berichtswesen war unvollständig und voller Fehler. Über die Leistungen in den Bereichen Fort- und Weiterbildung, Küche und Reinigung wurde gar nichts berichtet. »Bei der steuerungsrelevanten Kennzahl ›Beschäftigungsquote‹ wurden auch Gefangene als beschäftigt gezählt, die mangels Arbeit nicht eingesetzt waren.« (Hessischer Rechnungshof 2011: 330) Der Investor setzte Krankenpfleger zu Zeiten ein, in denen die Gefangenen aufgrund der Einschlusszeiten gar nicht zum Krankenpflegedienst kommen konnten (ebd.: 334).

Laut Rechnungshof berief sich das Justizministerium darauf, dass es sich bei der JVA Hünfeld um ein »absolutes Pilotprojekt« handle und deshalb die Risiken nicht hätten berücksichtigt werden können (Hessischer Rechnungshof 2012b: 14).

Günstige Bedingungen, aber schlechte Ergebnisse

Die Landesregierung wollte ihr »Leuchtturmprojekt« mit allen Mitteln zum Erfolg durchpauken. Neben den genannten Manipulationen bei den Finanzen und beim Verfahren verschaffte sie der JVA Hünfeld weitere Vorteile: Das Gefängnis ist nur für handverlesene Gefangene vorgesehen, die mit vergleichsweise geringem Aufwand zu beaufsichtigen und zu betreuen sind. Es handelt sich um Erstverbüßer mit einer Vollzugsdauer zwischen 24 und 60 Monaten, gegen die keine Strafe wegen grober Gewalttätigkeiten oder wegen Verstößen gegen das Betäubungsmittelgesetz verhängt wurde. Und es werden keine Häftlinge aufgenommen, die Freiheitsstrafen wegen Sexual- und Tötungsdelikten verbüßen oder wegen solcher Delikte vorbestraft sind.[5]

Als weitere günstige Bedingungen suchte die Landesregierung als Standort eine Stadt aus, die einen CDU-Bürgermeister hatte. Er war in die politische Grundsatzentscheidung der CDU/FDP-Landesregierung eingebunden, dass Public Private Partnership die beste Lösung sei. Die Landesregierung wählte daneben den Standort in einer ländlichen Region. Dies sollte zwei Vorteile bieten: Hier gibt es einen erhöhten Bedarf an Arbeitsplätzen, und niedrige Löhne werden leichter akzeptiert. So konnte das Versprechen, dass ein privater Investor Mitarbeiter aus der Region heranhole, noch leichter verfangen. Außerdem sollte, wie schon erwähnt, durch die Abnahme von Strom, Nahrungsmitteln und Handwerksdienstleistungen die regionale Wirtschaft gefördert werden.

5 JVA Hünfeld – Aufgabe der Teilprivatisierung ist sozialverträglich möglich, Bund der Strafvollzugsbeamten Deutschlands: Pressemitteilung, www.bsbd.de/meldungen/Archiv_2012/120724-huenfeld.htm, abgerufen am 19.2.2013.

Diese Argumente stechen aber nicht. Auch eine rein staatliche JVA, in derselben Region errichtet, würde dort dieselben Effekte erzielen. Auch eine staatliche JVA bezieht Wasser, Strom und Lebensmittel von regionalen Anbietern.

Es stellte sich auch heraus, dass die Personalfluktuation beim privaten Betreiber aufgrund der niedrigen Einkommen und der prekären Arbeitsbedingungen sehr hoch ist. Die Aufgaben konnten dadurch nur sehr mangelhaft erledigt werden, und die versprochene Qualitätsverbesserung trat dann (natürlich) nicht ein, im Gegenteil: Die Qualität wurde verschlechtert.

Der Investor hatte versprochen, die Beschäftigungsquote der Gefangenen in den Werkstätten zu erhöhen. Doch die dafür nötigen Aufträge von außerhalb des Gefängnisses konnte Serco nicht hereinholen. So waren im Jahre 2010 durchschnittlich 70 Gefangene weniger eingesetzt als vertraglich vereinbart (Hessischer Rechnungshof 2012a: 331).

Der Bund der Strafvollzugsbeamten Deutschlands (BSBD) verlangte deshalb vor der Neuvergabe des Vertrags im Jahre 2012 die Rückverstaatlichung des Betriebs. Das sei auch sozialverträglich möglich. »Die Serco-Mitarbeiter könnten als Beschäftigte in den hessischen Staatsdienst übernommen werden. Dann würden diese Menschen auch angemessen bezahlt und fachlich richtig geschult werden können.«[6]

Der CDU-Bürgermeister von Hünfeld hatte vor einer Rückverstaatlichung gewarnt, denn dadurch würden die Arbeitsplätze der Serco-Mitarbeiter gefährdet. Dagegen erklärte der BSBD: »Einem Bürgermeister vor Ort sollte daran gelegen sein, dass seine Bürger ordentlich bezahlt werden, statt mit Transferleistungen aus der Gemeindekasse Großkonzerne zu subventionieren.«[7]

Neue Auftragsvergabe 2012: unklar

Der Vertrag von 2005 hatte eine Laufzeit von fünf Jahren und eine Verlängerungsoption von zwei Jahren. 2010 wurde der Vertrag mit Serco

6 Ebd. Zur gewerkschaftlichen Beurteilung siehe ver.di, Bundesfachkommission Justiz: PPP im Strafvollzug, Berlin März 2007.

7 Ebd.

um diese zwei Jahre bis 2012 verlängert. Somit musste 2012 der Vertrag für die privaten Dienstleistungen neu ausgeschrieben werden.

Es hätte nicht gut ausgesehen, wenn Serco schon wieder den Zuschlag bekommen hätte. Das Problem wurde mehr oder weniger »elegant« dadurch umgangen, dass sich Serco Deutschland vom englischen Mutterunternehmen trennte und seitdem mit gleichem Personal als steep GmbH weitermacht. Die Berater von der Kölner Großkanzlei Görg und von Alfen Consult machten im Auftrag der Landesregierung dieses Verfahren rechtlich und kalkulatorisch passend.

So folgte auf Serco GmbH die steep GmbH. Die Laufzeit des Vertrags, der zum 1. Januar 2013 in Kraft trat, beträgt diesmal sechs Jahre und kann einmal um drei Jahre verlängert werden. Auch diesmal versprachen die Vertragspartner einen ähnlichen Kostenvorteil wie beim ersten Mal, etwa 700.000 Euro jährlich.

Staatssekretär Dr. Rudolf Kriszeleit sagte für die Landesregierung in einer Sitzung des Haushaltsausschusses lediglich, dass man die Erfahrungen der letzten sechs Jahre in dem neuen Ausschreibungsverfahren umsetzen werde und realistische Sollvorgaben definiert habe.[8] Nachprüfbar ist diese Behauptung der Landesregierung unterdessen nicht. Auch diesmal ist der Vertrag geheim und eine Prüfung des Rechnungshofes gab es nicht.

Gescheiterte JVA-Projekte bundesweit

Das erste deutsche PPP-Projekt im Bereich Gefängnisse, die JVA Hünfeld, war für die hessische Landesregierung und Ministerpräsident Koch ein »Leuchtturm«-Projekt. Es wurde wunschgemäß in den Medien außerhalb Hessens als bundesweites Modell angepriesen.[9] Frühzeitig wurde deshalb bundesweit auch über das Scheitern des Projekts berichtet.[10]

8 Haushaltsausschuss des Hessischen Landtags 20.6.2012, Protokoll, S. 34.

9 Neue Haftanstalt soll sich für alle lohnen, Kölner Stadt-Anzeiger vom 14.4.2005; Private Gefängnisse: »Die ziehen die Schrauben ganz schön an«, Spiegel online 31.1.2007, abgerufen am 13.12.2011.

10 Hinter Gittern ist ein Traum geplatzt, Süddeutsche Zeitung vom 17.5.2010.

Tatsächlich waren einige Landesregierungen diesem Vorbild gefolgt. Auch bei diesen Projekten zeigten sich ähnliche desaströse Ergebnisse. Einige wurden gestoppt oder aufgegeben, andere werden wie bisher in Hessen verbissen fortgeführt.

Die baden-württembergische Landesregierung aus SPD und Grünen will die Teilprivatisierung der 2009 eröffneten JVA Offenburg beenden. Das PPP-Verfahren soll bis 2014 vollständig in die öffentliche Hand zurückgeführt werden. [11] Man war zu der Einsicht gekommen, dass, neben den Mehrkosten der PPP-Variante, die Sicherheit und die gute Betreuung der Häftlinge durch die angelernten Kräfte mit Billiglöhnen nicht gewährleistet seien.[12]

Die Landesregierung von Bayern gab nach jahrelangen Auseinandersetzungen den Plan auf, die JVA Gablingen bei Augsburg nach dem PPP-Modell zu teilprivatisieren. Der Haushaltsausschuss des bayerischen Landtags stoppte das Projekt schließlich wegen »Unwirtschaftlichkeit«. Die Justizministerin Beate Merk bezeichnete das PPP-Modell als »Privatisierung dritter Klasse«.[13]

Die JVA Bremervörde in Niedersachsen steht auf der Kippe. Auch hier hatte die CDU-geführte Landesregierung hochrangige und teure Berater engagiert, wie das »renommierte« Wirtschaftsprüfungsunternehmen Ernst & Young, die Kanzlei Noerr; den Zuschlag als Investor bekam der niederländische Baukonzern BAM Group. 2012 kritisierte der Rechnungshof des Landes Niedersachsen: Die Landesregierung stütze sich auf Berater, »besitzt aber nicht die Kompetenzen, um die vorgelegten Ergebnisse kritisch zu hinterfragen«. Der Wirtschaftlichkeitsvergleich enthalte zahlreiche Fehler. Außerdem werde mit dem PPP-Modell die Schuldenbremse umgangen.[14]

Bei der JVA Burg in Sachsen-Anhalt versprach der Investor im Vertrag mit der Landesregierung einen »Effizienzvorteil« von 12,5 Prozent. Investor war der Baukonzern Bilfinger. Der Landesrechnungshof

11 JVA Offenburg zurück in Landeshand, Behörden-Spiegel online, www.behoerden-spiegel.de/news-archiv, abgerufen am 20.2.2013.

12 Die private Bewachung ist arg lax. Justizminister Goll (FDP) räumt Probleme beim Betrieb des ersten teilprivatisierten Gefängnisses in Offenburg ein, Badische Zeitung vom 8.6.2010.

13 Justizvollzugsanstalt Gablingen: »Das ist der richtige Weg«, Augsburger Allgemeine vom 20.10.2009; Freistaat baut Gefängnisse wieder selber, Neues Deutschland vom 2.11.2009.

14 JVA weniger ÖPP-geeignet, www.immobilien-zeitung.de/117801, abgerufen am 5.10.2012.

stellte in seinem Jahresbericht 2012 unter anderem fest: Neben der im Landeshaushalt ausgewiesenen PPP-Miete leistet das Land verdeckte Zahlungen in Höhe von jährlich 2,2 Millionen Euro. Die Verträge für die Dienstleistungen des Investors Bilfinger sind unabhängig von der Auslastung des Gefängnisses. Bilfinger erhält also die volle Miete, auch wenn wie bisher die Haftplätze im Durchschnitt nur zu 80 Prozent belegt sind (Landesrechnungshof Sachsen-Anhalt 2012: 42 ff.). Was der Rechnungshof nicht anmerkte: Bilfinger hat die Ansprüche aus dem Vertrag an Investoren in London verkauft.[15] Die CDU-geführte Landesregierung hält allerdings an dem Vorhaben fest.

Wie der Traum doch noch in Erfüllung ging

Im Mai 2010 gab Roland Koch seinen Rücktritt als hessischer Ministerpräsident bekannt. Er hatte keine Lust mehr. Alle seine Leuchttürme waren ins Wackeln geraten oder fielen gar in sich zusammen. Während er noch geschäftsführender Ministerpräsident war, schaffte der hessische Landtag die Studiengebühren wieder ab, und das auch noch als erstes Bundesland![16] Gegen die Privatisierung der Unikliniken Marburg-Gießen protestierten sogar Ärzte und Professoren, das Bundesland musste der Rhön-Klinikumskette sogar Geld zuschießen, sonst wären die Kliniken ganz marode geworden; und der Investor, eigentlich für Koch eine Heilsfigur, musste sogar eine Millionenstrafe zahlen wegen Nichteinhaltung vertraglicher Verpflichtungen.[17] Und schließlich zerpflückte der Rechnungshof des eigenen Bundeslandes die Kalkulation und Vertragsgestaltung der JVA Hünfeld in der Luft.

Da blieb nur noch eine Lösung: Der Privatisierungs-Träumer ging dorthin, wo das Leben für seinesgleichen noch Spaß macht: In einen richtigen kapitalistischen Konzern, nämlich zum Baukonzern Bilfinger. Der war kein Unbekannter für den Ex-Ministerpräsidenten, und nicht zuletzt ist Bilfinger Marktführer bei Public-Private-Partnership-Projekten.

15 TV-Bericht des mdr zur JVA Burg am 5.12.2012.

16 Hessen schafft Studiengebühren wieder ab, Die Welt vom 3.6.2008.

17 Rhön-Klinikum zahlt Strafe, erhält aber Millionen, Frankfurter Rundschau 30.1.2013.

Kochs Wechsel war denkbar eng bemessen und hielt kaum den Anstands-Abstand ein: Schon im Oktober 2010 gab Bilfinger bekannt, dass der ehemalige, hochgeschätzte Ministerpräsident Roland Koch Mitglied des Konzernvorstands werde. Kurz nach seinem Eintritt wurde er Vorstandschef.

Die Folgekosten seiner und seiner Freunde Träume zahlen die Bürger. Auch das gehört zu diesem Traum. Und dass er jetzt direkt am Hebel sitzt, dort, wo das hinausgeworfene Geld der Bürger schließlich landet.

Literatur

Barisch, Susanne (2010), *Die Privatisierung im deutschen Strafvollzug*. Münster/New York/München/Berlin.

Hessischer Rechnungshof (2012a), *Bemerkungen 2011 des hessischen Rechnungshofs zur Haushalts- und Wirtschaftsführung des Landes Hessen*, Darmstadt.

Hessischer Rechnungshof (2012b), *Bericht nach § 88 Abs. 2 LHO über die Wirtschaftlichkeitsberechnung zur Privatisierung von Betriebsleistungen der Justizvollzugsanstalt Hünfeld*, Darmstadt.

Landesrechnungshof Sachsen-Anhalt (2012), *Jahresbericht 2011, Teil 1, Denkschrift und Bemerkungen*, Magdeburg.

Werner Rügemer (2011), *»Heuschrecken« im öffentlichen Raum. Public Private Partnership – Anatomie eines globalen Finanzinstruments*, Bielefeld.

Strukturpolitische Herausforderungen in Hessen

Dajana Kratzer-Rudolf

1. Einleitung

Globalisierung, Klimawandel, Ressourcenverknappung und der demographische Wandel sind die zentralen Herausforderungen der nächsten Jahre und Jahrzehnte. Sie werden die wirtschaftliche und gesellschaftliche Entwicklung nachhaltig prägen. Deutliche Veränderungen in den Wertschöpfungsketten, neue Akteure am Markt, umfangreiche Investitionen in Forschung und Entwicklung, Veränderung der Qualifikationsanforderungen an die Beschäftigten sind hierbei nur einige Stichworte.

Infolge des demographischen Wandels sinkt die Zahl der Schulabgänger, das Durchschnittsalter der Belegschaften steigt und damit einhergehend der Bedarf an alters- und alternsgerechten Arbeitsbedingungen. Fachkräftesicherung und Mitarbeiterbindung werden zunehmend zentrale Aspekte unternehmerischer Planung und von Branchenstrategien. *Gute Arbeit*[1] ist der Schlüssel zur Deckung des wachsenden Bedarfs an gut qualifizierten Beschäftigten.

»Global denken – lokal handeln« diese Maxime von Nachhaltigkeitskonzeptionen gilt auch für die Strukturpolitik. Auch wenn im Zuge der Kompetenzerweiterung der Europäischen Union viele strukturpolitische Kompetenzen von den Ministerien des Bundes und der Länder zunehmend auch auf die europäischen Institutionen übergegangen sind, so haben die Bundesländer dennoch weitreichende Handlungsspielräume, um die Strukturwandelprozesse zu unterstützen und zu gestalten. Ein zentraler Faktor, der oft vernachlässigt wird, ist die Vorbildfunktion der Landesregierung. Ihre Fähigkeit, die Vorstellung von einem nachhalti-

1 Näheres zu den Kriterien *Gute Arbeit* unter http://www.dgb-index-gute-arbeit.de/downloads/publikationen/data/Flyer%20DGB-Index%20Gute%20Arbeit.pdf.

gen Strukturwandel mit konkreten, regionalen Veränderungen zu verknüpfen und durch Anreize zu fördern, ist von zentraler Bedeutung.[2]

Inwieweit es der hessischen Landesregierung gelungen ist, die Chancen der Energiewende und der breiten gesellschaftlichen Ablehnung der Atomkraft zu nutzen, wird im Kapitel 3 dieses Aufsatzes näher beleuchtet. Zu Beginn jedoch soll im Kapitel 2 ein Blick auf die zentralen strukturpolitischen Herausforderungen, denen sich nicht nur die hessische Wirtschaft stellen muss, geworfen werden.

2. Strukturpolitische Herausforderungen

Die in der Globalisierungs- und Deregulierungseuphorie lange vernachlässigte Strukturpolitik erlebte im Zuge der weltweiten Finanz- und Konjunkturkrise im Jahr 2008 eine Renaissance. Es stellte sich heraus, dass die aktive Gestaltung des sektoralen Strukturwandels durch staatliche Interventionen unabdingbar ist.

> »Strukturpolitik bezeichnet politische Maßnahmen verschiedener staatlicher Ebenen (EU, Bund, Länder, Kommunen), die das Ziel verfolgen, die vorhandene Wirtschaftsstruktur so zu beeinflussen bzw. zu verändern, dass sie die rapiden wirtschaftlichen und technischen Veränderungen bewältigen, heute also insbesondere dem globalen Wettbewerb standhalten kann.« (Schubert 2011)

Hierbei wird zwischen regionaler und sektoraler Strukturpolitik unterschieden. Letztere nimmt Einfluss auf einzelne Industrien oder Branchen, wohingegen die regionale Strukturpolitik eine bestimmte Region in den Fokus nimmt.

Strukturpolitik von anderen Politikbereichen abzugrenzen fällt schwer und ist darüber hinaus nicht zielführend. Vielmehr bedarf es einer integrierten und integrativen Strategie. Die Förderung von unternehmensnaher Infrastruktur, von Forschung und Entwicklung und privaten Investitionen reicht nicht aus. Um den Strukturwandel erfolgreich bewältigen zu können, bedarf es einer konsistenten Strategie zur Weiterentwicklung der Wirtschaft. Kriterien hierfür sollten sein:

---

2 Ein erfolgreiches Beispiel für ein solches Leitbild ist die Strategie der thüringischen Landesregierung zur Implementierung Thüringens als »Grünes Herz Deutschland«.

1. Qualitatives und nachhaltiges Wachstum
2. Vollbeschäftigung
3. Gerechtere Wohlstandsverteilung
4. Eine aktivere Rolle des Staates
5. Mehr Beteiligung und Mitbestimmung

Hieraus ergeben sich Schnittstellen zur Arbeitsmarkt- und Bildungspolitik, Wirtschaftspolitik, Infrastrukturpolitik, Umwelt- und Energiepolitik etc. Ziel muss es sein, Beschäftigung zu schaffen und zu sichern, ein angemessenes und vor allem nachhaltiges Wirtschaftswachstum zu ermöglichen, ohne dabei ökonomische, soziale und ökologische Ziele gegeneinander auszuspielen. Zentrales Element einer aktiven Strukturpolitik sind die strukturpolitischen Vorgaben des Staates. Dies reicht von einer aktiven Arbeitsmarktpolitik über Steuer- und Wettbewerbspolitik bis hin zur Energie- und Umweltpolitik. Durch koordiniertes staatliches Handeln lassen sich Zielkonflikte und Wirkungsverluste eingrenzen beziehungsweise vermeiden. Vor allem die Verlässlichkeit staatlicher Entscheidungen ist hierbei von zentraler Bedeutung. Nur so können die Unternehmen langfristig planen, flexibel auf sich ändernde Märkte reagieren und Anpassungen langfristig umsetzen. Im Rahmen betrieblicher Mitbestimmung ermöglicht dies auch den Beschäftigten, sich an betrieblichen Veränderungsprozessen zu beteiligen und ihr spezifisches Know-how zum Ausbau der Beschäftigung und zur Beschäftigungssicherung einzubringen. Im Zentrum der aktiven Strukturpolitik steht in der Regel die Industrie; sie ist gegenwärtig und dürfte auch in absehbarer Zukunft das wichtigste Bindeglied der deutschen Wirtschaft zum Weltmarkt und Motor der technologischen Entwicklung sein.

Im Folgenden sollen die zentralen Herausforderungen am Beispiel der Metall- und Elektroindustrie näher betrachtet werden.

Mittel- und langfristige Entwicklungsperspektiven der Metall- und Elektroindustrie

Technologieführerschaft, kontinuierliche Innovationen und eine gute Produkt-Service-Qualität sichern die Wettbewerbsfähigkeit der Metall- und Elektroindustrie. Interessant ist hierbei, dass diese, gemessen am Umsatz, sechsmal so viel investiert wie die übrigen Branchen im Durchschnitt. Gut jeder zweite Innnovations-Euro in Deutschland stammt aus den vier Metall- und Elektroindustrie-Branchen. Im Fahrzeugbau wird fast jeder zweite, in der Elektroindustrie jeder dritte und im Maschinenbau immerhin noch jeder vierte Umsatz-Euro mit Produkten erwirtschaftet, die nicht älter sind als drei Jahre. Andere Branchen dagegen stecken nicht einmal jeden zwölften Umsatzeuro in Produktinnovationen.

Qualifikation und Innovation sind das Fundament der international starken Metall- und Elektroindustrie, welche ihre Position nur erhalten kann, wenn die Qualifikation der Beschäftigten und ihre Innovationsfähigkeit gewährleistet bleiben. Innovationen lassen sich nicht auf das technisch-erfinderische reduzieren, sondern erfordern eine intelligente Einbettung in die betriebliche Arbeits- und Sozialorganisation. Die immer geringere Dauer von Marktführerschaft oder Behauptung einer Spitzenposition am Markt und die Beschleunigung vor allem durch kürzere Produktzyklen bewirken, dass Investitions- und Innovationsrückstände heutzutage kaum noch und in Zukunft wahrscheinlich gar nicht mehr aufgeholt werden können. Zudem werden immer differenziertere Produktlösungen verlangt, die das Zusammenführen von Spezialwissen zu Lösungspaketen erfordern. Die Kunden erwarten Rundum-Sorglos-Pakete mit Komplettlösungen, das heißt vom Produkt über Daten- und Informationssysteme und die Logistik bis hin zum passgenauen Kundendienst. Dies erfordert neben der Individualisierung und der Flexibilisierung der Produktionsprozesse vor allem den Ausbau von Querschnittsdisziplinen und eine umfassende Qualifizierung der Beschäftigten. Darüber hinaus wird nicht nur aufgrund des demographischen Wandels die Mitarbeiterbindung zur Know-how-Sicherung immer relevanter. Ein wichtiger Aspekt ist hierbei neben guten Arbeitsbedingungen, fairer Entlohnung, alter(n)sgerechten Arbeitsplätzen, flexiblen Übergängen sowie Aus- und Weiterbildung auch die stärkere Einbindung der Beschäftigten in die Unternehmensprozesse. Das heißt vor allem die Erweiterung ihrer Gestaltungsräume und Mitwirkungsmöglichkeiten. Die Beschäftigten sind die Innovationsträger des Unternehmens. Diversifizierung und neue Geschäftsmodelle gehen mit einem steigenden Vernetzungsbedarf einher. Beispielhaft ist hierbei die Entwicklung im Bereich der Automobilhersteller. Ursprünglich reine Fahrzeugproduzenten, haben sie ihr Dienstleistungsspektrum in den Bereich Finanzierungen und Versicherungen ausgeweitet. Im Zuge zunehmender Urbanisierung und der Energiewende engagieren sich die Automobilhersteller mittlerweile im Bereich von ganzheitlichen Mobilitätskonzepten[3] und der Erzeugung von Erneuerbarer Energie. Letzteres erstreckt sich von Beteiligungen an Windparks, Off-shore-Windanlagen, der Solarproduktion und Wasserkraftwerken bis hin zur Produktion von Blockheizkraftwerken. Weitere Beispiele sind die neue Unternehmenssparte von Siemens *Infrastructure & Cities*[4] zur Entwicklung von SmartCities und der Aufbau eines Software-Systemhauses zur Entwicklung intelligenter Autos, Heizungen und Kühlschränke von Bosch.[5] Neue Zuschnitte von Geschäftsfeldern, die Bündelung zu neuen Einheiten und die Eroberung neuer Märkte erfordern neue Allianzen.

Vor allem Cluster und Kooperationen nehmen im Zuge dieses Wandels an Bedeutung zu (vgl. Kost 2011), weshalb auch die hessische Landesregierung eine aktive Clusterpolitik zu einem Schwerpunkt ihrer Wirtschaftsförderungsstrategie machen sollte. Dies sollte jedoch nicht wie von der hessischen Landesregierung bisher in Ansätzen gehandhabt eine rein unternehmensorientierte Clusterpolitik sein. Vielmehr sollte auch das Know-how der Beschäftigten in Entwicklungs- und Innovationsprozessen genutzt werden, indem auch die Arbeitnehmer/innen und die Mitbestimmungsorgane einbezogen werden. Die Clusterpolitik sollte partnerschaftlich und auf einer breiten Akteursbasis gestaltet werden. Zum Beispiel sollten die Branchen- und Clusterentwicklung mit der Flächen- und Standortentwicklung, der Gründungsförderung, Innovationswettbewerben, Aus- und Weiterbildung etc. zu einer Clusterstrategie verbunden werden. Ministerien, Städte und Kommunen, Wissenschaft und Forschung, Qualifizierungsträger, die Wirtschaftsförderung und vor allem die Sozialpartner sollten gemeinsam Konzepte erarbeiten, die brachliegende Potenziale identifizieren, Probleme analysieren und Lösungskonzepte entwickeln.

3 Vgl. Stuttgarter Zeitung vom 18.12.2012 »Die Autobauer wollen das Carsharing erobern«.

4 http://www.siemens.com/entry/infrastructure-cities/cc/de/.

5 http://www.themenportal.de/nachrichten/bosch-baut-eigenes-software-systemhaus-auf-62142.

2.1 Industriepolitik

Die Industriepolitik ist ein lange geschmähter Teilbereich der Strukturpolitik. Auch sie erlebte ihre Renaissance im Zuge der Finanz- und Weltwirtschaftskrise.

Das Verarbeitende Gewerbe spielt in Deutschland mit einer Wertschöpfungsquote von etwa 22 Prozent eine wichtige Rolle und stellt den eigentlichen Kern der deutschen Wirtschaft dar. Darüber hinaus bedingt die Industrie im tertiären Sektor einen nicht unerheblichen Anteil der gesamtwirtschaftlichen Wertschöpfung im Rahmen von unternehmensnahen Dienstleistungen.

Die hessische Industrie ist breit aufgestellt, hat jedoch ihre Schwerpunkte im Bereich der Hochtechnologiebranchen Automobilbau und Zulieferer, Maschinen- und Anlagenbau, der chemischen Industrie und der Elektrotechnik. Trotz Bedeutungszuwachs der hessischen Industrie schrumpfen die industriellen Kerne weiterhin. Lag 1995 der Anteil der Industrie noch bei 21,4 Prozent, so waren es 2010 nur noch 17 Prozent. Mit 77 Prozent der Bruttowertschöpfung bleibt der Dienstleistungssektor der dominierende Bereich in Hessen. Mit 90 Prozent der FuE-Aufwendungen und 77 Prozent der Innovationsaufwendungen ist und bleibt die Industrie aber der größte Motor für Innovationen. Darüber hinaus entstammen 56 Prozent der hessischen Wertschöpfung den unternehmensnahen Dienstleistungen, die es ohne die Industrie nicht gäbe.

Industriepolitik zielt durch ihre Intervention auf die Erhaltung und Entwicklung industrieller Standorte und Arbeitsplätze. Sie kann aber auch das Ziel *Gute Arbeit* und nachhaltige Entwicklung im Interesse der Arbeitnehmer/innen verfolgen und sie kann dabei in mehrfacher Hinsicht den Strukturwandel aktiv gestalten, etwa durch die Forcierung des sozial-ökologischen Umbaus, durch die Unterstützung von Standorten, die Produktionskapazitäten verlieren, oder durch die Unterstützung von Betrieben bei der Erschließung neuer Märkte.

Eine moderne Industriepolitik sollte auch an beschäftigungspolitischen Aspekten ausgerichtet sein, da der traditionell doch sehr stark ausgeprägte Technologiebezug zu kurz greift. Erste Schritte in die richtige Richtung sind die Nationale Plattform Elektromobilität, die Tariftreue-

Regelungen einzelner Bundesländer[6] und die Verknüpfung von Unternehmensförderung mit qualitativen Kriterien, wie dies zum Beispiel in Thüringen praktiziert wird.

Ein wesentlicher Faktor zur Sicherung der industriellen Kerne in Hessen und Deutschland ist die Stärkung und Weiterentwicklung der Dualen Ausbildung. Die zunehmende Wissensintensivierung in der Industrie und die stärkere Kundenorientierung stellen neue Herausforderungen an die Qualifikationsprofile der Beschäftigten. Die Basis für eine aktive Industriepolitik ist die detaillierte Kenntnis darüber, wo die Industrie in der globalen Wirtschaft steht, welche Entwicklungen und Herausforderungen sie bewältigen muss und welche *Benchmarks* wo und wie gesetzt werden.

Die Erfahrungen aus der Solarindustrie und mit dem Erneuerbare-Energien-Gesetz (EEG)[7] zeigen, dass gezielte Industriepolitik durchaus erfolgreich ist, jedoch einen langen Atem braucht. Die geringe Verlässlichkeit politischer Entscheidungen, die häufig unter dem vermeintlichen Sachzwang der staatlichen Haushaltskonsolidierung auszumachen ist, ist kontraproduktiv und hemmt notwendige Investitionen: Debatten um Quotenregelungen im EEG und die nachträgliche Absenkung der Einspeisevergütung für Bestandsanlagen wirken verunsichernd.

2.2 EU-Strukturpolitik

Auf dem Europäischen Frühjahrsrat im Jahr 2000 in Lissabon verständigten sich die Staats- und Regierungschefs darauf, die EU bis 2010 »zum wettbewerbsfähigsten und dynamischsten wissensbasierten Wirtschaftsraum der Welt zu machen – einem Wirtschaftsraum, der fähig ist, ein dauerhaftes Wirtschaftswachstum mit mehr und besseren Arbeitsplätzen und einem größeren sozialen Zusammenhalt zu erzielen.«

Ab 2000 stellte die Lissabon-Strategie den wirtschaftspolitischen Koordinierungsrahmen der Europäischen Union dar und ist eine langfristig angelegte Wirtschaftsstrategie. Mit strukturpolitischen Maßnahmen sollte die Europäische Union wirtschaftlich, sozial und ökologisch

6 Vgl. dazu den Beitrag von Kai Eicker-Wolf und Thorsten Schulten in diesem Buch, S. 177 ff.

7 Das EEG gehört inzwischen zu einer der am meisten kopierten Gesetzesinitiativen der Welt.

gestärkt werden. Dazu setzte die EU auf Liberalisierung, Flexibilisierung und Kostensenkung für Unternehmen. Vor allem die Marktöffnung im Energie- und Dienstleistungssektor, die Deregulierung des Arbeitsrechtes und ein einseitiger Konsolidierungskurs in der Geld-, Steuer- und Haushaltspolitik wurden im Rahmen dieser Strategie forciert. Aus Sicht der Gewerkschaften ist die Lissabon-Strategie klar gescheitert (vgl. Degen 2011).

In den ersten fünf Jahren blieben die Erfolge der Lissabon-Strategie allerdings hinter den Erwartungen zurück, weshalb im Rahmen der Halbzeitbewertung im Jahr 2005 eine Vereinfachung und Neuausrichtung der Strategie angestrebt wurde. Die Strategie wurde auf die Ziele Wachstum und Beschäftigung fokussiert. Nachfolger der Lissabon-Strategie ist die Strategie »Europa 2020«, die 2010 verabschiedet worden ist.[8] Dieser neue »Pakt für Beschäftigung, Nachhaltigkeit und Solidarität« ersetzt die Lissabon-Strategie und den Stabilitäts- und Wachstumspakt. Der Schwerpunkt der neuen Strategie liegt auf den Schlüsselbereichen Wissen und Innovation, einer stärkeren Ausrichtung der Wirtschaft auf Nachhaltigkeit, einem hohen Beschäftigungsniveau und sozialer Eingliederung (»intelligentes, nachhaltiges und integratives Wachstum«). Folgende Ziele wurden für das Jahr 2020 durch den Europäischen Rat festgesetzt:

1. Beschäftigungsquote von 75 Prozent unter den 20- bis 64-Jährigen.
2. Ein öffentliches und privates Investitionsvolumen für Forschung und Entwicklung von insgesamt 3 Prozent des Bruttoinlandsprodukts.
3. Die Treibhausgasemissionen sollen gegenüber dem Niveau des Jahres 1990 um 20 Prozent verringert werden, der Anteil der erneuerbaren Energien am Gesamtenergieverbrauch soll auf 20 Prozent steigen. Außerdem wird eine Erhöhung der Energieeffizienz in Höhe von etwa 20 Prozent angestrebt.
4. Die Schulabbrecherquote soll unter 10 Prozent sinken, und es sollen mindestens 40 Prozent der 30- bis 34-Jährigen ein abgeschlossenes Hochschulstudium oder einen gleichwertigen Abschluss erreichen.
5. Mindestens 20 Millionen Menschen sollen vor dem Risiko der Armut oder der Ausgrenzung bewahrt werden.

---

8 http://www.esf.de/portal/generator/15418/property=data/2011__01__04__europa__2020-strategie.pdf; http://register.consilium.europa.eu/pdf/de/10/st00/st00007.de10.pdf; http://register.consilium.europa.eu/pdf/de/10/st00/st00013.de10.pdf.

Alle Mitgliedstaaten der EU legen auf Basis der EU-weiten Kernziele entsprechende nationale Ziele fest, welche wiederum im Rahmen der so genannten Operationellen Programme der Landesregierungen weiter konkretisiert werden.

2.3 Strukturpolitik in Hessen

Auch wenn die Strukturpolitik infolge der Krise 2008/09 wieder stärker debattiert wurde, so ist sie nichts Neues. Bereits seit Jahrzehnten gibt es milliardenschwere Strukturförderungsprogramme. So fließen jährlich fast 100 Millionen Euro im Rahmen der europäischen Strukturfonds nach Hessen mit dem Ziel der Förderung von Wettbewerbsfähigkeit und Beschäftigung. Die aktuelle Förderperiode 2007–2013 hat sich der Europäische Fonds für regionale Entwicklung (EFRE) zu den Zielen »Konvergenz«, »Regionale Wettbewerbsfähigkeit und Beschäftigung« und »Europäische territoriale Zusammenarbeit« verpflichtet. Im Rahmen des Europäischen Sozialfonds (ESF) werden die vier Programmpunkte »Beschäftigte, Unternehmen und Existenzgründung«, »Weiterbildung und Qualifizierung«, »Beschäftigung und soziale Integration« und »Transnationale Maßnahmen« verfolgt.

Derzeit wird die neue Förderperiode 2014–2020 sowohl auf der Ebene der EU als auch auf Bundes- und Länderebene vorbereitet.[9] Trotz vieler Unklarheiten bei der genauen Ausgestaltung der Programme und deren finanzieller Ausstattung ist klar, dass Hessen auch in der neuen Förderperiode an der Strukturförderung partizipieren wird, wenn auch vermutlich mit wesentlich weniger Mitteln.

Die neue Förderperiode wird sich inhaltlich eng an der Strategie »Europa 2020« ausrichten, dabei sollen elf Ziele im Rahmen der Fonds unterstützt werden (zum Beispiel Stärkung der Forschung, technologischen Entwicklung und Innovation, Stärkung der Wettbewerbsfähigkeit kleiner und mittlerer Unternehmen, usw.).

Durch die Konzentration des EFRE auf die Ziele 1–4 ergibt sich die Verpflichtung der Zuweisung von 80 Prozent der Mittel im Rahmen dieser Ziele.

---

9 näheres zu Hessen siehe http://www.wirtschaft.hessen.de/irj/HMWVL_Internet?cid=f47f6d5b2f0fa95c8ca3bae1599657c0.

Im Operationellen Programm legt Hessen innerhalb dieser Vorgaben Schwerpunkte und deren finanzielle Ausstattung fest. Bezüglich des EFRE liegt seit Juli 2012 das Papier »Eckpunkte zur Aufstellung eines Programms für Investitionen in Wachstum und Beschäftigung aus den Mitteln des Europäischen Fonds für regionale Entwicklung (EFRE) in Hessen 2014 bis 2020«[10] vor. Kernpunkte sind:

1. Stärkung von Forschung, technologischer Entwicklung und Innovation (ca. 30 Prozent der EFRE-Mittel).
2. Steigerung der Wettbewerbsfähigkeit von kleinen und mittleren Unternehmen (KMU) (ca. 30 Prozent der EFRE-Mittel).
3. Förderung der Bestrebungen zur Verringerung der CO2-Emissionen in allen Branchen der Wirtschaft (ca. 20 Prozent der EFRE-Mittel).
4. Sonstige Maßnahmen zur Förderung von Wachstum und Beschäftigung (ca. 20 Prozent der EFRE-Mittel).

Im Sinne der Mittelkonzentration spricht sich das Wirtschaftsministerium gegen eine Ausweitung bzw. die Aufnahme anderer Investitionsprioritäten aus. Zur Ausgestaltung des Operationellen Programms des ESF hat sich das Hessische Sozialministerium derzeit (Februar 2013) noch nicht geäußert.

2.4 Soziale Kriterien in der Wirtschaftsförderung

Hauptkritikpunkt der Gewerkschaften an der Förderpraxis in Hessen ist die in der Landesregierung geltende Maxime »Hauptsache Arbeitsplätze«. Diese einseitige Orientierung ist nur schwer nachvollziehbar. Vielmehr sollte sichergestellt werden, dass geförderte Unternehmen arbeits- und sozialrechtliche Standards einhalten und betriebliche Mitbestimmung gewährleisten. Die Förderung von Niedriglohn und prekärer Beschäftigung genügt nicht dem Kriterium der Nachhaltigkeit.

Die Gewerkschaften in Hessen fordern schon lange die Ausrichtung der Fördermaßnahmen an qualitative Indikatoren, die sich am Kriterium *Gute Arbeit* ausrichten. Als Argumente gegen die Einführung sozialer Kriterien in die Wirtschaftsförderung werden vor allem ein angeblich

---

10 Siehe http://www.wirtschaft.hessen.de/irj/servlet/prt/portal/prtroot/slimp.CMReader/HMWVL_15/HMWVL_Internet/med/4fa/4fa10b8c-6899–2931-f012-f312b417c0cf,22222222–2222–2222–2222–222222222222.

zu hoher bürokratischer Aufwand, der Zweifel an den positiven Effekten und rechtliche Hindernisse angeführt. Richtig ist, dass diverse rechtliche Rahmenbedingungen zu beachten sind. Diese reichen vom europäischen Vertrags-, Beihilfe- und Vergaberecht über das bundesdeutsche Verfassungs- und Wirtschaftsrecht bis hin zum Verfassungs-, Wirtschafts- und Vergaberecht der Bundesländer.

Die Hans-Böckler-Stiftung, die Otto-Brenner-Stiftung, die Friedrich-Ebert-Stiftung, der DGB und die IG Metall haben eine Studie in Auftrag gegeben, die am Beispiel von Niedersachsen und Sachsen-Anhalt die Möglichkeiten und Grenzen der Verankerung von sozialen Kriterien in der Fördermittelvergabe analysieren sollte. Der Arbeitsrechtler Kothe kam in seinem Gutachten zu folgenden Ergebnissen (Kohte 2012):

1. Die Verankerung von sozialen Kriterien in der Wirtschaftsförderung ist nicht nur rechtlich möglich, sondern eine logische Schlussfolgerung aus dem Vertrag von Lissabon und der Strategie »Europa 2020« der Kommission.[11] Beide stellen die Förderung des wirtschaftlichen, territorialen und sozialen Zusammenhalts in den Fokus. Um den sozialen Zusammenhalt fördern zu können, braucht man einen geeigneten Ordnungsrahmen. Darüber hinaus setzt auch die *Gemeinschaftsaufgabe Verbesserung der regionalen Wirtschaftsstruktur* (GRW) das Ziel, vor allem qualifizierte Arbeitsplätze zu schaffen.
2. Die Bindung von geförderten Unternehmen an ein gesetzlich festgelegtes Mindestentgelt ist möglich. Dies gilt ebenfalls für Branchen, die nicht unter einen für allgemeinverbindlich erklärten Tarifvertrag fallen.
3. Bei allgemeinverbindlichen Tarifverträgen ist die Bindung der geförderten Unternehmen an diesen prinzipiell möglich.
4. Der Beihilfegeber kann – sofern dies zweckdienlich ist – auch die Beachtung bestimmter tariflicher Regelungen verlangen.
5. Die Vorgabe von Höchstquoten für Leiharbeit, Befristungen und Minijobs ist genauso möglich wie die Verankerung von Mindestquoten für Auszubildende, Langzeitarbeitslose und sonstige am Arbeitsmarkt benachteiligte Gruppen.

---

11 http://www.esf.de/portal/generator/15418/property=data/2011__01__04__europa__2020-strategie.pdf.

Gegen die verstärkte Berücksichtigung sozialer Kriterien in der Fördermittelvergabe gibt es als aus rechtlicher Perspektive keine Hinderungsgründe. Dass dies praktisch, auch gegen viele Widerstände, umsetzbar ist, hat Thüringen im Frühjahr 2011 bewiesen. »Ein Billiglohnland Thüringen wird mit öffentlichen Mitteln nicht mehr unterstützt«, so Wirtschaftsminister Machnig (SPD).[12] Seit dem 1. April 2011 werden in Thüringen ansässige Unternehmen mit einem Anteil von mehr als 30 Prozent Leiharbeiterinnen und Leiharbeitern in der GRW-Investitionsförderung nicht mehr unterstützt, solche mit 10 bis 30 Prozent Leiharbeiterinnen und Leiharbeitern lediglich mit einem Basisfördersatz. Die vom geförderten Unternehmen zusätzlich zu schaffenden Arbeitsplätze müssen als Regelarbeitsplätze besetzt werden.[13] Alternativ zu dieser Bonus-Malus-Regelung ist auch die Festlegung von Mindestanforderungen möglich.

Soziale Wirtschaftsförderung stellt ein viel zu wenig genutztes Instrument im Kampf gegen prekäre Beschäftigung, Billiglöhne und für *Gute Arbeit* dar. Dabei werden aufgrund des demographischen Wandels die Vorzüge des Konzepts *Gute Arbeit* in Bezug auf Mitarbeiterbindung und Gewinnung von neuen Beschäftigten für die Unternehmen zunehmend wettbewerbsrelevant.

In der Strukturpolitik des Landes Hessen haben beschäftigungspolitische Aspekte bisher kaum eine Rolle gespielt. Hinter der Maxime »Hauptsache Arbeitsplätze« blieb die Frage der Qualität dieser Arbeit im Hintergrund. Die Überzeugung, dass die Stärkung der Wettbewerbsfähigkeit der Unternehmen automatisch neue und bessere Arbeitsplätze schafft und zudem die bestehenden sichert, kann als überholt angesehen werden. Folgende Forderungen lassen sich hieraus ableiten:

1. Kopplung der Förderung an die Kriterien von *Guter Arbeit.*
2. Keine Unterstützung von Standortverlagerungen durch Fördermittel.
3. Überprüfung der zu fördernden Projekte auf dauerhaften und nachweisbaren Nutzen für die Gesellschaft.

12 http://www.gleichearbeit-gleichesgeld.de/initiative/aktuelle-meldungen/2011/thueringen-viele-leiharbeiter-keine-wirtschaftsfoerderung/ 06.02.2012.

13 http://www.aufbaubank.de/getfile.php?1497.pdf, http://www.aufbaubank.de/getfile.php?1359.pdf, http://www.aufbaubank.de/getfile.php?1738.pdf.

4. Geförderte Qualifizierungs- und Beschäftigungsprojekte dürfen keine reguläre Beschäftigung verdrängen.
5. Ausbau der sozialpartnerschaftlichen Beteiligung.
6. Einbeziehung der Gewerkschaften und der Betriebsräte in Antrags- und Entscheidungsverfahren zur Vergabe von Fördermitteln.
7. Vermehrte Förderung strukturschwacher Landkreise und Städte, da die Ausstrahlungseffekte von »Stärken stärken« ausgeblieben sind.[14]
8. Erhöhung der Transparenz.
9. Vereinfachung der Verfahren durch Pauschalierung, Beschleunigung der Zahlungen, Reduzierung der Vorfinanzierung der Projektträger.

3. Energiewende als zentrale strukturpolitische Herausforderung

Die zentralen Herausforderungen des 21. Jahrhunderts – Klimawandel, Ressourcenverknappung, Urbanisierung und Demographie – erfordern die Neudefinition klassischer Strukturpolitik (vgl. Brüggemeier 2012). Eine Ressourcen schonende wie energieeffiziente Wirtschaft und Gesellschaft und die Entkopplung von Wohlstand und Ressourcenverbrauch sind unvermeidlich. Es bedarf einer ökologischen Industriepolitik mit dem Ziel, Effizienz zu steigern, den Ressourcenverbrauch zu senken, möglichst wenige Schadstoffe freizusetzen, weniger Abfall zu produzieren, Wirtschaftskreisläufe zu stärken und eine nachhaltige Mobilität zu etablieren.

Die Energiewende ist von zentraler Bedeutung für eine nachhaltige industrielle Entwicklung. Die Herausforderungen der internationalen, europäischen und nationalen Klimapolitik sind ohne eine Energiewende nicht zu bewältigen. Es geht darum, eine zuverlässige, wettbewerbsfähige, kosteneffiziente und umweltverträgliche Energieversorgung zu gewährleisten. Dies kann nur mit einer Innovations- und Investitionsoffensive erreicht werden.

Die diesbezüglichen Potenziale sind immens. Fast 30 Prozent des Energieverbrauchs entfallen in Deutschland auf die Industrie. Beim Stromverbrauch sind es sogar 46 Prozent. Gewerbe, Handel und Dienst-

14 Vgl. dazu ausführlich Ziegler (2009).

leistungen kommen auf 15 Prozent am Energie- und 23 Prozent am Stromverbrauch. Mit modernen Druckluftsystemen lassen sich 35 Prozent der Energiekosten einsparen. Durch tageslichtabhängiges Dimmen der Hallenbeleuchtung kann der Energieeinsatz für Beleuchtung drastisch vermindert werden. Durch das Reduzieren von Ausschuss, Schadstoffen und Emissionen, konsequentes Recycling, das Optimieren von Arbeitsabläufen und Stoffströmen oder das Senken des Betriebsmittelbedarfs kann ein Unternehmen nicht nur Gutes für die Umwelt tun. Es spart auch richtig Geld. Zusätzlich verschafft die Investition in innovative Umwelttechniken, neue Produktionsprozesse und nachhaltiges Wirtschaften langfristig Wettbewerbsvorteile.

Im Jahr 2011 bezifferte sich das Volumen des globalen Marktes für Umwelttechnik und Ressourceneffizienz auf gut zwei Billionen Euro. Den größten Anteil daran stellte mit einem Volumen von 720 Milliarden Euro der Leitmarkt Energieeffizienz. Deutschland hat sich – mit einem Weltmarktanteil von 15 Prozent – bereits zu einem wichtigen Standort der Umwelttechnologieindustrie entwickelt. Der GreenTech-Anteil am Bruttoinlandsprodukt liegt inzwischen bei 11 Prozent. Das Wachstum der GreenTech-Branchen lässt sich zudem an den Beschäftigtenzahlen ablesen. 2011 gab es in diesem Wirtschaftszweig bezogen auf die sechs Leitmärkte 1,4 Millionen Arbeitsplätze. Bis 2025 ist mit einem Anstieg der Beschäftigtenzahl auf 2,4 Millionen zu rechnen. (Bundesministerium für Umwelt 2012) Diese bereits heute bedeutende Stellung der Umwelttechnologien in Deutschland gilt es durch aktive Strukturpolitik zu festigen und auszubauen.

3.1 Energiepolitische Zielsetzungen in der EU, Deutschland und Hessen

Die Erneuerbare-Energien-Richtlinie der EU gibt für Deutschland einen Anteil von 18 Prozent Erneuerbarer Energien am Endenergieverbrauch im Jahr 2020 vor. Deutschland hat sich auf nationaler Ebene zum Ziel gesetzt, die Treibhausgasemissionen bis 2020 gegenüber 1990 um 40 Prozent zu reduzieren. Im Jahr 2020 sollen mindestens 35 Prozent der Stromerzeugung aus Erneuerbaren Energien stammen.

Gemäß dem »Hessischen Energiegipfel-Umsetzungskonzept der Hessischen Landesregierung«[15] soll der Endenergieverbrauch (ohne Verkehr) in Hessen bis 2050 möglichst zu 100 Prozent aus Erneuerbaren Energien gedeckt werden. In der Koalitionsvereinbarung hatten sich CDU und FDP auf einen Anteil von 20 Prozent Erneuerbarer Energien bis 2020 geeinigt.[16] Bis dahin ist es jedoch noch ein weiter Weg.

3.2 Der hessische Energiegipfel

2011 berief der hessische Ministerpräsident Bouffier auf Empfehlung des DGB Hessen-Thüringen den hessischen Energiegipfel ein. Eingeladen wurden hierzu neben den im Landtag vertretenen Parteien, den Energieversorgern, Unternehmensverbänden und kommunalen Interessensverbänden auch die Gewerkschaften und Umweltverbände. Der Energiegipfel und seine Arbeitsgruppen waren geprägt von einer konstruktiven, an der Sache orientierten Diskussion zwischen diesen doch sehr unterschiedlichen Interessengruppen. Trotz auch auftretender Konflikte konnte man sich in diesem Rahmen auf Kompromisse verständigen sowie die Lösungsvorschläge und einen Maßnahmenkatalog für die Zukunft der Energieversorgung in Hessen entwerfen.

In den Abschlussberichten der vier Arbeitsgruppen »Ausbau eines zukunftsfähigen Energiemixes aus erneuerbaren und fossilen Energien in Hessen«[17], »Identifizierung von Energieeffizienz- und Energieeinsparpotentialen in Hessen«[18], »Anforderungen an eine verlässliche und versorgungssichere Energieinfrastruktur in Hessen«[19] und »Gesellschaftliche Akzeptanz einer veränderten Energiepolitik in Hessen«[20] waren tragfähige Kompromisse und Maßnahmenvorschläge enthalten. Bereits der Abschlussbericht[21] des hessischen Energiegipfels blieb dann jedoch hinter den Arbeitsgruppenergebnissen weit zurück. Er wird der Qualität der Ergebnisse des Energiegipfels nicht gerecht. Besonders enttäuschend

15 http://www.energieland.hessen.de/mm/Broschuere_Energiegipfel.pdf.
16 http://starweb.hessen.de/cache/hessen/koalitionsvereinbarung_18.wp_cdufdp.pdf.
17 http://www.energiegipfel.hessen.de/mm/SchluasspapierEnergiemix.pdf.
18 http://www.energiegipfel.hessen.de/mm/Schlusspapier2.pdf.
19 http://www.energiegipfel.hessen.de/mm/SchlusspapierInfra.pdf.
20 http://www.energiegipfel.hessen.de/mm/Schlusspapiergesellsch.pdf.
21 http://www.energiegipfel.hessen.de/mm/AbschlussberichtEnergiegipfel.pdf.

ist der Abschlussbericht in Bezug auf die Erleichterung der wirtschaftlichen Betätigung der Kommunen als notwendigem Bestandteil der Energiewende. Nach Monaten intensiver Diskussion und weitgehender Einigkeit stehen nun im Abschlussbericht diverse Protokollnotizen und zeugen davon, dass die Landesregierung die Chance dieses in Hessen einmaligen und auf breiter Basis gefundenen Konsenses vertan hat.

Da auch der Gesetzentwurf zum Energiezukunftsgesetz[22] hinter den Arbeitsgruppenergebnissen zurück bleibt, ist davon auszugehen, dass Hessen weiterhin den Anschluss an den Zukunftsmarkt der Erneuerbaren Energien verpasst. Die Energiewende findet bereits außerhalb Hessens, beispielsweise in Brandenburg, Bayern und Schleswig-Holstein statt (vgl. Diekmann, 2012). Die riesigen Chancen für Arbeitsplätze und nachhaltigem Wachstum werden in Hessen verspielt. Die schwarzgelbe Landesregierung hat die Chance nicht wahrgenommen, zu zeigen, dass sie es mit der Energiewende ernst meint.

Windkraft

Besonders deutlich wird die Verhinderungshaltung der hessischen Landesregierung am Beispiel der Windenergie. Sie könnte einen wesentlichen Beitrag dazu leisten, in Hessen Strom zu 100 Prozent aus Erneuerbaren Energien zu erzeugen. Mit der Festlegung von zwei Prozent der Landesfläche für Windkraft hatte der hessische Energiegipfel das richtige Zeichen gesetzt. Doch die Landesregierung hat in ihrem Entwurf des Landesentwicklungsplans die Erreichung dieses Ziels torpediert.[23] Durch nicht nachvollziehbare Vorgaben werden die Standorte für Windenergie künstlich und wissentlich reduziert. Ebenso wurde mit der notwendigen Planungssicherheit bezüglich möglicher Konflikte mit dem Naturschutz verfahren.

Dass die Landesregierung wenig Interesse an einer Ausweitung der Windkraft in Hessen hat, wurde bereits im Ringen um die Formulierung zu diesem Passus im Abschlussbericht des hessischen Energiegipfels deutlich. Der Empfehlung der Arbeitsgruppe 1 »Ausbau eines zukunftsfähigen Energiemixes aus erneuerbaren und fossilen Energien in Hes-

22 Gesetzentwurf der Landesregierung für ein Hessisches Energiezukunftsgesetz vom 22.05. 2012 (Drs. 18/5728) http://starweb.hessen.de/cache/DRS/18/5/05725.pdf.

23 http://www.landesplanung-hessen.de/wp-content/uploads/2012/10/LEP-Aenderung-Wind-Kabinettbeschluss-18–06–2012.pdf.

sen« zur Festlegung von zwei Prozent der Landesfläche als Vorrangfläche für Windkraft ist sie in der ersten Fassung des Abschlussberichtes nicht gefolgt. Erst durch die Intervention der an der Arbeitsgruppe mitwirkenden Umweltverbände, der Grünen, der SPD, der Linken und des DGB wurde die ursprüngliche Formulierung in den Abschlussbericht aufgenommen.

Der Entwurf des Landesentwicklungsplans bleibt wie schon das Hessische Energiezukunftsgesetz hinter den Ergebnissen des Energiegipfels zurück. Überzogene Mindestwindgeschwindigkeiten, starre Mindestabstandsregelungen, der generelle Ausschluss von Windkraft im Schutzwald unabhängig vom Schutzzweck, keine rechtssichere Formulierung des Zwei-Prozent-Ziels – dies und weitere Punkte deuten eher auf Verhinderungstaktik denn auf engagiertes Anpacken hin.

Energieeffizienz und Energieeinsparung

Getreu dem Motto »Die beste Energie ist die, die nicht verbraucht wird« sind Energieeffizienz und Energieeinsparung die sauberste, günstigste, sicherste und ständig verfügbare Energieressource. Die Steigerung der Energieeffizienz ist die erste Antwort auf steigende Energiepreise. Es sinken Verbrauchskosten für die Bürgerinnen und Bürger sowie Ausbaukosten zum Beispiel beim Netzausbau. Im Wärmesektor können Effizienzmaßnahmen mittel- bis langfristig den Bedarf an fossilen Energieträgern erheblich reduzieren. Beim Umbau des Energiesystems müssen daher Energieeffizienz und Energieeinsparung eine hohe Priorität haben. Das sieht auch die hessische Landesregierung so,[24] allerdings folgen auch in diesem Bereich den Worten bisher keine Taten.

Energetische Gebäudesanierung

Ein Ergebnis des hessischen Energiegipfels war die Verständigung auf die Erhöhung der energetischen Sanierungsrate bei Wohngebäuden auf 2,5 bis 3 Prozent. Hierbei handelt es sich um eines der wichtigsten Ziele, da rund 40 Prozent der gesamten Endenergie auf Gebäude entfallen. Die daraus resultierende deutliche CO2-Einsparung wäre nur einer der positiven Nebeneffekte. Darüber hinaus könnten in Zeiten steigender

24 http://www.energieland.hessen.de/dynasite.cfm?dsmid=17157.

Energiekosten entsprechende Maßnahmen langfristig die Nebenkosten in Hessen bezahlbar halten. Ein weiterer positiver Nebeneffekt: Die energetische Gebäudesanierung ist ein Jobmotor für das Handwerk.

Wie das 2,5 bis 3-Prozent-Ziel erreicht werden soll, bleibt allerdings unklar. Im Anschluss an den hessischen Energiegipfel hat sich die Landesregierung lediglich durch weitere Absichtsbekundungen, die Einführung gehaltloser zusätzlicher Förderprogramme und unpräzise Beratungsvorhaben hervorgetan.[25] Das selbst gesteckte Sanierungsziel kann nur durch finanzielle Unterstützung der Umsetzung und die konsequente Festsetzung und Einforderung von Standards erreicht werden. Lediglich im Bereich des Denkmalschutzes muss es zu Erleichterungen von Maßnahmen der energetischen Sanierung kommen. Dies schließt die Zulässigkeit von Photovoltaik und Solarthermie auf den Dächern ebenso ein wie kreative Lösungen für die Wärmedämmung. Die energetische Gebäudesanierung sollte über günstige KfW-Kredite und Zuschüsse hinaus auch über steuerliche Begünstigungen gefördert werden. Die hierdurch ausgelösten erheblichen Investitionen dürften die aus der steuerlichen Begünstigung entstehenden Steuerausfälle kompensieren.

Versorgungssicherheit und Speichertechnologien

Um die Volatilität der Stromerzeugung aus Wind und Sonne auszugleichen und eine stabile Stromversorgung zu sichern, werden neben flexiblen Gaskraftwerken auch Speichertechnologien benötigt. Derzeit verhindert allerdings die unklare Finanzierungssituation den notwendigen Ausbau von Speichern und Gaskraftwerken. So liegen zum Beispiel die Pläne für das Gaskraftwerk Mecklar-Meckbach oder auch für die Erweiterung des Pumpspeicherkraftwerks in Waldeck in der Schublade – ob sie bald verwirklicht werden können, bleibt unklar. Die Unsicherheiten in der Finanzierung von Backup-Kapazitäten können nicht auf Landesebene gelöst werden. Dennoch kann sich die hessische Landesregierung dafür auf Bundesebene einsetzen. Wir brauchen einen Kapazitätsmarkt. Das Bereithalten von Leistung, die schnell und flexibel geliefert werden kann, wenn sie gebraucht wird, muss planungssicher vergütet werden.

25 Zu den geplanten Maßnahmen siehe »Hessischer Energiegipfel – Umsetzungskonzept der Hessischen Landesregierung«, Seite 24–26 und 38–39, Hessisches Ministerium für Umwelt, Energie, Landwirtschaft und Verbraucherschutz 2012 http://www.energieland.hessen.de/mm/Broschuere_Energiegipfel.pdf.

Darüber hinaus muss die hessische Landesregierung verstärkt in die Forschung und Entwicklung von Speichertechnologien, insbesondere »Power to Gas«, investieren. Die gemeinsame Pilotanlage von Hessen und Thüringen in Bad Hersfeld ist hierbei nur ein erster Schritt.

Die Rolle der Kommunen

Ohne eine aktive Rolle der Kommunen wird die Energiewende nicht zu bewältigen sein. Eines der Ergebnisse der Arbeitsgruppe 4 »Gesellschaftliche Akzeptanz einer veränderten Energiepolitik in Hessen« des Hessischen Energiegipfels war die Forderung nach der Freiheit der energiewirtschaftlichen Betätigung der Kommunen. Die hessische Landesregierung weigert sich weiterhin, dies den Kommunen zu ermöglichen. Die neue Gemeindeordnung hat die Beteiligungsmodelle für Kommunen derart verändert, dass ein Engagement der Kommunen bei der Energiewende unterbunden wird: Eine Investition in ein regionales Erneuerbare-Energien-Erzeugungsprojekt wird nur dann zugelassen, wenn ein privater Dritter sich beteiligt und der Gemeindeanteil unter 50 Prozent bleibt. Eine aktive Rolle der Kommunen bei der Energiewende wird so blockiert.

3.3 Strukturwandel und Beschäftigung

Die Energiewende ist nicht ohne Risiken, aber sie steckt auch voller Chancen: für eine lebenswerte Umwelt, für hunderttausende zukunftssichere Arbeitsplätze und für eine geringere Abhängigkeit von Rohstoffimporten und steigenden Energiepreisen. Ohne die Energiewende sind die Klimaschutzziele, zu denen sich die Bundesrepublik verpflichtet hat, nicht zu erreichen. Ohne die Transformation des Energiesystems hin zu den Erneuerbaren Energien ist Deutschland abhängig von Rohstoffimporten zur Energiegewinnung. In Zeiten von Rohstoffverknappung und damit einhergehend massiv steigenden Rohstoffpreisen muss man neue Strategien zur Sicherung einer bezahlbaren Energieversorgung entwickeln. Deutschland und vor allem Hessen könnte hier Vorreiter sein. Deutsche Unternehmen aus dem Bereich der Umwelttechnologien sind es bereits in vielen Sektoren (vgl. Bundesministerium für Umwelt 2012).

Die Energiewende steht und fällt mit der Wandlungsfähigkeit des industriellen Sektors – ein neues, CO2-ärmeres, ressourcenproduktives Industriemodell muss entwickelt und umgesetzt werden. Hierbei sollte der Fokus nicht nur auf die Risiken gerichtet werden, vielmehr sollten die mit der Energiewende einhergehenden Chancen für Beschäftigung und Innovation von Betrieben und Branchen gezielt genutzt werden.

Die Energiewende erschließt neue Geschäftsfelder, vor allem bei material- und energieeffizienten Technologien und in der Kreislaufwirtschaft.

Schon heute arbeiten in Deutschland 1,4 Millionen Menschen im Bereich der Umwelttechnik. In Hessen waren es 2011 21.050 Beschäftigte (Ulrich 2012). Hier hat Hessen noch viel Potenzial, welches durch eine entsprechende Ansiedlungs- und Förderpolitik gehoben werden kann. Dabei muss beachtet werden, dass hier ein Sektor mit einem hohen Anteil prekärer Beschäftigung besteht: Schlechte Löhne, lange Arbeitszeiten, fehlende Qualifizierungsmaßnahmen, Behinderung von Betriebsräten sind häufig anzutreffen. Im Rahmen der Förderpolitik sollte es deshalb darum gehen, ökologische und soziale Nachhaltigkeit zu fördern.

Die Steigerung der Energie- und Ressourceneffizienz ist aber nicht nur eine Frage der ökologischen Vernunft, sondern auch der ökonomischen Notwendigkeit. Die Zeiten billiger Werkstoffe und preiswerter Energien sind vorbei. Dennoch konzentrieren sich viele Unternehmen bei ihren Bemühungen um Produktivitätsfortschritte einseitig auf den Faktor Arbeit. Die Entwicklung der unterschiedlichen Produktivitätsfortschrittsraten zeigt das deutlich. Während die Arbeitsproduktivität seit 1960 um das dreieinhalbfache zulegte, stieg die Materialproduktivität nur um den Faktor zwei, die Energieproduktivität verbesserte sich lediglich um den Faktor 1,5.

Die Aachener Kathy-Beys-Stiftung kam bereits 2005 in einer Modellbetrachtung für Deutschland zu dem Schluss, dass eine kurzfristige Steigerung der Energie- und Materialeffizienz um 20 Prozent machbar ist (vgl. Aachener Kathy-Beys-Stiftung 2005). Für die deutsche Volkswirtschaft würde das ein Sparpotenzial von über 100 Milliarden Euro bedeuten. Durch gezielte Investitionen in eine bessere Nutzung von Ressourcen könnten zudem viele hunderttausend neue Arbeitsplätze geschaffen werden.

3.4 Hessen im Bundesländervergleich – Der Leitstern 2012

Im Jahr 2008 wurde erstmals eine Bundesländer-Vergleichsstudie mit Best-Practice-Analyse im Bereich Erneuerbarer Energien durchgeführt. Hierzu wurde ein Indikatorensystem für ein Bundesländerranking erstellt und die führenden Bundesländer identifiziert (Agentur für Erneuerbare Energien 2008). Auf dieser Grundlage wurden 2008, 2010 und 2012 Bundesländer mit dem »Leitstern« ausgezeichnet.

Wie schon 2010 lag Hessen 2012 wieder nur auf dem 13. Rang. Zwar weist Hessen im Bereich der Information über die Nutzungsmöglichkeiten der Erneuerbaren Energien und beim Anteil privater Ökostromkunden Stärken auf und liegt bei der Hemmnisvermeidung, der Politik zur Nutzung von Windenergie und von Bioenergie, den Erfolgen bei der Nutzung der Erneuerbaren Energien und der Potenzialausnutzung der Windenergie im Mittelfeld.

In den folgenden Punkten bestehen allerdings Schwächen:

- Politik zur Nutzung von Solarenergie und von Erd- und Umweltwärme,
- geringe öffentliche Zufriedenheit mit Landes- und Kommunalpolitik,
- Anstrengungen zum technologischen Wandel,
- politisches Engagement für die Erneuerbare-Energien-Branche,
- Ansiedlungsstrategie von Unternehmen der Erneuerbare-Energien-Branche,
- Nutzung von Erneuerbaren Energien zur Wärmegewinnung.

Insgesamt nutzt Hessen seine Möglichkeiten viel zu wenig. In keiner der vier Indikatorengruppen »Anstrengungen zur Nutzung der Erneuerbaren Energien«, »Erfolge bei der Nutzung Erneuerbarer Energien«, »Anstrengungen zum technologischen und wirtschaftlichen Wandel« und »Erfolge beim technologischen und wirtschaftlichen Wandel« gehört Hessen zu den führenden Ländern. Auch in der Gesamtwertung teilt sich Hessen mit Berlin, Hamburg und dem Saarland die hintersten Plätze.

3.5 Hessen vorn? Nicht in der Energiepolitik

Mit der Einrichtung des Hessischen Energiegipfels hat die Landesregierung einen ersten Schritt hin zu einer koordinierten Energiepolitik gemacht. Die breite Beteiligung von Parteien, Unternehmerverbänden, Gewerkschaften, Umweltorganisationen, Kommunen und Energieversorgern bildet hierfür eine starke Basis. Leider blieb die darauf folgende Politik weit hinter ihren Möglichkeiten zurück. Die Landesregierung hat auch über ein Jahr nach Abschluss des Energiegipfels noch immer keine Zwischenziele oder -schritte bis 2050 definiert. Viele der geplanten Schritte sind darüber hinaus nicht neu bzw. zielführend. Es sollen zum Beispiel Förderprogramme,[26] die bereits seit Jahren existieren, lediglich fortgeführt werden. Darüber hinaus sollen eine Vielzahl an Informations- und Beratungsangeboten geschaffen werden, wie zum Beispiel Beratungs- und Förderangebote zum Einsatz von Biomasse zur Wärmenutzung, Informationsangebote für die Anwendung der oberflächennahen Geothermie und eine Informationsinitiative Kraft-Wärme-Kopplung für Industrieunternehmen. Diese Maßnahmen setzen weder Anreize noch regulieren sie das Marktgeschehen in sinnvoller Weise. Auch die Haushaltsmittel sind mit 80 Millionen Euro zu knapp bemessen, zumal davon 4,5 Millionen Euro nur für Öffentlichkeitsarbeit vorgesehen sind.

Hessen muss sich den zentralen Herausforderungen des 21. Jahrhunderts stellen. Angesichts der Ressourcenverknappung, dem Klimawandel, der Globalisierung, dem demographischen Wandel und der steigenden Wissens- und Technologieintensität darf die hessische Landesregierung nicht länger untätig bleiben. In Zeiten eines tiefgreifenden Strukturwandels reichen Absichtsbekundungen und Beratungsangebote nicht aus.

26 Zum Beispiel Hessen-PIUS oder die Förderung wärmetechnischer Sanierungen mit passivhaustauglichen Komponenten. Darüber hinaus bezieht sich die hessische Landesregierung unter anderem auf die KfW-Förderprogramme »Energieeffizient Sanieren«, »Energieeffizient Bauen«, »Erneuerbare Energien«, »Energieberatung Mittelstand« und »KfW-Energieeffizienzprogramm«.

4. Fazit

Die Finanzmarktkrise, die Eurokrise, Veränderungen in der Wertschöpfungskette, Urbanisierung, neue Werkstoffe und beschleunigte technologische Entwicklungen – die Bedingungen für die industrielle Produktion verändern sich rasant. Den damit einhergehenden Herausforderungen gilt es vor dem Hintergrund vielschichtiger wirtschaftlicher, technologischer, sozialer und ökologischer Wandlungsprozesse aktiv zu begegnen und diese Prozesse frühzeitig zu gestalten. Vor allem die 2011 beschlossene Energiewende bietet gute Chancen zur Sicherung und zum Ausbau des Industriestandortes Hessen.

Um diese Chancen nutzen zu können, brauchen wir eine koordinierte Industrie- und Strukturpolitik, die auf die Anforderungen der Energiewende abgestimmt ist. Dabei sollte eine differenzierte Analyse der Auswirkungen auf alle industriellen Branchen erfolgen. Konsequentes Kostenmanagement sowie Investitionen in Forschung und Entwicklung müssen hierbei ebenso Bestandteil der koordinierten Industriepolitik sein, wie auch die Verankerung von *Guter Arbeit* und von qualifizierten Beschäftigten in dieser Konzeption.

Um eine Herausforderung dieser Größenordnung bestehen zu können, bedarf es zukunftsfähiger Konzepte mit tragfähigen Zielen und konkreten Umsetzungsstrategien. Hier sind alle gefordert, Politik und Gesellschaft, Wissenschaft und Bildung, Unternehmen und natürlich auch die Gewerkschaften. Letztere haben durch starke Mitbestimmungsstrukturen und tarifpolitische Gestaltungsmacht zu diesem Prozess einiges beizutragen. Dies gilt in besonderer Weise für eines der anspruchsvollsten technologischen Transformationsprojekte der Menschheitsgeschichte: die Energiewende und den damit einhergehenden Strukturwandel.

Den mit der Energiewende einhergehenden Wandel können weder die Unternehmen noch die Landesregierung alleine ausgestalten und bewältigen. Es bedarf vielmehr enger Kooperationen zwischen Unternehmen und Branchen, interdisziplinärer Zusammenarbeit mit Wissenschaft und Forschung, und vor allem bedarf es der frühzeitigen Beteiligung und Qualifizierung der Beschäftigten. Die IG Metall forderte deshalb schon seit 2011 eine nationale Plattform zur Energiewende, analog zur Nationalen Plattform Elektromobilität.[27] Die Umsetzung der Energiewende bedarf eines Masterplans, an dem alle maßgeblich Betroffenen zu beteiligen sind. Das heißt, der Staat mit seiner Planungs- und Regulierungsverantwortung, die Unternehmen mit ihren Fachkräften, ihrem Technikwissen und ihren Marktkenntnissen, die Umweltverbände mit ihren zivilgesellschaftlichen Netzwerken und selbstverständlich die Gewerkschaften mit den Beschäftigten und ihren Mitbestimmungsstrukturen. Es geht hierbei um neue Märkte und Produkte, Beschäftigungssicherung, Teilhabe und Mitbestimmung. Es geht um die Gestaltung der deutschen Wirtschaft im Sinne eines demokratischen, sozialen und ökologischen Zukunftsmodells.

Literatur

Aachener Stiftung Kathy Beys (Hrsg.) (2005), *Ressourcenproduktivität als Chance – Ein langfristiges Konjunkturprogramm für Deutschland*, Aachen.

Agentur für Erneuerbare Energien e.V. (Hrsg.) (2008), *Vergleich der Bundesländer: Best Practice für den Ausbau Erneuerbarer Energien*, Berlin.

Brüggemeier, Franz-Josef/Scheck, Hanna/Schepelmann, Philipp/Schneidewind, Uwe (2012), *Vom »Blauen Himmel« zur Blue Economy – Fünf Jahrzehnte ökologische Strukturpolitik,* Bonn: WISO Diskurs FES.

Bundesministerium für Umwelt, Naturschutz und Reaktorsicherheit (Hrsg.) (2012), *GreenTech made in Germany 3.0 – Umwelttechnologie-Atlas für Deutschland,* Berlin.

Degen, Christel (2011), *Herausforderungen für eine zukunftsfähige Strukturpolitik aus gewerkschaftlicher Sicht*, in: *WSI Mitteilungen, H. 5* , S. 248–252.

Diekmann, Jochen/Groba, Felix/Vogel-Sperl, Anja/Püttner, Andreas/Vohrer, Philipp/Schmidt, Janine (2012), *Vergleich der Bundesländer: Analyse der Erfolgsfaktoren für den Ausbau der Erneuerbaren Energien 2012,* DIW Berlin.

Kohte, Wolfhard (2012), *Die Umsetzung nachhaltiger und sozialer Wirtschaftsförderung auf Landesebene am Beispiel von Niedersachsen und Sachsen-Anhalt,* Hannover.

Kost, Klaus/Lötscher, Leinhard/Weingarten, Jörg (2011), *Neue und innovative Ansätze zur Regionalentwicklung durch unternehmerische Wirtschaftsförderung,* Düsseldorf.

Schubert, Klaus/Klein, Martina (2011), *Das Politiklexikon,* Bonn: Dietz.

27 Pressemitteilung der IG Metall vom 02.12.2011 http://www.igmetall.de/cps/rde/xchg/internet/style.xsl/ig-metall-fordert-nationale-plattform-energiewende-9170.htm.

Ulrich, Philip/Distelkamp, Martin/Lehr, Ulrike/Bickel, Peter/Püttner, Andreas (2012), *Erneuerbar beschäftigt in den Bundesländern! Bericht zur daten- und modellgestützten Abschätzung der aktuellen Bruttobeschäftigung in den Bundesländern, Osnabrück, Stuttgart.*

Ziegler, Astrid (2009), *Strukturpolitik in der Krise – Mehr Standortwettbewerb und Innovationsförderung,* in: *WSI Mitteilungen, H. 5,* S. 260–267.

Zu kurz gesprungen! – Der erste Hessische Landessozialbericht

Karl Koch

Hessen ist eines der letzten Bundesländer, das einen Landessozialbericht vorlegt – lediglich Baden-Württemberg und Mecklenburg-Vorpommern haben bisher noch keinen Landessozialbericht erarbeitet.[1] Allerdings gibt es erhebliche inhaltliche und methodische Unterschiede bei den Berichten, so dass die Ergebnisse nur schwer vergleichbar sind. Während einige Länder ihren Bericht als Armutsbericht abgefasst haben, haben andere Armuts- und Reichtumsberichte erstellt – und wiederum andere haben den Bericht als Sozialbericht konzipiert, der die soziale Lage der gesamten Bevölkerung abbilden soll. Von einer einheitlichen Berichterstattung ist man noch weit entfernt.

1. Der lange Weg zum ersten Hessischen Landessozialbericht

Die Auseinandersetzung über die Erstellung eines Armuts- und Reichtumsberichtes für Hessen reicht bis in die 1990er Jahre zurück. Nachdem in den 1980er Jahren Kommunen (zum Beispiel die Städte München, Stuttgart und Frankfurt) und Wohlfahrtsverbände (Paritätischer Wohlfahrtsverband, Deutscher Caritasverband) Armutsberichte veröffentlicht hatten, um auf die zunehmende Armut aufmerksam zu machen, begannen in den 1990er Jahren auch Bundesländer mit der Erstellung von Armuts- (zum Beispiel Hamburg, Rheinland-Pfalz, Berlin) und später dann auch von Armuts- und Reichtumsberichten (zum Bei-

1 Vgl. dazu die Homepage des Ministeriums für Arbeit, Integration und Soziales des Landes Nordrhein-Westfalen: www.mags.nrw.de/sozialberichte/sozialberichte_anderer_institutio nen. (Zugriff: 04.12.2012).

spiel Rheinland-Pfalz, Nordrhein-Westfalen). Die Forderung der Liga der Freien Wohlfahrtspflege in Hessen (im Folgenden kurz: Liga) an die Hessische Landesregierung, einen Armuts- und Reichtumsbericht für Hessen zu erarbeiten, wurde immer wieder zurückgewiesen – sowohl von der rot-grünen Regierung in den 1990er Jahren als dann auch später von den CDU-geführten Landesregierungen.

Einen Erfolg konnte die Liga erst 2005 in einer Unterredung mit der damaligen Sozialministerin Silke Lautenschläger (CDU) erzielen, in deren Verlauf die Ministerin zusagte, Fragen der Liga zur Armuts- und Reichtumssituation in Hessen zu beantworten. Im Gespräch am 15.3.2006 teilte die Ministerin den Vertretern der Liga mit, dass das Sozialministerium nicht in der Lage sei, den Fragenkatalog der Liga zu bearbeiten. Stattdessen einigten sich Liga und Ministerin darauf, eine gemeinsame Arbeitsgruppe zur Erstellung eines dreiteiligen Landessozialberichtes zu bilden. Diese Arbeitsgruppe konstituierte sich am 7.8.2006 und arbeitete bis zum 19.6.2008. Die Zusammenarbeit gestaltete sich als sehr schwierig, da die Landesregierung nicht bereit war, einen Armuts- und Reichtumsbericht zu erstellen, sondern einen Sozialbericht erarbeiten wollte. Deshalb war es nur schwer möglich, sich auf Inhalt und Konzeption zu verständigen. Dennoch wurden in der Arbeitsgruppe erste Berichtsteile von Liga und Sozialministerium erarbeitet. Diese sollten in jeweils eigener Verantwortung für den Inhalt Bestandteil des Landessozialberichtes werden.

Der erwähnte und von der Liga erarbeitete Fragenkatalog wurde 2006 – nachdem Liga und Ministerin sich bereits auf das gemeinsame Projekt »Landessozialberichterstattung« geeinigt hatten – von der Fraktion Bündnis 90/Die Grünen für eine Parlamentarische Anfrage vom 1.6.2006 an die Landesregierung genutzt,[2] die am 1.2.2007 von der Landesregierung beantwortet wurde.[3] Erwartungsgemäß konnte die Landesregierung viele Fragen nicht oder nur unzureichend beantworten.

Eine Wende in der Auseinandersetzung über die Erstellung eines Armuts- und Reichtumsberichtes bzw. eines Landessozialberichtes brachte

---

2 Große Anfrage der Abg. Marcus Bocklet, Kordula Schulz-Asche (BÜNDNIS 90/DIE GRÜNEN) und Fraktion betreffend Armut in Hessen erfassen und bekämpfen, Drucks. 16/5633, 01.06.2006.

3 Antwort der Landesregierung auf die Große Anfrage der Abg. Marcus Bocklet, Kordula Schulz-Asche (BÜNDNIS 90/DIE GRÜNEN) und Fraktion betreffend Armut in Hessen erfassen und bekämpfen, Drucks. 16/6864, 01.02.2007.

erst die Landtagswahl im Januar 2008, die rein rechnerisch eine Mehrheit für SPD, Bündnis 90/Die Grünen und Die Linke brachte. Nach der Wahl sah sich die zu dem Zeitpunkt lediglich geschäftsführend amtierende Landesregierung unter Ministerpräsident Roland Koch (CDU) gezwungen, dem Projekt der Erstellung eines Armuts- und Reichtumsberichtes (!) für Hessen zuzustimmen.[4] Da die Bildung einer SPD-geführten Landesregierung scheiterte, kam es am 18.1.2009 zu Neuwahlen, aus der CDU und FDP als Sieger hervorgingen. Das Thema Armuts- und Reichtumsbericht war damit aber nicht vom Tisch; CDU und FDP sprachen nun aber wieder von der Erstellung eines Landessozialberichtes.[5] Ergebnis der parlamentarischen Auseinandersetzungen war letztendlich der parteiübergreifende Beschluss vom 8.7.2009,[6] mit dem die Landesregierung aufgefordert wurde, einen Landessozialbericht (!) vorzulegen.

Mit dem Beschluss des Hessischen Landtages wurde die Landesregierung aufgefordert, einen Landessozialbericht vorzulegen, der »eine umfangreiche Analyse der sozialen Verhältnisse einzelner Bevölkerungsgruppen« enthält, sowie »Stellungnahmen der Kommunen«. Auch sollten »zielgerichtete Handlungsempfehlungen« mit »Vorschlägen für Zielvereinbarungen« erarbeitet werden. Erstellen sollte die Landesregierung den Bericht »in enger Kooperation mit einem Beirat«.[7]

Zur Umsetzung des Beschlusses wurde im Dezember 2009 im Hessischen Sozialministerium ein neues Referat »Statistiken, Landessozialbericht« geschaffen. Bis März 2010 wurde anschließend ein Grobkonzept des Berichtes erarbeitet, dass bis zum Juli in der Landesregierung abgestimmt wurde. Im Juni 2010 wurden Institutionen mit der Bitte angeschrieben, Vertreter für den Beirat zu benennen. Am 7.10.2010 fand die konstituierende Sitzung des Beirates statt, dem Vertreter der Kirchen, der kommunalen Spitzenverbände, der Liga, des Deutschen Gewerk-

4 Sozialministerin Lautenschläger: »Wir sollten einer bewährten Tradition folgen und Berichte im Parlament als Antrag beschließen«, Pressemitteilung des Hessischen Sozialministeriums vom 14.05.2008.

5 Antrag der Fraktionen der CDU und der FDP betreffend Landessozialbericht der Hessischen Landesregierung, Drucks. 18/635, 28.05.2009.

6 Beschlussempfehlung und Bericht des Ausschusses für Arbeit, Familie und Gesundheit zu dem Antrag der Fraktionen der CDU und FDP betreffend Landessozialbericht der Hessischen Landesregierung, hierzu Änderungsantrag der Fraktion BÜNDNIS 90/DIE GRÜNEN, Drucks. 18/851, 26.06.2009.

7 Ebd.

schaftsbundes, der Industrie- und Handelskammer, der hessischen Unternehmerverbände, des Sozialverbandes VdK, der Arbeitsgemeinschaft der Ausländerbeiräte und des Statistischen Landesamtes angehörten. Als Vertreter der Wissenschaft wurden Prof. Dr. Walter Hanesch und Prof. Dr. Richard Hauser in den Beirat berufen. Prof. Dr. Hauser beendete seine Mitarbeit vorzeitig.

Bei der konstituierenden Sitzung des Beirates wurde mitgeteilt, dass das Sozialministerium keine eigenständigen Beiträge der Zivilgesellschaft (zum Beispiel der Liga) – wie dies zum Teil in anderen Landessozialberichten geschah – im Bericht aufnehmen wolle. Die Gründe sind bis heute unklar, aber es ist zu vermuten, dass man durch diese Entscheidung armutsrelevante Themen aus dem Bericht heraushalten wollte.

Bei der ersten und zweiten regulären Sitzung des Beirates am 10.10.2010 und 23.11.2010 wurden das Grobkonzept des Hessischen Sozialministeriums und ein mehr als 1.000 Indikatoren umfassender Katalog diskutiert. Bei diesen Sitzungen wurde von Beiratsmitgliedern kritisiert, dass es keine klare Konzeption und keine klare Zielsetzung gebe und dass wichtige Themen fehlten. Protokolle, die den Diskussionsverlauf und Vereinbarungen wiedergeben, wurden nicht erstellt. Die Beiratssitzung am 23.11. endete mit der Mitteilung, dass weitere Treffen nicht nötig seien, und dass das Ministerium bis Mitte 2011 einen Entwurf des Berichtes erstellen würde.

Nur durch Zufall erfuhren die Beiratsmitglieder, dass das Sozialministerium am 24.6.2011 ein Interessenbekundungsverfahren für eine »Sekundäranalyse im Rahmen des Ersten Hessischen Landessozialberichts« ausgeschrieben hatte. Offensichtlich hatte sich herausgestellt, dass das Sozialministerium den Bericht nicht ohne wissenschaftliche Hilfe erstellen konnte. Die Ausschreibung enthielt auch noch den Auftrag, gemäß dem Landtagsbeschluss »Handlungsvorschläge« und »Vorschläge für Zielvereinbarungen« zu erarbeiten. Im Zuge der Erstellung wurde dieser Auftrag aber offensichtlich vom Sozialministerium wieder zurückgenommen.

Die Nichtbeteiligung des Beirates veranlasste die Liga, durch ein Schreiben vom 29.8.2011 an den Hessischen Sozialminister Stefan Grüttner, die weitere Mitarbeit in Frage zu stellen.

Am 30.11.2011 fand dann die dritte und letzte reguläre Sitzung des Beirates statt. Es wurde nochmals über die Gliederung und die Indikatoren diskutiert. Die bereits ein Jahr zuvor erkennbare Differenz wurde auch bei dieser Sitzung deutlich: Während das Sozialministerium sich nur auf Aussagen beschränken wollte, die statistisch abbildbar sind, das heißt auf amtliche Datensätze, auf die Daten des Mikrozensus, der Einkommens- und Verbrauchsstichprobe (EVS) und des Sozio-oekonomischen Panels (SOEP) (vgl. Hessisches Sozialministerium 2012: 26), forderte die Liga auch die Aufnahme von Themen, zu denen keine validen Daten vorliegen. Mit dieser Forderung konnte die Liga sich allerdings nicht durchsetzen. Die Konsequenz ist, dass die Landesregierung mit ihrer Entscheidung alle Themen aus dem Landessozialbericht ausgeschlossen hat, die durch diese Datensätze nicht abbildbar sind.

Am 14.5.2012 präsentierte die Landesregierung dann endlich den ersten Hessischen Landessozialbericht der Öffentlichkeit. Die Resonanz auf diesen Bericht war sehr gering: Die Medien berichteten nur kurz über das Erscheinen, Parteien und Verbände äußerten sich sehr knapp und eine öffentliche Diskussion fand kaum statt. Man hatte den Eindruck, dass das Erscheinen des Berichtes zustimmend zur Kenntnis genommen wurde, aber man ansonsten zur Tagesordnung überging.

Kritik an dem vorgelegten Bericht entzündete sich vor allem daran, dass der Auftrag des Hessischen Landtages von der Landesregierung nicht umgesetzt wurde. So fehlen zum Beispiel die »zielgerichteten Handlungsempfehlungen«. SPD und Bündnis 90/Die Grünen haben deshalb gefordert, dass der Landtag den Bericht an die Landesregierung zur gründlichen Nachbearbeitung zurückweisen solle.[8]

Die geschilderte jahrelange Auseinandersetzung über die Erstellung eines Armuts- und Reichtumsberichtes macht deutlich, dass die Landesregierung kein Interesse daran hatte, einen Bericht zu erarbeiten, der die beiden Pole Armut und Reichtum umfassend analysiert und darauf bezogene Handlungsperspektiven entwickelt. Dies erklärt auch die fehlenden bzw. unzureichend bearbeiteten Themen im Bericht. Stattdessen wurde die Erstellung eines Landessozialberichtes durchgesetzt, der einen Überblick über die soziale Lage der gesamten hessischen Bevölkerung geben sollte. Darüber hinaus ist erkennbar, dass die Landesregierung

8 Dringlicher Antrag der Fraktion der SPD betreffend »Landessozialbericht« nacharbeiten – Beschluss des Landtags umsetzen, Drucks. 18/5885, 27.06.2012 und Dringlicher Antrag der Fraktion BÜNDNIS 90/DIE GRÜNEN betreffend vorgelegter Hessischer Landessozialbericht erfüllt Beschlussfassung des Hessischen Landtags nicht, Drucks. 18/5763, 29.05.2012.

einen Bericht abliefern wollte, der möglichst keine sozialpolitischen Diskussionen provoziert.

Der Wille der Landesregierung, einen aussagekräftigen Armuts- und Reichtumsbericht zu verhindern, führte dazu, dass es im Beirat zu Kontroversen kam und die Vertreter der Liga ausdrücklich erklärten, dass sie weder für den Inhalt noch für die Konzeption des ersten Hessischen Sozialberichtes eine Mitverantwortung übernähmen (vgl. Liga der Freien Wohlfahrtspflege in Hessen 2012).

2. Aussagen des Hessischen Landessozialberichtes

Der Überblick, den der Landessozialbericht über die Lebenslage der Menschen in Hessen gibt, ist eindeutig: Durchgängig weisen die Daten darauf hin, dass Hessen im Ländervergleich eine Spitzenposition einnimmt (wenn auch oftmals hinter Bayern und Baden-Württemberg). Hessen ist ein wirtschaftlich starkes Land, und dies wirkt sich auch auf die Lebenslage der Menschen positiv aus.

So muss man positiv zur Kenntnis nehmen, dass zum Beispiel »die Wohlstandsposition der hessischen Bevölkerung […] im Vergleich mit anderen Bundesländern deutlich höher« liegt, dass »das relative Armutsrisiko […] in Hessen von 2005 bis 2010 deutlich gesunken« ist (Hessisches Sozialministerium 2012: 41), dass der Bevölkerungsteil, der über keinen Bildungsabschluss verfügt, stetig zurückgeht (vgl. ebd.: 84) und dass das Bildungsniveau ansteigt (vgl. ebd.: 354). Auch liegt die Arbeitslosenquote deutlich unter dem Bundesdurchschnitt (vgl. ebd.: 177); ebenso die Quote von SGB-II-Empfängern (vgl. ebd.: 227). Die Lebenserwartung ist in Hessen stetig angestiegen (vgl. ebd.: 296) und liegt über dem Bundesdurchschnitt (vgl. ebd.: 376). Die Zahl der registrierten Straftaten ist gesunken (vgl. ebd.: 39), und eine positive Wirkung des Sozialstaates ist feststellbar, da ein Fünftel der armutsgefährdeten Bevölkerung durch das Steuer-Transfer-System aus dem Armutsgefährdungsbereich herausgenommen wird (vgl. ebd.: 224).

Trotz vielen positiven Daten macht der Bericht aber auch deutlich, dass ein wesentlicher Teil der Bevölkerung in Hessen armutsgefährdet ist. So ist zum Beispiel jede siebte Person in Hessen armutsgefährdet. Bei den Frauen trifft dies sogar auf jede fünfte zwischen 18 und 24 Jahren zu, bei den Männern ist es fast jeder vierte. Zudem ist jeder zweite Erwerbslose und jede dritte Alleinerziehende armutsgefährdet. Jeder zehnte in Hessen ist überschuldet, fast jeder zweite ist vermögensarm, und jeder achte vermögens- und einkommensarm (vgl. ebd.: 220 ff).

Im Bericht wird auch darauf hingewiesen, dass es in Hessen deutliche regionale Unterschiede und ein deutliches Nord-Süd-Gefälle gibt. Diese regionalen Unterschiede machen sich bemerkbar in der Wohlstandsverteilung (vgl. ebd.: 23, 73, 203), in der unterschiedlichen demografischen Entwicklung (vgl. ebd.: 52, 271), in Unterschieden am Arbeitsmarkt (zum Beispiel der Arbeitslosenquote und der SGB-II-Quote) (vgl. ebd.: 177, 179), und in deutlichen Unterschieden bei der Armutsgefährdungsquote (vgl. ebd.: 198, 223, 224). Dabei wird festgestellt, dass das regionale Wohlstandsgefälle in den zurückliegenden Jahren zugenommen hat (vgl. ebd.: 206). Die Prognose des Landessozialberichts lautet, dass Nordhessen eine »Schrumpfungsregion« bleiben wird, während die Städte weiterhin durch Zuwanderung gekennzeichnet sein werden. Diese unterschiedliche Entwicklung lässt eine »relative Verarmung in den Schrumpfungsregionen befürchten« (ebd.: 66).

Auch die Entwicklung am Arbeitsmarkt ist trotz rückläufiger Arbeitslosenzahlen durch eine Reihe von problematischen Veränderungen gekennzeichnet. So nahmen die atypischen Beschäftigungsverhältnisse (Teilzeitbeschäftigung, geringfügige Beschäftigung, befristete Beschäftigung, Leiharbeit) ständig zu (vgl. ebd.: 40, 167, 172, 174). Dementsprechend ging der Anteil der Vollzeitbeschäftigten zurück (vgl. ebd.: 167). Zugenommen hat auch die Zahl der Beschäftigten im Niedriglohnsektor (vgl. ebd.: 74). Eine weitere negative Entwicklung ist die zunehmende Flexibilisierung der Arbeitszeit (vgl. ebd.: 40). So hat nicht nur die wöchentliche Arbeitszeit zugenommen, sondern auch die belastenden Arbeitszeiten an Sonntagen oder in der Nacht (vgl. ebd.: 183 ff.). Diese familienfeindlichen Entwicklungen führen dazu, dass Väter und Mütter »Zeitarmut« als gravierendes Problem angeben (vgl. ebd.: 328). Vor dem Hintergrund dieser negativen Entwicklungen ist es vollkommen unverständlich, dass die Landesregierung die atypischen Beschäftigungsverhältnisse positiv bewertet (vgl. ebd.: 24).

Hessen ist ein reiches Land, jedoch ist das Vermögen in Hessen stark konzentriert und bei der Vermögensverteilung gibt es deutliche regionale Unterschiede (vgl. ebd.: 41). Gleichzeitig gibt es einen hohen Bevölkerungsanteil nicht vermögender Personen. Die Vermögensungleichheit ist in Hessen noch höher als die Einkommensungleichheit (vgl. ebd.: 217 f.). Verschiedentlich wird im Bericht auf die hohe Reichtumsquote in Hessen hingewiesen (vgl. ebd.: 41, 203, 234 f.). Auch gibt es eine beachtliche Spreizung bei den verfügbaren Einkommen der privaten Haushalte pro Einwohner (vgl. ebd.: 205).

Der Bericht weist deutlich darauf hin, dass gerade für die Gruppe der Geringverdiener die Wohnkostenbelastung zu einem wachsenden Problem wird (vgl. ebd.: 42, 241). Während in Nordhessen die Leerstände zunehmen, bleibt die Wohnungsmarktsituation in Südhessen als Zuzugsregion für Nachfrager auch in den kommenden Jahren schwierig (vgl. ebd.: 239). Die regional unterschiedliche Entwicklung am Wohnungsmarkt führt auch zu regional sehr unterschiedlichen Einkommensbelastungen durch die Mieten (vgl. ebd.: 260). Hinzu kommt, dass der Wohnungsbestand dringend energetisch zu sanieren ist (vgl. ebd.: 239). Auch dies wird zu steigenden Mieten führen.

Sozialpolitisch bedeutsam ist auch die Feststellung, dass die Zahlbeträge der neuen Versichertenrenten gesunken sind (vgl. ebd.: 44, 381). Arbeitslosigkeit, prekäre Beschäftigung und Niedriglohn führen zu niedrigeren Zugangsrenten (vgl. ebd.: 229). Deshalb wird die Armutsgefährdung Älterer steigen (vgl. ebd.: 371). Positiv zu vermerken ist, dass der Bericht darauf hinweist, dass diese Entwicklung durch die Absenkung des Rentenniveaus politisch beschlossen – also gewollt – wurde (vgl. ebd.: 380). Erfreulich ist auch die kritische Aussage zur privaten Altersvorsorge (Riester-Rente). So müsse man den »Erfolg dieses Paradigmenwechsels« anzweifeln, da Geringverdiener sich diese private Vorsorge kaum leisten können und die Rendite schlecht ist (vgl. ebd.: 380).

3. Themen, die der Landessozialbericht nicht oder nur unvollständig anspricht

Trotz seinen 510 Seiten blendet der Sozialbericht wichtige Themen aus oder spricht diese nur kurz an. Dies hängt sicherlich mit der Entscheidung der Landesregierung zusammen, dass kein Armuts- und Reichtumsbericht erarbeitet werden sollte.

Im Beirat wurde mehrmals gefordert, das Thema »öffentliche Armut« in die Berichterstattung aufzunehmen, da »öffentliche Armut« sich auf die Gestaltungsmöglichkeiten der Sozialpolitik und damit letztlich auch auf die Lebenslage der Menschen auswirkt (vgl. ebd.: 113). Angesichts von »Schuldenbremse« und »Kommunalem Schutzschirm« darf solch ein Thema – wie im Bericht geschehen – nicht unterschlagen werden.

Die Städte in Hessen stehen vor der Herausforderung, eine soziale Stadtentwicklung zu gewährleisten. Vor dem Hintergrund der Mittelkürzungen im Bund-/Länderprogramm »Soziale Stadt« ist es unverständlich, dass das Problem der »Sozialen Brennpunkte« bzw. der »Wohngebiete mit besonderem Entwicklungsbedarf« in dem Bericht nicht angesprochen wird.

Im *Armuts- und Reichtumsbericht Rheinland-Pfalz 2009/2010* (Ministerium für Arbeit, Soziales, Gesundheit, Familie und Frauen des Landes Rheinland-Pfalz 2010) wurde erstmals in einem Landessozialbericht – anknüpfend an das »Dreieck der Nachhaltigkeit« – der Zusammenhang von Klimawandel, Energiekrise und Armutsprävention und -bekämpfung thematisiert (vgl. ebd.: 330 ff.). Es wäre wünschenswert gewesen, wenn auch der Hessische Landessozialbericht den Zusammenhang von sozialer, ökonomischer und ökologischer Entwicklung in den Blick genommen und sich dem bereits heute feststellbaren Problem von Energiearmut und -reichtum privater Haushalte angenommen hätte. Gleiches gilt auch für das Thema des sozial unterschiedlichen Mobilitätsverhaltens. Beide Zukunftsthemen fehlen im Bericht. Positiv zu vermerken ist aber, dass im Landessozialbericht darauf hingewiesen wird, dass die Umweltbelastungen durch Lärm und schlechte Luft mit »niedrigem Einkommen« korrelieren (Hessisches Sozialministerium 2012: 241, 247). Das Fehlen der Verknüpfung der sozialen Frage mit der ökologischen ist jedoch kein spezifisches Problem des Hessischen Landessozialberichtes, sondern zeigt einen grundlegenden Mangel der bisherigen Armuts- und Reichtumsberichterstattung auf. Während die ökologische Debatte sich auch mit sozialpolitischen Fragen und Lösungsansätzen beschäftigt (vgl. BUND u.a. 2008), fehlt bisher diese Verknüpfung bei der Armuts- und Reichtumsforschung.

Es gibt eine Reihe von Themen, die der Landessozialbericht anspricht, aber dann, zum Teil aus Datengründen, nicht weiter bearbeitet. Dass man auch Themen behandeln kann, deren Datenlage nicht eindeutig ist, zeigt wiederum der rheinland-pfälzische Armuts- und Reichtumsbericht, der zum Beispiel die Themen Tafeln, Wohnungslosigkeit und soziale Brennpunkte ausführlich anspricht (vgl. Ministerium für Arbeit,

Soziales, Gesundheit, Familie und Frauen des Landes Rheinland-Pfalz 2010: 170 ff.).

Dass es »verschämte Armut« in Hessen gibt, wird erwähnt, aber mit Hinweis auf die Datenlage finden sich keine grundlegenden Aussagen hierzu (vgl. Hessisches Sozialministerium 2012: 229). Dies ist nachvollziehbar, da eine Sonderuntersuchung notwendig wäre, um hier zu substanziellen Erkenntnissen zu kommen.

Nicht verstehbar ist hingegen, dass es im Bericht ein Kapitel »Menschen mit Migrationshintergrund« gibt, aber dass man dort nicht auf die Gruppe der Asylbewerberinnen und -bewerber sowie der Geduldeten eingeht. An verschiedenen Stellen finden sich zwar Aussagen zu den Asylbewerberinnen und -bewerbern, zum Bespiel hinsichtlich des Rückgangs von Tatverdächtigen (vgl. ebd.: 144) oder der Ausgaben (vgl. ebd.: 212), jedoch gibt es keine Daten zur Anzahl und zur Lebenslage.

In Hessen gibt es eine Vielzahl an »Tafeln« bzw. »ergänzenden Armutsdiensten« (zum Beispiel Kleiderkammern). Im Beirat wurde deshalb dafür plädiert, diese Entwicklung mit zu behandeln, da sich hier eine neue soziale Realität von Armenfürsorge herausgebildet hat. Mit Hinweis auf die Datenlage wurde das Thema im Landessozialbericht zwar benannt (vgl. ebd.: 233) aber nicht bearbeitet, obgleich die Wohlfahrtsverbände Daten und Fakten zu diesem Thema liefern können.

Im Beirat wurde auch gefordert, das Thema der »extremen Armut« in den Bericht aufzunehmen, da dies ein wichtiges Arbeits- und Erfahrungsfeld der Wohlfahrtsverbände ist. Diesem Anliegen ist die Landesregierung nur unzureichend nachgekommen. So wird das Thema Obdach- und Wohnungslose relativ knapp abgehandelt (vgl. ebd.: 268). Die genannten Zahlen weichen darüber hinaus von den Zahlen der Liga-Statistik ab. Hier könnte man die Lebenslage ausführlicher darstellen, wenn man auf Daten der Wohlfahrtsverbände zurückgreifen würde. Das Problem auf der Straße lebender Kinder und Jugendlicher wird ebenfalls nur kurz angesprochen (vgl. ebd.: 233). Auch hier wären weiterführende Aussagen möglich, wenn auf Daten und Berichte von Einrichtungen der Wohlfahrtsverbände zurückgegriffen würde.

Aussagen zur Lebenslage von ehemaligen Strafgefangenen finden sich im Landessozialbericht überhaupt nicht. Hinsichtlich der Suchtkranken wird nur auf den *Suchtbericht 2011* verwiesen, der weiterführende Informationen enthält (vgl. ebd.: 274). An AIDS Erkrankte werden ebenfalls benannt, wobei man sich auf die zahlenmäßige Entwicklung der Neuerkrankungen beschränkt (vgl. ebd.: 285 u. 286). Zur Lebenslage der Erkrankten erfährt man nichts. Die Gruppe der »Illegalen« wird genannt, ansonsten lediglich auf die Studie von Bode/Rosner (2006) verwiesen (vgl. ebd.: 466).

Ebenso knapp und unzureichend wie die Bearbeitung des Themas Armut erfolgt die Behandlung des Themas Reichtum (vgl. ebd.: 234 f.). Zwar finden sich auch an anderen Stellen im Bericht Hinweise zum privaten Reichtum, zum Beispiel, dass Reiche besser wohnen als Arme (ebd.: 241), oder Haushalte von Selbstständigen ein höheres Einkommen haben als der Durchschnittshaushalt in Hessen (vgl. ebd.: 208), aber detaillierte Informationen enthält der Landessozialbericht nicht. Der Blick auf den rheinland-pfälzischen Bericht zeigt, dass man das Thema durchaus umfangreicher behandeln kann (zum Beispiel durch Einbeziehung der Einkommensteuerstatistik) (vgl. Ministerium für Arbeit, Soziales, Gesundheit, Familie und Frauen des Landes Rheinland-Pfalz 2010: 207 ff.). Die beiden Reichtumsbegriffe »extremer Reichtum« und »verdeckter Reichtum« (vgl. Liga der Freien Wohlfahrtspflege in Hessen 2008) werden im Landessozialbericht überhaupt nicht angesprochen, obgleich das Thema extrem hoher Einkommen und das Thema Steuerflucht und Steuerhinterziehung öffentlich diskutiert werden.

4. Der nächste Hessische Landessozialbericht muss besser werden

Der Hessische Landtag hat beschlossen, dass zur Mitte jeder Legislaturperiode ein Landessozialbericht vorgelegt werden soll. Nach der Landtagswahl steht die neue Landesregierung wieder vor der Aufgabe, einen Landessozialbericht zu erarbeiten. Dabei sollte sie bedenken, dass ein Sozialbericht verschiedene Funktionen erfüllen sollte: eine Informationsfunktion, eine Planungs- und Steuerungsfunktion, eine Innovations- und eine Lobbyfunktion (vgl. ebd.). Diese Funktionen – außer der Lobbyfunktion – werden auch im Landessozialbericht genannt:

> »Wenn die Politik zu einer aktiven Gesellschaftspolitik werden will, das heißt zur vorausschauenden Planung, informierten Steuerung und Rückkoppelung mit den Bedürfnissen der Bürger fähig sein will, dann muss sie auch ihr Informationssystem verbessern. Probleminformation muss regel-

> mäßig, systematisch, umfassend und autonom zur Verfügung stehen.« (Hessisches Sozialministerium 2012: 24).

Leider erfüllt der erste Landessozialbericht die genannten Funktionen nur unzureichend. Zwar stellt der Bericht ein »Daten-Meer« mit einer Fülle von Daten zur Verfügung. Jedoch fehlen, wie ausgeführt, wichtige Themen ganz, oder sie werden nur unzureichend bearbeitet. Der Informationswert des Berichtes ist daher eingeschränkt.

Ein Landessozialbericht sollte einen Beitrag zu einer verbesserten Planung und Steuerung leisten, indem er über eine Datendeskription hinaus auch Erklärungen, Prognosen, Bewertungen und Handlungsempfehlungen enthält. Letztlich sollte der Bericht auch Innovationen anstoßen, indem er auf soziale Entwicklungen hinweist, Bedarfslagen und Handlungsbedarfe deutlich macht und zu einer Weiterentwicklung der sozialen Praxis und Infrastruktur anregt.

Für Wohlfahrtsverbände kommt noch die Lobbyfunktion hinzu, da durch einen Landessozialbericht auch die Lebenslage der Gruppen, die Zielgruppen der sozialen Arbeit sind, in den Fokus der öffentlichen und politischen Diskussion gerückt werden sollten.

Um den politischen Gebrauchswert des Landessozialberichtes zu verbessern, muss die neue Landesregierung frühzeitig unter Beteiligung des Beirates die Konzeption des neuen Berichtes diskutieren und festlegen. Auch sollten frühzeitig wissenschaftliche Expertisen eingeholt werden, um die zuvor genannten Funktionen einer Sozialberichterstattung besser erfüllen zu können.

Der vorgelegte Landessozialbericht erfasst nur die sozialen Wirklichkeiten, die durch die Daten, auf die zurückgegriffen wurde, abbildbar sind. Alle sozialen Wirklichkeiten, die nicht durch diese Daten erfasst sind, wurden im Bericht nicht behandelt. Damit stößt der Bericht bei der Erfassung wichtiger Realitäten in Hessen an Grenzen. Diese Grenzen werden auch an einigen Stellen im Landessozialbericht benannt, zum Beispiel im Hinblick auf die Darstellung der Lebenslage Illegaler (vgl. ebd.: 466), auf die Darstellung der Lebenslage Wohnungsloser (vgl. ebd.: 268) sowie auf die Darstellung der Lebenslage Reicher (vgl. ebd.: 234 f.). Von den beteiligten wissenschaftlichen Instituten sollte deshalb eine Expertise zur Weiterentwicklung der Berichterstattung und zur Verbesserung der Datenlage angefordert werden. Dabei sollte überlegt werden, wie Daten der Kommunen, der Wohlfahrtsverbände und anderer sozialpolitischer Akteure einbezogen werden können.

Auch ist eine klare politische Entscheidung zu treffen, dass der nächste Bericht die Armuts- und Reichtumsentwicklung in den Mittelpunkt stellt. Armut ist ein gravierendes Problem einer jeden Gesellschaft und muss vom sozialstaatlichen Auftrag des Grundgesetzes her bekämpft werden. Ein Bericht darf daher nicht – wie im vorliegenden Landessozialbericht geschehen – wesentliche Themen und Armutsgruppen ausblenden. Reichtum als Gegenpol muss ebenfalls in den Fokus genommen werden, da die Herstellung von Verteilungsgerechtigkeit eine grundlegende Aufgabe staatlichen Handelns ist. Beide Themen sollten deshalb nicht in einer allgemeinen Sozialberichterstattung untergehen (vgl. Hauser 2009: 4).

Die Erstellung des Berichtes sollte »dialogisch« erfolgen. Zwar wurde ein Beirat gebildet, doch kam eine »enge Zusammenarbeit« (wie im Landtagsbeschluss gefordert) nicht zustande. Damit eine Mitarbeit im Beirat sinnvoll ist, müsste die Zusammenarbeit mit dem Beirat deutlich verbessert werden. So könnten zum Beispiel die Daten, Fakten und Erfahrungen der verschiedenen Organisationen des Beirates in die wissenschaftliche Analyse mit einbezogen werden, und sie sollten die Möglichkeit erhalten, eigenständige Berichtsteile zu erstellen, so wie dies in Berichten anderer Bundesländer geschehen ist.

Überlegt werden sollte auch, ob die Erstellung eines »Standardberichtes« und von »Sonderberichten« nicht sinnvoller ist (vgl. Liga der Freien Wohlfahrtspflege in Hessen 2008). Der jetzige Landessozialbericht sollte zu einem »abgespeckten« Standardbericht weiterentwickelt werden, der Basisdaten zur Armuts- und Reichtumsentwicklung in Hessen bereitstellt. Sonderberichte sollten bestimmte Fragestellungen aufwerfen, um passgenaue sozialpolitische Lösungen zu erarbeiten. Solch ein Sonderbericht könnte etwa die vorhandene soziale Infrastruktur erfassen und analysieren, um zu einem regionalisierten Abgleich zu kommen, welche Bedarfe durch die Infrastruktur gedeckt bzw. nicht gedeckt werden. Der Sonderbericht könnte aber auch ein bestimmtes Thema aufgreifen, zum Beispiel die Lebenslage von Kindern und Jugendlichen beschreiben und analysieren. Gleichzeitig müsste solch ein Sonderbericht immer auch aufzeigen, welche Maßnahmen zur Prävention und Bekämpfung bereits ergriffen und welche Wirkungen dabei erzielt wurden. Auch sollte dargestellt werden, welche Maßnahmen sinnvollerweise noch zu ergreifen sind. Denkbar ist auch, dass ein Sonderbericht biografische Übergänge untersucht, da diese für die jeweiligen Personen immer gewisse Risiken beinhalten (zum Beispiel die Übergänge Schule – Beruf, Ausbildung – Beruf).

5. Trotz vorhandenen Mängeln: Den Landessozialbericht offensiv nutzen

Auch wenn der vorgelegte Landessozialbericht enttäuschend ist, so sollte er dennoch für die sozialpolitische Diskussion offensiv genutzt werden. Auch die Landesregierung will dies nach eigenen Aussagen tun: So heißt es im Antrag der Fraktionen von CDU und FDP, dass sie den Bericht ausführlich diskutieren und auswerten und als »Grundlage für die parlamentarische Arbeit« nutzen wollen.[9] Und der hessische Sozialminister sieht in dem Bericht »eine wichtige Basis für eine aktive Gesellschaftspolitik. Nun ist es möglich, vorausschauend zu planen, zu steuern, angemessen zu priorisieren und zielgenau zu evaluieren«.[10] Allerdings kann man bisher nicht feststellen, dass der Bericht seitens der Landesregierung tatsächlich für eine ausführliche, öffentliche sozialpolitische Diskussion genutzt wird; auch ist bisher nicht zu erkennen, wie der Bericht sich auf die Landessozialplanung, auf die Priorisierung von Problemlagen auswirkt und für eine zielgenaue Evaluierung herangezogen wird.

Einen ersten Ansatz zu einer praxisorientierten Auseinandersetzung mit dem Landessozialbericht haben die Liga und das Hessische Sozialministerium nach der Veröffentlichung des Berichtes vereinbart: Exemplarisch wird in einer gemeinsamen Arbeitsgruppe das Themenfeld der hessischen Arbeitsmarktpolitik mit dem Ziel diskutiert, zu einer Überprüfung und Verbesserung der Programme zu kommen. Die Liga setzt in dieser Arbeitsgruppe insbesondere auf die Entwicklung eines öffentlich geförderten Arbeitsmarktes (»Dritter Arbeitsmarkt«) für Langzeitarbeitslose.

Einen Vorschlag für eine handlungsorientierte Auseinandersetzung mit dem Landessozialbericht hat *Der Paritätische Hessen* von dem Ar-

9 Entschließung der Fraktionen der CDU und der FDP betreffend Hessischer Landessozialbericht liefert umfassende Daten über die Lebenssituation der hessischen Bürgerinnen und Bürger, Drucks. 18/5737, 22.05.2012.

10 Sozialminister Grüttner stellt ersten Hessischen Landessozialbericht vor, Pressemitteilung des Hessischen Sozialministeriums vom 14.05.2012.

mutsforscher Walter Hanesch ausarbeiten lassen (Hanesch 2012). In einer Expertise schlägt Hanesch vor, mit wissenschaftlicher Begleitung Fachkonferenzen zu den jeweiligen Themenfeldern des Landessozialberichtes zu organisieren, die Handlungsempfehlungen ausarbeiten sollen. Die Ergebnisse der Fachkonferenzen sollten seitens der Landesregierung und des Landtages dazu genutzt werden, ein Landesprogramm zur Armutsprävention und -bekämpfung zu erarbeiten.

Die zuvor genannten Problemanzeigen im Landessozialbericht machen bereits deutlich, wo zum Beispiel politischer Handlungsbedarf in Hessen besteht: Es sind die zunehmenden regionalen Unterschiede; es sind die sich verstärkenden Probleme am Wohnungsmarkt; es sind die problematischen Entwicklungen am Arbeitsmarkt (zum Beispiel prekäre Beschäftigung, Niedriglohn, »Zeitarmut«); es sind die absehbaren Probleme einer steigenden Altersarmut; es ist das hohe Maß an Vermögens- und auch von Einkommensungleichheit. Allein diese Hinweise im Landessozialbericht stellen die hessische Sozialpolitik vor große Herausforderungen. Mit Hinweis auf den Bericht sollten von der Landesregierung und den Parteien in Hessen Antworten auf diese Probleme eingefordert werden.

Literatur

Bode, Andrea/Rosner, Judith (2006), *Lebenslage »Illegal« – Ergebnis-Zusammenfassung der Studie Menschen ohne Aufenthaltsstatus in Frankfurt am Main*, Karlsruhe.

BUND, Brot für die Welt, Evangelischer Entwicklungsdienst (Hrsg.) (2008), *Zukunftsfähiges Deutschland in einer globalisierten Welt. Ein Anstoß zur gesellschaftlichen Debatte. Eine Studie des Wuppertal Instituts für Klima, Umwelt, Energie*, Frankfurt a.M.

Hanesch, Walter (2012), *Expertise zum ersten Hessischen Landessozialbericht. Ansatzpunkte für politisches Handeln auf Landes- und lokaler Ebene* (im Auftrag des Paritätischen Hessen), Frankfurt.

Hauser, Richard (2009), *Stand und Perspektiven der Armutsberichterstattung aus der Sicht der Armutsforschung*, Vortrag v. 5.11.2009, Typoskript, o.O.

Hessisches Sozialministerium (2012), *Hessischer Landessozialbericht*, Wiesbaden.

Liga der Freien Wohlfahrtspflege in Hessen (2008), *Stellungnahme zur Anhörung des Sozialpolitischen Ausschusses des Hessischen Landtages vom 6.8.2008*, o.O.

Liga der Freien Wohlfahrtspflege in Hessen (2012), *Stellungnahme zum ersten »Hessischen Sozialbericht« vom September 2012*, o.O.
Ministerium für Arbeit, Soziales, Gesundheit, Familie und Frauen des Landes Rheinland-Pfalz (2010), *Armut und Reichtum in Rheinland-Pfalz, Armuts- und Reichtumsbericht der Landesregierung 2009/2010*, Mainz.

Politische Steuerung und gesellschaftlicher Wandel: Gleichstellungspolitik in Hessen

Clarissa Rudolph

Eine der größten Herausforderungen einer zukunftsfähigen Gesellschaft stellt der Wandel der Geschlechterverhältnisse dar. Ungleiche Machtverhältnisse, eine geschlechtsspezifische Arbeitsteilung und die Zuweisung von Geschlechterstereotypen durchziehen noch immer die Gesellschaft und führen zu sozialen Ungleichheiten. Zwar ist mittlerweile die Gleichberechtigung auf der rechtlichen Ebene weitgehend durchgesetzt, die Realität der Geschlechterverhältnisse weist aber anhaltende Ungleichheiten auf. Und dies, obwohl nicht nur die Frauenbewegung hier seit 30 Jahren massiv agiert, sondern auch der Staat zunehmend mehr Verantwortung für einen gesellschaftlichen Wandel hin zu mehr Geschlechterdemokratie übernommen hat – zumindest wurde dieser Politikbereich auch mithilfe von Frauengleichstellungsstellen institutionalisiert und implementiert. Dieser Institutionalisierung liegt ein politischer Steuerungsansatz zugrunde, der davon ausgeht, dass sich mithilfe von Gesetzen, Maßnahmen und Richtungsentscheidungen, also insgesamt mithilfe politischer Regulierung, auch gesellschaftliche Verhältnisse und Veränderungen beeinflussen lassen. Ausgehend von den aktuellen Geschlechterverhältnissen in Hessen möchte ich der Frage nachgehen, inwieweit auch in diesem Bundesland in den letzten Jahrzehnten und aktuell die Verwirklichung von Geschlechtergerechtigkeit als Aufgabe wahrgenommen wurde, und wo die Grenzen der politischen Steuerung durch den Staat beim Wandel von Geschlechterverhältnissen liegen.

Dazu werde ich zunächst einen Überblick über die Geschlechterverhältnisse in einigen gesellschaftlichen Teilbereichen geben. Anschließend skizziere ich konzeptionelle Überlegungen zu Geschlechterverhältnissen im Wohlfahrtsstaat und den Möglichkeiten von Steuerungsprozessen in diesem Kontext, um dann konkret die Umsetzung von Gleichstellungspolitik in Hessen zu analysieren. Abschließend ziehe ich ein Fazit hinsichtlich der Möglichkeiten und Begrenzungen von Steuerungsprozessen von Geschlechterverhältnissen. Im Falle der Geschlechterverhältnisse soll Wandel bedeuten:

- mehr Partizipationsmöglichkeiten von Frauen in allen gesellschaftlichen Bereichen,
- Auflösung von Geschlechterhierarchien und -stereotypen, Auflösung der geschlechtsspezifischen Arbeitsteilung,
- Pluralisierung von Lebens- und Arbeitsmodellen ohne Hierarchisierung unterschiedlicher Lebens- und Arbeitsbereiche.

1. Geschlechterverhältnisse in Hessen – die Datenlage

Entsprechend den formulierten Eckpunkten für einen Wandel werden im Folgenden anhand ausgewählter gesellschaftlicher Teilbereiche die derzeitigen Geschlechterverhältnisse nachvollzogen. Es zeigen sich sowohl Beispiele für die Verringerung von Geschlechterdifferenzen als auch für eine Stagnation.

1.1 Bildung: Geschlechterverhältnisse im Schul- und Bildungssystem

Nachdem ihr Zugang zu Bildungsabschlüssen lange Zeit eingeschränkt war, gelten Mädchen heute als die Gewinnerinnen der chancengleichheitsorientierten Bildungspolitik und der Bildungsreformen. Heutige Verlierer, so scheint es, sind die männlichen Jugendlichen mit Migrationshintergrund. Sie gehen überdurchschnittlich häufig auf die Hauptschulen und brechen die Schule ohne Abschluss ab (vgl. Burkert/Kindermann 2008). In Hessen beträgt 2010 der Anteil von Jungen an SchulabgängerInnen ohne Abschluss 61 Prozent (vgl. BMFSFJ 2012: 30; der Bundesdurchschnitt liegt ebenfalls bei 61 Prozent), ihr Anteil an Gymnasial-AbgängerInnen beträgt hingegen nur 44 Prozent (ebd.: 34). 2010 waren 55 Prozent der weiblichen Schulabgängerinnen und 48 Prozent der männlichen studienberechtigt.

Jenseits dieser schulischen Bildungsunterschiede setzen sich im außerschulischen Bildungsbereich geschlechtsspezifische Differenzierungen fort, die eher klassischen Geschlechterbildern entsprechen. Die

Wahl der Ausbildungsberufe und der Studienfächer zeigt die anhaltende horizontale Segregation, die sich in der Geschlechtersegregation des Arbeitsmarktes fortsetzt: So beträgt 2010 der Frauenanteil an der Fächergruppe Ingenieurwissenschaften in Hessen 23 Prozent, während im Lehramt Primarbereich 85 Prozent der Studierenden weiblich sind (ebd.: 42; 44). Auch die vertikale Segregation im Wissenschaftsbereich hält an: So finden sich 2010 unter den abgeschlossenen Promotionen 44 Prozent von Frauen; bei den Habilitationen sinkt der Anteil auf 30 Prozent (ebd.: 46; 48). 20 Prozent der Professuren waren mit Frauen besetzt (ebd.: 20).

Auch im Ausbildungssektor zeigt sich weiterhin ein geschlechtsspezifisch differenziertes Berufswahlverhalten: 44 Prozent der jungen Frauen wählen fünf Berufe,[1] während junge Männer teilweise andere Prioritäten haben, vor allem aber vielfältigere Entscheidungen treffen: Bei ihnen konzentrieren sich nur 27 Prozent auf die fünf beliebtesten Berufe.[2]

Insgesamt zeigt sich, dass der schulische Bildungsvorsprung der Mädchen einher geht mit anhaltender Fächerdifferenzierung in und nach der Schule bzw. mit geschlechtsdifferenzierten Ausbildungswahlen. Zudem sind die Aufstiegschancen von Frauen in der Wissenschaft im Vergleich zu Männern immer noch sehr gering.

1.2 Arbeit und Leben: Frauen zwischen Erwerbsintegration und Haushaltssorgen

Auch im Bereich der Arbeit zeigen sich weiterhin Unterschiede bei der Erwerbsintegration (Quantität und Qualität) und bei der Verteilung von Erwerbs-, Haus- und Familienarbeit zwischen den Geschlechtern. Trotz steigender Erwerbsintegration von Frauen beträgt 2010 ihre Erwerbstätigenquote in Hessen 65,6 Prozent und liegt damit 11,2 Prozent unter der Erwerbsquote von Männern (vgl. Lepper u.a. 2012). Gleichbleibend sind auch der deutlich höhere Anteil von Frauen bei den Minijobs (zwei Drittel) und das deutlich geringe Beschäftigungsvolu-

1 Es sind dies: Bürokauffrau, Kauffrau im Einzelhandel, Medizinische Fachangestellte, Verkäuferin und Friseurin (Lepper u.a. 2012: 24).

2 Bei den Männern sind die beliebtesten Ausbildungsberufe: Kaufmann im Einzelhandel, Kraftfahrzeugmechatroniker, Bürokaufmann, Verkäufer und Industriemechaniker (vgl. ebd.).

men: Unter den Teilzeitbeschäftigen in Hessen beträgt der Frauenanteil immer noch 81,5 Prozent; 2011 sind von den Vollzeiterwerbstätigen 35,5 Prozent weiblich (vgl. ebd.). Die hohe Teilzeitquote und der hohe Anteil an der geringfügigen Beschäftigung führen insgesamt zu niedrigem Einkommen; dies verstärkt sich außerdem dadurch, dass Frauen deutlich öfter im Niedriglohnsektor beschäftigt sind: fast 54 Prozent der Niedriglohnbeschäftigen in Hessen sind weiblich. Circa 30 Prozent der sozialversicherungspflichtig und Vollzeit beschäftigten Frauen arbeiten im Niedriglohnbereich[3] (vgl. Garloff/Machnig 2011).

Mit 57.000 arbeitslosen Frauen betrug die Arbeitslosenquote in Hessen im Jahresdurchschnitt 2011 6,0 Prozent. Differenziert nach Rechtskreisen (SGB III und SGB II) sind Frauen deutlich häufiger SGB-II-Bezieherinnen als Männer (54 Prozent der SGB-III-Arbeitslosen sind Männer) – dies ist darauf zurückzuführen, dass Frauen aufgrund von niedrigen Einkommen und von Erwerbsunterbrechungen weniger häufig Ansprüche an die Arbeitslosenversicherung erwerben, aber auch darauf, dass sie häufiger langzeitarbeitslos sind bzw. dass sie länger in Arbeitslosigkeit verbleiben als Männer. Wenn Frauen aus Arbeitslosigkeit wieder abgehen, so tun sie dies häufiger auch in Nicht-Erwerbstätigkeit. Da dies v. a. bei verheirateten Frauen der Fall ist, ist zu vermuten, dass es sich hierbei insbesondere um Arbeitslose aus dem SGB II handelt, die durch die Anrechnung des Partnereinkommens ihre Ansprüche an den Leistungsbezug verlieren (vgl. auch IAQ/FIA/GendA 2009).

Wenngleich insgesamt die Erwerbsintegration von Frauen deutlich gestiegen ist, hat sich an den geschlechtsspezifischen Strukturen des Arbeitsmarktes wenig verändert: vertikale und horizontale Segregation sind erhalten geblieben, die Einkommensunterschiede stagnieren bei 23 Prozent (hier liegt Hessen im Bundesdurchschnitt, vgl. BMFSFJ 2012: 57; vgl. auch Garloff u.a. 2011), Frauen werden bei Arbeitslosigkeit weniger (und anders) gefördert als Männer (IAQ/FIA/GendA 2009). Die (durchaus nicht ganz unproblematische und auch nicht durchgängige) Hinwendung politischer Maßnahmen und Gesetze zum so genannten *adult worker model* entfaltet ambivalente Wirkungen, und das in zweierlei Hinsicht. Eine Reihe von sozial- und arbeitsmarktpolitischen Reformen zielt tatsächlich auf eine stärkere Erwerbsintegration von Frauen ab:

3 Diese Zahlen erhöhen sich deutlich, wenn man die geringfügig Beschäftigen hinzuzählt (vgl. für Deutschland Kalina/Weinkopf 2012).

sei es der Aktivierungsansatz im SGB II oder das neue Unterhaltsrecht bei Ehescheidungen. Gleichzeitig aber gibt es nach wie vor Regelungen, die das klassische bzw. ein modernisiertes Ernährermodell befördern, so zum Beispiel das Ehegattensplitting, die Regelungen zur geringfügigen Beschäftigung, aber auch die kostenlose Familienversicherung bei den Krankenkassen und das 2013 neu eingeführte Betreuungsgeld. Damit entfalten sich nicht nur ambivalente, sondern auch widersprüchliche Wirkungen: Die Entscheidung für einen Minijob kann für eine Frau mit eher geringen Qualifikationen und mit Kindern durchaus »vernünftig« sein, weil sich eine solche Erwerbskonstellation im Kontext von Einkommen, Steuerersparnissen und Kinderbetreuungskosten am Besten rechnet. Im Falle einer Arbeitslosigkeit des Partners, einer Scheidung oder im Alter erhöht sich aber das Armutsrisiko enorm (vgl. auch BMFSFJ 2011).

Die aktuelle Politik zielt in diesem Kontext insbesondere auf eine bessere Vereinbarkeit von Familie und Beruf ab. Auch wenn die Regelungen geschlechtsneutral formuliert sind, so zeigen die politischen Debatten und die gesellschaftliche Realität, dass es insbesondere um die Vereinbarkeit für Frauen geht: Die Partnermonate des Elterngeldes werden auch in der Politik zumeist »Vätermonate« genannt – und in der Praxis auch so angewandt (zwei Drittel der Männer, die Elterngeld beantragen, tun dies genau für diese zwei Monate, die sie im Übrigen zumeist noch parallel zu ihren Partnerinnen nehmen, also eher als verlängerten Jahresurlaub und nicht als einen größeren Beitrag zur Familienarbeit). Begründet wird dies immer noch mit dem geringeren Einkommen der Frauen und der Ansicht, dass Kinder doch zumindest im ersten Jahr auf jeden Fall ihre Mutter brauchen. Auch der Ausbau der Kinderbetreuung wird immer als Vereinbarkeitschance für Frauen diskutiert (Behebung des Fachkräftemangels durch Frauenerwerbsintegration) – eine bessere Vereinbarkeit durch eine partnerschaftliche Teilung der Haus- und Familienarbeit steht bei den politischen Diskussionen und Regelungen kaum zur Disposition. Dies ergibt anhaltend eine Mehrbelastung der erwerbstätigen Mütter bzw. führt zu einer Verlagerung der so genannten privaten Arbeit in schlecht bezahlte Arbeit für gering Qualifizierte oder Migrantinnen (vgl. Lutz 2007).

Darüber hinaus ändert eine Fokussierung auf familienpolitische Aspekte von Geschlechterungleichheiten nichts an den Einkommensunterschieden, dem geringen Führungsanteil von Frauen in Betrieben, an ungleicher Wertigkeit so genannter weiblicher und männlicher Tätigkeiten bei anhaltend geschlechtsspezifischer Berufswahl.

1.3 Politische Partizipation

Politische Partizipation und Repräsentation sind ein Ausweis demokratischer Verhältnisse.

> »Die Unzufriedenheit mit der Demokratie erklärt sich nicht zuletzt durch den prekären Einschluss bzw. durch spezifische Formen und Mechanismen des Ausschlusses von Frauen. Trotz formal gleicher politischer Rechte, und obwohl Frauen in der politischen Partizipation und Repräsentation in den vergangenen 30 Jahren mit den bundesdeutschen Männern gleichgezogen haben und ›sichtbarer‹ wurden, zeichnet sich die Demokratie der Bundesrepublik Deutschland nach wie vor durch die quantitative und qualitative politische Unterrepräsentation von Frauen aus.« (Sauer/Wöhl 2011: 1)

Auch in Hessen sind Frauen politisch weiterhin unterrepräsentiert. Nach der letzten Landtagswahl ist der Anteil weiblicher Parlamentarierinnen auf 29 Prozent zurückgegangen. Für die einzelnen Fraktionen beträgt ihr jeweiliger Frauenanteil: CDU: 17,4 Prozent, SPD: 34,5 Prozent, Bündnis 90/Die Grünen: 52,9 Prozent, FDP: 5 Prozent, Die Linke: 50 Prozent.

Besonders niedrig ist der Frauenanteil bei der FDP, nur bei der Linken und bei Bündnis 90/Die Grünen liegt der Anteil bei mindestens 50 Prozent. Von den zehn Ministerämtern in Hessen haben Frauen drei inne. Damit bildet Hessen bei der Besetzung der Ministerien das gleichstellungspolitische Schlusslicht. In den Kommunalparlamenten liegt der Frauenanteil bei 33 Prozent (vgl. BMFSFJ 2012: 8 ff.). In dem bundespolitischen Programm »Frauen macht Kommune« sind auch Kommunen aus Hessen vertreten; aber auch in diesem Programm zeigt sich, dass insbesondere kleinere Kommunen und der ländliche Raum noch einige Defizite aufweisen, für die es bisher kaum erfolgversprechende Lösungsvorschläge gibt.

Jenseits der klassischen Partizipationsräume gibt es in Hessen – nicht nur in den größeren Städten oder den Universitätsstädten – eine Tradition frauenpolitischen und frauenbewegten Engagements, wenngleich hier auch eine gewisse Entpolitisierung bzw. Hinwendung zu stärker sozialpädagogischen Ansätzen zu verzeichnen ist (vgl. Rudolph/Schirmer

2004). Dies gilt aber nicht nur für Hessen, sondern entspricht insgesamt einer Entwicklung in der Frauenbewegung und Frauenpolitik.

Zusammenfassend lässt sich sagen, dass durchaus partielle Angleichungsprozesse im Lebensverlauf und in den Lebenslagen von Frauen und Männern stattgefunden haben, allerdings unter Beibehaltung der unterschiedlichen Bewertung der verschiedenen Arbeitsbereiche, der Strukturen der geschlechtsspezifischen Arbeitsteilung sowie der unterschiedlichen Teilhabechancen von Frauen und Männern. Dies verweist auf zweierlei: Zum einen zeigt es, dass weiterhin gleichstellungspolitisches Handeln notwendig ist, um Partizipations- und Emanzipationsprozesse weiter voran zu bringen. Zum anderen wird aber deutlich, dass es Grenzen und Barrieren gibt, die Gleichstellung erschweren oder verhindern. Dies wirft die Frage auf, inwieweit die skizzierten Wandlungen Ergebnis politischer Steuerungsprozesse und aktiven politischen Handelns sind: Welche Form von Frauen- und Gleichstellungspolitik betreibt der Staat, und welche Ziele verfolgt er dabei? Vor den weiteren Analysen soll zunächst eine konzeptionelle Rahmung der Steuerungsprozesse von Gleichstellung erfolgen.

2. Konzeptionelle Überlegungen zu Steuerungsprozessen und gesellschaftlichem Wandel von Geschlechterverhältnissen

2.1 Geschlechterverhältnisse im Wohlfahrtsstaat

In der klassischen Wohlfahrtsstaatenforschung (vgl. Esping-Anderson 1985) gilt die Bundesrepublik Deutschland als der Prototyp des konservativ-korporatistischen Systems. Dabei lehnt sich die Charakterisierung als eher dekommodifizierter, am Markt orientierter, erwerbsarbeitsbezogener und auf den Statuserhalt abzielender Sozialstaat an das Konzept des männlichen Ernährermodells an, worauf die kritisch-feministische Wohlfahrtsstaatsforschung hingewiesen hat (vgl. Dackweiler 2003; Kulawik 2005). Im konservativen Sozialstaat dienen die sozialen Sicherungssysteme vor allem der Absicherung der »marktbezogenen Statusunterschiede« (ebd.: 6): Abgeleitet von der Erwerbsarbeit wird das zuvor erzielte Einkommen im Fall von Arbeitslosigkeit oder im Alter abgesichert; die Versorgungs- und Reproduktionsarbeit innerhalb der Familie wird unterstützt. Die geschlechtsspezifische Arbeitsteilung dient der Aufrechterhaltung dieses Systems aus staatlichen und familialen Leistungen, die (Vollzeit-)Erwerbstätigkeit von Frauen wird nicht stringent gefördert. Im Gegensatz zum sozialdemokratischen Wohlfahrtsstaat findet kein massiver Ausbau des öffentlichen Sektors statt, der gleichermaßen Erwerbsbereiche für Frauen bereit stellt und durch die dort verankerten Betreuungs- oder anderen familialen Leistungen die Erwerbsintegration von Frauen ermöglicht. »Die starke Bindung der sozialen Sicherung an Erwerbseinkommen führt dazu, dass die Arbeitsbeziehungen der ›Familienernährer‹ stark geschützt sind, und die durch Differenz geprägte Vorstellung des Geschlechterverhältnisses sieht die Verortung der Frauen primär im Haushalt und in der Familie.« (Schmid 2003: 4) Erwerbsarbeit dient somit als zentrale Kategorie zur Platzierung innerhalb der Gesellschaft und als Grundlage gesellschaftlicher Teilhabe, während über Familie nicht nur die Reproduktion der Gesellschaft erfolgt, sondern auch die abgeleitete soziale Sicherung für die Nicht-Erwerbstätigen. Dieses System der sozialen Sicherung war bedingt durch das Ernährermodell und reproduzierte es auch wieder.

Nicht zuletzt durch die Frauenbewegung und durch die stärkere Integration von Frauen in den Erwerbsarbeitsmarkt hat sich der Wohlfahrtsstaat modernisiert, was sich auch in der Modernisierung des klassischen Ernährermodells ausdrückt. So gilt zwar weiterhin der männliche Partner als zuständig für die materielle Grundsicherung der Familie. Weil das Einkommen aber nicht mehr ausreichend ist, und weil Frauen zunehmend bessere Bildungs- und Berufsabschlüsse haben, dabei aber weiterhin für Kindererziehung und Hausarbeit zuständig bleiben, steuern sie nunmehr einen *Zuverdienst* zum Haupteinkommen bei. Im Kontext mangelnder Kinderbetreuungsangebote, steuer- und familienpolitischer Rahmenbedingungen sowie ideologischer Betonung von Mutterschaft tun sie dies oftmals als Teilzeit Arbeitende und/oder in geringfügiger Beschäftigung (s.o.). Nicht mehr nur ein Modell der Geschlechterverhältnisse findet sich in der Gesellschaft, sondern es kommt zu einer Pluralisierung von Modellen. So zählen Leitner u.a. (2004: 13) in Anlehnung an Jane Lewis sechs verschiedene Modelle der Aufteilung von Erwerbs- und Familienarbeit auf. Nur in einer der skizzierten Varianten kommt es zu einer Übernahme der Familienarbeit durch den Mann, nämlich dann, wenn Mann und Frau beide in Teilzeit arbeiten und beide Familienarbeit übernehmen. In den anderen Varianten verbleibt die Zuständigkeit für die Familie bei der Frau oder wird an andere Familienangehörige oder an außerhäusige Einrichtungen delegiert.[4]

Gleichwohl intendiert das Wohlfahrtsstaatenkonzept, dass der Staat aktive Maßnahmen nicht nur zum sozialen Ausgleich, sondern auch im Hinblick auf Geschlechtergerechtigkeit ergreifen kann (vgl. Rudolph 2009). Es gibt also durchaus emanzipatorische Potentiale des Wohlfahrtsstaats (vgl. Hernes 1989). Damit erscheinen die geschlechtsspezifischen Strukturen nicht als dauerhaft und unangreifbar, vielmehr erweisen sie sich als veränderbar und werden somit zum Gegenstand politischen Handelns.

2.2 Steuerungsprozesse und -möglichkeiten von Geschlechterverhältnissen

Wenn Geschlechterverhältnisse also nicht in Erz gegossen und somit veränderbar sind, dann können sie auch Gegenstand politischer Gestaltung und Steuerung sein. Gesellschaften sind im Grunde dynamisch, dies zeigt sich nicht nur in historischer Perspektive. Auch Geschlechterverhältnisse existieren nicht per se, sondern müssen immer wieder neu hergestellt werden. Dies geschieht gleichermaßen durch den Staat als Institutionenapparat und als Kräftefeld (vgl. Sauer 2009) und durch soziale Interaktionen des *doing gender* (vgl. Gildemeister/Wetterer 1992) ebenso wie in den Wirkungen des Geschlechterwissens (vgl. Dölling 2005; Wetterer 2008). Geschlechterverhältnisse sind in den kulturellen Leitbildern einer Gesellschaft enthalten und können reproduziert und verändert werden (Pfau-Effinger 2000). Die Komplexität der Geschlechterverhältnisse in ihrer Persistenz wie ihrem Wandel verweist allerdings auch darauf, dass die Wirkungen politischer Steuerungsprozesse auf ein Konglomerat struktureller und individueller Bedingungen treffen, wo-

---

4 Nicht sichtbar wird bei dieser Variante die Delegation der Familienarbeit an Personen, die im Bereich der haushaltsnahen Dienstleistungen tätig sind und die Betreuung von Haushalt und Kindern im Haushalt selbst übernehmen. Oftmals sind dies Migrantinnen, die zu prekären, informellen Arbeitsbedingungen so genannte weibliche Tätigkeiten übernehmen und damit den Frauen eine qualifizierte Erwerbsintegration ermöglichen (vgl. Lutz 2007; Rerrich 2006). Im Konzept von Lewis kommt diese Form der geschlechtsspezifischen Globalisierung von Dienstleistungsarbeit noch nicht vor.

mit sich schon erste Hinweise auf mögliche Grenzen von Steuerbarkeit ergeben. Dies gilt sowohl für die Steuerung des Erhalts traditioneller Konzepte als auch für die Steuerung des Wandels.

Allerdings formuliert das Grundgesetz zunächst die Aufgabe des Staates: »Der Staat wirkt auf die Durchsetzung der tatsächlichen Gleichberechtigung und den Abbau geschlechtsspezifischer Nachteile hin« (Art. 3 Avs. 2 GG) und geht damit deutlich über die rein rechtliche Gleichberechtigung hinaus: Es fordert ein aktives Handeln des Staates ein. Dabei überlässt diese Formulierung aber die genaue Bestimmung von Gleichstellung dem politischen Aushandlungsprozess. Insofern verwundert es nicht, dass sich die Gleichstellungsaktivitäten in Hessen je nach parteipolitischer Ausrichtung der Landesregierung und je nachdem, wie sich die Rahmenbedingungen im Bund gestalten, immer wieder verändert haben. Diese Bedingungen und aktuellen Entwicklungen werde ich im Folgenden anhand dreier Ansätze gleichstellungspolitischen Handelns analysieren. Auf der ersten Ebene geht es direkt um Formen und Möglichkeiten politischer Steuerung durch staatliche Akteure, nämlich um Gleichstellungspolitik durch die Landesregierung: In welchem Ausmaß und mit welcher Zielrichtung werden hier Gesetze, Maßnahmen und politische Initiativen formuliert und umgesetzt, um mehr Geschlechtergerechtigkeit durchzusetzen? Auf der zweiten Ebene geht es stärker um Governance-Aspekte, nämlich die Wahrnehmung gleichstellungspolitischer Aktivitäten von Netzwerken: Anhand des Bereiches »Arbeitsmarktpolitik« werden Vernetzungen im Bereich der Erwerbsintegration und Existenzsicherung nachvollzogen. Auf der dritten Ebene geht es schließlich um die Kommunalisierung von Politik, hier insbesondere um die Arbeit der kommunalen Frauen- und Gleichstellungsbeauftragten. Vorab werden ganz kurz die Rahmenbedingungen skizziert, die auf allen drei Ebenen gelten.

3. Steuerung der Geschlechterverhältnisse: Umsetzung der aktiven Gleichstellungspolitik in Hessen

3.1 Frauenpolitik im bundesdeutschen Umfeld

Mit der Verankerung des Gleichberechtigungsartikels im Grundgesetz 1949 ist das Problemfeld beschrieben: »Männer und Frauen sind gleichberechtigt« – wie sich in der Geschichte der Bundesrepublik Deutschland gezeigt hat, wurde damit eher eine – lang umkämpfte – Zielvorstellung beschrieben als die gesellschaftliche Realität abgebildet. 1949 war weder eine rechtliche noch eine materielle oder soziale Gleichberechtigung verankert. Im Laufe der Jahrzehnte stand zunächst die rechtliche Gleichberechtigung im Zentrum der Aktivitäten, und hier insbesondere verschiedene Bestimmungen des Familienrechts sowie Teile des Arbeitsrechts. Maßgebliche Stationen waren das Gleichberechtigungsgesetz von 1957, die Abschaffung der Frauenleichtlohngruppen, die Veränderungen des Familien- und Scheidungsrechts (1976/1977), die Regelungen zum Schwangerschaftsabbruch 1974/1976 sowie die Einführung von Mutterschutz- (1968/1979) und Erziehungsgeldregelungen (Bundeserziehungsgeldgesetz 1986).

Mit dem Entstehen der Frauenbewegung Ende der 1960er Jahre veränderten sich die Auseinandersetzungen um die Situation von Frauen sichtbar: Neue Themen fanden Eingang in die Debatte und neue Akteure engagierten sich in der politischen Gestaltung. Dreh- und Angelpunkt der Debatten war die Diskrepanz zwischen der verfassungsrechtlichen Verankerung der Gleichberechtigung und der realen materiellen Situation von Frauen. Auf der rechtlichen Ebene wurden zunehmend alle Bestimmungen aufgehoben, die Frauen unmittelbar diskriminierten, so dass es heute nur noch wenige frauenspezifische Gesetze gibt, die in erster Linie auf den Schutz von Schwangeren abzielen. Im Zuge der politischen Auseinandersetzungen auf parlamentarischer und außerparlamentarischer Ebene gelangte das Problem der Geschlechterungerechtigkeit auf die politische Agenda und wurde als Aufgabe des Staates formuliert (s.o.). Trotzdem war Frauenpolitik bundespolitisch lange Zeit ein marginalisiertes Politikfeld; eine Aufwertung hat sie vor allem dadurch erfahren, dass sie zunehmend der Familienpolitik untergeordnet wird (vgl. Auth u.a. 2010). In diesem Kontext hat sich auch das (modernisierte) Ernährermodell mit der Hauptverantwortung der Frauen für private Arbeit erhalten und gefestigt. Wahlfreiheit oder Vereinbarkeit galt und gilt überwiegend als Problem der Frauen (vgl. Janczyk 2008; Correll 2010). »Die Umgestaltung des Privaten« (Jansen 1994: 149) war kein Thema von Frauen- und Gleichstellungspolitik und entsprechend wurden keine Maßnahmen oder Instrumente dafür entwickelt.

3.2 Umsetzung: Institutionalisierung mit begrenzten Handlungsoptionen

Seit Mitte der 1980er Jahre ist in der Bundesrepublik Deutschland das Politikfeld »Frauen- und Gleichstellungspolitik« institutionalisiert und somit als Bereich staatlicher Steuerung und Regulierung fixiert worden. Obwohl diese Institutionalisierung gerade in der Frauenbewegung äußerst umstritten war, da eine Kanalisierung und Marginalisierung feministischer Positionen befürchtet wurde, stellte sich Frauen- und Gleichstellungspolitik lange Zeit als eines der erfolgreichsten, neu etablierten Politikfelder innerhalb des politisch-administrativen Systems dar (vgl. Holland-Cunz 1996). Die Institutionalisierung erfolgte in Form von Frauen- und Gleichstellungsbeauftragten bzw. Frauen- und Gleichstellungsbüros, die Teil der öffentlichen Verwaltung wurden. Frauen- und Gleichstellungsbeauftragte finden sich auf allen Ebenen des politischen Systems der Bundesrepublik: Unter Verantwortung der Frauenministerin gibt es ein für Gleichstellungsbelange zuständiges Bundesministerium, in dem entsprechende Gesetze und Vorhaben entwickelt werden. Auf der Landesebene verhält es sich analog, wenngleich mittlerweile in einigen Bundesländern (wieder) keine Frauenministerinnen vorhanden sind, wie es auch in Hessen der Fall ist.

In der Anfangsphase der Institutionalisierung auf Länderebene hatten Hessen und seine Frauenpolitikerinnen lange Zeit eine Vorreiterrolle inne: erinnert sei an Marita Haibach, die als Grüne für die Aufwertung von Geschlechterfragen (damals: Frauenfragen) auf Landesebene stand,[5] oder die SPD-Politikerin Heide Pfarr, die als Ministerin für Frauen, Arbeit und Sozialordnung[6] das Hessische Gleichberechtigungsgesetz

5 Marita Haibach war Staatssekretärin für Frauenangelegenheiten im ersten hessischen rot-grünen Kabinett von 1985 bis 1987.

6 Heide Pfarr hatte dieses Amt von 1991 bis 1993 inne.

entwickelte und durchsetzte. Institutionell wurde dies sichtbar in einer kontinuierlichen Aufwertung: 1979 wurde zunächst die Zentralstelle für Frauenfragen als Abteilung der Staatskanzlei eingerichtet, 1985 wurde eine Staatssekretärin für Frauenfragen berufen und 1991 das von Heide Pfarr geführte Ministerium eingerichtet. Mit dem Ende der SPD-geführten Koalition kam auch das Ende der Frauenpolitik als eigenständiger ministerieller Bereich (seit 2001, Regierung Koch).

Heute firmiert die Stabsstelle Frauenpolitik im hessischen Sozialministerium, sie ist auf der aktuell überarbeiteten Homepage des Ministeriums nur noch ein Unterpunkt unter »Familie«. Als Ziel hessischer Frauen- und Gleichstellungspolitik wird definiert »die Chancengleichheit weiter voran zu bringen – vor allem bei der Entlohnung und den Aufstiegschancen, bei der Anerkennung der Familienarbeit wie Kindererziehung und Pflege älterer Menschen sowie bei der Vereinbarkeit von Familie und Beruf« (https://hsm.hessen.de/familie). Damit verfestigt sich die Orientierung auf familienbezogene Gleichstellungspolitik.

Als eigenständiger Bereich ist hessische Gleichstellungspolitik auf Landesebene kaum sichtbar, eine eigene Themensetzung findet nicht statt. Frauenpolitische Aktivitäten finden ganz überwiegend als Kooperation mit anderen Initiativen statt bzw. es wird auf die Zuständigkeiten anderer verwiesen.[7]

3.3 Hessisches Gleichberechtigungsgesetz

Gleichberechtigungsgesetze, die es mittlerweile in jedem Bundesland gibt, beziehen sich überwiegend auf den Bereich der öffentlichen Verwaltung. Darüber hinaus ist teilweise in den Kreis- und Gemeindeordnungen Gleichstellung als kommunale Aufgabe festgeschrieben: in Hessen in der Hessischen Gemeinde- und in der Kreisordnung (HGO und HKO).

Das hessische Gleichberechtigungsgesetz (HGlG), dessen Entstehungsgeschichte auch eine Geschichte der Geschlechterkämpfe innerhalb und außerhalb der damaligen Regierungskoalition ist (vgl. Rudol-

7 Dies zeigt sich überdeutlich auf der Homepage des Sozialministeriums, die im frauenpolitischen Teil überwiegend aus Links auf andere Webseiten und Projekte besteht.

ph/Schirmer 2004: 78), war von Beginn an befristet. Als Ziel des HGlG wird in der aktuellen Fassung definiert:

- Die Verwirklichung der Chancengleichheit zwischen Frauen und Männern,
- die Verbesserung der Vereinbarkeit von Familie und Beruf,
- die Beseitigung bestehender Unterrepräsentanz von Frauen im öffentlichen Dienst und
- die berufliche Förderung von Frauen auf der Grundlage von Frauenförderplänen mit verbindlichen Zielvorgaben (§ 1 HGlG).

Neben einigen Änderungen, die insbesondere auf eine »Entbürokratisierung« abzielten (und damit das Gesetz in seinen Wirkungen einschränkten), wurde 2006 die Geltungsdauer erstmals verlängert; Ende 2013 endet die derzeitige Befristung. Während in früheren Jahren wiederholt ein Auslaufen des Gesetzes befürchtet wurde, ist derzeit von einer Verlängerung auszugehen. Nicht zu erwarten ist eine notwendige Fortschreibung im Sinne größerer Wirkungsmöglichkeiten. So zeigt der letzte Bericht der Landesregierung zur Umsetzung des HGlG (Hessisches Sozialministerium 2010) zum wiederholten Male, dass Frauen im Zuständigkeitsbereich des Gesetzes weiterhin auf allen Ebenen, insbesondere aber den höheren, unterrepräsentiert sind. Hierfür lassen sich mehrere Gründe festhalten: Das Steuerungsziel »Aufhebung der Unterrepräsentanz von Frauen in der Verwaltung insbesondere auf höheren Ebenen« wird nicht von der Mehrheit der Beteiligten geteilt; es besteht mithin kein Konsens bei der Zielformulierung, sondern vielmehr ein Konflikt. Dies ist unter anderem auf die distributive Wirkung von Frauenförderung mit Zielvorgaben zurückzuführen: Positionen, die von Frauen besetzt werden, können nicht von Männern eingenommen werden. Obwohl es sich um ein konfliktorisches Feld handelt, gibt es keine wirksamen Steuerungsinstrumente, mit deren Hilfe das Ziel umgesetzt werden könnte. So beinhalten die Frauenfördergesetze und -pläne keine Sanktionen bei Nichteinhaltung. Eine Missachtung der Vorgaben ist also folgenlos möglich. Dies alles deutet darauf hin, dass der Steuerungsakteur selbst, der Staat, das genannte Ziel nicht mit Nachdruck verfolgt, sondern eher als Nebensache oder untergeordnetes Ziel erachtet. Die *Landesarbeitsgemeinschaft hessischer Frauenbüros* (LAG) kritisiert das entsprechend:

> »Das HGlG weist in seiner konzeptionellen Ausgestaltung Stärken auf, während es in der Rechtsdurchsetzung so begrenzt bleibt, dass es in der

> Praxis immer wieder zu Umsetzungsproblemen kommt. Wir führen dies auf das Fehlen adäquater Instrumente der Rechtsdurchsetzung (vgl. BGleiG) zurück. Dies konterkariert den innovativen Charakter des HGlG.« (LAG hessischer Frauenbüros 2010a)

Die Frauenbeauftragten, die die entschiedenste Lobbygruppe des HGlG darstellen, fordern infolgedessen die Erweiterung des HGlG um drei Punkte: (1) Ergänzung der Analyse der Beschäftigtenstruktur im Hinblick auf den Frauenförderplan, (2) Stärkung der Rechtsposition der Frauenbeauftragten und die Rechtsumsetzung sowie (3) Erweiterung des Geltungsbereichs des HGlG (vgl. ebd.). Die Interpretation dieser Entwicklung durch die Landesregierung legt allerdings nahe, dass Veränderungen eher auf einer anderen Ebene stattfinden:

> »Schien bei Inkrafttreten des HGlG 1993 die Konzentration auf stellenbezogene Frauenförderung noch erfolgversprechend, so wird in Zukunft, bei stetig knapper werdenden Stellen-Kapazitäten, der Fokus auf einer gendergerechten Personalentwicklung, auf der Potentialerkennung und -förderung von Frauen sowie auf deren gezielter Qualifizierung liegen müssen.« (Hessisches Sozialministerium 2010: 61)

3.4 Gleichstellungsorientierte Arbeitsmarktpolitik

Erwerbsintegration zur eigenständigen Existenzsicherung auch für Frauen wird als Grundlage für Sozial- und Arbeitsmarktpolitik, wie oben schon kurz dargestellt, immer wichtiger. In diesem Politikbereich treffen eine Reihe von frauen- und arbeitsmarktpolitischen AkteurInnen aufeinander, die das Ziel verfolgen, Frauen oder ausgewählte Zielgruppen (Alleinerziehende, Mädchen, Migrantinnen) an den Arbeitsmarkt heranzuführen, also ihre Integration bzw. Integrationschancen insbesondere durch die bessere Vereinbarkeit von Familie und Beruf zu erhöhen. Der überwiegende Teil dieser Initiativen geht auf bundespolitische Programme bzw. auf Programme der Bundesagentur für Arbeit zurück, die dann kommunal umgesetzt werden. So hat zum Beispiel die Bundesarbeitsministerin von der Leyen die Alleinerziehenden als wichtige Gruppe arbeitsmarktpolitischer Ansätze herausgehoben und dazu sowohl Forschungsprojekte als auch Fördermaßnahmen aufgelegt. Die Bundesagentur für Arbeit identifizierte darüber hinaus Frauen als Humankapitalressource, die den Fachkräftemangel beheben soll (vgl. z.B. Lepper u.a. 2012).

Gleichstellungspolitisch hat sich die BA vor allem durch ihre Beauftragten für die Chancengleichheit am Arbeitsmarkt (BCA) positioniert, die nicht nur innerhalb der kommunalen Arbeitsagenturen gleichstellungspolitische Maßnahmen anbieten und begleiten sollen. Darüber hinaus sind sie vielfältig vernetzt auf kommunaler Ebene, nicht nur mit ArbeitgeberInnen, sondern insbesondere mit den kommunalen Frauenbeauftragten, Initiativen aus dem Bereich »Frau und Beruf« u.ä. Seit 2011 gibt es auch für den Rechtskreis des SGB II Beauftragte für Chancengleichheit (§ 18e SGB II), die für mehr gleichstellungspolitische Ansätze in der Umsetzung des SGB II sorgen sollen (vgl. auch IAQ/FIA/GendA 2009). Letzteres hat auch zu Befürchtungen der kommunalen Frauenbeauftragten geführt, dass durch die BCA ihr Einfluss auf kommunale Arbeitsmarktpolitik verringert werden könnte, den sie zum Beispiel durch ihre Teilnahme an den Trägerversammlungen oder den Fachbeiräten oder ähnlichen Einrichtungen hatten (vgl. LAG hessischer Frauenbüros 2010b). Erstrebenswert wäre hier eine Dreiteilung gleichstellungspolitischer Interessensvertretung: die kommunale Frauenbeauftragte, die an der Formulierung und Umsetzung arbeitsmarktpolitischer Ziele in der Kommune beteiligt ist, die BCA, die bei der Umsetzung dieser Ziele innerhalb der Jobcenter mitwirkt, und eine unabhängige Beratungsinstanz, die Betroffene gezielt frauenpolitisch beraten kann (vgl. Brand/Rudolph 2009: 241 f.).

Neben der zentralen Fokussierung auf Vereinbarkeitsmaßnahmen bietet der jährliche *equal pay day* Möglichkeiten für öffentlichkeitswirksame Aktionen. Relativ selten richten sich diese Aktivitäten auf eine andere Verteilung von Erwerbs- und Sorgearbeit zwischen den Geschlechtern – die Dominanz von Erwerbsarbeit bleibt ebenso unangefochten wie die geschlechtsspezifische Arbeitsteilung hinsichtlich der Sorgearbeit.

3.5 Kommunale Frauenpolitik

Der größte Teil aktiver Gleichstellungspolitik erfolgt, das hat sich im vorherigen Abschnitt schon angedeutet, auf kommunaler Ebene. Zum einen sind dort die kommunalen Frauen- und Gleichstellungsbeauftragten die zentralen Akteurinnen, zum anderen gibt es dort zahlreiche Frauen- und Mädchenprojekte, die überwiegend im sozialpädagogischen Bereich angesiedelt sind (vgl. Rudolph/Schirmer 2004). Auf diesen Bereich hat die *Operation Sichere Zukunft*[8] im Jahr 2003, die der damalige hessische Ministerpräsident Roland Koch durchgeführt hat, zum Teil nachhaltigen Einfluss: so wurden im Zuge dieser Operation acht Frauenhäuser in Hessen geschlossen. Auch heute noch ist die Finanzierung im Bereich »häusliche Gewalt« strittig, und es sind Lücken in der Versorgung von Gewalt betroffener Frauen vorhanden (vgl. LAG 2012; ausführlich: Bundestagsdrucksache 17/10500). Auch durch die Kürzungen bei anderen Projekten und Initiativen, wie zum Beispiel Maßnahmen zum beruflichen Wiedereinstieg oder Frauenbildungsprojekten, aber auch bei Pro Familia und den Erziehungsberatungsstellen, sind Frauen und Mädchen als Klientinnen, aber natürlich auch als Arbeitnehmerinnen stark betroffen (vgl. Manderscheid 2004; Mohr 2004). Dass die frauenspezifische Infrastruktur nicht vollständig zusammengebrochen ist, verdankt sich vor allem der Verlagerung auf mehr ehrenamtliche Arbeit – was dem Ruf nach Aufwertung und Professionalisierung gerade dieser sozialpädagogischen Dienstleistungsberufe zuwider läuft.

Die kommunalen Frauenbeauftragten haben ihre Arbeitsbereiche insbesondere in den Themenfeldern Erwerbsarbeit, Vereinbarkeit von Familie und Beruf, Gewalt gegen Frauen, Mädchenarbeit, Frauen in besonderen Lebenslagen und Bildungs- und Kulturarbeit (vgl. Rudolph/Schirmer 2004: 38). Es gibt derzeit mehr als 100 Frauenbüros in Hessen, deren Existenz in der Hessischen Gemeinde- und Kreisordnung verankert ist; zudem gibt es auch noch die internen Frauenbeauftragten, die das HGlG in den Kommunalverwaltungen umsetzen. Anders als in anderen Bundesländern lassen sich in Hessen keine Rückgänge der Frauenbüros feststellen; ob die partielle Ausweitung der Aufgaben auf andere Gleichstellungsaspekte (Migration, Behinderte etc.) dazu führt, dass es einen Rückgang in der Arbeitszeit gibt, die für Geschlechterfragen aufgewendet werden kann, ist derzeit aufgrund fehlender Daten nicht zu beantworten.

---

8 Die so genannte »Operation Sichere Zukunft« diente offiziell der Sanierung des hessischen Haushalts: über eine Milliarde Euro wurden gestrichen, davon 30 Millionen Euro aus dem Etat des Sozialministeriums. Vgl. dazu auch den Beitrag von Eicker-Wolf/Truger in diesem Band.

3.6 Zusammenfassung: Gleichstellungspolitische Stagnation

Obwohl oder gerade weil Hessen gleichstellungspolitisch vergleichsweise gut aufgestellt war und ist, lassen sich hier immer noch zahlreiche frauenpolitische Aktivitäten feststellen. Sie finden sich insbesondere auf kommunaler Ebene und werden von frauenpolitischen kommunalen Netzwerken getragen. Diese finden sich zu bestimmten Themenfeldern zusammen (Erwerbsarbeit, Gewalt gegen Frauen etc.) und vernetzen sich zunehmend auch überregional auf Landes- und Bundesebene. Die Übernahme frauenpolitischer Verantwortung durch die Landesregierung bzw. eine politische Steuerung in diesem Politikbereich auf Landesebene ist hingegen kaum noch sichtbar. Zwar erfolgt zumindest teilweise die (finanzielle) Unterstützung von Aktionen und Projekten; eine eigene Schwerpunktsetzung findet hingegen nicht statt. Vielmehr liegt Hessen in dem Trend, der auch auf Bundesebene feststellbar ist, dass nämlich Frauen- und Gleichstellungspolitik immer stärker familienpolitischen Ansätzen und wirtschaftspolitischen Anliegen untergeordnet wird. Politikansätze wie Emanzipation, Geschlechtergerechtigkeit um ihrer selbst willen, als Ausdruck einer demokratischen, geschlechtergerechten Gesellschaft, gibt es nicht.

4. Schlussfolgerungen: Begrenzte Steuerung – begrenzter Wandel

Die zu Beginn gestellte Frage nach der Steuerung des Wandels von Geschlechterverhältnissen kann nicht eindeutig beantwortet werden. Zwar scheint im Fall der Frauen- und Gleichstellungspolitik die politische Steuerung zunächst relativ ausgeprägt zu sein: Es existiert mit dem Gleichberechtigungsartikel im Grundgesetz eine starke Norm, die gleichermaßen das Ziel (»Männer und Frauen sind gleichberechtigt«) und die Rolle des Staates beschreibt. Darüber hinaus sind mit den Institutionen der Frauen- und Gleichstellungsbeauftragten und den Gleichberechtigungsgesetzen Strukturen und Instrumente der politischen Steuerung geschaffen worden, die die formulierten Steuerungsziele umsetzen sollen. Gleichwohl zeigt die Situation in Hessen die Begrenzungen dieses Steuerungsansatzes auf. Sie werden insbesondere in folgenden Aspekten sichtbar:

- Die gesetzlichen und untergesetzlichen Regelungen zu Zielen und Kompetenzen der Frauen- und Gleichstellungsbeauftragten sind vergleichsweise vage. Auch wenn dies im konkreten Fall Gestaltungsspielräume eröffnet, fehlen politische Konsequenzen und Sanktionsregelungen für diejenigen, die vorgegebene Frauenförderziele und Mitwirkungsmöglichkeiten der Frauenbeauftragten missachten.
- Zudem ist die Rolle der Frauenpolitik und der Frauenbeauftragten in der kommunalen Verwaltung überwiegend eine marginale. Frauenpolitik wird nicht zum Anliegen der gesamten Verwaltung gemacht. Von der Frauen- und Gleichstellungsbeauftragten wird zwar Loyalität gegenüber der Verwaltung erwartet; die Verwaltung ihrerseits nimmt eher eine »erduldende« Haltung gegenüber den Beauftragten und ihren Anliegen ein.
- Auch das Fehlen außerinstitutioneller Unterstützung seitens *der Frauenbewegung* erschwert die Arbeit der Frauenbeauftragten – maßgeblich dadurch bedingt, dass von einer klassischen autonomen Frauenbewegung kaum noch gesprochen werden kann. Die Vernetzung zwischen institutionalisierter und autonomer Frauenpolitik bei spezifischen Themen ist mittlerweile allerdings so, dass hier von einer konstruktiven Zusammenarbeit geredet werden kann.
- Hintergrund der Begrenzungen ist eine kaum mehr vorhandene Politisierung von Geschlechterungleichheiten, Diskriminierung und mangelnder Geschlechtergerechtigkeit. Und obwohl es eine Tendenz gibt, sich auf immer weniger, aber dafür konkrete Aspekte von Ungleichheiten zu konzentrieren – was ja Möglichkeiten konkreter Steuerung und politischer Aktivitäten böte –, bleiben auch hier die Ziele und Instrumente vage. Beispiele dafür sind die anhaltenden Einkommensungleichheiten von Frauen und Männern oder auch die geringe Beteiligung von Frauen in Aufsichts- und Beratungsgremien der Privatwirtschaft.[9]

9 Zum Abbau der Einkommensungleichheiten hat das BMFSFJ neben einer Reihe unverbindlicher Appelle eine Software für Unternehmen zur Verfügung gestellt, mit der diese ihre Lohnstruktur auf Geschlechterdifferenzen überprüfen können. Die Anwendung der Software ist freiwillig, welche Konsequenzen die Feststellung von Differenzen hat, obliegt den jeweiligen Unternehmen. Was die Beteiligung von Frauen an Aufsichtsgremien der

Die Analyse der institutionalisierten Frauen- und Gleichstellungspolitik in Hessen weist somit auf eine Marginalisierung der Frauenpolitik hin. Die Existenz der Frauenbeauftragten scheint alle anderen Mitglieder einer Organisation, Teile der Verwaltung oder politische Akteure aus der Verantwortung für die »Durchsetzung der Gleichberechtigung« zu entlassen. Diese Marginalisierung hat weder politische noch rechtliche Konsequenzen. So lassen sich denn auch die Wirkungen (kommunaler) institutionalisierter Frauen- und Gleichstellungspolitik dahingehend zusammenfassen, dass auf individueller Ebene durchaus eine Unterstützung von Frauen bzw. eine Abwendung von Diskriminierungshandeln erfolgen kann. Allerdings hat dieser individuelle Nutzen wenig strukturelle Konsequenzen. So gibt es beispielsweise kaum Veränderungen von Einstellungs- und Beförderungskriterien im Öffentlichen Dienst, auch die Strukturen geschlechtsspezifischer Arbeitsteilung werden nicht infrage gestellt.

Gleichwohl heißt das nicht zwangsläufig, dass hier von einem Steuerungsversagen gesprochen werden kann. Vielmehr drückt sich darin eine politische Zielsetzung aus, deren Anliegen nicht unbedingt eine strukturelle Umgestaltung der Geschlechterverhältnisse ist, wie ich sie zu Beginn formuliert habe. Vielmehr entspricht die Marginalisierung und Hierarchisierung den Anliegen bzw. Steuerungszielen der verantwortlichen politischen Akteure. Eine Modernisierung der Geschlechterverhältnisse, die sich – jenseits kapitalistischer Produktions- und Gesellschaftsverhältnisse – gleichermaßen re-traditionalisieren und pluralisieren, bietet vielfältige Möglichkeiten gesellschaftlicher Entwicklung. Und sorgt dafür, dass es immer noch eine gibt, die die Windeln wechselt und das Essen kocht. Die zu Beginn beschriebenen Kriterien gesellschaftlichen Wandels stehen noch immer nur für die Versprechen von Geschlechtergerechtigkeit und Geschlechterdemokratie und nicht für deren Realisierung – auch nicht in Hessen.

Privatwirtschaft angeht, spricht sich die derzeitige Frauenministerin Schröder explizit gegen Quoten aus.

Literatur

Auth, Diana/Buchholz, Eva/Janczyk, Stefanie (Hg.) (2010), *Selektive Emanzipation. Analysen zur Gleichstellungs- und Familienpolitik*, Opladen/Farmington Hills.

Brand, Ortrun/Rudolph, Clarissa (2009), Gleichstellung als Luxus? Bedingungen der Institutionalisierung von Geschlechterpolitik in der Umsetzung des SGB II, in: Betzelt, Sigrid/Lange, Joachim/Rust, Ursula (Hg.): *Wer wird »aktiviert« – und warum (nicht)? Erste Erkenntnisse zur Realisierung gleichstellungspolitischer Ziele des SGB II*, Rehburg-Loccum, S. 223–246. (= Loccumer Protokolle 79/08).

BMFSFJ [Bundesministerium für Familie, Senioren, Frauen und Jugend] (2011), *Erster Gleichstellungsbericht: Neue Wege – Gleiche Chancen. Gleichstellung von Frauen und Männern im Lebensverlauf*, Berlin.

BMFSFJ [Bundesministerium für Familie, Senioren, Frauen und Jugend] (2012), *2. Atlas zur Gleichstellung von Frauen und Männern in Deutschland*, Berlin, 2. Aufl.

Bundestagsdrucksache 17/10500, *Bericht zur Situation der Frauenhäuser, der Fachberatungsstellen und anderer Unterstützungsangebote für gewaltbetroffene Frauen und deren Kinder*, Berlin 16.08.2012.

Burkert, Carola/Kindermann, Walter (2008), *Integration von Migranten in Hessen. Bildungssystem und Arbeitsmarkt*, Nürnberg (IAB-Regional Hessen 02/2008).

Correll, Lena (2010), *Anrufungen zur Mutterschaft. Eine wissenssoziologische Untersuchung von Kinderlosigkeit*, Münster.

Dackweiler, Regina-Maria (2003), Zur Analyse wohlfahrtsstaatlicher Geschlechterregime, in: Buckel, Sonja/Dackweiler, Regina-Maria/Noppe, Ronald (Hg.): *Formen und Felder politischer Intervention*, Münster, S. 88–105.

Dölling, Irene (2005), ›Geschlechter-Wissen‹ – ein nützlicher Begriff für die ›verstehende‹ Analyse von Vergeschlechtlichungsprozessen? In: *Zeitschrift für Frauenforschung und Geschlechterstudien*, 23. Jg., Heft 1+2, 44–62.

Esping-Anderson (1985), Der Einfluss politischer Macht auf die Entwicklung des Wohlfahrtsstaates im internationalen Vergleich, in: Naschold, Frieder (Hg.): *Arbeit und Politik*, Frankfurt/M./New York, S. 467–503.

Garloff, Alfred/Machnig, Jan (2011), *Wenig Lohn trotz Vollzeitbeschäftigung. Niedriglohnbeschäftigung in Deutschland und Hessen. Eine Bestandsaufnahme*, Nürnberg (IAB-Regional Hessen 3/2011).

Garloff, Alfred /Machnig, Jan/Schaade, Peter (2011), *Große Lohnunterschiede zwischen Frauen und Männern. Frauen und Männer am Ausbildungs- und Arbeitsmarkt in Hessen 2010*, Nürnberg (IAB Regional Hessen 2/2011).

Gildemeister, Regine/Wetterer, Angelika (1992), Wie Geschlechter gemacht werden. Die soziale Konstruktion der Zwei-Geschlechtlichkeit und ihre Reifizierung in der Frauenforschung, in: Knapp, Gudrun-Axeli/Wetterer,

Angelika (Hg.): *TraditionenBrüche: Entwicklungen feministischer Theorie*, Freiburg/Breisgau, S. 201–254.

Hernes, Helga Maria (1989), *Wohlfahrtsstaat und Frauenmacht. Essays über die Feminisierung des Staates*, Baden-Baden.

Hessisches Sozialministerium (2011), *Vierter Bericht der Landesregierung an den Hessischen Landtag zur Umsetzung des Hessischen Gleichberechtigungsgesetzes nach § 6 Abs. 7 HGlG*, o.O.

Holland-Cunz, Barbara (1996), Komplexe Netze, konfliktreiche Prozesse. Gleichstellungspolitik aus policy-analytischer Sicht, in: Kulawik, Teresa/Sauer, Birgit (Hg.): *Der halbierte Staat. Grundlagen feministischer Politikwissenschaft*, Frankfurt/New York, S. 158–174.

IAQ/FIA/GendA (2009), *Bewertung der SGB II-Umsetzung aus gleichstellungspolitischer Sicht*, Abschlussbericht, Duisburg-Essen/Berlin/Marburg (http://www.bmas.de/DE/Service/Publikationen/Forschungsberichte/Forschungs berichte-Arbeitsrecht/forschungsbericht-f396.html).

Janczyk, Stefanie (2009), *Arbeit und Leben. Eine spannungsreiche Ko-Konstitution*, Münster.

Jansen, Mechtild (1994), Nicht mehr Totem, nicht neues Tabu: Gleichstellung weiterdenken. In: Biester, Elke/Holland-Cunz, Barbara/Maleck-Lewy, Eva/Ruf, Anja/Sauer, Birgit (Hg.): *Gleichstellungspolitik – Totem und Tabus. Eine feministische Revision*, Frankfurt/M./New York, S. 141–157.

Kalina, Thorsten/Weinkopf, Claudia (2012), *Niedriglohnbeschäftigung 2010: Fast jede/r Vierte arbeitet für Niedriglohn*, Duisburg (IAQ-Reprot 01/2012).

Kulawik, Theresa (2005), *Wohlfahrtsstaaten und Geschlechterregime im internationalen Vergleich*, in: http://web.fu-berlin.de/gpo/pdf/kulawik/kulawik.pdf (Zugriff 3.2.2013).

LAG hessischer Frauenbüros (2010a), Novellierung des Hessischen Gleichberechtigungsgesetzes (http://www.frauenbueros-hessen.de/unsere-positionen/lag-landesarbeitsgemeinschaft-hessischer-frauenbueros-stellungnahme-gleich berechtigungsgesetz.html, Zugriff 17.03.2013).

LAG hessischer Frauenbüros (2010b), *Umsetzung SGB II*, Offenbach (http://www.frauenbeauftragte.de/wp/wp-content/uploads/arbmrktquali/LAG %20Hessen_Neuregelungen-zu-den-Jobcentern.pdf)

LAG hessischer Frauenbüros (2012), *Offener Brief: Forderungen für den Haushalt 2013: Finanzierung des Hilfesystems gegen Häusliche Gewalt*, Kassel/Marburg. (http://www.frauenbueros-hessen.de/unsere-positionen/lag-lan desarbeitsgemeinschaft-hessischer-frauenbueros-stellungnahme-gleichbe rechtigungsgesetz.html; Zugriff 17.03.2013).

Leitner, Sigrid/Ostner, Ilona/Schratzensteller, Margit (2004), Einleitung: Was kommt nach dem Ernährermodell? Sozialpolitik zwischen Re-Kommodifizierung und Re-Familialisierung, in: dies. (Hg.): *Wohlfahrtsstaat und Geschlechterverhältnis im Umbruch. Was kommt nach dem Ernährermodell?* Wiesbaden, S. 9–27.

Lepper, Timo/Machnig, Jan/Schaade, Peter (2012), *Erhöhung der Frauenerwerbstätigkeit – Eine Option zur Deckung des Fachkräftebedarfs. Frauen und Männer am Ausbildungs- und Arbeitsmarkt in Hessen 2011*, Nürnberg (IAB-Regional Hessen 1/2012).

Lutz, Helma (2007), *Vom Weltmarkt in den Privathaushalt. Die neuen Dienstmädchen im Zeitalter der Globalisierung*. Unter Mitarbeit von Susanne Schwalgin. Leverkusen.

Manderscheid, Hejo (2004), Die Finanzkrise des Landes Hessen und die Folgen für die Wohlfahrtsverbände, in: Hanesch, Walter/Koch, Karl/Segbers, Franz u.a. (Hg.): *Öffentliche Armut und Wohlstand*, Hamburg, S. 101–111.

Mohr, Wilma (2004), Das Beispiel Darmstadt. Die Kürzungen der hessischen Landesregierung aus kommunaler Sicht, in: Hanesch, Walter/Koch, Karl/Segbers, Franz u.a. (Hg.): *Öffentliche Armut und Wohlstand*, Hamburg, S. 157–176.

Pfau-Effinger, Birgit (2000), *Kultur und Frauenerwerbstätigkeit in Europa. Theorie und Empirie des internationalen Vergleichs*, Opladen.

Rerrich, Maria S. (2006), *Die ganze Welt zu Hause. Cosmobile Putzfrauen in privaten Haushalten*, Hamburg.

Rudolph, Clarissa (2009), Frauen- und Gleichstellungspolitik: Gesellschaftlicher Wandel durch Institutionen? In: Kurz-Scherf, Ingrid/Lepperhoff, Julia/Scheele, Alexandra (Hg.): *Die feministischen Herausforderungen des 21. Jahrhunderts*, Münster, S. 115–132.

Rudolph, Clarissa/Schirmer, Uta (2004), *Gestalten oder Verwalten? Kommunale Frauenpolitik zwischen Verrechtlichung, Modernisierung und Frauenbewegung*, Wiesbaden.

Sauer, Birgit (2009), Transformation von Staatlichkeit: Chancen für Geschlechterdemokratie? In: Ludwig, Gundula/Sauer, Birgit/Wöhl, Stefanie (Hg.): *Staat und Geschlecht. Grundlagen und aktuelle Herausforderungen feministischer Staatstheorie*, Baden-Baden, S. 105–118.

Sauer, Birgit/Wöhl, Stefanie (2011), *Demokratie und Geschlecht* (http://www.demokratie-deutschland-2011.de/common/pdf/Demokratie_und_Geschlecht.pdf, Zugriff 3.2.2013).

Schmid, Günther (2003), *Gleichheit und Effizienz auf dem Arbeitsmarkt. Überlegungen zum Wandel und zur Gestaltung des »Geschlechtervertrags«*, Berlin.

Wetterer, Angelika (Hg.) (2008), *Geschlechterwissen und soziale Praxis. Theoretische Zugänge – empirische Erträge*, Königstein/Ts.

Niedriglohn als politisches Programm? Zur Entwicklung des Niedriglohnsektors und zur Debatte um ein Tariftreuegesetz in Hessen

Kai Eicker-Wolf und Thorsten Schulten

1. Einleitung

Die hessische CDU und ihr Führungspersonal – seit 1999 stellt die Union den Ministerpräsidenten – sind in der jüngeren Vergangenheit immer wieder als Gegner des Flächentarifvertrags und als Verfechter einer konsequenten Niedriglohnstrategie aufgetreten. So hat der ehemalige Ministerpräsident Roland Koch im November des Jahres 2003 im Rahmen der Beratungen über die Hartz-Gesetze im Bundesrat die Einführung von gesetzlich verankerten *betrieblichen Bündnissen für Arbeit* und damit faktisch die Aushebelung des Flächentarifvertrags gefordert.[1] Diese betrieblichen Bündnisse für Arbeit gehörten bekanntlich zum Wahlprogramm der CDU im Jahr 2005, und in diesem Zusammenhang hat sich Koch mit dem Zitat »Wenn man den Sumpf trockenlegen will, darf man nicht die Frösche fragen« pointiert gegen gewerkschaftlichen Widerstand in dieser Frage gewandt.[2] Zwar ist die Forderung aufgrund des Bundestagswahlergebnisses in jenem Jahr schnell wieder in Vergessenheit geraten. Allerdings hat die hessische Landesregierung mit ihrem im Jahr 2003 beschlossenen Austritt aus der *Tarifgemeinschaft deutscher Länder* (TdL) ein klares Signal gegen das System des Flächentarifvertrags gesetzt und ist damit wohl zum größten Tarifflüchtling Deutschlands geworden.[3] Neben der Verankerung von betrieblichen Bündnissen trat die Hessen-CDU nach der Jahrtausendwende innerhalb der Union be-

1 Vgl. Handelsblatt vom 07.11.2003: »Bundesrat lehnt weitere Hartz-Gesetze ab«.

2 Vgl. Tagesspiegel vom 03.07.2005: »Union will Mehrwertsteuer auf 18 Prozent erhöhen – Koch: Gesundheitsreform soll 2007 kommen – Bei Einkommensteuer absehbar keine Entlastung«.

3 Vgl. dazu den Beitrag von Christian Rothländer in diesem Buch, S. 59 ff.

sonders offensiv für die Einführung eines Kombilohns ein, um so den Niedriglohnsektor auszubauen – und das, obwohl ein von der Landesregierung initiiertes und umfangreich ausgestattetes Kombilohnmodell (Kasseler Modell Kombilohn) in den Jahren 2002/03 mit einem sehr schlechten Ergebnis evaluiert wurde (vgl. Möhrle/Werner 2005). Darüber hinaus redete Roland Koch seit 2001 immer wieder einer Arbeitspflicht für Langzeitarbeitslose das Wort – Vorbild war hier der amerikanische Bundessstaat Wisconsin.[4]

Vor diesem Hintergrund ist es wenig verwunderlich, dass das Bundesland Hessen kein Vorreiter bei Maßnahmen zur Eindämmung des Niedriglohnsektors ist und – fast folgerichtig – zur kleinen Minderheit jener Bundesländer zählt, in denen bis heute keine rechtlich verankerten Tariftreueregelungen in Kraft sind. Tariftreueregeln verpflichten öffentliche Auftraggeber zur Einhaltung von tarifvertraglichen Bestimmungen insbesondere im Bereich der Entlohnung. Damit sind sie ein wichtiger Baustein, um Lohndumping und Niedriglohnbeschäftigung zu verhindern und um die Gültigkeit von Flächentarifverträgen zu stärken.

Unser Aufsatz wird sich im dritten Kapitel mit der Bedeutung von Tariftreueregelungen in Deutschland und im vierten Kapitel mit der Debatte befassen, die seit Jahren in Hessen geführt wird und die zu zahlreichen, allerdings erfolglosen Gesetzesinitiativen seitens der Oppositionsparteien geführt hat. Zunächst soll jedoch im zweiten Kapitel der Frage nachgegangen werden, ob sich der Niedriglohnsektor in Hessen ähnlich wie in Deutschland bzw. in Westdeutschland entwickelt hat – denn erst auf dieser Basis kann beurteilt werden, ob Maßnahmen gegen Lohndumping in Hessen überhaupt erforderlich sind.

2. Die Entwicklung des Niedriglohnsektors

2.1 Der Niedriglohnsektor in Deutschland

Niedrig- und Armutslöhne sind spätestens Mitte des vergangenen Jahrzehnts zu einem herausragenden verteilungs- und sozialpolitischen Thema geworden. Diskutiert wird insbesondere über die Frage, wie auf die

4 Sogar in der Internet-Enzyklopädie *Wikipedia* ist dieses Ansinnen Kochs unter dem Schlagwort »Wisconsin«, das den US-amerikanischen Bundesstaat behandelt, erwähnt.

zunehmende Verbreitung von Dumpinglöhnen politisch reagiert werden soll. Zwar wurde in den ersten Jahren des vergangenen Jahrzehnts der Ausbau oder vereinzelt sogar überhaupt erst die Schaffung des Niedriglohnsektors in Deutschland gefordert. Aber tatsächlich hatte die Niedriglohnbeschäftigung in Deutschland bereits um die Jahrtausendwende ein auch im internationalen Vergleich beträchtliches Ausmaß erreicht,[5] und der Niedriglohnsektor dehnte sich danach noch weiter aus. Mittlerweile wird dieser Tatbestand auch nicht mehr ernsthaft in Zweifel gezogen – dafür sind im Zuge der Debatte um Lohndumping und nicht auskömmliche Löhne in der jüngeren Vergangenheit zu viele Studien erschienen, die diesen Tatbestand belegen.[6]

Die jüngsten Arbeiten, die sich empirisch mit der Entwicklung des Niedriglohnsektors in Deutschland befassen, sind die Publikationen von Kalina/Weinkopf (2012) und des Statistischen Bundesamtes (2012). Beide Untersuchungen kommen auf einer unterschiedlichen Primärdatenbasis[7] zu dem Ergebnis, dass sich der Niedriglohnsektor erheblich vergrößert hat, wobei die Daten von Kalina/Weinkopf weiter zurück reichen und die Entwicklung des Niedriglohnsektors seit Mitte der 1990er Jahre abbilden.

Es ist international üblich, die Niedriglohnschwelle bei zwei Dritteln des Medianlohns anzusetzen, das heißt, wer weniger als zwei Drittel des Medianlohns verdient, ist im Niedriglohnsektor beschäftigt.[8] Auf Basis dieser Definition haben Kalina/Weinkopf ermittelt, dass ab Mitte der 1990er Jahre eine erhebliche Ausweitung der Beschäftigung zu Niedriglöhnen auszumachen ist. In Abbildung 1 ist diese Entwicklung dargestellt: Danach ist der Niedriglohnanteil – abhängig von der Berechnung der Niedriglohnschwelle – von16 bzw. 18 Prozent auf ungefähr 23 bis 24

5 Vgl. dazu Bosch u.a. (2009).

6 Vgl. zum Überblick zum Beispiel Trabert (2010: 9 ff.).

7 Die Untersuchung von Kalina/Weinkopf basiert auf dem Sozio-oekonomischen Panel, das Statistische Bundesamt zieht Daten des Mikrozensus und der Verdienststrukturerhebung heran.

8 Der Median oder Zentralwert ist eine statistische Größe und bezeichnet die Grenze zwischen zwei gleich großen Hälften. Sortiert man eine Reihe von Messwerten der Größe nach, so ist der Wert, der in der Mitte dieser Reihe liegt, der Median. Liegt eine ungerade Zahl von Werten vor (zum Beispiel 11), dann ist der 6. Wert der Medianwert. Hat man eine gerade Anzahl von Werten (zum Beispiel 10), ergibt sich der Median als arithmetisches Mittel der beiden mittleren Werte (5. und 6. Wert werden addiert und durch 2 geteilt). Die eine Hälfte der Werte ist größer, die andere Hälfte kleiner als der Median.

Prozent in den Jahren 2006 ff. gestiegen. Die absolute Zahl der Personen, die zu Niedriglöhnen arbeiten, hat sich seit 1995 um 2,3 Millionen auf 7,9 Millionen Personen in den Jahren 2009 und 2010 erhöht (ebd.: 6).

*Abbildung 1: Der Niedriglohnanteil in Deutschland in den Jahren 1995–2010**

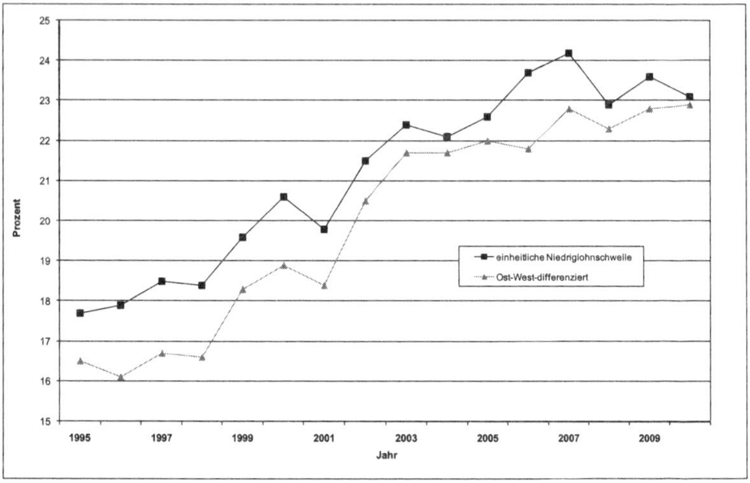

** Anteil der Niedriglohnbeschäftigten in Deutschland, Ost-West-differenzierte Niedriglohnschwellen sowie einheitliche Niedriglohnschwelle im Vergleich, in Prozent der abhängig Beschäftigten (einschließlich Teilzeitarbeit und Minijobs, inklusive Schüler/innen, Studierende und Rentner/innen).*

Quelle: Kalina/Weinkopf (2012: 5)

In Tabelle 1 sind die aktuellsten Zahlen zum Niedriglohnsektor in Deutschland zusammengestellt. Danach liegt die für West- und Ostdeutschland jeweils separat ermittelte Niedriglohnschwelle in Westdeutschland bei 9,54 Euro und in Ostdeutschland bei 7,04 Euro pro Stunde. Wird ein einheitlicher Schwellenwert für Gesamtdeutschland zu Grunde gelegt, dann beginnt der Niedriglohnsektor bei einem Stundenlohn von unter 9,15 Euro. Im Falle getrennter Niedriglohnschwellen für Ost und West erreicht der Niedriglohnsektor jeweils für beide Ländergruppen und auch für Deutschland insgesamt eine Größe von etwa 23 Prozent. Im Falle des einheitlichen Niedriglohnschwellenwertes verkleinert sich der Niedriglohnanteil in Westdeutschland auf 20 Prozent, während er in Ostdeutschland auf 39 Prozent ansteigt – für Gesamtdeutschland liegt der Niedriglohnanteil in der Summe dann wieder bei 23 Prozent.

Tabelle 1: Niedriglohnschwellen, Anteil und Zahl der Niedriglohnbeschäftigten im Jahr 2010

		Getrennte Niedriglohnschwellen für Ost und West	*Einheitliche Niedriglohnschwelle*
Niedriglohnschwelle (brutto pro Stunde)		9,54 € (West) 7,04 € (Ost)	9,15 €
Niedriglohnanteil	Westdeutschland	23,0%	19,9%
	Ostdeutschland	22,6%	39,1%
	Deutschland	22,9%	23,1%
Zahl der Niedriglohnbeziehenden (absolut)	Westdeutschland	6,57 Mio.	5,69 Mio.
	Ostdeutschland	1,28 Mio.	2,21 Mio.
	Deutschland	7,84 Mio.	7,92 Mio.

** Anteil der Niedriglohnbeschäftigten in Deutschland, Ost-West-differenzierte Niedriglohnschwellen sowie einheitliche Niedriglohnschwelle im Vergleich, in Prozent der abhängig Beschäftigten (einschließlich Teilzeitarbeit und Minijobs, inklusive Schüler/innen, Studierende und Rentner/innen).*

Quelle: Kalina/Weinkopf (2012: 4)

Im Niedriglohnsektor selbst ist genau wie bei der gesamten Lohnstruktur[9] eine zunehmende Spreizung bzw. ein starkes »Ausfransen« des Lohnspektrums nach unten feststellbar (ebd.: 10 ff.): So verdienten im Jahr 2010 vier Prozent aller Beschäftigten (1,4 Millionen Personen) weniger als fünf Euro und 7,4 Prozent (2,5 Millionen Personen) weniger als sechs Euro pro Stunde.[10] Das heißt mit anderen Worten, dass im Niedriglohn-

9 Das Statistische Bundesamt (2012: 14 ff.) arbeitet eine generell zunehmende Spreizung der Lohnstruktur in Deutschland heraus; vgl. dazu auch Bosch u.a. (2008 und 2009: 8 ff.).

10 Selbst Tarifverdienste fallen zum Teil sehr gering aus, vgl. dazu Pressemeldung Nr. 488 des Statistischen Bundesamts vom 29.12.2012: »Niedrige Tarifverdienste im Dezember 2011 in einigen Branchen unter 6,50 Euro«.

sektor fast ein Drittel der Beschäftigten sehr niedrige Löhne bezieht. Besonders stark verbreitet sind Niedriglöhne bei Teilzeitbeschäftigten und insbesondere im Bereich der geringfügigen Beschäftigung (vgl. dazu auch unten, Abschnitt 2.3), allerdings arbeiten vollzeitbeschäftigte Niedriglohnbezieherinnen und -bezieher mit durchschnittlich fast 45 Stunden pro Woche besonders lange (vgl. Brenke 2012).

Häufig wird behauptet, dass der Niedriglohnsektor vielen Menschen den Einstieg in die Erwerbstätigkeit erst ermögliche, die meisten Personen nach einiger Zeit ihren Verdienst steigerten und so aus dem Niedriglohnsegment herauskämen. Dieser Behauptung widerspricht allerdings der Sachverhalt, dass für Menschen, die einen Niedriglohn beziehen, tatsächlich nur begrenzte Aufstiegsmöglichkeiten bestehen. Im europäischen Vergleich fällt die deutsche Aufstiegsmobilität besonders schlecht aus (vgl. Rhein u.a. 2005 und Schank 2008).

Ebenfalls weit verbreitet ist die Auffassung, dass im Niedriglohnsektor vor allem Personen ohne abgeschlossene Berufsausbildung arbeiten. Auch diese These ist falsch: Rund 80 Prozent der Niedriglohnbeschäftigten verfügen über eine abgeschlossene Berufsausbildung (70 Prozent) oder einen Hochschulabschluss (acht Prozent). Der Anteil von Frauen am Niedriglohnsektor beläuft sich auf fast 65 Prozent – das entspricht gut fünf Millionen Personen (Kalina/Weinkopf 2012: 9).

2.2 Der Niedriglohnsektor in Hessen

Für das Bundesland Hessen, das unter den Flächenländer das wirtschaftsstärkste ist und in dem die höchsten Durchschnittslöhne gezahlt werden,[11] sind in den vergangenen Jahren verschiedene Auswertungen zu Struktur und Entwicklung des Niedriglohnsektors erschienen. Diese unterscheiden sich dabei aufgrund der zugrunde liegenden Primärdaten im Umfang der erfassten Personengruppen:

– Der DGB Hessen-Thüringen hat in den Jahren 2008 und 2010 – die zweite Studie zusammen mit dem Landesbezirk von ver.di – Be-

11 Hessen liegt beim Bruttoinlandsprodukt pro Kopf um fast 20 Prozent über dem deutschen Durchschnittswert. Auch bei Arbeitnehmerentgelten bzw. den Bruttolöhnen und -gehältern pro Stunde liegt Hessen um etwa 13 Prozent über dem Durchschnitt aller Bundesländer (vgl. Statistische Ämter der Länder 2012a und 2012b).

rechnungen zum Niedriglohnsektor in Hessen vorgelegt (vgl. DGB Hessen-Thüringen 2008 und DGB Hessen-Thüringen/ver.di Hessen 2010). Die entsprechenden Zahlen wurden vom *Institut Arbeit und Qualifikation* (IAQ) berechnet, die Primärdatenquelle ist das Sozio-oekonomische Panel (kurz SOEP). Gegenüber anderen für Niedriglohnanalysen verfügbaren Datensätzen bietet das SOEP den Vorteil, dass Auswertungen auf der Basis von Stundenlöhnen erstellt und das auch sozialversicherungspflichtige Teilzeitbeschäftigte und Minijobberinnen und -jobber in die Analyse einbezogen werden können. Da die Fallzahlen für Hessen im SOEP zu klein sind, um nach bestimmten Merkmalen differenzierte Auswertungen für einzelne Jahre durchführen zu können, erfolgte die Auswertung für gepoolte Zeiträume, das heißt, es wurden mehrere Jahre zusammengefasst.

- Die *HessenAgentur* hat im Jahr 2010 auf Basis der Verdienststrukturerhebung eine detaillierte Untersuchung zum Niedriglohnsektor erarbeitet, der Daten für das Jahr 2006 zu Grunde liegen (Trabert 2010). Die Entwicklung des hessischen Niedriglohnsektors im Zeitraum 2000–2009 ist in einer Folgestudie dargestellt worden (Trabert 2011): Auf Basis der Verdienststrukturerhebung und der Beschäftigtenstatistik wird die Entwicklung der Niedriglohnbeschäftigung im Segment der Vollzeitarbeitskräfte für die Jahre 2000–2009 dokumentiert.
- Neben den beiden genannten Institutionen haben sich zuletzt auch zwei Wissenschaftler vom *Institut für Arbeitsmarkt- und Berufsforschung* (IAB) mit dem hessischen Niedriglohnsektor befasst (vgl. Garloff/Machnig 2011). Auch diese Untersuchung bezieht sich genau wie die Arbeiten von Trabert lediglich auf Vollzeitbeschäftigte; der zugrunde liegende Zeitraum sind die Jahre von 1999 bis 2010. Datengrundlage ist die Entgeltstatistik der *Bundesagentur für Arbeit.*
- Das *Hessische Statistische Landesamt* (2012) hat in einer Sonderauswertung der Verdienststrukturerhebung aus dem Jahr 2010 berechnet, wie hoch in verschiedenen Branchen und Beschäftigungsgruppen der Anteil der Beschäftigten ist, der weniger als 8,50 Euro brutto pro Stunde verdient. Hierzu hat das Statistische Landesamt bisher allerdings nur eine Pressemeldung im Sommer 2012 publiziert.

Zur Abgrenzung von Niedriglohnjobs verwenden alle Studien die allgemein übliche Definition, nach der die Niedriglohnschwelle bei zwei Dritteln des Medianlohnes (mittlerer Stundenlohn) liegt – eine Ausnahme bilden Trabert (2010), die verschiedene Niedriglohnschwellen zugrunde legt, und das Statistische Landesamt (2012). Trotz der verwendeten unterschiedlichen Primärdaten und der erfassten Beschäftigtensegmenten kommen alle aufgeführten Untersuchungen in den wesentlichen Punkten doch zu sehr ähnlichen Ergebnissen. So stellen alle drei genannten Studien bzw. ihre jeweiligen Folgestudien eine beträchtliche Ausweitung des hessischen Niedriglohnsektors fest.

*Abbildung 2: Der Niedriglohnanteil in Hessen 1995–2006**

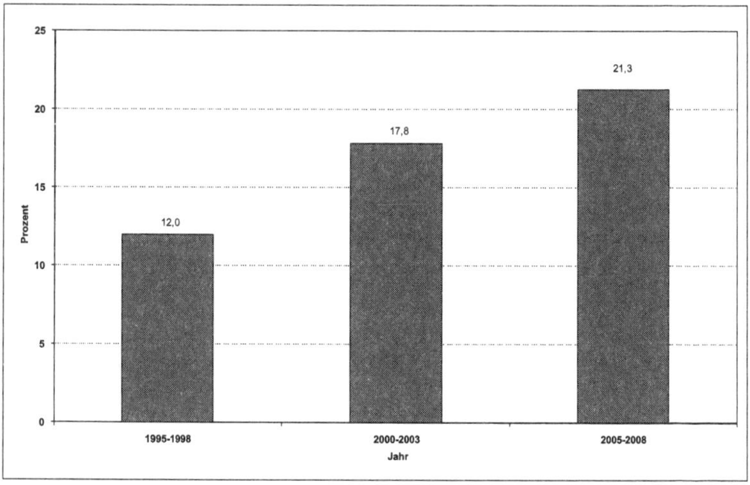

**einschließlich Teilzeit- und geringfügig Beschäftigte.*

Quelle: DGB-Bezirk Hessen-Thüringen/ver.di Hessen (2010: 10)

Gemäß der DGB/ver.di-Studie aus dem Jahr 2010, die den längsten Zeitraum abdeckt, ist der Niedriglohnsektor in Hessen seit Mitte der 1990er Jahre gewachsen – und zwar von zwölf Prozent in den Jahren 1995–1998 auf 21,3 Prozent in den Jahren 2005–2008 (Abbildung 2). Damit ist der hessische Niedriglohnsektor ungefähr genauso groß wie der westdeutsche.[12]

Abbildung 3:Anteil der sozialversicherungspflichtig Vollzeitbeschäftigten im Niedriglohnbereich in Hessen 1999–2010 (jeweils am 31.12.)

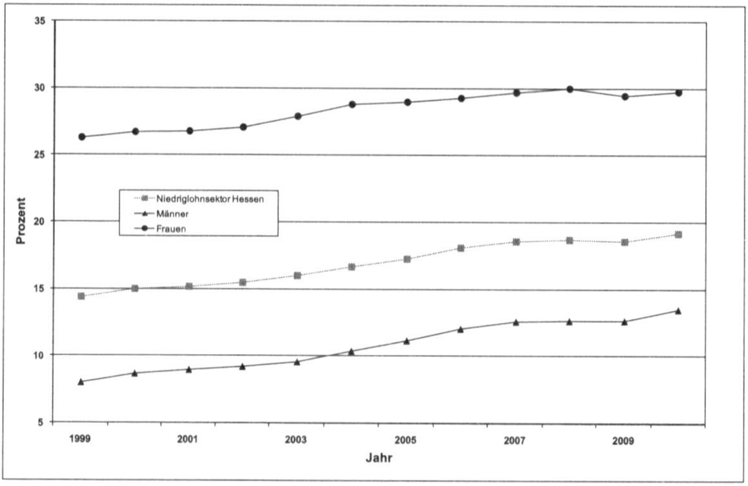

Quelle: Garloff/Machnig (2011: 19 und 27)

Die gleiche Entwicklung zeigt sich auch, wenn wie bei Garloff/Machnig die Größe des Niedriglohnsektors nur für die Gruppe der Vollzeitbeschäftigten berechnet wird (vgl. Abbildung 3). Von Niedriglohnbeschäftigung sind Frauen in deutlich stärkerem Umfang betroffen als Männer. Auch dieser Befund ist unabhängig davon, ob lediglich Vollzeitbeschäf-

12 Dieser Befund ist erstaunlich, weil DGB Hessen-Thüringen/ver.di Hessen (2010) genau wie Garloff/Machnig (2011) die westdeutsche Niedriglohnschwelle zugrunde legen. Trabert (2011) verwendet als einzige bei der Ermittlung des hessischen Niedriglohnsektors neben der westdeutschen auch eine hessische Niedriglohnschwelle. Die Autorin kommt in ihrer Arbeit, die sich aber ausschließlich auf Vollzeitbeschäftigte bezieht, dabei zu dem bemerkenswerten Ergebnis, dass im Falle der hessischen Niedriglohnschwelle der Niedriglohnsektor in Hessen größer ist als der westdeutsche.

*Abbildung 4: Anteil der Beschäftigten in Hessen, die im Jahr 2010 weniger als 8,50 Euro brutto pro Stunde verdienten**

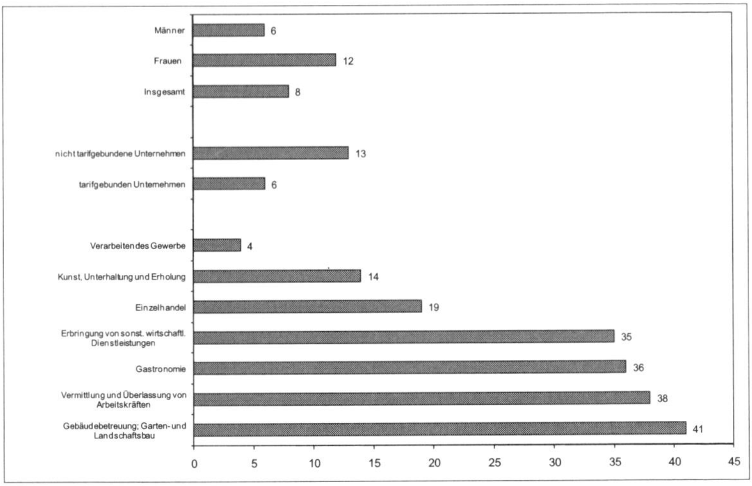

**in % aller Beschäftigten der jeweiligen Kategorie, für alle Unternehmen mit 10 und mehr Beschäftigten.*

Quelle: Hessisches Statistisches Landesamt

tigte oder auch Teilzeit- und geringfügig Beschäftigte herangezogen werden (vgl. Hessen-Thüringen/ver.di Hessen 2010: 10).

Insgesamt weisen alle verfügbaren Studien für das Bundesland Hessen einen großen und steigenden Niedriglohnsektor nach, der sich in Bezug auf seine Struktur nicht signifikant vom gesamten westdeutschen Niedriglohnsektor unterscheidet. Besonders erstaunlich ist angesichts der starken wirtschaftlichen Stellung im Bundesländervergleich die Tatsache, dass in Hessen genau wie im Durchschnitt der alten Bundesländer jeder fünfte Beschäftigte einen Niedriglohn bezieht.

Vor dem Hintergrund der aktuell von den Gewerkschaften u.a. erhobenen Forderung nach einem allgemeinen gesetzlichen Mindestlohn von 8,50 Euro brutto pro Stunde hat das Hessische Statistische Landesamt (2012) die angesprochene Sonderauswertung der Verdienststrukturerhebung vorgenommen, wonach im Jahr 2010 knapp 155.000 Beschäftigte in Hessen weniger als 8,50 Euro verdienten. Dies entspricht acht Prozent aller hessischen Arbeitnehmer. Bei weiblichen Beschäftigten waren es sogar zwölf Prozent. Besonders hoch war der Prozentsatz in den Branchen Gebäudebetreuung/Garten- und Landschaftsbau, Vermittlung und Überlassung von Arbeitskräften, Gastronomie und sonstige wirtschaftliche Dienstleistungen, in denen der Stundenlohn von jeweils mehr als einem Drittel aller Beschäftigten unterhalb von 8,50 Euro lag. Im Vergleich hierzu waren es im verarbeitenden Gewerbe lediglich vier Prozent. Besonders niedrige Löhne werden schließlich in nicht tarifgebundenen Unternehmen gezahlt (13 Prozent), wobei auch in tarifgebundenen Unternehmen immerhin sechs Prozent der Beschäftigten weniger als 8,50 Euro pro Stunde verdienen (vgl. Abbildung 4).

2.3 Ursachen für die Ausweitung des Niedriglohnsektors: Zunahme prekärer Beschäftigung

Der Anstieg der Niedriglohnbeschäftigung hat verschiedene Ursachen. Eine starke Bedeutung hat die Zunahme von atypischer Beschäftigung auf der einen sowie die Abnahme von Normalarbeitsverhältnissen auf der anderen Seite (Keller u.a. 2012). *Normalarbeitsverhältnisse* sind durch die folgenden vier Eigenschaften gekennzeichnet:

- eine Vollzeittätigkeit oder eine Teilzeittätigkeit mit mindestens der Hälfte der üblichen vollen Wochenarbeitszeit
- ein unbefristetes Beschäftigungsverhältnis
- die Integration in die sozialen Sicherungssysteme
- die Identität von Arbeits- und Beschäftigungsverhältnis

Atypische Beschäftigung wird in Abgrenzung zum Normalarbeitsverhältnis definiert und muss eines oder mehrere der folgenden Merkmale aufweisen:

- Befristung
- Teilzeitbeschäftigung mit 20 oder weniger Stunden
- Leiharbeitsverhältnis
- geringfügige Beschäftigung

Abbildung 5: Anteile Beschäftigter nach Erwerbsformen in Deutschland in den Jahren 1991 und 2011

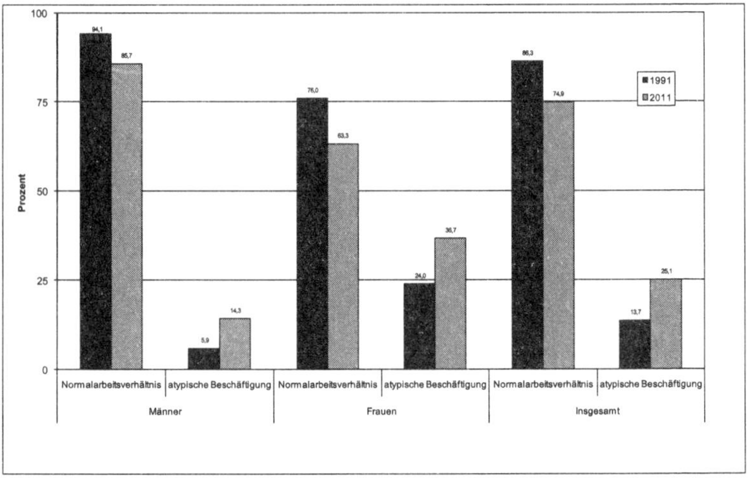

Quelle: Statistisches Bundesamt (2012: 7)

Nach Angaben des Statistischen Bundesamtes ist zwischen 1991 und 2011 eine kontinuierliche Abnahme von Beschäftigung in Normalarbeitsverhältnissen auszumachen (vgl. Abbildung 5): Mittlerweile arbeitet jeder vierte Beschäftigte in einem atypischen Beschäftigungsverhältnis, während es zwei Jahrzehnte zuvor nur 14 Prozent waren. Dabei ist für alle Kategorien atypischer Beschäftigung ein Anteilszuwachs zu verzeichnen (vgl. Statistisches Bundesamt 2012: 7). Der Anteil der Beschäftigten mit Niedriglohn liegt für atypisch Beschäftigte im Jahr 2010 bei 50 Prozent, während sich der Anteil von Beschäftigten mit Niedriglohn im Normalarbeitsverhältnis auf 11 Prozent beläuft (vgl. Abbildung 6).

Abbildung 6: Anteil der Beschäftigten mit Niedriglohn nach Beschäftigungsform im Jahr 2010

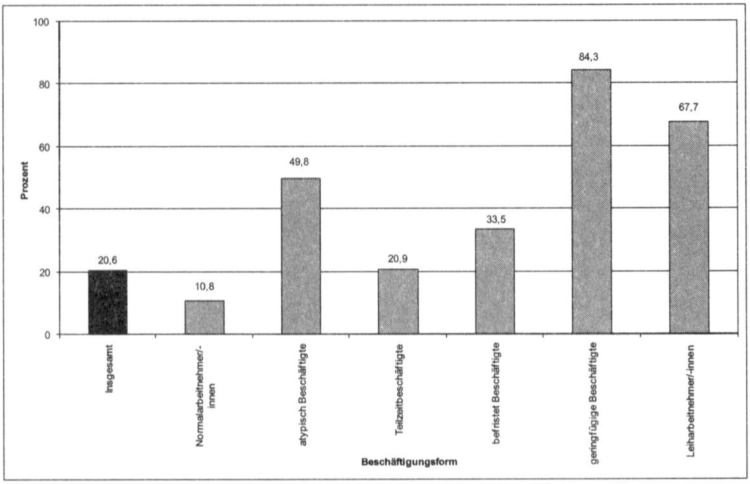

Quelle: Statistisches Bundesamt (2012: 20)

Auch die DGB/ver.di-Studie zum hessischen Niedriglohnsektor ermöglicht zumindest zum Teil eine Auswertung nach Beschäftigungsformen (eine Auswertung für den Bereich der Leiharbeit und für befristet Beschäftigte ist nicht möglich). Dabei fällt auch für Hessen der hohe Niedriglohnanteil von gut 90 Prozent bei den Minijobs auf (Abbildung 7). Aber auch bei den Teilzeit- bzw. Vollzeitbeschäftigten ist dieser Wert mit über 20 bzw. 12 Prozent nicht klein.

Abbildung 7: Niedriglohnanteil nach Arbeitszeitform in Hessen (2005–2008, in %)

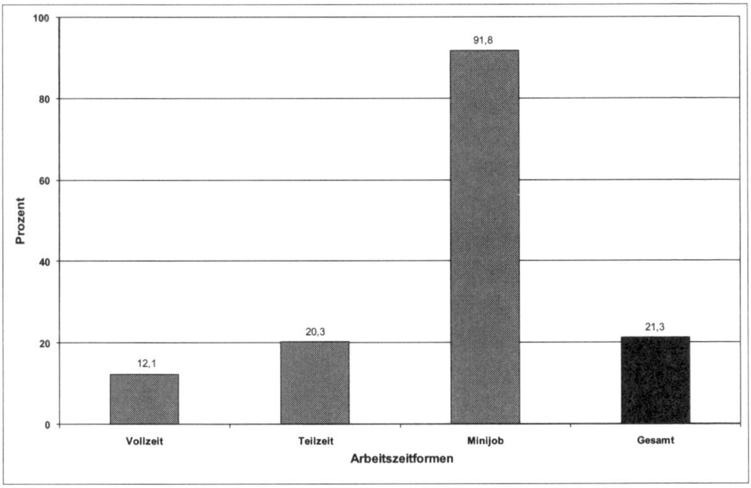

Quelle: DGB-Bezirk Hessen-Thüringen/ver.di Hessen (2010: 11)

Eine wichtige Rolle für die Zunahme von atypischer Beschäftigung und damit auch von Beschäftigung zu Löhnen unterhalb der Niedriglohnschwelle spielen arbeitsmarktpolitische Weichenstellungen der jüngsten Vergangenheit, insbesondere ist in diesem Zusammenhang die Hartz-Gesetzgebung zu nennen. So wurden im Zuge von Hartz I wesentliche Restriktionen im Bereich der Leiharbeit (auch als Zeitarbeit oder Arbeitnehmerüberlassung bezeichnet) ab dem ersten Januar 2004 aufgehoben (vgl. Mai 2008 und Vanselow 2009):

- Bis Ende 2003 war die zeitliche Synchronisierung (Koppelung) der Dauer des Arbeitsvertrags mit der Dauer des betrieblichen Einsatzes unzulässig, dieses so genannte *Synchronisationsverbot* gilt nicht mehr.
- Die zeitliche Begrenzung des Verleihs – zuletzt zwei Jahre – wurde gestrichen.
- Das Recht auf gleiche Bezahlung wurde festgeschrieben – es sei denn, es kommt ein für die Zeitarbeitsbranche gültiger Tarifvertrag zur Anwendung. Mittlerweile sind mehrere konkurrierende Tarifverträge in Kraft, so dass die Ausnahme zur Regel geworden ist: Nachdem die christlichen Gewerkschaften Tarifvereinbarungen mit sehr niedrigen Löhnen abgeschlossen hatten, standen die DGB-Gewerkschaften

unter Druck, selbst Tarifverträge mit den großen Arbeitgeberverbänden auszuhandeln, die etwas günstigere Bedingungen enthalten.

Zwar hat sich die Zahl der Leiharbeiterinnen und Leiharbeiter bereits seit Anfang der 1970er Jahre im Trend erhöht, aber insbesondere ab 2004 ist ein sprunghafter Anstieg zu beobachten: Waren Ende 2004 gerade einmal 390.000 Leiharbeiterinnen und Leiharbeiter beschäftigt, so hat sich diese Zahl bis zum Juni 2008 auf fast 790.000 Personen mehr als verdoppelt. Im Zuge der Weltwirtschaftskrise ist die Zahl der Leiharbeiterinnen und Leiharbeiter zwischenzeitlich auf etwa 600.000 Beschäftigte gesunken. Nach Überwindung der Krise in Deutschland ist dann aber rasch wieder ein deutlicher Anstieg zu verzeichnen, im Jahr 2011 waren etwa 900.000 Personen in Leiharbeit beschäftigt.

Die starke Zunahme der Leiharbeit, die mit einem Anteil von knapp 60 Prozent eher eine Männerdomäne ist und einen Niedriglohnanteil von gut zwei Dritteln aufweist (vgl. Statistisches Bundesamt 2012: 7), hat zu massiver Kritik durch die Gewerkschaften geführt. Leiharbeit unterlaufe etablierte Branchentarifverträge und verdränge zunehmend reguläre Beschäftigung. Der seit dem Jahr 2004 auszumachende Trend zur massiven Ausweitung der Leiharbeit setze Stammbelegschaften, Löhne und Tarifstrukturen unter Druck und hebele das Prinzip *Gleicher Lohn für gleiche Arbeit* aus, da Leiharbeiterinnen und -arbeiter für die gleiche Arbeit deutlich schlechter bezahlt werden. Diese Kritik hat dazu geführt, dass seit dem 1. Januar 2012 auf Basis einer Rechtsverordnung des Bundesministeriums für Arbeit ein Mindestlohn für Leiharbeit gilt (Westdeutschland: 7,89 Euro, Ostdeutschland: 7,01 Euro). Außerdem sind für die Metall- und Elektroindustrie ab dem 1. November 2012 tarifvertragliche Branchenzuschläge vereinbart worden.

Mit der Deregulierung der Leiharbeit war die Hoffnung verbunden, Arbeitslosen eine Übergangsmöglichkeit in ein Normalarbeitsverhältnis zu verschaffen. Diese Hoffnung hat sich nicht erfüllt: So stellte das *Institut für Arbeitsmarkt- und Berufsforschung* (IAB) jüngst fest, dass nur sieben Prozent der vormals Arbeitslosen in einem Zeitraum von zwei Jahren nach einer Tätigkeit in der Leiharbeit überwiegend beschäftigt bleiben und den Bereich der Leiharbeit verlassen (Lehmer/Ziegler 2010).

Einen wesentlichen Beitrag zum Anstieg der Niedriglohnbeschäftigung haben auch die im Zuge von Hartz II im Jahr 2003 eingeführten Minijobs geleistet. Als Minijobs – die offizielle Bezeichnung lautet geringfügige Beschäftigung – gelten Beschäftigungsverhältnisse, deren Arbeitsentgelt 400 Euro (bis 2013) bzw. 450 Euro (ab 2013) pro Monat nicht übersteigt. Sie zeichnen sich dadurch aus, dass der Arbeitgeber bzw. die Arbeitgeberin in der Regel pauschale Beiträge zur Kranken- und Rentenversicherung und Umlagebeträge zum Ausgleich von Arbeitgeberaufwendungen bei Krankheit und Mutterschaft zahlt sowie einen ebenfalls pauschalen Lohnsteuerbetrag abführt. Für die Arbeitnehmerinnen und Arbeitnehmer fallen keine Abgaben an, so dass diese ihr Arbeitsentgelt brutto für netto erhalten. Dies wird von Arbeitgeberseite häufig dazu benutzt, Minijobberinnen und -jobbern im Vergleich zu sozialversicherungspflichtigen Vollzeit- und Teilzeitbeschäftigten geringere Stundenlöhne zu zahlen. Die Abgabenfreiheit der Arbeitnehmerbezüge kommt also in der Praxis häufig den Arbeitgeberinnen und Arbeitgebern zugute, so dass die im Vergleich zur voll sozialversicherungspflichtigen Beschäftigung etwas höheren pauschalen Arbeitgeberabgaben mehr als kompensiert werden (vgl. Kalina/Weinkopf 2006). Vor diesem Hintergrund ist nachvollziehbar, dass die Zahl der Minijobs sowohl in Deutschland als auch in Hessen deutlich gestiegen ist: Nach den Zahlen der *Bundesagentur für Arbeit* in Hessen von 417.000 im Jahr 2003 (Deutschland: 5,5 Millionen) auf 571.000 im Jahr 2011 (Deutschland: 7,4 Millionen).[13] Zudem wird auch verständlich, warum es, wie voran stehend gezeigt, unter den Minijobs einen sehr hohen Anteil an Niedriglohnbeschäftigung gibt.

Außer Minijobs und Leiharbeit üben natürlich auch die im Zuge der Hartz-IV-Reform erfolgte Zusammenlegung von einkommensbezogener Arbeitslosenhilfe und Sozialhilfe zum Arbeitslosengeld II sowie die verschärften Zumutbarkeitsregeln Druck auf das Lohngefüge aus. Die Änderung der Zumutbarkeitsbedingungen hat dazu geführt, dass jede Arbeit – auch untertariflich bezahlte oder geringfügige Beschäftigung – angenommen werden muss. Die Grenze nach unten ist lediglich durch das Verbot sittenwidriger Entlohnung gezogen, das heißt Arbeitslose müssen Arbeit zu Löhnen annehmen, die bis zu 30 Prozent unter den ortsüblichen Tarifen liegen.

---

13 Die Zahlen sind zu finden unter www.statistik.arbeitsagentur.de

2.4 Ursachen für die Ausweitung des Niedriglohnsektors: Teilweise Erosion des Tarifvertragssystems

Neben den Hartz-Gesetzen und ihren Folgen spielen auch Veränderungen in der deutschen Tariflandschaft eine Rolle bei der Ausweitung des Niedriglohnbereichs. Ein Rückgang der Tarifbindung, eine stärkere Dezentralisierung verbunden mit tariflichen Öffnungsklauseln und das Vordringen von leistungs- und ertragsabhängiger Bezahlung sind die wichtigsten Elemente dieser Entwicklung.

Zwar ist die Institution des Flächentarifvertrags nach wie vor bestimmend für die Regulierung von Arbeits- und Einkommensbedingungen, aber die prägende Kraft der Tarifverträge hat abgenommen (vgl. Bispinck/Schulten 2009 und Bispinck 2012: 496): Während im Jahr 1998 in Westdeutschland noch 76 und in Ostdeutschland 63 Prozent aller Beschäftigten durch einen Branchen- oder Firmentarifvertrag erfasst waren, sind es im Jahr 2011 nur noch 61 bzw. 49 Prozent gewesen (vgl. Abbildung 8). Allerdings wird diese Entwicklung ein wenig dadurch relativiert, dass sich auch viele nicht-tarifgebundene Betriebe an Tarifverträgen orientieren.

Abbildung 8: Tarifbindung in West- und Ostdeutschland nach Beschäftigten 1998 bis 2011 in Prozent

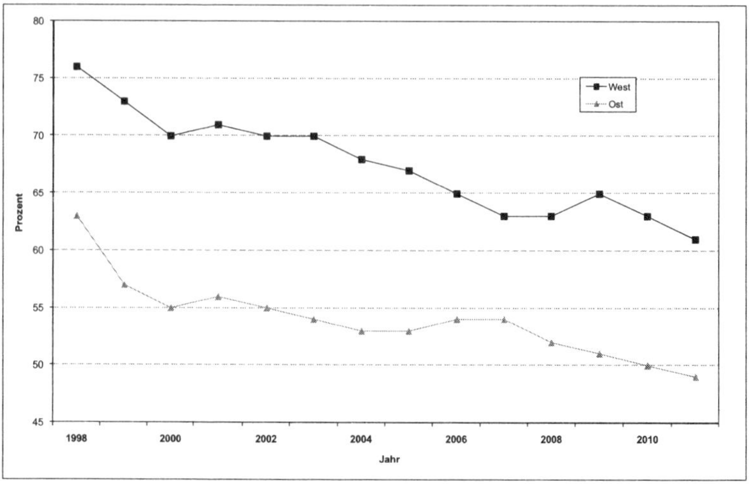

Quelle: Institut für Arbeitsmarkt- und Berufsforschung (IAB)

*Abbildung 9: Tarifbindung nach Einkommensquintilen 2010**

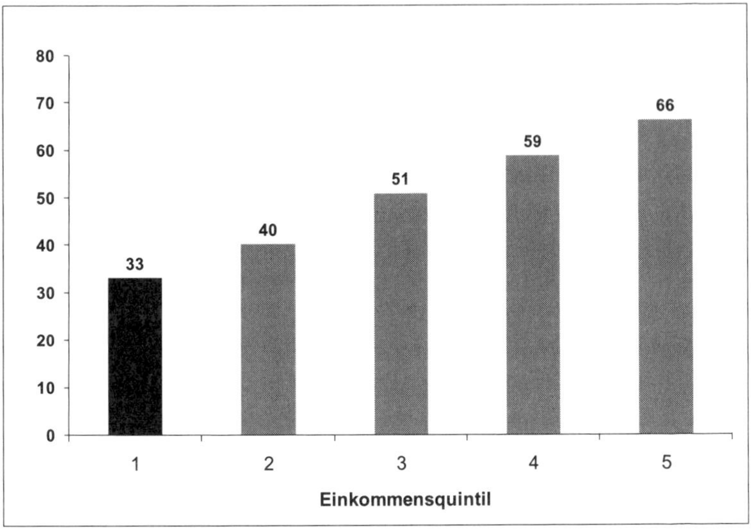

** in % aller Beschäftigten des jeweiligen Quintils.*

Quelle: WSI-LohnSpiegel-Datenbank.

Besonders auffällig ist, dass die Tarifbindung gerade bei den Niedriglohnempfängerinnen und -empfängern sehr gering ausfällt. Während im untersten Quintil der Einkommensskala im Jahr 2010 durchschnittlich lediglich 33 Prozent der Beschäftigten durch einen Tarifvertrag geschützt wurden, war die Tarifbindung im obersten Quintil mit 66 Prozent doppelt so hoch. Dies deutet darauf hin, dass der ausgedehnte Niedriglohnsektor in großen Teilen auch ein Problem einer fehlenden Tarifbindung ist (vgl. Abbildung 9).

Die Tarifbindung hat auch deshalb abgenommen, weil die Zahl der Allgemeinverbindlicherklärungen (AVE) von Tarifverträgen gesunken ist. Ein für allgemeinverbindlich erklärter Tarifvertrag gilt für alle Arbeitsverhältnisse des betreffenden fachlichen und räumlichen Tarifbereichs – es werden also auch Arbeitgeber gebunden, die nicht Verbandsmitglieder sind. Die AVE eines Tarifvertrags, die vom Bundesarbeitsminister oder – bei entsprechend eingeschränkter räumlicher Geltung – vom jeweils zuständigen Landesarbeitsminister ausgesprochen wird, ist nach Paragraph 5 Tarifvertragsgesetz an verschiedene Bedingungen gebunden. Zum einen muss eine AVE von mindestens einer der beteiligten

*Abbildung 10: Allgemeinverbindliche Tarifverträge in Deutschland 1991 bis 2011**

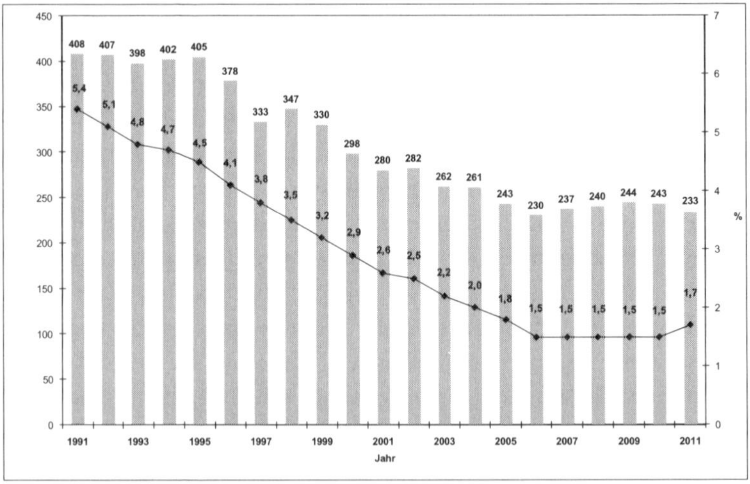

**Ursprungstarifverträge absolut (linke Skala) und in Prozent der Ursprungstarifverträge (rechte Skala) insgesamt; Daten jeweils zum Stichtag 01.01.*

Quelle: Bispinck (2012: 501)

Tarifvertragsparteien beantragt worden sein; der Minister kann nicht von sich aus tätig werden. Zum anderen müssen die tarifgebundenen Arbeitgeber mindestens die Hälfte der in den Geltungsbereich des Tarifvertrags fallenden Arbeitnehmer beschäftigen und die AVE muss »im öffentlichen Interesse« geboten sein. Außerdem muss der mit Vertretern der Spitzenorganisationen von Gewerkschaften und Arbeitgeberverbänden paritätisch besetzte und von einem Vertreter des zuständigen Ministers moderierte Tarifausschuss (auf Bundesebene und Landesebene) mehrheitlich zustimmen. Neben dieser »klassischen« AVE gibt es auch die Möglichkeit der Allgemeinverbindlicherklärung durch das Arbeitnehmer-Entsendegesetz (keine Entscheidung des Tarifausschusses, sondern direkte Rechtsverordnung des Bundesarbeitsministers).[14]

Aufgrund der zunehmend ablehnenden Haltung der Arbeitgeberseite ist die Zahl der Allgemeinverbindlicherklärungen kontinuierlich

14 Vgl. zur Allgemeinverbindlicherklärung von Tarifverträgen in Deutschland ausführlich Bispinck (2012). Zum Stellenwert von Allgemeinverbindlicherklärungen in den Tarifsystemen der europäischen Länder vgl. Schulten (2012).

zurückgegangen, und zwar von 408 im Jahr 1991 auf 233 in 2011 – dies verdeutlicht Abbildung 10, die die Entwicklung der allgemeinverbindlichen Ursprungstarifverträge darstellt.

Als weitere Gründe für das Wachstum des Niedriglohnsektors seien hier noch die Privatisierung von Aufgaben, die bisher durch die öffentliche Hand wahrgenommen wurden, und das so genannte Outsourcing erwähnt. *Privatisierungen* von vormals staatlich erbrachten Dienstleistungen gehen so gut wie immer mit verschlechterten Arbeitsbedingungen und einer negativen Beschäftigungsentwicklung einher, die in der Regel auch nicht durch neue Arbeitsplätze im privaten Bereich ausgeglichen wird (Brandt/Schulten 2008). Zwar kommt es meist kurzfristig ebenso wenig zu einer unmittelbaren Ausdehnung der Regelarbeitszeit wie zu einer direkten Lohnkürzung. Jedoch sinken die Löhne mittel- bis langfristig, da von der Dauer der Beschäftigung abgeleitete Lohnerhöhungen und -kategorien abgeschafft werden, Neueinsteiger schlechtere Tarifverträge und niedrigere Einkommen erhalten, Zulagen gekürzt und innerbetriebliche Sozialleistungen sowie Betriebspensionen reduziert werden. Zudem geraten bestehende Kollektivverträge unter Druck. Private Unternehmen unterliegen oft keinen oder ungünstigeren Tarifverträgen. Folge hiervon ist Lohndumping und die Entstehung von Niedriglohnbereichen (vgl. Bosch u.a. 2008: 429).

An letzter Stelle sei als Ursache für die Zunahme von Niedriglohnbeschäftigung noch das so genannte *Outsourcing*, also die Auslagerung von Unternehmensaufgaben, genannt. Die entsprechende Leistung wird nach dem Outsourcing nicht mehr selbst erbracht, sondern von Fremdfirmen bezogen. Outsourcing zielt auf die Reduzierung von Kosten, indem Tätigkeiten durch die Auslagerung aus dem Mittellohn- in den Niedriglohnbereich verschoben werden. Beispiele für Outsourcing sind zum Beispiel im Hotelgewerbe (Zimmerreinigungskräfte) und im Krankenhausbereich (hauswirtschaftliche Tätigkeiten) zu finden (vgl. dazu ausführlich Bosch/Weinkopf 2007).

3. Zur allgemeinen Bedeutung von Tariftreueregelungen in Deutschland

Deutschland gehört zu jener Minderheit von Ländern in Europa, in denen es keinen allgemeinen Mindestlohn gibt: 20 von 27 EU-Staaten verfügen über einen branchenübergreifenden, gesetzlichen Mindestlohn. Im Gegensatz zu den anderen EU-Ländern ohne gesetzlichen Mindestlohn bestehen in Deutschland auch keine funktionalen Äquivalente, also vergleichbare Instrumente oder Regelungen, zum Beispiel in Form einer hohen Tarifbindung. Wie oben dargelegt, breitet sich in Deutschland der Niedriglohnbereich aus, das heißt, es ist eine steigende Lohndifferenzierung im unteren Einkommensbereich feststellbar. Vor diesem Hintergrund ist die Debatte um einen allgemeinen gesetzlichen Mindestlohn in den vergangenen Jahren ins Zentrum der verteilungspolitischen Debatten gerückt.

Angesichts der politischen Auseinandersetzung um den Niedriglohnsektor und die öffentliche Debatte um Mindestlöhne ist zumindest eine Ausweitung des Arbeitnehmerentsendegesetzes und eine Novellierung des Mindestarbeitsbedingungengesetzes erfolgt, um so die Möglichkeit der Einführung *branchenbezogener* Mindestlöhne zu erleichtern.

Das *Arbeitnehmerentsendegesetz* (AEntG) ermöglicht eine Allgemeinverbindlicherklärung von Mindestlöhnen für bestimmte Branchen durch den *Bundesminister für Arbeit und Soziales* auch gegen das Votum der Arbeitgeberseite. Zurzeit gibt es entsprechende Allgemeinverbindlicherklärungen nach dem AEntG für die Abfallwirtschaft, das Bauhauptgewerbe, Bergbauspezialarbeiten, berufliche Weiterbildung, Briefdienstleistungen, das Dachdecker- und das Elektrohandwerk (Montage), das Gebäudereinigerhandwerk, Geld- und Wachdienste, das Maler- und Lackiererhandwerk, die Pflegebranche sowie Wäschereidienstleistungen im Objektkundengeschäft. Erfasst werden rund 3,7 Millionen Arbeitnehmerinnen und Arbeitnehmer (Bispinck 2012: 503).

Ein wichtiges Instrument, um die Tarifbindung zu erhöhen und Lohndumping zu verhindern, sind Tariftreueregelungen, die sich in der Regel in Vergabegesetzen befinden. Tariftreuebestimmungen verpflichten Unternehmen zur Zahlung von Tariflöhnen, wenn sie sich um öffentliche Aufträge bewerben. Zahlen Unternehmen keine Tariflöhne, werden sie von vornherein von der Auftragsvergabe ausgeschlossen. Im Jahr 2010 belief sich das gesamte öffentliche Auftragswesen in Deutschland auf etwa 480 Milliarden Euro (ca. 19 Prozent des Bruttoinlandsprodukts) (Europäische Kommission 2011). Die öffentliche Hand verfügt damit über eine erhebliche Marktmacht, die sie im Rahmen von Tariftreueregelungen auch zur Stabilisierung des Flächentarifvertrages einsetzen kann.

Ein Tariftreuegesetz auf Bundesebene gibt es in Deutschland nicht. Nachdem erste Vergabegesetze Ende der 1990er Jahre auf der Ebene der Bundesländer eingeführt wurden, scheiterte im Juli 2002 der Versuch, eine entsprechende Regelung auf der Bundesebene durchzusetzen, im Bundesrat an der Mehrheit der unionsgeführten Länder. Danach sind allerdings – neben den bereits bestehenden – weitere landesgesetzliche Regelungen auf den Weg gebracht worden. So waren zu Beginn des Jahres 2008 in acht Bundesländern (einschließlich Hessen) Tariftreueregelungen in Kraft.[15]

Allerdings verfügte mit Nordrhein-Westfalen (NRW) das größte Bundesland schon seit 2006 über kein Tariftreugesetz mehr, da die in diesem Jahr neu ins Amt gekommene Landesregierung von Ministerpräsident Rüttgers (CDU) das entsprechende Gesetz aus dem Jahr 2002 wieder aufhob. Grundlage hierfür war unter anderem ein Gutachten zum nordrhein-westfälischen Tariftreuegesetz (Stefaniak/Vollmer 2005), das bestehende Schwierigkeiten bei der Umsetzung des Gesetzes benannte. Wesentlicher Kritikpunkt war, dass es an konsequenten und systematischen Kontrollen mangele. Dieser Tatbestand ist allerdings wenig verwunderlich, da kein zusätzliches Personal zur Umsetzung des Gesetzes eingestellt wurde.

Zu einem ganz anderen Ergebnis als in NRW kam der im Sommer des Jahres 2007 erschienene Bericht zum »Hamburgischen Vergabegesetz« (o.V. 2007): Auch wenn hier kleinere Mängel ausgemacht werden, so traf das Hamburger Gesetz doch auf eine breite Akzeptanz und galt als erfolgreich. Im Wesentlichen beruhte dies auf der so genannten »Soko Bau« (Referat Tariflohn- und Nachunternehmerkontrolle der Behörde für Stadtentwicklung und Umwelt – ABH 42), die seinerzeit – und dies

15 Zur Entwicklung der Tariftreueregelungen in Deutschland bis zum April 2008 vgl. ausführlich Schulten/Pawicki (2008).

war bundesweit einmalig – aus zehn hierfür qualifizierten Personen bestand und gegebenenfalls auch direkt vor Ort die Einhaltung der Tariftreuebestimmungen überprüfte.

Auftrieb bekommen hatten Initiativen für Tariftreuegesetze im Jahr 2006 durch ein positives Urteil des Bundesverfassungsgerichts (BVerfG) zum Berliner Vergabegesetz.[16] Gemäß dieser BVerfG-Entscheidung sind Tariftreueregelungen mit dem Grundgesetz und dem übrigen Bundesrecht vereinbar: Nach Auffassung des BVerfG ist es statthaft, durch die Erstreckung der Tariflöhne auf Außenseiter einem Verdrängungswettbewerb über die Lohnkosten entgegenzuwirken, die Ordnungsfunktion der Tarifverträge zu unterstützen und damit zur Bekämpfung der Arbeitslosigkeit beizutragen. Die Bekämpfung der Arbeitslosigkeit in Verbindung mit der Gewährleistung der finanziellen Stabilität des Systems der sozialen Sicherung, so das BVerfG, sei ein besonders wichtiges Ziel, bei dessen Verwirklichung dem Gesetzgeber gerade unter den gegebenen schwierigen arbeitsmarktpolitischen Bedingungen ein relativ großer Entscheidungsspielraum zugestanden werden müsse. Dieser Gemeinwohlbelang, dem die Tariftreueregelung Rechnung zu tragen habe, besitze eine überragende Bedeutung.

Einen schweren Rückschlag mussten die Befürworterinnen und Befürworter von Tariftreueregelungen dann allerdings durch das Anfang April 2008 ergangene *Rüffert-Urteil* (C-346/06) hinnehmen – einer Entscheidung des Europäischen Gerichtshofs (EuGH), die sich auf das Niedersächsische Vergabegesetz bezieht. In der juristischen Debatte wurde das Urteil, das gegen das Votum des Generalanwaltes beim EuGH und der meisten europäischen Regierungen gefällt wurde, stark kritisiert (vgl. z.B. Hänlein 2008, Kocher 2008). Der EuGH argumentierte in seinem Urteil, dass zum Schutze der Beschäftigten die europäische Dienstleistungsfreiheit nur durch solche Regelungen eingeschränkt werden dürfe, die durch die Europäische Entsenderichtlinie (Richtlinie 96/71/EG vom 16. Dezember 1996) abgedeckt sind. Hierzu gehören nach Meinung der EuGH-Richter lediglich gesetzliche Mindestlöhne oder allgemeinverbindliche Tarifverträge, nicht jedoch Tariftreuevorgaben, die sich auf nicht-allgemeinverbindliche Tarifverträge beziehen.

16 Vgl. Bundesverfassungsgericht, Beschluss des Ersten Senats vom 11. Juli 2006 – 1 BvL 4/00 (http://www.bundesverfassungsgericht.de/entscheidungen/ls20060711_1bvl000400.html).

Im Gegensatz dazu bezogen sich die Tariftreuevorgaben des niedersächsischen Vergabegesetzes auf ortsübliche Tarifverträge, die jedoch nicht notwendig allgemeinverbindlich waren.

Da die Tariftreuevorgaben in Deutschland überall ähnlich wie in Niedersachsen geregelt waren, haben sämtliche Bundesländer unmittelbar nach dem EuGH-Urteil ihre bestehenden Vergabegesetze aus Angst vor möglichen Regressforderungen zunächst außer Kraft gesetzt (Sack 2010). Für kurze Zeit sah es danach so aus, als ob die Debatte über soziale Kriterien bei der öffentlichen Auftragsvergabe gänzlich von der Tagesordnung verschwinden würde. Nur wenige Jahre nach dem EuGH-Urteil haben landesspezifische Vergabegesetze jedoch in Deutschland eine breite Renaissance erlebt, bei der immer mehr Bundesländer im Lichte der Rüffert-Entscheidung ihre bestehenden Vergabegesetze in europarechtskonformer Weise revidiert oder überhaupt zum ersten Mal neue Vergabegesetze eingeführt haben (zum aktuellen Stand vgl. auch die folgende Karte *Tariftreue-Regelungen in Deutschland*). Ende 2012 existieren in elf Bundesländern (Berlin, Brandenburg, Bremen, Hamburg, Mecklenburg-Vorpommern, Niedersachsen, Nordrhein-Westfalen, Rheinland-Pfalz, Saarland, Sachsen-Anhalt und Thüringen) landespezifische Vergabegesetze mit sozialen und ökologischen Vorgaben bei der öffentlichen Auftragsvergabe (Schulten u.a. 2012: 47ff.). Darüber hinaus haben Baden-Württemberg und Schleswig-Holstein eigene Gesetzentwürfe auf den Weg gebracht, so dass demnächst in 13 von 16 Bundesländern Landesvergabegesetze bestehen werden. Lediglich in Bayern, Hessen und Sachsen gibt es aktuell keine Tariftreuebestimmungen.

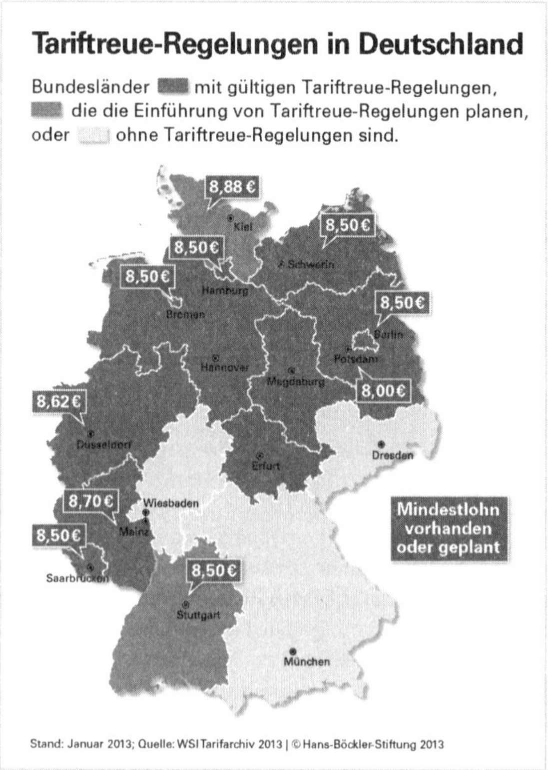

Gegenüber den älteren Vergabegesetzen der 2000er Jahre haben die neuen Vergabegesetze in der Post-Rüffert-Ära eine deutliche inhaltliche Ausweitung erfahren. Bei allen Unterschieden im Detail enthalten die meisten landesspezifischen Vergabegesetze eine Reihe von gemeinsamen Regelungen über soziale und ökologische Anforderungen an die öffentliche Auftragsvergabe. Nachdem die klassische Tariftreueregelung unter Einbeziehung auch nicht-allgemeinverbindlicher Tarifverträge nicht mehr möglich ist, lassen sich in den neuen Vergabegesetzen insgesamt drei lohn- und tarifvertragsbezogene Regelungen finden:

Einhaltung der Tarifverträge nach dem Arbeitnehmer-Entsendegesetz (AEntG)

Die Unternehmen müssen sich verpflichten, bei öffentlichen Aufträgen alle Regelungen der auf Grundlage des AEntG allgemeinverbindlich erklärten Tarifverträge einzuhalten. Hierbei geht es vor allem um tarifvertragliche Mindestlöhne. Gleiches gilt auch für allgemeinverbindliche Tarifverträge nach dem Tarifvertragsgesetz sowie mögliche Mindestlöhne nach dem Mindestarbeitsbedingungengesetz. Die zusätzliche Übernahme dieser durch bundesgesetzliche Vorgaben bereits gültigen Bestimmungen in das landesspezifische Vergabegesetz wird dadurch gerechtfertigt, dass über die öffentliche Auftragsvergabe mitunter zusätzliche Kontroll- und Sanktionsmöglichkeiten zur Einhaltung dieser Bestimmungen bestehen. Die praktische Relevanz dieser Regelung umfasst wie bereits beschrieben aktuell zwölf Branchen, in denen nach dem AEntG allgemeinverbindlich erklärte Mindestlöhne existieren.

Umfassende Tariftreue für den Verkehrssektor

Aufgrund der europarechtlichen Sonderstellung für den Verkehrssektor wird in den meisten landesspezifischen Vergabegesetzen davon ausgegangen, dass hier das Rüffert-Urteil keine Gültigkeit hat, und deshalb für diesen Sektor – wie in den Vergabegesetzen der 2000er Jahre – eine klassische Tariftreueregelung verlangt werden kann, bei der auch nicht-allgemeinverbindlich erklärte Tarifverträge zugrunde gelegt werden können (Denzin u.a. 2008). Die Sonderstellung des Verkehrssektors ergibt sowohl aus dem aus dem EU-Vertrag, der ein eigenständiges Kapitel über den Verkehr enthält (AEUV, Artikel 90 -100), als auch aus der EU-Verordnung über »öffentliche Personenverkehrsdienste auf Schiene und Straße« aus dem Jahr 2007 (Nr. 1370/2007). In letzterer wird den EU-Mitgliedsstaaten ausdrücklich erlaubt, dass sie »zur Gewährleistung transparenter und vergleichbarer Wettbewerbsbedingungen zwischen den Betreibern und um das Risiko des Sozialdumpings zu verhindern, […] besondere soziale Normen und Dienstleistungsqualitätsnormen vorschreiben können.« (Europäische Union 2007: 2)

Vergabespezifische Mindestlöhne

Vor dem Hintergrund der allgemeinen Mindestlohndebatte in Deutschland sind immer mehr Bundesländer dazu übergegangen, einen vergabespezifischen Mindestlohn einzuführen: Danach erhalten nur solche Unternehmen öffentliche Aufträge, die für ihre Beschäftigten bei der Auftragsdurchführung eine bestimmte Lohnuntergrenze einhalten. Die europarechtliche Zulassung solcher vergabespezifischer Mindestlöhne ist zwar umstritten. In der Mehrheit hat sich in Deutschland allerdings die Auffassung durchgesetzt, dass eine entsprechende Konformität mit dem Europarecht zu bejahen ist (Schmid und Rödl 2008; Rödl 2011). Mittlerweile haben immerhin schon sieben Bundesländer (Berlin, Brandenburg, Bremen, Nordrhein-Westfalen, Mecklenburg-Vorpommern, Rheinland-Pfalz und das Saarland) einen vergabespezifischen Mindestlohn in ihr Vergabegesetz aufgenommen. Drei weitere Bundesländer (Baden-Württemberg, Hamburg und Schleswig-Holstein) haben dies für die nahe Zukunft angekündigt. In den meisten Bundesländern liegt der vergabespezifische Mindestlohn derzeit bei 8,50 Euro pro Stunde. Brandenburg liegt mit 8,00 Euro als einziges Land unterhalb dieser Marke, während Nordrhein-Westfalen einen Mindestlohn von 8,62 Euro pro Stunde vorsieht, was der untersten Lohngruppe im Tarifvertrag der Länder (TV-L West) entspricht. Und Rheinland-Pfalz hat seinen vergabespezifischen Mindestlohn nach einstimmiger Empfehlung der landeseigenen Mindestentgeltkommission, die sich aus Arbeitgebern, Gewerkschaften und Wissenschaftlern zusammensetzt, zum 1. Januar 2013 von 8,50 Euro auf 8,70 Euro pro Stunde erhöht.

Mit dem vergabespezifischen Mindestlohn wird die Reichweite der landesspezifischen Vergabegesetze deutlich erhöht, da hiermit diejenigen Branchen erfasst werden, in denen entweder keine Tarifverträge oder Tarifvereinbarungen mit sehr niedrigen Tariflöhnen existieren, wie zum Beispiel das Bewachungsgewerbe, der Garten- und Landschaftsbau, der Catering-Bereich oder Teile der Briefdienstleistungen. Damit können zumindest teilweise die aus dem Rüffert-Urteil resultierenden Einschränkungen für Tariftreuevorgaben kompensiert werden.

Neben den Vorgaben zu Löhnen und Tarifverträgen werden in vielen Vergabegesetzen weitere soziale Kriterien genannt. So soll beispielsweise bei der Vergabe darauf geachtet werden, dass der Auftragnehmer Ausbildungsplätze anbietet oder sich um eine betriebliche Frauenförderung bemüht. In Nordrhein-Westfalen wird darüber hinaus im Vergabegesetz das *Equal Pay*-Prinzip für Leiharbeiter festgeschrieben. Schließlich sind in den meisten Vergabegesetzen die so genannten Kernarbeitsnormen der *Internationalen Arbeitsorganisation* (ILO) verankert, die sich auf das Verbot von Gefangenen- und Kinderarbeit oder die Einhaltung von Gewerkschaftsrechten beziehen.

4. Das hessische Vergabegesetz und das Rüffert-Urteil

Anfang September des Jahres 2007 traten der hessische DGB-Vorsitzende Stefan Körzell und die damalige hessische Sozialministerin Silke Lautenschläger gemeinsam vor die Presse, um zu verkünden, dass der Landtag noch im laufenden Jahr ein Tariftreuegesetz verabschieden werde. Der DGB hatte im April ein solches Gesetz für Hessen gefordert, und Ministerpräsident Koch, der mit einer absoluten Mehrheit regierte, hatte sich zu sofortigen Gesprächen bereit erklärt. Die Meldung, dass ausgerechnet Hessen ab 2008 ein Tariftreuegesetz bekommen sollte, sorgte bundesweit für Aufsehen, da die hessische CDU und ihr Ministerpräsident Koch als stramme Verfechter einer Niedriglohnstrategie galten. Auch wenn die Kehrtwende des hessischen Ministerpräsidenten und der seinerzeit allein regierenden Union auf den ersten Blick verblüffen mag, so ist sie nach einem Blick in den politischen Kalender doch leicht erklärbar: In Hessen standen Ende Januar 2008 Landtagswahlen an, und nach den Wahlumfragen war nicht einmal sicher, ob die Union zusammen mit der FDP die Regierung würde bilden können. Vor diesem Hintergrund und angesichts von drastischen Kürzungen im Sozialbereich in den vorausgegangenen Jahren ist nachvollziehbar, warum die hessische CDU Bedarf sah, sich arbeitnehmerfreundlich und sozial zu geben.

Der Anwendungsbereich der hessischen Tariftreueregelungen erstreckte sich auf Bauleistungen sowie Dienstleistungen im Gebäudereinigungshandwerk und im Sicherheits- und Bewachungsgewerbe und nicht wie vom DGB Hessen-Thüringen gefordert auf die gesamte Auftragsvergabe. Ursprünglich wollte die Landesregierung lediglich den Baubereich des Landes unter Tariftreue stellen und begründete dies unter anderem mit dem in Hessen gültigen *Konnexitätsprinzip*: Das Land müsse den Kommunen Geld in entsprechender Höhe zur Verfügung stellen, wenn durch das Vergabegesetz für Städte und Gemeinden zusätzliche Kosten entstünden. Auf Basis dieser Argumentation wollte die Landesregierung nur das Land, nicht aber die Kommunen an die Tariftreue binden. Mit diesem Vorschlag war der DGB nicht einverstanden, da sich die Investitionen der Kommunen auf den dreifachen Wert des Landesvolumens beliefen. Zur Frage der Konnexität – konkret zur verpflichtenden Einbeziehung der hessischen Kommunen in ein Tariftreuegesetz und der Vereinbarkeit dieser Maßnahmen mit dem Konnexitätsprinzip in Art. 137 Abs. 6 der Verfassung des Landes Hessen (HV) – gab der DGB Hessen-Thüringen ein Kurzgutachten bei dem Rechtswissenschaftler Joachim Wieland (damals Universität Frankfurt, heute Universität Speyer) in Auftrag. Wieland kam zusammengefasst zu folgendem Ergebnis:

> »Das Hessische Vergabegesetz regelt nicht eine Verpflichtung der Gemeinden oder Gemeindeverbände zur Erfüllung staatlicher Aufgaben oder die Übertragung neuer oder die Veränderung bestehender eigener oder übertragener Aufgaben der Gemeinden oder Gemeindeverbände. Deshalb sind die Tatbestandsvoraussetzungen des in Art. 137 Abs. 6 HV normierten Konnexitätsprinzips nicht erfüllt. Der Landesgesetzgeber hat folglich weder eine Regelung über die Kostenfolgen des Gesetzes zu treffen noch einen finanziellen Ausgleich zu schaffen. Das Konnexitätsprinzip schützt die Kommunen nicht vor den finanziellen Folgen verwaltungsprivatrechtlicher Regelungen des Landesgesetzgebers, die ihre Leistungsbeziehungen mit privaten Unternehmen betreffen.« (Wieland 2007)

Mit Hilfe dieses Gutachtens konnte der DGB die Landesregierung davon überzeugen, im Hessischen Vergabegesetz vom 17. Dezember 2007 auch die Kommunen in Hessen zur Tariftreue zu verpflichten – infolge des Rüffert-Urteils im April des darauffolgenden Jahres haben die Tariftreuebestimmungen in dem Gesetz keine Wirkung entfaltet.

In der Zeit nach dem Rüffert-Urteil hat der DGB in Hessen die Landesregierung immer wieder aufgefordert, die verbliebenen Möglichkeiten für Tariftreueregelungen auszuschöpfen. Als erste Oppositionspartei legte DIE LINKE[17] dann Anfang September 2009 einen Gesetzentwurf vor, der das Hessische Vergabegesetz entsprechend novellieren sollte. Bei diesem Entwurf, der sich im Wesentlichen an dem revidierten Hamburger Vergabegesetz vom 16. Dezember 2008 orientierte, wurde der ver-

17 Gesetz zur Änderung des Hessischen Gesetzes über die Vergabe öffentlicher Aufträge (Hessisches Vergabegesetz – HVgG) vom 17. Dezember 2007 (Drs. 18/1075).

bleibende Spielraum des Rüffert-Urteils nicht voll ausgenutzt, da kein vergabespezifischer Mindestlohn vorgesehen war. Erwartungsgemäß wurde der Gesetzentwurf der LINKEN genauso abgelehnt, wie der im folgenden Jahr von der SPD eingebrachte Gesetzentwurf für ein Hessisches Mittelstandsförderungs- und Vergabegesetz[18].

Im vergangenen Jahr legten dann alle im Landtag vertretenen Parteien Vergabegesetzentwürfe vor: Den Auftakt machten im Oktober Bündnis 90/Grüne[19] und SPD[20] mit weitreichenden Vorschlägen, die die gegebenen Ausgestaltungsmöglichkeiten nutzten und auch einen vergabespezifischen Mindestlohn in Höhe von 8,50 Euro vorsahen. Mitte November stellten die Regierungsparteien CDU und FDP dann ihren Gesetzentwurf für ein Hessisches Vergabegesetz[21] vor, das keine Tariftreueregelungen enthielt, sondern im Gegenteil in Artikel 2 in den Paragraphen 2 und 3 eine explizite Absage an eine allgemeine Tariftreueregelung und sonstige soziale oder ökologische Auflagen vornahm.[22]

Zwar brachte Ende November mit der LINKEN[23] auch die dritte Oppositionspartei einen Vergabegesetzentwurf ein, der sich an den verbleibenden Möglichkeiten des EuGH orientiert – aber aufgrund der Mehrheitsverhältnisse im Hessischen Landtag ist der Entwurf der Regierungskoalition mittlerweile geltendes Recht. Damit ist Hessen seit dem Rüffert-Urteil das erste Bundesland, das allgemeine Tariftreue im Rahmen seines Vergabegesetzes explizit ausschließt.

Es bleibt abzuwarten, ob Hessen auch nach der kommenden Landtagswahl bei den Themen Tariftreue und Kampf gegen Lohndumping im Bundesländervergleich zusammen mit Bayern und Sachsen immer

18 Gesetz zur Förderung und Stärkung kleinster, kleiner und mittlerer Unternehmen sowie der Freien Berufe und zur Vergabe öffentlicher Aufträge (Hessisches Mittelstandsförderungs- und Vergabegesetz) (Drs.18/3211) und Änderungsantrag (Drs. 18/4086).

19 Hessisches Gesetz zur Gewährleistung von Tariftreue, Mindestentgelt und fairem Wettbewerb bei öffentlichen Auftragsvergaben (Hessisches Tariftreue- und Vergabegesetz, HTVG) (Drs. 18/6268).

20 Gesetz zur Sicherung von Tariftreue und Sozialstandards sowie fairem Wettbewerb bei der Vergabe öffentlicher Aufträge (Hessisches Tariftreue- und Vergabegesetz) (Drs. 18/6291).

21 Gesetz zur Förderung der mittelständischen Wirtschaft und zur Vergabe öffentlicher Aufträge (Drs. 18/6492).

22 Vgl. zur Bewertung des CDU/FDP-Gesetzentwurfs ausführlich DGB Hessen-Thüringen (2013: 7 f.).

23 Gesetz zur Änderung des Hessischen Gesetzes über die Vergabe öffentlicher Aufträge (Drs. 18/6523).

noch ganz hinten liegen wird, oder ob andere Mehrheiten im Hessischen Landtag hieran etwas ändern.

Literatur

Bispinck, Reinhard (2012), Allgemeinverbindlicherklärung von Tarifverträgen – vom Niedergang zur Reform?, in: *WSI Mitteilungen*, H. 7, S. 496–507.

Bispinck, Reinhard/Schulten, Thorsten (2009), Re-Stabilisierung des deutschen Flächentarivertragssystems, in: *WSI Mitteilungen*, H. 4, S. 485–495.

Bosch, Gerhard/Kalina, Thorsten/Weinkopf, Claudia (2008), Niedriglohnbeschäftigte auf der Verliererseite, in: *WSI Mitteilungen*, H. 8, S. 423–430.

Bosch, Gerhard/Kalina, Thorsten/Weinkopf, Claudia (2009), *Mindestlöhne in Deutschland.* Expertise für die Friedrich Ebert Stiftung. Wiso Diskurs: Expertisen und Dokumentationen zur Wirtschafts- und Sozialpolitik. Gesprächskreis Arbeit und Qualifizierung, Bonn.

Bosch, Gerhard / Weinkopf, Claudia (Hg.) (2007), *Arbeiten für wenig Geld*, Frankfurt.

Brandt, Torsten/Schulten, Thorsten (2008), Liberalisierung und Privatisierung öffentlicher Dienstleistungen und die Erosion des Flächentarifvertrags, in: *WSI-Mitteilungen,* H. 10, S. 570–576.

Brenke, Karl (2012), Geringe Stundenlöhne, lange Arbeitszeiten, in: *DIW Wochenbericht* Nr. 21, S. 3–12.

Denzin, Pia/Siederer, Wolfgang/von Bechtolsheim, Caroline (2008), *Vorgabe von Sozialstandards in Ausschreibungen von ÖPNV-Leistungen.* Gutachten im Auftrag der VER.DI – Vereinte Dienstleistungsgewerkschaft, Bundesvorstand und der Gewerkschaft TRANSNET, Hauptvorstand, Berlin.

DGB Hessen-Thüringen (2008), *Niedriglohnsektor … gibt's den?*, Frankfurt.

DGB Hessen-Thüringen (2013), *Stellungnahme des Deutschen Gewerkschaftsbundes (DGB) zu den folgenden Gesetzentwürfen: Gesetzentwurf der Fraktion BÜNDNIS 90/DIE GRÜNEN für ein Hessisches Gesetz zur Gewährleistung von Tariftreue, Mindestentgelt und fairem Wettbewerb bei öffentlichen Auftragsvergaben – Drucksache 18/6268 –, Gesetzentwurf der Fraktion der SPD für ein Gesetz zur Sicherung von Tariftreue und Sozialstandards sowie fairem Wettbewerb bei der Vergabe öffentlicher Aufträge (Hessisches Tariftreue- und Vergabegesetz) – Drucksache 18/6291 –, Gesetzentwurf der Fraktionen der CDU und der FDP für ein Gesetz zur Förderung der mittelständischen Wirtschaft und zur Vergabe öffentlicher Aufträge – Drucksache 18/6492 –, Dringlicher Gesetzentwurf der Fraktion DIE LINKE für ein Gesetz zur Änderung des Hessischen Gesetzes über die Vergabe öffentlicher Aufträge – Drucksache 18/6523* –, Frankfurt.

DGB Hessen-Thüringen/ver.di Hessen (2010), *Kleines Geld im Land der großen Banken*, Frankfurt.

Garloff, Alfred/Machnig, Jan (2011), Wenig Lohn trotz Vollbeschäftigung, *IAB-Regional* Nr. 3.

Hänlein, Andreas (2008), Das Rüffert-Urteil des EuGH zum Gebot der »Tariftreue« bei der Vergabe öffentlicher Aufträge, in: *ZESAR. Zeitschrift für europäisches Sozial- und Arbeitsrecht* Vol. 7., S. 275–282.

Hessisches Statistisches Landesamt (2012), Acht Prozent der Beschäftigten verdienten 2010 weniger als 8,50 Euro brutto je Stunde, Pressemitteilung Nr. 163 vom 26.07.2012.

Kalina, Thorsten/Weinkopf, Claudia (2006), Mindestens sechs Millionen Niedriglohnbeschäftigte in Deutschland: Welche Rolle spielen Teilzeitbeschäftigte und Minijobs, *IAT-Report* 2006–03.

Kalina, Thorsten/Weinkopf, Claudia (2012), Niedriglohnbeschäftigung 2010: Fast jede/r Vierte arbeitet für Niedriglohn, *IAQ-Report* 01–2012.

Keller, Berndt/Schulz, Susanne/Seifert, Hartmut (2012), *Entwicklungen und Strukturmerkmale der atypisch Beschäftigten in Deutschland bis 2010*, WSI Diskussionspapier Nr. 182, Düsseldorf.

Kocher, Eva (2008), Die Tariftreueerklärung vor dem EuGH, in: *Der Betrieb*, S. 1043–1045.

Lehmer, Florian/Ziegler, Kerstin (2010), Zumindest ein schmaler Steg, *IAB Kurzbericht* Nr. 13.

Mai, Christoph-Martin (2008), Arbeitnehmerüberlassungen – Bestand und Entwicklungen, in: *Wirtschaft und Statistik,* H. 6, S. 469–476.

Möhrle, Wilfried/Werner, Bernd (2005), *Evaluierung des Projektes Kasseler Modell Kombilohn (KaMoKo)*, Veröffentlichung der HA Hessen Agentur GmbH, Report Nr. 681, Wiesbaden.

o.V. (2007), Bericht über die Zwischenergebnisse der Evaluation des Hamburgischen Vergabegesetzes (HmbVgG), Stand 02.08.2007.

Rhein, Thomas/Gartner, Hermann/Krug, Gerhard (2005), Aufstiegschancen für Geringverdiener verschlechtert, *IAB Kurzbericht* Nr. 3.

Rödl, Florian (2011), Bezifferte Mindestentgeltvorgaben im Vergaberecht, in: *Europäische Zeitschrift für Wirtschaftsrecht (EuZW)* Nr. 8, Heft 8, 292–296 .

Sack, Detlef (2010), Europäisierungsdruck und Parteiendifferenz in den deutschen Bundesländern. Die Rechtsprechung des EuGH und die Novellierung von Tariftreueregelungen, in: *Politische Vierteljahresschrift* Vol. 51 (4), S. 619–642.

Schank, Thorsten/Schnabel, Claus/Stephani, Jens/Bender, Stefan (2008), Sackgasse oder Chance zum Aufstieg?, *IAB Kurzbericht*, Nr. 8.

Schmid Christoph U./Rödl, Florian (2008), *Gutachten im Auftrag des Berliner Senators für Wirtschaft, Technologie und Frauen zu Bedarf und Möglichkeiten einer Novellierung des Berliner Vergabegesetzes im Lichte der Rüffert-Entscheidung des Europäischen Gerichtshofes*, Bremen.

Schulten, Thorsten (2012), Stellenwert der Allgemeinverbindlicherklärungen für die Tarifvertragssysteme in Europa, in: *WSI Mitteilungen*, H. 7, S. 485–495.

Schulten, Thorsten/Alsos, Kristin/Burgess, Pete/Pedersen, Klaus (2012), *Pay and other social clauses in European Public Procurement., An overview on regulation and practices with a focus on Denmark, Germany, Norway, Switzerland and the United Kingdom.* Studie im Auftrag des Europäischen Gewerkschaftsverbandes für den öffentlichen Dienst (EGÖD). Düsseldorf.

Schulten, Thorsten/Pawicki, Michael (2008), Tariftreueregelungen in Deutschland – Ein aktueller Überblick, in: *WSI Mitteilungen* , H. 4, S. 184–190.

Statistische Ämter der Länder (2012a), *Bruttoinlandsprodukt, Bruttowertschöpfung in den Ländern der Bundesrepublik Deutschland 2008 bis 2011*, Wiesbaden.

Statistische Ämter der Länder (2012b), *Arbeitnehmerentgelt, Bruttolöhne und -gehälter in den Ländern der Bundesrepublik Deutschland 2008 bis 2011*, Wiesbaden.

Statistisches Bundesamt (2012), *Niedriglohn und Beschäftigung 2010*, Wiesbaden.

Stefaniak, Anna/Vollmer, Hans (2005), *Evaluierung Tariftreuegesetz Nordrhein-Westfalen – Endbericht*, Dortmund.

Trabert, Lioba (2010), *Niedriglohnbeschäftigung in Hessen*, Report Nr. 782 der HessenAgentur, Wiesbaden.

Trabert, Lioba (2011), *Entwicklung der Niedriglohnbeschäftigung in Hessen – Auswertung der Beschäftigungsstatistik*. Report 808, Wiesbaden.

Vanselow, Achim (2009), Entfesseln oder einhegen? Zeitarbeit in der Krise, *IAQ-Report* 2009–06.

Wieland, Joachim (2007), *Tariftreue und Konnexitätsprinzip*. Kurzgutachten für den DGB Hessen-Thüringen, Frankfurt.

Was macht ein Familienzentrum zum Familienzentrum?

Uta Meier-Gräwe

Vorbemerkung

Die Anforderungen an die Gestaltung eines gelingenden Familienalltags haben sich in der bundesdeutschen Gesellschaft vor dem Hintergrund tiefgreifender ökonomischer und gesellschaftlicher Wandlungsprozesse deutlich erhöht. Familie ist im Spannungsfeld von Flexibilität und Verlässlichkeit zu einer komplexen und anspruchsvollen Herstellungsleistung geworden (vgl. BMFSFJ 2006). Vielfältige familiale Lebensformen, veränderte Lebensentwürfe und der Wandel der Geschlechterrollen, aber auch die Zunahme von Kinder- und Familienarmut rufen einen gleichermaßen differenzierten wie wachsenden Bedarf an Beratung, Entlastung und Unterstützung von Kindern und ihren Eltern hervor. Dazu gehören auch niedrigschwellige und sozialraumbezogene Angebote, um das Aufwachsen von Kindern – unabhängig von ihrer sozialen und ethnischen Herkunft – zu begleiten. Gleichwohl kristallisiert sich eine besondere öffentliche Verantwortung heraus, um Kindern in benachteiligten Lebenslagen von Anfang an zu mehr Bildungs- und Chancengerechtigkeit zu verhelfen und ihre Eltern gleichermaßen zu stärken. Ein gelingendes Aufwachsen von Kindern wird durch eine auf die gesamte Familie gerichtete, lebensweltlich orientierte Förderung, Bildung, wertschätzende Begegnung und Entlastung positiv unterstützt. Deshalb werden seit einigen Jahren – in Anlehnung an den Early-Excellence-Ansatz aus Großbritannien und an das Modell der Nachbarschaftszentren – integrierte Angebote für Kinder und ihre Eltern entwickelt und implementiert, die als (Kinder- und) Familienzentren bezeichnet werden: Diese Einrichtungen verknüpfen bestehende Kindertagesbetreuung mit verschiedenen Angeboten der Elternbildung, der Beratung, Unterstützung und Begegnung im Sozialraum, um die Beziehungs- und Erziehungskompetenz von Eltern zu stärken und durch familienergänzende Dienste zu einem gelingenden Familienalltag beizutragen. Die gesellschaftliche Neubewertung früher Bildungsprozesse rückt zudem die Elternbeteiligung stärker in den Fokus. Elterliches Erfahrungswissen wird im Familienzentrum als wertvolle und unverzichtbare Ressource betrachtet, die es in einem partnerschaftlichen Verhältnis zwischen Fachkräften und Eltern zu stärken gilt. Das Selbstverständnis der Fachkräfte erweitert sich ausgehend von der kindzentrierten Pädagogik hin zu einer Arbeit, die das gesamte alltagsrelevante Familiensystem in den Blick nimmt.

In dieser Perspektive können Familienzentren eine strukturelle Antwort auf den tiefgreifenden Wandel von Familie und Gesellschaft sein.

Die zunehmende Entmischung kommunaler Sozialräume und ihre Folgen

Seit Jahren vollzieht sich in Deutschland auf kommunaler Ebene eine soziale Entmischung von Stadtteilen, was sich auch im Anstieg von Wohnquartieren mit überproportional hoher Anzahl von Multiproblemfamilien niederschlägt. Solche sozialräumlichen Settings führen tendenziell zu einer Verschlechterung der Bildungs- und Lebenschancen der dort lebenden Kinder. Der Aus- und Umbau von Kitas zu Familienzentren ist im Anschluss an internationale Erfahrungen der institutionelle Versuch, dieser Entwicklung entgegenzusteuern: Es sollen Orte für Kinder und ihre Familien in ihrem unmittelbaren Lebensumfeld verlässlich bereitgestellt werden, um ein gelingendes Aufwachsen der Kinder mit der Stärkung elterlicher Bewältigungskompetenzen zu verbinden und dafür lokales, aber auch »brückenbildendes« Kapital anderer sozialer Akteure der Stadtgesellschaft zu akquirieren und zu nutzen. Wenig anregungsreiche Sozialräume mit einer Konzentration von BewohnerInnen in armen und prekären Lebenslagen können selbst soziale Exklusion, das heisst ihren Ausschluss von Bildung und vom Arbeitsmarkt, aber auch die Auflösung sozialer Bindungen und den Verlust von Teilhabe erzeugen, wenn solche Wohnquartiere aus den städtischen Funktionszusammenhängen herausfallen bzw. von der übrigen Stadtgesellschaft so eingeschätzt werden. Dadurch verstärken sich Formen herkunftsbedingter Benachteiligung, indem diese sozialen Nahräume als Sozialisationsorte keine kompensatorischen und schützenden Wirkungen entfalten (Häussermann

2010: 25). Das kann der Fall sein bei symbolischer Ausgrenzung, wenn beispielsweise ein Wohnquartier als »sozialer Brennpunkt« kommuniziert und wahrgenommen wird. Tatsache ist, dass die sozialen Milieus in vernachlässigten und verarmten Problemquartieren in jedem Fall einen bedeutsamen Sozialisations- und Erfahrungsraum für benachteiligte Kinder und Jugendliche bilden. In solchen Sozialräumen und Wohnquartieren werden zwar durchaus Kulturtechniken des Überlebens und damit milieuspezifische Kompetenzen erworben, um einen Alltag unter schwierigen Bedingungen zu bewältigen (»Culture of Poverty«). Allerdings bieten solche Sozialisations- und Erfahrungsräume – wenn sie keine Aufwertung erfahren – wenig, um sich die Fähigkeiten und das Know-how anzueignen, das für eine »normale Lebensführung« in der Mitte einer Stadtgesellschaft erforderlich ist und diesen Kindern »Anschlussfähigkeit« ermöglichen würde. Eine besondere Herausforderung stellt in diesem Zusammenhang die ethnische Entmischung (Segregation) in Kindertagesstätten dar: In Westdeutschland besuchte zuletzt fast jedes dritte Kind mit nichtdeutscher Familiensprache eine Einrichtung, in der die Mehrzahl der Kinder zu Hause ebenfalls kein Deutsch spricht. Dadurch entstehen Settings, in denen Kinder mit Migrationshintergrund im Hinblick auf eine entsprechende Sprachförderung nicht mehr optimal und alltagsnah unterstützt werden können. Mit anderen Worten: Die Tagesbetreuung kann ihr Potenzial für die Förderung dieser Kinder nicht voll entfalten. So verwundert es auch nicht, wenn die Sprachfähigkeit der Kinder mit Migrationshintergrund zu Schulbeginn deutlich eingeschränkt ist, sofern sie eine stark segregierte Einrichtung besucht haben (vgl. Biedinger/Becker 2010).

Was können Familienzentren für arme Kinder und ihre Eltern tun?

Viele Städte und Gemeinden versuchen heute, der Armutsentwicklung von Kindern und ihren Eltern durch Kooperation und Vernetzung verschiedener lokaler Akteure und Angebote unter Einschluss von ehrenamtlichem Potenzial entgegenzutreten. In Familienzentren als Orten für Kinder und ihre Eltern bündeln sich solche Aktivitäten. Der demographische Wandel wirkt hier vielfach als Motor, denn es wird immer offensichtlicher, dass die nachwachsende junge Generation schon in wenigen Jahren begehrt sein wird – der Fachkräftemangel ist in vielen Regionen längst Realität und wird sich in den kommenden Jahren weiter verstärken. Familienzentren können Bestandteil anregungsreicher Sozialräume für benachteiligte Kinder sein und damit eine Art »strukturell zweite Heimat« (Lanfranchi 2006). Best-Practice-Erfahrungen, wie eine stärkere öffentliche Verantwortung für die Ausgestaltung von anregungsreichen Sozialräumen aussehen kann, gibt es inzwischen in großer Zahl. So gehörte beispielsweise im Rahmen des KiTa-Preises »Dreikäsehoch 2006 – Jedes Kind mitnehmen« ein Landkreis zu den Finalisten, der einen Fahrdienst für alle Kinder eingerichtet hatte, deren Eltern selbst wenig Struktur und Orientierung in den Alltag bringen (können). Viele dieser Kinder waren zuvor nur sporadisch oder gar nicht in die Kindertagesstätte gebracht worden, obwohl Plätze für diese Kinder (meist beitragsbefreit) vorhanden waren. Durch eine vertrauensvolle Kooperation mit dem ortsansässigen Arbeitsamt wurden arbeitslose Kraftfahrer eingestellt, die per Bus jeden Morgen die betreffenden Kinder zu Hause abholen, so dass ihnen die Teilnahme am Kita-Alltag mit einer breiten Angebotspalette fortan möglich war. Ein zweites Beispiel: Einrichtungen, die zuvor als »Problemkitas« wahrgenommen wurden, konnten durch eine hervorragende pädagogische Arbeit und eine Öffnung zum Sozialraum, etwa durch die Kooperation mit der örtlichen Hochschule für Musik und Theater oder der Bücherei, verstärkt Anmeldungen von Kindern aus privilegierten Elternhäusern erzielen. Auf diesem Weg wurde eine ausgewogene sozialstrukturelle Mischung in der Einrichtung erreicht – und zwar als wirksames Gegengewicht zu der ansonsten häufig anzutreffenden Abschottung der Lebenswelten von Kindern aus unterschiedlichen sozialen Milieus (Bertelsmann-Stiftung 2006/Meier-Gräwe 2006).

Familienzentren in Gießen und Fechenheim[1]

In der Universitätsstadt Gießen wurde auf Basis der Koalitionsvereinbarungen der Stadtverordnetenversammlung ein partizipativer gesamtstädtischer Prozess der Weiterentwicklung aller Kindertagesbetreuungseinrichtungen zu Familienzentren im Stadtgebiet eingeleitet, um eine flächendeckende Angebotsstruktur von hoher Qualität für alle ortsansässigen Kinder und Familien zu ermöglichen. Nach und nach werden dabei die einzelnen Kindertagesstätten mit zusätzlichen Ressourcen ausgestattet. Die Besonderheit des Gießener Vorhabens liegt in dem Grundgedanken, dass alle Familien – ungeachtet ihrer ethnischen oder sozialen Herkunft – in die Situation kommen können, Unterstützungsleistungen zu benötigen. Daher erfolgt die Weiterentwicklung von Familienzentren in Gießen flächendeckend und richtet sich nicht auf einzelne Einrichtungen oder Sozialräume, sondern auf das gesamte Stadtgebiet mit allen Kindertagesstätten.

In Frankfurt am Main wurde ein anderer Implementierungspfad beschritten. Stadtweit wurden bisher zwölf Zentren als Leuchtturmmodelle eingerichtet, darunter das Fechenheimer Kinder- und Familienzentrum KiFaz. Nach einer Erprobungsphase dieser Kinder- und Familienzentren sollen solche Angebotsstrukturen auch in anderen Stadtteilen implementiert werden. Die Stadt Frankfurt richtet sich mit ihrem Vorhaben gezielt an solche Einrichtungen in Sozialräumen, in denen eine Kumulation von Familien in Problemlagen zu finden ist. Dabei werden zunächst die Einrichtungen mit Ressourcen zur Weiterentwicklung ausgestattet, die über bestimmte Voraussetzungen, z. B. die erforderlichen Räumlichkeiten für ein Familienzentrum, verfügen. Andere Kindertageseinrichtungen erhalten zusätzliche Ressourcen im Rahmen einer ergänzenden Strukturförderung, so dass auch dort passgenaue Angebote in städtischen Teilräumen mit einem besonderen Entwicklungsbedarf installiert werden können.

---

1 Vgl. zu diesem Kapitel Meier-Gräwe/Regensburg (2012). http://www.familienzentren.imdialog-pr.de/dokumentation.

Evaluationsauftrag

Ziel einer vom Hessischen Sozialministerium geförderten Evaluation war es, den gesamtstädtischen Implementierungspfad der Stadt Gießen zu untersuchen und der Implementierung des Fechenheimer Leuchtturmprojekts gegenüber zu stellen. Es galt dabei, einerseits die grundlegenden Bedingungen der Familienzentrumsentwicklung zu analysieren und andererseits die Vor- und Nachteile der jeweiligen Umsetzungsstrategien zu erfassen.

Auf Grundlage der Ergebnisse der Evaluation ist es möglich, anderen Kommunen eine Vielzahl von Anregungen und Hilfestellung für ihre konkrete Familienzentrumsentwicklung vor Ort zu bieten. Dafür werden Gelingensfaktoren bei der Implementierung von Familienzentren, aber auch mögliche Barrieren der Familienzentrumsentwicklung benannt. Die erzielten Ergebnisse sind als Empfehlungen für andere Kommunen zu verstehen, die allerdings in jedem Fall auf ihre Passgenauigkeit an die Gegebenheiten vor Ort zu überprüfen sind.

Ergebnisse der Evaluation

Den unterschiedlichen Implementierungswegen an beiden hessischen Standorten ist gemein, dass durch den Aufbau der Familienzentren eine sinnvolle und notwendige Erweiterung von Betreuungs-, Beratungs-, Bildungs- und Begegnungsangeboten für Kinder und ihre Eltern geschaffen wurde. Angebote in den Einrichtungen werden deutlich besser angenommen, und bestimmte schwer erreichbare Zielgruppen können durch die Angebote vor Ort besser erreicht werden. Zugleich belegen sowohl die Ergebnisse aus Fechenheim als auch aus Gießen, dass es nicht ausreichend ist, lediglich einzelne Einrichtungen in einem Sozialraum weiterzuentwickeln. Um möglichst alle Kinder und ihre Eltern zu erreichen, ist es vielmehr notwendig, eine Vielzahl von niedrigschwelligen Anlaufstellen aufzubauen und gut zu vernetzen.

Die beiden Vorgehensweisen weisen konkrete Stärken sowie Weiterentwicklungspotenziale auf, die durch konzeptionelle Unterschiede bedingt sind. Zugleich zeigen sich deutliche Parallelen in den Evaluationsergebnissen im Hinblick darauf, welche Faktoren das Gelingen der

Implementierung bedingen und welche Voraussetzungen für eine qualitativ hochwertige Umsetzung gegeben sein müssen.

Allgemeine Handlungsempfehlungen

Ein verbindliches Rahmenkonzept entwickeln

Bei der Entwicklung von Familienzentren handelt es sich um äußerst komplexe Vorgänge und Handlungsabläufe, die in enger Kooperation und Vernetzung mit anderen Kindertagesbetreuungseinrichtungen und Akteuren vor Ort gestaltet werden müssen. Damit diese Prozesse erfolgreich verlaufen können, brauchen alle Beteiligten vor allem ein verbindliches Rahmenkonzept als Grundlage für die gemeinsame fachliche und strukturelle Weiterentwicklung. Die Fachkräfte in den Kindertagesstätten als zentraler Umsetzungsebene benötigen darüber hinaus zeitliche Ressourcen für Teamentwicklungsprozesse sowie fachliche Unterstützung, Coaching und Beratung im Prozess. Zudem sind finanzielle Investitionen für die Erweiterung von Raumkapazitäten und Personalressourcen notwendig, damit sich die Einrichtungen optimal entwickeln und den erforderlichen Qualitätsstandards genügen können.

Unterstützung und Ressourcen sichern

Die Evaluationsbefunde führen zu dem Schluss, dass Familienzentren auf eine verbindliche Förderung und Unterstützung durch Kommunen und Träger als wesentliche Erfolgsfaktoren angewiesen sind und auch langfristig bei der Weiterentwicklung nicht auf sich allein gestellt sein dürfen. Dies schließt neben der Sicherstellung der notwendigen finanziellen und strukturellen Ressourcen insbesondere auch die Vermittlung aller erforderlichen fachlichen Kompetenzen ein. Supervisionsangebote, Fortbildungen und Fachberatungen nehmen einen sehr hohen Stellenwert für Qualität und Gelingen der Prozesse ein. Sie stellen sicher, dass die Fachkräfte in den Einrichtungen dem sich erweiternden Anforderungsprofil der Familienzentrumsarbeit adäquat begegnen können. Qualität wird dabei durch die Beteiligung des gesamten Teams sichergestellt. Es reicht somit nicht aus, lediglich Leitungspersonen mit den

Aufgaben zu betrauen. Vielmehr profitiert die Familienzentrumsentwicklung von der Einbindung des gesamten Personals.

Bedarfsorientiert agieren

Die Angebote von Familienzentren müssen sich an den Lebenslagen von Familien orientieren und dem kontinuierlichen Wandel von Bedarfs- und Bedürfnislagen entsprechen. Bedarfserfassung, Dokumentation und Interpretation sind damit drei unabdingbare Handlungsfelder der Familienzentrumsarbeit. Fachliche Techniken, aber auch wertfreie und offene Haltungen müssen in und mit den Einrichtungs-Teams erarbeitet werden, damit in diesen Bereichen Qualitätssicherung erreicht wird und hochwertige Familienzentrumsangebote aus dem erzielten Wissen abgeleitet und aufgebaut werden können.

Die Weiterentwicklung oder Neueröffnung von Familienzentren sollte in Konzepte sozialer Stadtentwicklung integriert sein. Somit hat jede Kommune, die eine Familienzentrumsentwicklung einschlägt, von Beginn an die Aufgabe, die Entwicklungsprozesse an den individuellen Ausgangsbedingungen vor Ort zu orientieren. Durch die Vernetzung mit dem umliegenden Sozialraum ist es möglich, vorhandene Potenziale und Strukturen optimal zu nutzen, Doppelstrukturen und Konkurrenzen zu vermeiden und passgenaue und gezielte Unterstützungs- und Angebotsstrukturen aufzubauen.

Familienzentrumsarbeit basiert auf der gelingenden Zusammenarbeit von Trägern, Jugendamt und Kommune, Kindertageseinrichtungen und Kooperationseinrichtungen. Zentral ist daher der Aufbau einer tragfähigen Arbeitsstruktur, die sowohl offizielle Gremien von Stadt und Jugendamt integriert als auch die Zusammenführung der Beteiligten aus der Praxis sicherstellt. Insbesondere Beratungs- und Bildungsanbieter, aber auch bestehende Projekte sowie Personen aus dem Sozialraum (z. B. Stadtteillotsen oder -mütter) sind mit zu berücksichtigen. Gelingen kann der Aufbau dieser Arbeits- und Steuerungsstrukturen im Rahmen von gezielter Koordination. Durch die Einrichtung einer neutralen Koordination ist es möglich, alle AkteurInnengruppen zu integrieren und sowohl praxisnahe Prozesse gezielt voran zu bringen als auch konzeptionelle zentrale Entwicklungen zu beschleunigen und qualitativ aufzuwerten.

Weiterer Forschungsbedarf

Die Ergebnisse aus der vorliegenden Evaluation und die Ergebnisse vergleichbarer nationaler und internationaler Projekte belegen, dass Familienzentren wirksame Modelle sind, um Familien und ihren Bedarfen passgenau zu begegnen. Jedoch ist die bisherige Studienlage unzureichend. Es fehlen fundierte Erkenntnisse, welche die Arbeit von Familienzentren von der konzeptionellen Grundidee bis zur kontinuierlichen Weiterentwicklung im Arbeitsalltag auf einem hohen qualitativen Niveau ermöglichen. Gerade langfristig angelegte Studien, die die Wirkung und Entwicklung von Familienzentren betreffen, sind dringend notwendig. Bereits zum Erhebungszeitraum weist der begonnene Gießener Weg ein hohes Potenzial auf, welches langfristig zu untersuchen ist. Schließlich wird am Standort Frankfurt-Fechenheim zu beobachten sein, ob und wie die anderen Einrichtungen im Stadtteil am Familienzentrumsprozess partizipieren und wie sich die Angebotslage insgesamt entwickelt.

Zielüberprüfung: Führen Familienzentren zu mehr Bildungs- und Chancengerechtigkeit?

Darüber hinaus werden in Zukunft solche Analysen erforderlich sein, die überprüfen, ob die Familienzentrumsentwicklung tatsächlich zu mehr Bildungs- und Chancengerechtigkeit für Kinder aus benachteiligten Herkunftsfamilien beiträgt oder ob sich Ungleichheitsdimensionen in Familienzentren möglicherweise fortschreiben. An beiden Standorten gibt es jedenfalls deutliche Hinweise darauf, dass sich ein Zuwachs an Chancengleichheit für materiell und sozial benachteiligte Kinder – eine zentrale Zielstellung der Early-Excellence-Zentren – keineswegs automatisch einstellt, sondern politisch gezielt gestaltet werden muss. Hierbei gilt es, verschiedene Wege und Maßnahmen wie die Schaffung von sozialräumlichen Gelegenheitsstrukturen zur alltäglichen Begegnung und des wertschätzenden Miteinanders von Kindern und Eltern aus verschiedenen sozialen Milieus zu erproben, sie nach einiger Zeit auf ihre Wirkung in Richtung einer höheren Chancengerechtigkeit zu überprüfen und wenn nötig, Ziele und Maßnahmen anzupassen. Ebenfalls überprüft werden sollte in diesem Zusammenhang die gezielte Umverteilung von Ressourcen zugunsten von Kitas und Familienzentren mit besonderen Problemlagen. Möglicherweise sind auch die Förderkriterien zur Vergabe von Geld und Personalressourcen zur Familienzentrumsentwicklung neu zu formulieren.

Konkrete Handlungsempfehlungen

Kita, Schule und Sozialräume gesundheitsförderlich gestalten

In den Schuleingangsuntersuchungen zeigt sich immer wieder, dass Kinder aus benachteiligten Herkunftsmilieus einen vergleichsweise auffallend schlechten Gesundheits- und Entwicklungsstand aufweisen. Solche Ergebnisse werfen die Frage auf, wie auf den Gesundheitszustand dieser Kinder bereits im Krippen- und Kindergartenalter nachhaltig Einfluss genommen werden kann. Zu empfehlen ist, in belasteten Stadtteilen am Ende des 4. Lebensjahres der Kinder einen Gesundheitscheck in den Kitas und Familienzentren nach dem Dormagener Modell durchzuführen. Aus den Ergebnissen sollten in Absprache mit den ErzieherInnen individuelle und passgenaue Förderkonzepte entwickelt werden. Diese wären einerseits in den Kita-Alltag zu integrieren und andererseits in Kooperation mit den Eltern umzusetzen. Hilfreich wäre es allerdings, wenn gesundheitspräventive Angebote schon für jüngere Kinder direkt in den Kindertagesstätten und Familienzentren vorgehalten werden: Das entlastet und unterstützt ErzieherInnen, eröffnet ihnen Kontakte und Zugangswege zu Gesundheitsdiensten, um z. B. chronische gesundheitliche Beeinträchtigungen von Kindern, die in der Kita festgestellt werden, in Kooperation mit den FachärztInnen abmildern zu können. So könnten Städte und Gemeinden in Analogie zum Konzept »Gesunde Schule« ein Konzept »Gesunde Kita« entwickeln und ein Zertifizierungsverfahren einführen mit dem Ziel, dass sich möglichst viele Kitas auf eine entsprechende Selbstverpflichtung einlassen. Dadurch würde das Thema Gesundheit als ein internes Qualitätsmerkmal in Kitas und Familienzentren verankert. Darüber hinaus sind Kindern und ihren Eltern bei Bedarf zeitnah niedrigschwellige Zugänge zu sozial-pädiatrischen und anderen therapeutischen Angeboten der Früh- und Gesundheitsförderung zu eröffnen, deren Inanspruchnahme begleitet und in ihrer Wirksamkeit fallbezogen überprüft werden müsste. Städte und Gemeinden sollten aber auch verstärkt die Ergebnisse der Schuleingangsuntersuchungen nutzen, um ein Ranking der Gesundheits- und Bildungsrisiken an den Grundschulen aller Stadtteile einer Kommune zu bilden und auf dieser Basis eine Priorisierung bei der kommunalen Mittelvergabe vorzunehmen.

Verbindliche Kooperation zwischen Kindertagesstätten und Erziehungsberatungsstellen herstellen

Eine sinnvolle Unterstützung für arme und häufig erschöpfte Familien kann dadurch erzielt werden, dass ein regelmäßiges Angebot der kommunalen Erziehungsberatung in Familienzentren mit einem überdurchschnittlichen Anteil an armen Kindern durch verbindliche Leistungsvereinbarungen sichergestellt wird. Derzeit bestehen solche regelhaften Kooperationsstrukturen vorzugsweise bei Kitas/Familienzentren in konfessioneller Trägerschaft. Wissenschaftliche Studien unterstreichen schon seit mehreren Jahren die Notwendigkeit einer Neujustierung der Kooperation zwischen Erziehungsberatungsstellen und Kindertageseinrichtungen in diesem Sinne:

> »[…] ErzieherInnen versuchen, selbst mit auffälligen Kindern fertig zu werden und Eltern mit Problemen zu beraten [… und] fühlen sich durch die vielen auffälligen Kinder überfordert und überlastet […]. Die MitarbeiterInnen der psychosozialen Dienste warten in ihren Sprechzimmern auf Klienten und werden meist mit ›schweren‹ Fällen konfrontiert. So arbeiten zwei ›stark voneinander abgegrenzte Systeme‹ defensiv nebeneinander her und tun sich schwer mit ihrem Auftrag, effektiv und rechtzeitig auf Behinderungen, Entwicklungsverzögerungen und Verhaltensauffälligkeiten bei Kindern zu reagieren« (Pellander 2003: 37).

Dort, wo es gelingt, gute Kooperationsbezüge dieser Art von Anfang an unter Einschluss einer zugewandten Elternarbeit mit möglichst konstanten Bezugspersonen zu etablieren, verbessern sich die Bildungs- und Lebenschancen armer Kinder. Inzwischen erreichen viele Familienzentren vermehrt auch Eltern mit sehr jungen Kindern, etwa durch Rückbildungskurse, die dort nach der Geburt angeboten und mit der Erziehungsberatung verknüpft werden. Diese Kontakte und aufgebauten Vertrauensbeziehungen können aber aufgrund der immer noch wenigen Plätze in den Krabbelstuben, die derzeit meistens restlos ausgebucht sind (Wartelisten), oft nicht verstetigt werden: Eltern und Kinder gehen deshalb wieder »verloren«. Es fehlt nach wie vor an Kontinuität, und es fehlt auch bei den vorhandenen Plätzen an Ganztagsangeboten und Randzeitenbetreuung, was für einen Teil der Eltern aber dringend notwendig wäre, die im Dienstleistungsbereich (Handel, Gastronomie) arbeiten.

Integrationslotsen und Stadtteilmütter einsetzen

In belasteten Stadtteilen und Wohnquartieren bewährt sich bundesweit der Einsatz von Integrationslotsen und/oder Stadtteilmüttern mit und ohne Migrationshintergrund. Sie informieren über Angebote in Kindertagesstätten und Familienzentren, finden oft Zugänge zu vermeintlich »schwer erreichbaren« Eltern, bauen Vertrauensbeziehungen zu ihnen auf und ermutigen zudem Eltern, deren Kinder bisher noch keine Kindertagesstätte besuchen, zur Inanspruchnahme von offenen Angeboten in Familienzentren. Weitere Einsatzgebiete dieser Elternlotsen erstrecken sich auf die Alltagsbegleitung und Sprachförderung, die Förderung des Schulerfolgs von Kindern, auf die Gesundheitsförderung oder auf die Vermittlung von Regeldiensten. Kommunikation, Kooperation und Vernetzung sind die zentralen fachlichen Merkmale in diesem Prozess. In ihrer Lotsenfunktion sind sie VermittlerInnen und MultiplikatorInnen für gelingende Bildungspartnerschaften zwischen Elternhaus und Familienzentrum. Sie profitieren aber auch persönlich von der Aus- und Fortbildung zur Stadtteilmutter oder Elternlotsen, indem sie wertvolle Erfahrungen ihrer Integration einbringen können und ihrerseits eine Selbstwertstärkung erfahren (Gögercin 2008). Ehrenamtliches Engagement setzt allerdings durchgängig eine strukturelle Anbindung an professionelle Strukturen voraus. Deshalb wird auf Seiten des Fachpersonals in den Familienzentren ein gewisser zeitlicher und personeller Aufwand erforderlich, um Ehrenamtliche einzubinden, um ihnen Feedback zu geben, Aufgaben ihrer Supervision zu übernehmen etc. Diese Aufgabe den ErzieherInnen und SozialpädagogInnen einfach zusätzlich abzuverlangen, ohne entsprechende Ressourcen einzuplanen, geht am ohnehin verdichteten Berufsalltag dieser Beschäftigtengruppe vorbei und führt zu Qualitätseinbußen und/oder gesundheitlichen Belastungen.

Fortbildungsangebote ausweiten

Mit Blick auf die erhöhten professionellen Anforderungen beim Umgang mit Kindern und Eltern aus belasteten Milieus ergibt sich ein differenzierter Weiterbildungsbedarf für das Personal von Familienzentren. Die Vermittlung von aktuellen neurowissenschaftlichen Befunden und interkulturellem Know-how ist ebenso gefragt wie Kenntnisse über Armutsfolgen und mögliche Zugangswege zu verschiedenen Armutsmilieus. Professionalität in der Arbeit mit den Eltern zu praktizieren heißt zudem, ein fundiertes Wissen darüber zu besitzen, wie Vorstellungen über Gesundheit und Ernährung milieuspezifisch variieren und entlang der generativen Familiengeschichte (Großeltern, Eltern, Kinder, Enkel, Urenkel) »sozial vererbt« werden. Beispielsweise verläuft die familiale Gesundheits- und Ernährungssozialisation eben nicht nach einem wissenschaftlich oder pädagogisch »wünschenswerten« Curriculum, sondern vollzieht sich in einer hochkomplexen eigensinnigen Lebenswelt, die in Wechselwirkung von äußeren gesellschaftlichen Rahmenbedingungen (Armut, Arbeitslosigkeit, institutionelle Netzwerke), familieninternen Faktoren (Familienklima, Kommunikations- und Bewältigungsstrategien) sowie individuellen Voraussetzungen entsteht: Folglich tradieren sich Einstellungs- und Handlungsmuster intergenerationell und erweisen sich als äußerst stabil. Mit anderen Worten, Gesundheit (und Krankheit) werden im familialen Alltag im Vollzug gemeinsamer Aktivitäten eher beiläufig als »doing health« hergestellt (Schönberger 2011). Sie sind ein Nebenprodukt von Alltagsroutinen in einem familialen Setting, das gesund, aber auch krank machen kann.

Übergänge gestalten und die Betreuung von Grundschulkindern inklusive der Ferienbetreuung ausbauen

Unzureichend ist in vielen Städten und Gemeinden nach wie vor die Gestaltung von Übergängen zwischen Kitas und Grundschulen. Zudem fehlen Betreuungsplätze für Grundschulkinder. Gerade in diesem Bereich fehlt es derzeit an einem Konzept, das konkrete Ausbauziele exakt beziffert und vor allem auch die Angebote der betreuenden Grundschule bzw. der Schulen im Stadtteil systematisch in den Ausbau einbezieht. Hier ist ein entschiedener Kurswechsel im Interesse des Abbaus von herkunftsbedingter Bildungsbenachteiligung von Kindern dringend geboten. Große Defizite gibt es auch bei den Hausaufgaben- und Schülerhilfen von sozial benachteiligten älteren Kindern und Jugendlichen. Deshalb ist gerade in Sozialräumen, in denen überdurchschnittlich viele Kinder und Jugendliche mit deutlichen gesundheitlichen Beeinträchtigungen und geringen Bildungserfolgen leben, der Ausbau von Ganztagsschulen mit kommunalen Eigenmitteln zu forcieren, und in Kooperation mit den Lehrkräften sind bedarfsgerechte Konzepte der Hausaufgaben- und Nachmittagsbetreuung zu entwickeln.

Gleichermaßen dringlich ist es, eine deutliche Reduzierung des Anteils von armen Kindern zu erreichen, die keine weiterführende Schule besuchen, obwohl sie von ihren schulischen Leistungen dazu in der Lage wären. Hier braucht es eine konzertierte Allianz, um an den Grundschulen diesen Kindern ehrenamtliche Paten (»persönlicher Scout«) zur Seite zu stellen, die Elterngespräche im Sinne der Ermutigung zum weiterführenden Schulbesuch führen und passgenaue Unterstützungsmaßnahmen (kostenloses Busticket und Schulverpflegung, Lehrmittelfreiheit, Ausweitung von Förderangeboten etc.) organisieren.

Außerdem ist es ratsam, jedem Grundschulkind, dessen Eltern im SGB-II-Bezug stehen, die Möglichkeit zu eröffnen, an einer vierwöchigen örtlichen Ferienbetreuung in den Winter- und Sommerferien kostenlos teilzunehmen. Untersuchungen zeigen, dass sozial benachteiligte Kinder aus erschöpften Familienkontexten in der Ferienzeit in ihren Sprach- und Lesekompetenzen gegenüber Mittelschichtskindern um zwei bis drei Monate zurück fallen. Die Feriengestaltung sollte als Mix aus Erholung, Abenteuer, Bewegung, gesunder Ernährung, aber auch aus gezielten Sprach- und Leseübungen konzipiert sein. Ein in diesem Sinn förderliches und im Stadtteil verankertes Ferienprogramm setzt wiederum eine lebendige und kreative Kooperation von Kita, Schule, Hort, Kirchengemeinden und Trägern der offenen Jugendarbeit voraus. Bis zu einem bestimmten Kontingent kann die Ferienbetreuung von der Schule angeboten werden, und zwar in Kooperation mit außerschulischen Partnern wie den offenen Kinder- und Freizeiteinrichtungen.

Bildungsmittel umverteilen

Die Vielfalt der Herausforderungen zur bestmöglichen Förderung benachteiligter Kinder und Jugendlicher aus armen Familien in Sozialräumen mit besonderem Entwicklungsbedarf macht es erforderlich, nicht nur die vorhandenen kommunalen Angebotsstrukturen und Dienste zu professionalisieren und besser zu vernetzen. Zunächst geht es darum, diesen Sozialräumen eine angemessene Grundausstattung (Bildung, Gesundheit, Förderung) zu gewährleisten. Daraus ergeben sich vielfältige Anforderungen für die Sozial-, Gesundheits- und Bildungsplanung, um zu ermitteln und zu begründen, welche Grundausstattung ein Stadtteil in Relation zu den dort vorhandenen Problemlagen benötigt. Weil die Handlungsbedarfe in Stadtteilen mit besonderem Entwicklungsbedarf jedoch so vielschichtig, also auch personal- und kostenintensiv sind, geht es darüber hinaus darum, zivilgesellschaftliche Elemente wie Ehrenamt und Stiftungsgelder wirksam im Sinne von »brückenbildendem Kapital« gerade in den Sozialräumen verstärkt einzubringen, wo überproportional viele benachteiligte Kinder und Familien leben. Es ist in diesem Zusammenhang auch notwendig, intelligente Konzepte für eine gerechtere Verteilungsstruktur der Mittel von ortsansässigen Stiftungen zu entwickeln.

Allerdings können weder Stiftungen noch diverse andere Formen von ehrenamtlichem Engagement die multidimensionalen Problemlagen auffangen. Das weist ein abgeschlossenes Patenschafts-Projekt in Essen nach, in dem Studierende ein Jahr lang Grund- oder Förderschulkinder betreut haben: Die Patinnen und Paten fungierten zwar auch weit über den Zeitraum der verabredeten Patenschaft als Orientierungspersonen für die Kinder, so dass von einem positiven Wert in der Erinnerung der Kinder ausgegangen werden kann. Das Erlebnis eines verlässlichen, zugewandten Paten kann in das emotionale Kapital der Kinder eingehen. Es wurde aber eben auch ersichtlich, dass die im Projekt arbeitenden Akteure häufig eine schmerzhafte Diskrepanz zwischen dem empfinden, was eigentlich zu tun wäre und dem, was eine Patenschaft letztendlich zu leisten vermag. Hinzu kommt die mehrfach gemachte Beobachtung, dass die bestehenden Alltagsstrukturen der Kinder, auch im öffentlichen Raum nicht immer hilfreich sind. »Die Studierenden beobachteten wiederholt, dass Kinder zwar in einer Ganztagsbetreuung sind, dass aber die Möglichkeiten der Förderung innerhalb dieser Strukturen begrenzt bleiben und sehr häufig keine Förderung stattfindet […]« (Maas/Steins 2012:87).

Stadtteilmonitoring entwickeln und einsetzen

Um die Wirkungen der implementierten Maßnahmen und handlungsfeldübergreifenden Kooperationsstrukturen in Stadtteilen und Wohnquartieren mit besonderem Entwicklungsbedarf zu überprüfen und gegebenenfalls im Sinne einer fehlerfreundlichen Lernkultur zu korrigieren, werden schließlich standardisierte Evaluationsverfahren benötigt. Dem vorzulagern ist ein Verständigungsprozess auf geeignete Kennziffern und die Erarbeitung verbindlicher Zielvereinbarungen zwischen den im jeweiligen sozialräumlichen Netzwerk beteiligten Akteuren zur Verbesserung der Unterstützungsangebote für sozial benachteiligte Kinder und Eltern. Hier können sich die kommunalen Akteure auf Indikatoren, Leitlinien und strategische Ansatzpunkte zur Bekämpfung von Kinderarmut und deren Folgen in der bundesweiten Sozial-, Gesundheits- und Bildungsberichterstattung beziehen. So könnte eine Kommune beispielsweise anstreben, in einem bestimmten Zeitraum den Anteil entwicklungsverzögerter Kinder bei Schuleintritt in den Stadtteilen mit besonderem Entwicklungsbedarf um 25 Prozent zu senken, indem der frühere Besuch einer Kindertagesstätte, gezielte vorschulische Trainings- und Förderprogramme, die gemeinsame Qualifizierung von ErzieherInnen und Lehrkräften an Grundschulen zum Thema »Übergangsmanagement« und die Einführung von Verfahrensstandards für die Kooperation zwischen Grundschulen und umliegenden Kindertagesstätten umgesetzt wird, ergänzt durch das Engagement von Wirtschaft und Zivilgesellschaft.

Fazit

Deutschland braucht überzeugende Masterpläne auf der Ebene von Bund und Ländern, die aus Gründen von Chancen- und Bildungsgerechtigkeit sozial benachteiligter Kinder, aber eben auch mit Blick auf den Erhalt der Wettbewerbsfähigkeit Deutschlands dringend in Angriff genommen werden müssen. Dazu gehört die entschlossene und flächendeckende Weiterentwicklung von Kitas zu Familienzentren, die Kinder und Eltern in ihrem Alltag verlässlich begleiten und unterstützen.

Im Angesicht dieser komplexen und anspruchsvollen Herausforderung ist es skandalös, dass der jetzige Entwurf des geplanten Hessischen Kinderförderungsgesetzes (Kifög) – ungeachtet des politischen Willens zum Aufbau bzw. zur Weiterentwicklung der Kitas zu Familienzentren in Hessen – weder Leitungsfreistellungen noch Vor- und Nachbereitungszeiten für die pädagogischen MitarbeiterInnen vorsieht. Die gruppenbezogene Personalbemessung soll durch eine Pauschale pro tatsächlich aufgenommenem Kind ersetzt werden, so dass keine bedarfsgerechte Gruppenreduzierung mehr möglich sein würde. Obendrein ist die Einstellung von bis zu 20 Prozent pädagogischer Laien vorgesehen. Sollte dieser Entwurf tatsächlich am 1.1.2014 in Kraft treten, würde sich sehr schnell herausstellen, dass eine bedarfsgerechte und vor allem individuelle Bildung und Förderung der Kinder einfach nicht mehr zu leisten ist. Hinzu kommt, dass die schon heute von den MitarbeiterInnen der Kindertagesstätten und Familienzentren als viel zu knapp empfundene Zeit für Entwicklungsgespräche mit den Eltern noch rarer würde und diese Form der Leistungsverdichtung bei pädagogischen MitarbeiterInnen und Leitungskräften zu einem vorzeitigen Verschleiß ihrer physischen und psychischen Arbeitskraft führen wird.

Der Gesetzentwurf zeigt einmal mehr, dass Hessens Landesregierung – allen Absichtserklärungen und guten Modellprojekten zum Trotz – nach wie vor offenbar nicht bereit ist, die längst überfällige Professionalisierung von weiblich dominierten Dienstleistungsberufen entschlossen voranzubringen und notwendige Bildungsinvestitionen im Elementarbereich vorzunehmen.

Niemand kann sich angesichts solcher politischen Signale ernsthaft wundern, dass sich potenzielle Eltern einer insgesamt kleiner werdenden Erwachsenengeneration noch schwerer damit tun werden, ihre Kinderwünsche zu realisieren. Auch die von berufstätigen Müttern und Vätern immer wieder geforderte Erweiterung der Öffnungszeiten von Kitas und Familienzentren, um ihnen eine bessere Vereinbarkeit von Familie und Beruf zu ermöglichen, rückt mit diesem Gesetzentwurf in weite Ferne, denn es sollen künftig maximal 42,5 Stunden pro Einrichtung finanziert werden.

Diese Pläne konterkarieren nicht zuletzt diverse Kampagnen und Strategien zur Gewinnung von Nachwuchs für pädagogische Berufe – und zwar für beide Geschlechter. Anstatt dem schon jetzt spürbaren Fachkräftemangel in diesem Berufssegment durch eine attraktive zeitliche Ausgestaltung und angemessene Bezahlung zu begegnen, läuft der Einsatz von Laien und die Kappung von Zeit für die Erledigung elementarer inhaltlicher Aufgaben wie Elterngespräche oder Netzwerkarbeit auf eine faktische Abwertung des Berufsbildes der (Früh)-Pädagogik hinaus. Deshalb bedarf dieser Entwurf einer gründlichen Revidierung.

Literatur

Bertelsmann-Stiftung (2006), *KiTa- Preis Dreikäsehoch 2006 »Jedes Kind mitnehmen«. Bildungschancen für Kinder aus sozial benachteiligten Familien.* Gütersloh.

Biedinger, Nicole/Becker, Birgit (2010), Frühe ethnische Bildungsungleichheit. Der Einfluss des Kindergartenbesuchs auf die deutsche Sprachfähigkeit und die allgemeine Entwicklung. In: Becker, Birgit/Reimer, David (Hrsg.), *Vom Kindergarten bis zur Hochschule.* Wiesbaden, S. 49–79.

BMFSFJ [Bundesministerium für Familie, Senioren, Frauen und Jugend] (2006), *Familie zwischen Flexibilität und Verlässlichkeit. Siebenter Familienbericht der Bundesregierung.* Berlin.

Gögercin, Süleyman (2008), Integrationslotsenprojekte. In: *Migration und Soziale Arbeit 2–2008,* S. 150–154.

Häussermann, Hartmut (2010), Armutsbekämpfung durch Stadtplanung? In: *APuZ 51–52/2010,* S. 23–29.

Lanfranchi, Andrea (2006), Resilienzförderung von Kindern bei Migration und Flucht. In: Welter-Enderlin, Rosemarie/Hildenbrand, Bruno (Hrsg.), *Resilienz – Gedeihen trotz widriger Umstände.* Heidelberg, S. 119–138.

Maas, Michael/Steins, Gisela (2012), *Zeit für Kinder – Erfahrungen und Wirkungen eines Patenschaftsprojektes.* Lengerich.

Meier-Gräwe, Uta (2006), *»Jedes Kind mitnehmen«. Bildungschancen für Kinder aus sozial benachteiligten Familien. Studie im Auftrag der Bertelsmann-Stiftung.* Gütersloh.

Meier-Gräwe, Uta/Regensburg, E. (2012), Qualitative Evaluation der Implementierung von Familienzentren als integrierte Angebote für Kinder und ihre Familien. Familienzentrumsentwicklung in Gießen und Frankfurt-Fechenheim, Datum des Zugriffs: 4.2. 2013, *http://www.familienzentren.imdialog-pr.de/dokumentation.*

Pellander, Fritz (2003), ERIK – Zusammenarbeit hilft vorbeugen, in: AWO Bezirksverband Niederrhein (Hrsg.): *Kleine Kinder Große Chancen. Initia-*

tiven und Netzwerke zur Armutsprävention bei Kindern und Familien, Essen, S. 36–58.

Schönberger, Christine (2011), Doing health – Familiengesundheit in Zeiten sozialer Ungleichheit, in: *Prävention. Schwerpunkt »Familie und Gesundheit«.* Jg. 34. 2/2011, S. 44–47.

Ausbau der hessischen Kleinkindbetreuung in Tagespflege: Wildwuchs, Abhängigkeit, Prekarität[1]

Ortrun Brand

Einleitung

Die erste Dekade des 21. Jahrhunderts steht für Hessen nicht ausschließlich im Zeichen der konservativen bzw. konservativ-liberalen Landesregierungen. Dieser Zeitraum steht auch für erhebliche Umbrüche familien- und mithin geschlechterpolitischer Art, zeichneten sich doch in diesen Jahren erstmals substanzielle (westdeutsche) Initiativen zum Ausbau der Betreuung von Kindern unter drei Jahren ab. Hintergrund dieser Entwicklung ist erstens der (tatsächliche oder vermeintliche) Fachkräftemangel, der die Politik versuchen lässt, durch die Schaffung von Betreuungsplätzen auch für Kleinkinder bislang gar nicht, nur geringfügig oder in Teilzeit erwerbstätige Mütter für den Arbeitsmarkt zu gewinnen. Zweitens orientieren sich in Folge des vorrangig durch die Frauenbewegung initiierten Wandels kulturell-gesellschaftlicher Vorstellungen von Geschlecht zunehmend mehr Frauen an einer durchgehenden oder möglichst wenig unterbrochenen Erwerbstätigkeit und suchen, sofern sie Kinder haben, nach früher Betreuung für diese. Drittens zwingen die niedrigen Löhne und die zunehmende Tendenz zur Prekarität in vielen Branchen die Familien, auf Erwerbseinkommen beider Partner/innen zu achten; dies gilt in gleichem Maße für Alleinerziehenden-Familien, die ebenfalls in hohem Maße auf Erwerbstätigkeit angewiesen sind.

---

1 Teile dieses Beitrags beruhen auf den Ergebnissen eines Forschungsprojekts, das von 2009 bis 2010 bei der GendA-Forschungs- und Kooperationsstelle Arbeit, Demokratie, Geschlecht an der Philipps-Universität Marburg durchgeführt wurde. Projektmitarbeiterinnen waren Katarina Schritt und Karin Zennig, die auch zu überwiegenden Teilen den Abschlussbericht des Projekts verfasst haben (vgl. Zennig u.a. 2011). Insbesondere in Abschnitt 3 wird auf diesen Projektbericht zurückgegriffen. Die Finanzmittel für das Projekt stammten aus dem Forschungsschwerpunkt »Dimensionen der Kategorie Geschlecht – Frauen- und Geschlechterforschung in Hessen« des Hessischen Ministeriums für Wissenschaft und Kunst.

Den Anstoß zum Ausbau der Kleinkindbetreuung lieferten gesetzliche Initiativen auf Bundesebene, insbesondere das Kinder- und Jugendhilfeweiterentwicklungsgesetz (KICK), das Tagespflegeausbaugesetz[2] (TAG) und das Kinderbetreuungsförderungsgesetz (KiföG). Mit letzterem etablierte der Bundesgesetzgeber einen Rechtsanspruch der Eltern auf einen Betreuungsplatz ab dem ersten Geburtstag eines Kindes; dieser Rechtsanspruch soll ab Sommer 2013 gelten. Entsprechend waren die Bundesländer sowie die Städte und Gemeinden insbesondere in den westdeutschen Bundesländern seit dem KiföG gezwungen, gemäß dem Subsidiaritätsprinzip den Ausbau der Kleinkindbetreuung vor Ort voranzutreiben.

Seitdem hat das Land Hessen unterschiedliche Initiativen und Programme gestartet, um das quantitative Ziel des Ausbaus bis 2013 zu erreichen, das heißt für gut ein Drittel aller Kinder unter drei Jahren einen Betreuungsplatz bereit zu stellen. Dass dieses Ziel bis zum Sommer 2013 tatsächlich erreicht wird, ist unwahrscheinlich, fehlten doch Mitte 2012 noch rund 5.000 Plätze. Gleichwohl haben die hessischen Städte und Gemeinden, flankiert von den Programmen der Landesregierung, in den vergangenen fünf Jahren in beträchtlichem Maße dieses Feld ausgebaut. Nicht alle der so geschaffenen Betreuungsplätze sind in so genannten Krippen oder Kindertagesstätten (KiTas) angesiedelt, also in institutionalisierten Betreuungseinrichtungen. Vielmehr wurde im Rahmen der bundesgesetzlichen Initiativen festgelegt, dass bis zu einem Drittel der Plätze durch Tagespflege abgedeckt werden kann. Tagesmütter und Tagesväter wurden durch das Tagespflegeausbaugesetz (TAG) erstmals mit ihrer Betreuungstätigkeit dem Angebot in Krippen und KiTas gleichgestellt. Der ambitionierte Ausbau und der anvisierte Rechtsanspruch sollten zu einem erheblichen Anteil durch bis dato eher ungeregelte, privatwirtschaftlich oder im Graubereich tätige, unklar qualifizierte Einzelpersonen verwirklicht werden. Deshalb galt es für die Kommunen, zusätzlich zum Ausbau der Institutionen mehr Menschen dazu zu animieren, als Tagesmutter oder Tagesvater ihren Lebensunterhalt zu verdienen.

Der absolute Bedarf an Tagespflegepersonen wurde bundesweit auf 30.000 geschätzt. Erstmals oblag es den Kommunen, diesen bis dato

---

2 Der vollständige Titel lautet »Gesetz zum qualitätsorientierten und bedarfsgerechten Ausbau der Tagesbetreuung für Kinder.«

als Graubereich existierenden Kleinkind-Betreuungsmarkt bis zu einem gewissen Grad rechtlich zu regulieren. Gleichzeitig führte der Bund zum ersten Mal die Steuer- und Sozialabgabenpflicht für Tagespflegepersonen ein, so dass die Frage des auskömmlichen Verdienstes für die Tagesmütter und -väter ebenfalls auf der Agenda stand. Kurzum: Der Arbeitsbereich der Kindertagespflege, ein klassischer Sorgearbeitsbereich für Frauen, der bis 2005 eher als Graumarkt funktionierte, stand auf einmal im Zentrum politischer Regulierung und (bis zu einem gewissen Grade) Unterstützung. Ziel dieser Regulierung waren 30.000 Personen, die in diesem Feld tätig waren bzw. tätig werden sollten. Fraglich war und ist also, auf welche Art und Weise dieses Arbeitsfeld sich transformiert (hat) – und welche Rolle die hessischen Kommunen und die hessische Landesregierung dabei spielen. Welche Arbeitsbedingungen für die in diesem Feld Tätigen kristallisierten sich heraus? Diese Frage stellt sich umso mehr aufgrund der Erfahrungen in anderen, vergleichbaren Tätigkeitsfeldern: Während eine (gesellschaftlich notwendige) Tätigkeit vorher in privater, unbezahlter Arbeit überwiegend von Frauen erledigt wurde (hier die Betreuung von Kleinkindern) oder sich wenig reguliert in Form von Schwarzarbeit bzw. im Graumarktbereich abgespielt hat, vollzieht sich diese Transformation nun häufig unter (Arbeits-)Bedingungen, die die dort tätigen Frauen eher am unteren Rande des Arbeitsmarktes platzieren – und zwar sowohl im Hinblick auf soziale Absicherung wie auch auf Entlohnung und Arbeitszeit. Eine Landesregierung, die für den Ausbau und die konkrete Transformation dieses Arbeitsbereichs verantwortlich zeichnet, muss auch die Arbeitsbedingungen der dort tätigen Personen im Blick haben. Dies gilt im besonderen Maße für das Feld der Tagespflege, da dieses im Unterschied zu Krippen oder KiTas wenig institutionalisiert und geregelt ist. Anders formuliert: Der Ausbau der hessischen Kleinkindbetreuung und das Erreichen des politischen Ziels, den Rechtsanspruch auf einen Betreuungsplatz ab dem vollendeten ersten Lebensjahr zu verwirklichen, sollte nicht zu Lasten der dort Beschäftigten erfolgen.

Wie hat sich diese Situation entwickelt, wie ist die hessische Landesregierung der 15. bis 18. Wahlperiode mit diesem Ausbau und gleichzeitig den Arbeitsbedingungen der dort Tätigen umgegangen? Diese Fragen sollen in diesem Beitrag erörtert werden. Das Spannungsfeld der Schaffung von Betreuungsplätzen einerseits und der Qualität der Arbeit der hier erwerbstätigen Personen andererseits ist grundlegend für diese Thematik. Der Beitrag verfolgt dabei das Ziel zu zeigen, dass insbesondere bei den Arbeitsbedingungen gravierende Probleme bestehen, die durch verbindliche, kreisübergreifende und landesweite Regelungen entgegen gewirkt werden könnten.

Um dies aufzuzeigen, werden im Folgenden zwei Schritte unternommen: Erstens zeichne ich die Entwicklung, die Finanzierung und die Betriebsform der Tagespflege insgesamt und in Hessen nach. Zweitens gehe ich den Arbeitsbedingungen in der Tagespflege in Hessen nach, wie sie GendA – Forschungs- und Kooperationsstelle Arbeit, Demokratie, Geschlecht[3] im Rahmen eines Forschungsprojekts herausgearbeitet hat. Das abschließende Fazit resümiert und zeigt angesichts der aktuellen Situation Alternativen zum Status Quo auf.

Entwicklung, Finanzierung und »Betriebsform« der Kindertagespflege in Hessen

Dem Ausbau der staatlich getragenen und unterstützten Betreuung von Kleinkindern ist seit ca. 2005 auch in Hessen eine gehobene Aufmerksamkeit zugekommen. Denn bedingt durch die Föderalismusreform von 2006 waren es vor allem die Bundesländer, die zur der Umsetzung von TAG, KICK und KiföG den rechtlichen Rahmen für die Delegation des Auftrags an die örtlichen Träger der Jugendhilfe zu schaffen hatten. Im Folgenden wird nachgezeichnet, welche politische und welche quantitative Entwicklung das Feld Kindertagespflege im Bundesland Hessen in den vergangenen acht Jahren bis zum Status Quo genommen hat. Anschließend nimmt der Beitrag die Fragen nach der »Betriebsform« der Tagespflege in den Blick.

Politische Entwicklung

Der Bogen spannt sich von TAG, KICK und KiföG auf Bundesebene und der »Offensive Kinderbetreuung« auf Landesebene über die diversen Landesprogramme, unter anderem BAMBINI und KNIRPS, bis

3 Vgl. www.gendanetz.de

hin zum derzeitigen Stand der politischen Entwicklung, die jedoch stark im Schatten der Debatte um das so genannte HessKiföG[4] steht. Dabei greift die Darstellung vorrangig die zentralen Eckpunkte und die relevanten parlamentarischen und exekutiven Initiativen auf.

Wie eingangs beschrieben, mehrten sich die Initiativen zum Ausbau der Kleinkindbetreuung vorrangig seit der Etablierung des TAG sowie des KICK, die die rot-grüne Bundesregierung auf den Weg gebracht hatte und die 2005 in Kraft traten. Beide Gesetze beinhalteten Änderungen von Rechtsnormen im Kinder- und Jugendhilfegesetzbuch (SGB VIII). Das TAG formulierte zum einen die rechtliche Gleichstellung der Betreuung von Kindern in Tagespflege mit institutionalisierten Einrichtungen wie etwa Krippen oder Kindergärten. Zum anderen regelte es die Qualitätsanforderungen an solchermaßen gestaltete (Klein-)Kinderbetreuung. Zudem legte es ein Maß für den quantitativen Ausbauziel der Betreuungsplätze für Kleinkinder insgesamt fest, das jedoch mit dem KiföG obsolet wurde. Das KICK unterstützt durch weitere Änderungen des SGB VIII diese Tagesbetreuung.[5]

Einen relevanten weiteren Schritt auf Bundesebene stellt das so genannte Kinderförderungsgesetz (KiföG)[6] von 2008 dar. Mit diesem Gesetz legte die große Koalition zum einen fest, dass zum 1. August 2013 ein Rechtsanspruch auf einen Betreuungsplatz ab Vollendung des ersten Lebensjahres für jedes Kleinkind in Kraft treten sollte. Die Träger der örtlichen Jugendhilfe wurden mit diesem Gesetz verpflichtet, bedarfsgerechte Betreuungsplätze für all diejenigen Eltern von Kleinkindern zuzuhalten, die entweder erwerbstätig sind, einer Ausbildung oder einem Studium nachgehen oder aber arbeitsuchend sind bzw. Qualifizierungsmaßnahmen der Arbeitsförderung absolvieren. Zudem legte der Gesetzgeber fest, dass bis zu 30 Prozent der neuen Betreuungsplätze in Kindertagespflege zu realisieren seien.

---

4 Vgl. dazu auch das Interview mit Kirsten Frank in diesem Buch, S. 255 ff.

5 Die Begriffe Tagesbetreuung bzw. Tagespflege, wie sie hier im Text und mittlerweile auch in der Literatur sowie in politischen Zusammenhängen verwendet werden, sind grundsätzlich von dem der Vollzeitpflege zu unterscheiden, bei der Kinder u.a. aufgrund von Kindeswohlgefährdung aus den Familien genommen und in Pflegefamilien untergebracht werden.

6 Der vollständige Titel lautet »Gesetz zur Förderung von Kindern unter drei Jahren in Tageseinrichtungen und in Kindertagespflege«.

Der Bundesgesetzgeber gab mit dem Rechtsanspruch dem Ausbau von Kindertagespflege einen kräftigen »Schub« und erzeugte eine starke Nachfrage nach Tagespflegepersonen. Für Hessen ist der Stichtag 1. August 2013 mit einer besonderen Brisanz verbunden, da damit kurz vor der Landtagswahl im September 2013 die Frage nach der Realisierung des Rechtsanspruches offen im Raum steht. Der politische Druck zeigt sich unter anderem darin, dass auf bundespolitischer Ebene das so genannte Betreuungsgeld eingeführt wurde, um die Zahl der Eltern zu minimieren, die den Rechtsanspruch möglicherweise einklagen werden. Das quantitative Ziel des Ausbaus legten die Bundes- und Landesministerien zusammen mit den kommunalen Spitzenverbänden im Rahmen der so genannten »Krippengipfel« fest: Für 35 Prozent aller Kleinkinder sollte bis 2013 ein Betreuungsplatz zur Verfügung stehen; diese Marke, davon gingen die Akteure aus, werde den Bedarf decken.

In Hessen war der Ausbau der Kinderbetreuung bereits vorher Thema: Anfang der 2000er Dekade startete das Land die so genannte »Offensive Kinderbetreuung«, die sich allerdings vorrangig auf Hortplätze für Schulkinder sowie auf Kinder im Kindergartenalter bezog. Relevant für das Kindergarten- und vor allem für das Kleinkindalter waren schließlich die Programme »Betreuungsplätze ausbauen, Mittel bereitstellen, in Nachwuchs investieren« (BAMBINI)[7] sowie »Kleinkindern nachhaltig intensiv Plätze schaffen« (KNIRPS), die das Land Hessen 2007 und 2008 auflegte. BAMBINI umfasste qua Verordnung unter anderem die finanzielle Förderung von Betreuungsplätzen in Einrichtungen und in Tagespflege; KNIRPS lieferte weitere finanzielle Anreize für die Kommunen. Im Gefolge vor allem dieser beiden Programme sowie der bundesgesetzlichen Initiativen zeigte sich eine deutliche Steigerung der Aufmerksamkeit für das Thema Kinderbetreuung; dies zeigt sich auch in den Parlaments-Dokumenten.[8] Bereits im Jahr 2005 brachte die Landtagsfraktion von Bündnis 90/Die Grünen einen Gesetzesentwurf für ein Hessisches Ausführungsgesetz zum Tagesbetreuungsausbaugesetz (HAG-TAG) ein (Landtags-Drucksache 16/4341), den die damalige Alleinregierung der Union jedoch (erwartungsgemäß) ablehnte. Statt-

7 Rechtlich betrachtet steht hinter BAMBINI die »Verordnung zur Landesförderung für Kindertageseinrichtungen und Kindertagespflege« vom 02.01.2007.

8 Im Vergleich zur 15. und 16. Wahlperiode ist in der 17. und 18. Wahlperiode eine weitaus größere Zahl an Anfragen, Beschlussanträgen, Gesetzesentwürfen etc. in diesem Feld ergangen.

dessen brachte das Sozialministerium im Jahr 2006 das Hessische Kinder- und Jugendhilfegesetzbuch (HKJGB) durch das Parlament, mit dem erstmals eine Zusammenführung unterschiedlicher Gesetze und Verordnungen zum Bereich Kinder- und Jugendhilfe auf Landesebene vorgenommen wurde.

Der Ausbau gestaltete sich in der Folge der Landesinitiativen BAMBINI und KNIRPS nicht zügig genug, so dass die Landesregierung ab 2010 ein zusätzliches Bonussystem etablierte, um die Kommunen dazu zu animieren, die 35-Prozent-Quote zu erreichen. Seit 2012 fallen auch neue Plätze in der Tagespflege unter diese Bonuszahlungen – Ausdruck dessen, dass die Landesregierung angesichts des schwierigen Ausbaus Entlastung durch Förderung von Tagesmüttern und -vätern sucht. Seit August 2012 geschaffene Plätze in Tagespflege werden in diesem Jahr mit 800 Euro gefördert, wenn sie im Sommer 2013 noch Bestand haben, also dann, wenn der Rechtsanspruch in Kraft tritt. Und nochmals 500 Euro pro Platz fließen im Jahr 2013, wenn das örtliche Jugendamt garantieren kann, dass diese Plätze auch am 1. Oktober 2013, also kurz nach der Landtagswahl, noch existieren.

Strittig war und ist zudem die Finanzierung dieser Veränderungen. Zu Beginn des Ausbaus der Kleinkindbetreuung (auch) in Tagespflege schätzte der Bund die Kosten auf rund 12 Milliarden Euro. Ursprünglich war hier an eine Drittelfinanzierung gedacht: Der Bund erklärte, ein Drittel, das heißt vier Milliarden Euro, zu übernehmen. Die beiden übrigen Drittel sollten von Ländern und Kommunen getragen werden – dies wurde nach den so genannten Krippengipfeln von Bund, Ländern und den Spitzengremien der Gebietskörperschaften so erklärt. Insbesondere die Kommunen begehrten jedoch gegen diese Regelung auf und brachten das Konnexitätsgebot aus dem Grundgesetz in Anschlag: Seit der Neuregelung der Bund-Länder-Kompetenzen durch die Föderalismusreform im Jahr 2006 kann der Bund bestimmte Aufgaben nicht mehr direkt an die Kommunen delegieren, sondern ist auf das jeweilige Bundesland verwiesen, das wiederum unter Berücksichtigung des Subsidiaritätsprinzips an die Kommunen herantritt – das Bundesland und mithin die hessische Landesregierung wurden mit dieser Neuregelung also auch in Sachen Tagespflege weitaus stärker in die Pflicht genommen. In der Folge delegierten die Bundesländer zwar die entsprechende Aufgabe an die Kommunen, klärten aber nicht die Frage der Kostenübernahme. Entsprechend haben einige Kommunen in Nordrhein-Westfalen vor dem Bundesverfassungsgericht geklagt. Das Gericht entschied in dieser Sache im Dezember 2010, die Länder müssten den Kommunen zusätzliche Gelder zur Verfügung stellen, da sonst das Konnexitätsgebot aus Artikel 104a Grundgesetz verletzt sei, wonach bei Auftragsdelegation der Auftraggeber die Kosten zu tragen habe. In der Folge entspann sich auch eine Debatte in Hessen über die Kostenerstattung für die Kommunen; die Landesregierung musste entsprechend mehr Mittel zur Verfügung stellen.

Hinzu gesellt sich eine weitere Schwierigkeit bei der Finanzierung, die direkt die Affinität zum Ausbau in Tagespflege und deren Bedingungen beeinflusst: Die Kostenübernahmezusage des Bundes bezog sich lediglich auf die Investitions- und Betriebskosten für den Ausbau und die Neuschaffung von Einrichtungen bzw. Betreuungsplätzen – nicht aber auf die Personalkosten. Diese hatten Kommunen und ggf. Land, je nach Art der Einrichtung, selbst zu tragen. Tagespflege geriet dadurch einmal mehr zu einer für die Gebietskörperschaften attraktiven Ausbaumöglichkeit. Denn Kosten im Allgemeinen liegen für einen Betreuungsplatz in Tagespflege unter denen einer institutionellen Betreuung (vgl. Wiemert 2010: 60) – zurückzuführen ist dies insbesondere auf die niedrigeren Personalkosten, deren Finanzierung Land und vor allem Kommunen obliegt.[9]

Quantitative Entwicklung

Das TAG und auch das KiFöG haben die Kindertagesbetreuung in Tagespflege nicht nur auf eine neue rechtliche Grundlage gestellt, so dass die rechtliche Gleichstellung zur Betreuung in Tageseinrichtungen gegeben ist. Diese gesetzlichen Grundlagen zielten zudem darauf, die Zahl der Plätze in Tagespflege zu erhöhen – damit einher geht die Notwendigkeit, dass mehr Personen als Tagesväter oder Tagesmütter tätig werden. Wie weit ist der Ausbau der Tagespflege gediehen, und wie viele Personen arbeiten mittlerweile als Tagesmutter oder -vater?

Neben Niedersachsen, dem Saarland und Schleswig-Holstein verzeichnete zu Beginn der Ausbauphase Hessen die höchste Zuwachsra-

9 Die von Wiemert (2010: 60) vorgenommene Berechnung bedarf allerdings detaillierterer Vergleichsrechnungen, da hier lediglich ein Bundesland einer Durchsicht unterzogen wurde.

te an Tagespflegeverhältnissen (vgl. Deutscher Bundestag 2009: 12).[10] Ausgangspunkt des Übergangs zur rechtlichen Gleichstellung und damit des Übergangs von einem Graumarkt zu einem öffentlich regulierten Bereich war ein nur geringer Anteil an *registrierten* Betreuungsplätzen in der Tagespflege; entsprechend verzeichnete Hessen im Übergang zunächst eine relativ hohe Steigerungsrate von 68,3 Prozent an registrierten, vorgehaltenen Plätzen von 2006 auf 2007 (vgl. Tabelle 1). Diese Steigerung zum Vorjahr flachte sich in den Folgejahren deutlich ab: von 2007 auf 2008 stieg die Zahl der Betreuungsplätze lediglich um 4,9 Prozent, von 2008 auf 2009 um 19,1 Prozent und sank in den Folgejahren wieder ab – von 2011 bis 2012 betrug sie wieder lediglich 5,5 Prozent. Dies zeigt, dass der anfangs so erfolgreich verlaufende Ausbau vermutlich in hohem Maße auf eine Transformation bislang nicht registrierter oder öffentlich geförderter Plätze zurückzuführen ist, mithin die Anzahl der 2007 gemeldeten Tagespflegeplätze höchstwahrscheinlich bereits vorher vorhanden war, nur eben nicht in Form von regulär gezählter Beschäftigung.

Trotz dieses ungleich verlaufenden Ausbaus zeigen die Zahlen, dass sich die Anzahl der Plätze in Kindertagespflege in Hessen deutlich nach oben bewegt hat (vgl. Hessisches Statistisches Landesamt 2013): Kurz vor der Landtagswahl stehen damit rund 9.500 Betreuungsplätze in Tagespflege zur Verfügung. Dies sind allerdings nicht die de facto belegten, also in Anspruch genommenen Plätze, sondern lediglich die von den Kommunen in diesem Bereich *vorgehaltenen* Plätze (vgl. Plenarprotokoll 18/117: 8102).

10 Die Zahlen in diesem Dokument berücksichtigen den Stand inklusive des Berichtsjahres 2008. Allerdings weichen die dort dargelegten Ausbauzahlen in nicht unbeträchtlichem Maße von dem ab, was an Zeitreihen-Zahlen derzeit beim Hessischen Statistischen Landesamt verfügbar ist (vgl. Hessisches Statistisches Landesamt 2013). Anzunehmen ist, dass die 2008 verfügbaren Zahlen retrospektiv korrigiert werden mussten.

*Tabelle 1: Tagespflegepersonen und Kinder in Tagespflege 2006 bis 2012 jeweils zum 01.03.**

	Tagespflegepersonen insg.	Kinder in Tagespflege insg.	Darunter Altersgruppen:		
			0–3	3–6	6–14
2006	2.185	3.480	2.087	566	827
2007	2.573	5.856	3.988	807	1.061
2008	2.509	6.141	4.151	920	1.070
2009	2.746	7.312	5.004	1.099	1.209
2010	2.862	8.069	5.622	1.123	1.324
2011	3.094	9.068	6.394	1.274	1.400
2012	3.092	9.566	6.957	1.185	1.424
Steigerung in Prozent 2006–2012	41,5	174,9	233,3	109,4	72,2

** 2006 bis 2008 Stichtag 15.03. statt 01.03.*

Quelle: Hessisches Statistisches Landesamt 2013, eigene Zusammenstellung und z.T. eigene Berechnung.

Die Ausbauzahlen in Tabelle 1 machen deutlich, dass sich die Zahl der Plätze rund verdreifacht hat, während die Zahl der hier tätigen Personen in Hessen im gleichen Zeitraum um rund das Anderthalbfache gewachsen ist. Die deutlich stärksten Steigerungsraten sind dabei im Bereich der Kleinkindbetreuung auszumachen, also in der Altersgruppe von null bis drei Jahren, die zugleich auch die arbeitsintensivste Gruppe mit dem höchsten Betreuungsschlüssel darstellt. Die Betreuungsrelation hat sich damit insgesamt, also über alle Altersgruppen hinweg, im Durchschnitt von 1,6 Kindern pro Tagespflegeperson im Jahr 2006 auf 3,1 im Jahr 2012 erhöht.

Das Bundesland Hessen hat damit im Jahr 2012 einen Bestand von insgesamt 46.590 Betreuungsplätzen für Kleinkinder erreicht, wovon mit 19,2 Prozent gut ein Fünftel durch Tagespflege realisiert wird (vgl. Hessischer Landtag 2012: 3). Dies entspricht auch weitgehend dem für das Kindergartenjahr 2013/14 von den einzelnen Gebietskörperschaften anvisierten Anteil für die Tagespflegebetreuung an der gesamten U3-Betreuung (vgl. ebd.: 5). Betrachtet man den Gesamtausbau, sind jedoch nicht alle nötigen Plätze geschaffen, bestand doch Mitte des Jahres 2012 noch eine Lücke von fünf Prozentpunkten zur Quote von 35 Prozent. Zudem ist bereits jetzt abzusehen, dass selbst dann, wenn bis Mitte des Jahres 2013 die 35-Prozent-Quote im Landesdurchschnitt erfüllt sein wird, die Zahl der Plätze trotz den regional divergierenden und insbesondere im urbanen Raum höher liegenden Ausbauquoten (vgl. ebd.) den Bedarf nicht wird decken können.

Betriebsform

Die legislativen und exekutiven Umbrüche und Initiativen der vergangenen Dekade haben im Berufsfeld Kindertagespflege zu einer grundlegenden Transformation der Betriebsform geführt: Vor Inkrafttreten von KICK, TAG und KiFöG waren Tagesmütter und Tagesväter auf einem insgesamt wenig regulierten Graumarkt tätig; die Basis waren private Absprachen zwischen Tagespflegeperson und Eltern. Eine öffentliche Genehmigung zur Tagespflege war vor 2005 erst ab vier betreuten Kindern erforderlich (vgl. Wiemert 2010: 49), auch wurden die Einnahmen nicht besteuert, und es bestand keine Sozialversicherungspflicht. Von der »Betriebsform« her hat sich Tagespflege durch die Reform in eine Mischung formaler Selbstständigkeit bei gleichzeitiger Abhängigkeit von öffentlichen Jugendhilfeträgern transformiert; der Bund übernimmt zudem hälftig die Kosten für Unfall- und Rentenversicherung, und die Einnahmen werden besteuert. Öffentliche Angestelltenverhältnisse werden damit allerdings nicht oder nur in Ausnahmefällen[11] geschaffen, sondern Tagespflegepersonen sind mehr oder minder freiberuflich tätig. Diese »Betriebsform« findet sich im Beschäftigungsfeld Wohlfahrtspflege der Literatur nach in zunehmendem Maße und wird auch als *social entrepreneurship* gekennzeichnet. Die Entwicklung im Feld Tagespflege entspricht damit einem Trend – die Mehrzahl der »Unternehmen« in der Bundesrepublik wird mittlerweile von Soloselbstständigen gestellt

11 So hat die hessische Kommune Wetzlar ein Modellprojekt gestartet, wonach Tagespflegepersonen beim Jugendamt angestellt werden. Aber auch damit werden keine sozialversicherungspflichtigen Arbeitsplätze zur Verfügung gestellt: Die Beschäftigung erfolgt in so genannten Minijobs, das heißt in geringfügigen und damit nicht sozialversicherungspflichtigen Beschäftigungsverhältnissen, deren Prekarität und Perspektivlosigkeit bekannt ist, vgl. dazu auch Zennig u.a. (2011: 36).

(vgl. Brenke 2013: 4), die hinsichtlich ihrer Interessenorganisation oft verhältnismäßig schlecht aufgestellt sind.[12]

Die Frage nach der »Betriebsform« ist aber auch darüber hinaus hinsichtlich der Sozialversicherungspflicht relevant, und dies insbesondere für die Krankenversicherungspflicht. Werden Tagesmütter und -väter, wie man zunächst annehmen könnte, als Selbstständige gehandelt und sind entsprechend freiwillig in der gesetzlichen Krankenkasse oder aber privat versichert?

Die Spitzenverbände der gesetzlichen Krankenkassen haben sich darauf geeinigt, dass »Tagespflegepersonen, die bis zu fünf Kinder betreuen, nicht als hauptberuflich selbstständig anzusehen sind« (Wiemert 2010: 54). Die Folge dieser Festlegung ist, dass verheiratete Tagespflegepersonen sich über den Ehepartner mitversichern können, da sie als nebenberuflich tätig gelten. Hauptberuflichkeit bemisst sich zwar grundsätzlich laut höchstrichterlicher Rechtsprechung, so Wiemert (2010: 54), an der Arbeitszeit, das heißt hauptberuflich tätig ist, wer mehr als nur halbtags arbeitet. Hier allerdings ziehen die Sozialversicherer gerade nicht den Umfang, sondern die *Art* der Tätigkeit heran, um die Ausübung von Haupt- und Nebenberuf zu unterscheiden. Der Umfang der Tätigkeit steht dem in der Praxis jedoch häufig entgegen, denn auch zwei oder drei Kinder können acht (oder mehr) Stunden am Tag betreut werden.

> »Bei keinem anderen Dienstleister wird die Zahl der Kundenaufträge etc. als Gradmesser für die Einstufung als haupt- oder nebenberufliche Selbstständigkeit genommen« (Wiemert 2010: 54).

Diese Regelung zeigt wie auch andere, später näher ausgeführte Aspekte der Tätigkeit als Tagespflegeperson, dass die geringen Einnahmen in diesem Sektor dadurch kompensiert werden sollen, dass die Sozialversicherung zum Teil auf Basis eines Zuverdiener- bzw. Ernährermodells realisiert wird.

12 Parallelen zeigen sich etwa hinsichtlich des Organisationsgrads von Alleindienstleistern in der Kreativwirtschaft, vgl. Manske/Schnell (2010: 712).

Arbeitsbedingungen in der Kindertagespflege in Hessen: Alter Wein in neuen Schläuchen

Wie stellen sich nun die Arbeitsbedingungen der in der Tagespflege tätigen Personen dar? Auf Basis eines an der Philipps-Universität Marburg durchgeführten Forschungsprojekts von GendA – Forschungs- und Kooperationsstelle Arbeit, Demokratie, Geschlecht zur Kindertagespflege in Hessen lassen sich dazu Aussagen treffen (vgl. Zennig u.a. 2011).[13] Die Ergebnisse berücksichtigen den Stand inmitten der Ausbauphase bis 2010, und sie lassen sich in zwei Richtungen deuten: Erstens zeichnet sich ab, dass – wenig überraschend für ein vorrangig von Frauen besetztes Tätigkeitsfeld – die Tätigkeit als Tagesmutter oder -vater in Hessen kaum zur eigenständigen Existenzsicherung reicht, sondern vielmehr eine relativ unsichere Erwerbstätigkeit darstellt, die zudem im Sinne des Zuverdiener- bzw. Ernährermodells in Abhängigkeit entweder vom Einkommen des/der Ehepartners/-partnerin oder von Aufstockungsleistungen des örtlichen Jobcenters stattfindet. Zweitens ist in den untersuchten Landkreisen ein gewisser Wildwuchs auszumachen, der zu regional sehr unterschiedlichen Wirkungsbedingungen für die Tagespflegepersonen geführt hat – und dies innerhalb Hessens! – und der deutlich macht, dass die hessische Landesregierung stärker im Sinne der dort Tätigen hätte regulieren müssen.

Im Folgenden werden die Ergebnisse des Projekts knapp zusammengefasst; für eine ausführliche Darstellung sei auf Zennig u.a. (2011) verwiesen. Grundsätzlich stehen dabei die Spezifika der hessischen Situation im Vordergrund. Allerdings wird sich die im Forschungsprojekt herausgearbeitete Entwicklung und Situation in Hessen vermutlich auch in anderen Bundesländern so darstellen.

Das Forschungsprojekt: Datengrundlage und Methodik

Das Forschungsprojekt »Care-Arbeit in der Transformation: Arbeitsbedingungen von Tagesmüttern und -vätern im Prozess von Vermarktlichung, Flexibilisierung und Prekarisierung« stellt eine Vorstudie mit

13 Vgl. auch die Projektdarstellung auf http://www.uni-marburg.de/fb03/genda/forschung/projekte/aktuellpro/carearbeit.

explorativem Charakter dar. Ziel des Projekts war es, anhand des Bundeslands Hessen die Grundzüge der Veränderungen im Feld Tagespflege zu erfassen, und dies vor allem mit Blick auf die Arbeitsbedingungen der hier tätigen Personen. Zu diesem Zweck wurden qualitative und quantitative Primärdaten erhoben und ausgewertet sowie sekundäranalytische Quellen insbesondere in Form von Literatur und statistischen Daten herangezogen. Kern des Projekts waren Fallstudien in drei hessischen Kreiseinheiten.[14] Dazu wurden möglichst unterschiedliche Kreiseinheiten gewählt, die in den Merkmalen Stadt-Land, Status Quo der Regulierung in der Tagespflege, Finanzsituation der Kreiseinheit sowie in ihrem Status und hinsichtlich der Kinderbetreuungsquote differierten. In drei auf diesem Wege ausgewählten Kreiseinheiten führten die Projektmitarbeiterinnen Katarina Schritt und Karin Zennig sowohl Expert/inn/eninterviews mit zentralen Akteurinnen und Akteuren[15] als auch problemzentrierte Interviews mit Tagespflegepersonen, die mittels qualitativer Inhaltsanalyse ausgewertet wurden.[16] Parallelisiert wurden die Fallstudien durch eine quantitative Online-Erhebung bei den zuständigen Jugendämtern; Gegenstand der Online-Erhebung war die Regulierungspraxis in der jeweiligen Kreiseinheit.[17]

Ein neues Frauenbeschäftigungsfeld – ohne Qualifikation?

Auch in Hessen ist Kindertagespflege ein fast ausschließlich von Frauen besetztes Beschäftigungsfeld: Lediglich 2,5 Prozent aller Tagespflegepersonen sind Tagesväter (absolut: 77 Männer zu 3.015 Frauen) (Hessisches Statistisches Landesamt 2012: 71). Dies ist kein Zufall, stützt

14 Unter Kreiseinheiten werden hier Landkreise, Stadtkreise und Städte mit Sonderstatus verstanden.

15 Vgl. die ausführliche Darstellung in Zennig u.a. (2011: 24).

16 Es ließen sich insgesamt neun Expert/inn/eninterviews mit Akteurinnen und Akteuren sowie zwölf problemzentrierte Interviews mit Tagespflegepersonen realisieren; zudem konnten die vorläufigen Projektergebnisse mit dem Hessischen Kindertagespflegebüro diskutiert werden.

17 Der Rücklauf der Online-Fragebögen zeigte sich mit 21 von insgesamt 33 Fragebögen als relativ hoch; gleichwohl ist eine Auswertung bei einer Fallzahl von n=<30 grundsätzlich schwierig, da bereits geringe Abweichungen der absoluten Zahlen zu überdeutlichen Verschiebungen der relativen Größen führen. Vorgenommen wurden deshalb vor allem Häufigkeitsauszählungen.

sich doch eine hierarchische Geschlechterordnung vorrangig auf eine geschlechtsspezifische Aufteilung von Arbeit, was insbesondere an der nahezu Alleinzuständigkeit von Frauen für Haus-, Sorge- und Familienarbeit sichtbar wird.[18]

Für die Tätigkeit als Tagesmutter oder -vater bedurfte es vor 2005 keiner Berufsausbildung oder Qualifizierung. Seit den gesetzlichen Initiativen auf Bundesebene ist dies anders: Das Deutsche Jugendinstitut (DJI) hat im Auftrag der Bundesregierung ein Kerncurriculum mit einem Umfang von 160 Stunden für die Kindertagespflege erarbeitet. In Hessen bedarf es einer Grundqualifizierung von 45 Stunden, die allerdings regional stark variiert (vgl. (Hessisches Statistisches Landesamt 2012: 71). Mit diesem Schritt, der nach den gesetzlichen Initiativen auf Bundesebene verpflichtend war, allerdings kommunal unterschiedlich ausgestaltet werden konnte, hat sich der Anteil der mit Qualifizierung arbeitenden Tagespflegepersonen deutlich erhöht: Mittlerweile arbeiten von den 3.092 registrierten Tagespflegepersonen mit einem Anteil von 94,2 Prozent (absolut: 2.914) fast alle mit einer Grundqualifizierung, davon die Mehrheit (53,7 Prozent, absolut: 1.594) mit einer Qualifizierung im Bereich von 30 bis 70 Stunden.[19] Dies entspricht allerdings keiner Berufsausbildung, zudem bleibt Hessen damit deutlich hinter dem Kerncurriculum des DJI zurück. Es zeigt sich damit, dass der Bereich der Tagespflege nach wie vor und trotz einer gewissen Formalisierung auch in Hessen als ein eher nachrangiger Berufsbereich betrachtet wird, für den nur wenige Stunden an Qualifizierung ausreichen. Trotz all dieser Mängel stellt dies doch auch einen Fortschritt gegenüber der vorherigen Situation dar. Geregelt wurde zudem die Anzahl der Kinder: So darf eine Tagespflegeperson maximal fünf Kinder parallel, insgesamt jedoch nicht mehr als zehn Kinder betreuen (vgl. Hessischer Landtag 2006).

---

18 Auch jüngere Wandlungsprozesse auf kultureller Ebene, u.a. eine stärkere Teilnahme der Väter an der Elternzeit, sowie die steigende Erwerbsintegration von Frauen ändern an der Aufteilung der privaten Arbeit de facto relativ wenig (vgl. u.a. die Studie zu Doppelverdienerpaaren von Zerle/Keddi 2011). Diese Arbeitsteilung und -hierarchisierung setzt sich auch in einem horizontal, vertikal und regional nach Geschlecht segregierten Arbeitsmarkt fort – und bedeutet, dass insbesondere personenbezogene und haushaltsnahe (Betreuungs-)Dienstleitungen klassische Frauenbeschäftigungsfelder darstellen.

19 Eigene Berechnung auf der Basis von Zahlen des Hessischen Statistischen Landesamtes (2012: 71).

Tagesmutter/-vater sein: Riskante Abhängigkeit

Die Ergebnisse des Forschungsprojekts zu den Arbeitsbedingungen von Tagesmüttern und -vätern zeigen dreierlei: Erstens wurde durch die geringe Regulierung auf Landesebene sowie die daraus resultierende Heterogenität auf Kreisebene eine neue, riskante Abhängigkeit der Tagespflegepersonen geschaffen, die insbesondere auf die mangelhafte Planbarkeit des Einkommens zurückzuführen ist. Zweitens zeigt sich ein Problem hinsichtlich der Vereinbarkeit von Familie und Beruf, das in Verbindung mit der unsicheren Einkommenssituation zu einer erheblichen Entgrenzung führt.

Die in der Kindertagespflege tätigen Personen werden durch die neuen Regulierungen in eine gewisse Abhängigkeit gebracht: Die Sozialversicherungskosten werden hälftig von der öffentlichen Hand übernommen; zudem sind in Hessen die örtlichen Träger der Jugendhilfe diejenigen, die die Eignungsprüfung der Person und der Räumlichkeiten vornehmen, die Pflegeerlaubnis erteilen und die Qualifizierung organisieren. Damit arbeiten die Tagespflegepersonen einerseits in einem Abhängigkeitsverhältnis – obwohl sie nicht formell beim Jugendamt beschäftigt sind. Riskant ist diese Abhängigkeit andererseits insofern, als die über diese Grundlagen hinausgehende Regulierung sehr heterogen ist und von Kreiseinheit zu Kreiseinheit stark variiert. Dies gilt unter anderem für die Form der Vermittlung, das Entgelt, den Zeitpunkt der Auszahlung der Gelder, Lohnfortzahlung im Krankheitsfall, Urlaubsgeld, Umfang der Qualifizierung sowie für die Form der fachlichen Beratung und der Angebote für die Vernetzung der Tagespflegepersonen. Die Online-Erhebung des Forschungsprojekts im Jahr 2010 hat ergeben, dass Stundensätze von Kommune zu Kommune stark schwanken, und dass auch die Ausgestaltung des rechtlichen Rahmens ganz unterschiedlich ausfällt – in einigen Landkreisen fehlt sogar die bundesweit vorgeschriebene Satzung (vgl. Zennig u.a. 2011: 28 f.). Die konkrete Ausgestaltung vor Ort in den einzelnen Gebietskörperschaften ist dabei, wie die Interviews gezeigt haben, sowohl pfad- als auch akteursabhängig (vgl. ebd.: 29 f.): Existierten schon vor 2005 Tagespflegevereine, die bei den Jugendämtern ein Bewusstsein für die Bedeutung der Tagespflege geschaffen hatten, dann waren in der Regel deutlich positivere Regelungen für die Tagesmütter und -väter vorhanden.

Riskant ist die Abhängigkeit der Tagespflegepersonen aber jenseits der bereits genannten Aspekte vor allem noch aus zwei Gründen: erstens aufgrund der schwierigen Planbarkeit des ohnehin kaum ausreichenden Einkommens, und zweitens aufgrund der ambivalenten Vereinbarkeit von Familie und Beruf.

Für das tatsächlich als *social entrepreneur* in diesem Feld zu erwirtschaftende Entgelt ist für die Tagespflegepersonen zunächst, wie schon hinsichtlich anderer Ausgestaltungen, die jeweilige Situation im Kreis entscheidend: Zwar übernimmt der Bund einen Teil der Betriebskosten, und auch das Landesprogramm BAMBINI/KNIRPS enthält eine Betriebskostenförderung in Höhe von 250 Euro pro Kind.[20] Die Personalkosten allerdings stammen, ebenso wie weitere Bezuschussungen, aus den ohnehin angespannten Haushalten der Kommunen, und hier schaffen auch die einmaligen Bonuszahlungen des Landes kaum Entlastung. Zwar haben die Kommunen mit der Konnexitätsklage aus Nordrhein-Westfalen vor dem Bundesverfassungsgericht einiges erreicht (s.o.). Gleichwohl stellte sich die Situation zum Zeitpunkt der Online-Erhebung im Frühjahr 2010 so dar, dass die kommunalen Entgelte für die Tagespflegepersonen deutlich variierten, und zwar zwischen 2,20 Euro bis zu 5,50 Euro pro Stunde und Kind (vgl. ebd.: 30). Diese Regelungen zeigen, dass es einmal mehr an vereinheitlichenden kreisübergreifenden Landesregelungen fehlt. Die Folge ist eine erhebliche finanzielle Unsicherheit für die Tagespflegepersonen zum Zeitpunkt der Befragung. Denn in den meisten befragten Kreiseinheiten werden die Tagespflegepersonen nicht monatlich pauschal, sondern nach tatsächlich geleisteten Stunden bezahlt. Urlaub und Krankheit der Kinder oder der Eltern, aber auch eigene Erkrankung und (seltener) eigener Urlaub minimieren das so zu erwirtschaftende Einkommen erheblich und verringern vor allem dessen Planbarkeit: »Ich lebe im Prinzip von Monat zu Monat«, beschreibt eine Tagesmutter diese Situation (vgl. ebd.: 31). Diese sozial risikoreichen Bedingungen der »Arbeitskraftunternehmerinnen« in der Tagespflege führen zu einem entsprechenden Anpassungsverhalten, insbesondere hinsichtlich der eigenen Gesundheit: »Krank werden darfst du nicht,« so eine Tagespflegeperson (vgl. ebd.). Auch die Krankheitsvertretungen, die in einigen Kreiseinheiten existieren, änderten zum Zeitpunkt der Erhebung an diesem Risiko nur wenig

20 Dies gilt, sofern das Kind mehr als sieben Stunden am Tag betreut wird.

– zwar war damit die Vertretung bis zu einem gewissen Grad gesichert, allerdings wurde das Entgelt an die Tagespflegepersonen trotzdem nicht weitergezahlt (vgl. ebd.). Es zeigte sich im Zuge der Erhebung zudem, dass diese Problematik den Zuständigen bei den örtlichen Trägern der Jugendhilfe durchaus bekannt und ihre Minimierung ein Anliegen ist. Allerdings können auch die in einigen Kreiseinheiten bislang ergriffenen Maßnahmen, vor allem eine gewisse Erhöhung der Entgelte, dem nicht grundlegend entgegen wirken. Eine gewisse Kompensation ergibt sich für die Tagespflegepersonen daraus, dass so genannte Aufschlagzahlungen eine erhebliche Verbreitung haben. Dies sind Gelder, die zusätzlich von den Eltern an Tagesmutter oder -vater entrichtet werden, und mit denen die Tagespflegepersonen laut Online-Erhebung ihren Reallohn auf geschätzte drei bis sieben Euro erhöhen (vgl ebd.: 32). Wie viel die Eltern jeweils zusätzlich zahlen können, ist wiederum eine Frage der regionalen Situation, finden sich doch in einigen Land- oder Stadtkreisen in Hessen deutlich überdurchschnittliche Einkommen. Das Süd-Nord-Gefälle der hessischen Gebietskörperschaften reproduziert sich auch in diesem Punkt. Auch in Hessen führt die Entlohnung de facto dazu, dass diese Tätigkeit als Zuverdienst im Familienkontext gesehen wird, da Tagespflege nur in Ausnahmefällen Existenz sichernd sein kann: »Ohne meinen Mann könnte ich nicht davon leben,« so eine Tagesmutter (vgl. ebd.: 33).

Als mit Schwierigkeiten behaftet zeigte sich im Zuge der Erhebung allerdings auch die Frage der eigenen Vereinbarkeit, die für viele Tagespflegepersonen ein wesentliches Motiv für die Aufnahme dieser Tätigkeit ist. Denn viele Tagespflegepersonen haben eigene Kinder (vgl. ebd.: 34) und wollen deren Betreuung und die eigene Elternzeit mit der Betreuung fremder Kinder und dem entsprechenden (wenngleich geringen) Einkommen verbinden. Gerade aber die zeitliche und räumliche Flexibilität, die mit der Tagespflege verbunden ist und die nur bedingt vom Gesetzgeber geregelt wird, steht der gewünschten Vereinbarkeit erheblich entgegen. Wie die Erhebung gezeigt hat, nehmen die Tagespflegepersonen ihre Arbeit als in hohem Maße zeitlich entgrenzt wahr (vgl. ebd.: 34). Denn die Frage, wann die Tageskinder kommen und bis wann sie bleiben, wird durch die öffentliche Hand nicht geregelt und obliegt damit der bilateralen Vereinbarung zwischen Tagespflegeperson und Eltern. Sowohl ein Betreuungsbeginn um sechs Uhr morgens war anzutreffen wie auch eine Beendigung der Betreuung um halb acht Uhr abends oder regelmäßige Betreuung am Wochenende (vgl. ebd.). Gerade aber die mäßige Entlohnung dieser Tätigkeit und ihre Bindung an die tatsächlich geleisteten Stunden bringt die Tagespflegepersonen in die Lage, ein möglichst hohes Maß an Betreuungsstunden anzubieten, um eine gewisse Existenzsicherung zu erzielen – insbesondere dann, wenn sie nicht durch einen Ehepartner abgesichert sind, sondern in Abhängigkeit von Aufstockungsleistungen des Jobcenters arbeiten. Auch diesbezüglich ist eine andere Regulierung durch das Land Hessen nötig. Denn wie gut es der Tagespflegeperson gelingt, Grenzen zu setzen und klare Arbeitszeiten auszuhandeln, hängt von ihrer Professionalität, den Rahmenbedingungen des Landkreises sowie dem Ausmaß der finanziellen Abhängigkeit der Tagespflegeperson und der Betreuungsnachfrage ab (vgl. ebd.).

Interessenvertretung: »Es ist so frauenspezifisch still«

Wie artikulieren die Tagespflegepersonen in Hessen angesichts dieser schwierigen Situation ihre Interessen, wie können sie sich für eine Verbesserung ihrer Arbeitsbedingungen einsetzen? Das Forschungsprojekt hat diesbezüglich Ernüchterndes zutage gefördert: Zwar sind Vereine vorhanden, die der Bündelung und Artikulation der Interessen der Tagespflegepersonen dienen (könnten); zudem ist es explizit Aufgabe der örtlichen Jugendhilfeträger, die Vernetzung zu fördern. Die konkreten Bedingungen der Arbeit jedoch, insbesondere ihre zeitliche Entgrenzung und ihr Charakter der Vereinzelung, stehen einer wirksamen Interessenvertretung der Tagesmütter und -väter erheblich entgegen, ebenso die fehlende Institutionalisierung von Verhandlungsmöglichkeiten.

Die Online-Befragung der hessischen Jugendämter hat hinsichtlich der Frage der Organisierung von Tagespflegepersonen in Vereinen ergeben, dass lediglich in gut zwei Fünfteln (42,9 Prozent) der hessischen Kreiseinheiten so genannte Tagespflege- oder Tagesmüttervereine vorhanden sind (vgl. ebd.: 42, 44). Zudem schätzen die befragten Akteurinnen und Akteure bei den Jugendämtern, dass der Grad der Organisierung der einzelnen Tagesmütter und -väter in diesen Vereinen gering ist und eher im Bereich bis zu 25 Prozent liegt (vgl. ebd.: 44). Zwar haben die Interviews auch gezeigt, dass viele Tagespflegepersonen sich über den gesellschaftlichen Wert der eigenen Arbeit im Klaren sind und auch ein Bewusstsein für die eigenen schwierigen Arbeitsbedingungen haben; dennoch gelangt es aber offenbar kaum zu Interessenaustausch und -artikulation (vgl. ebd.: 45) – was die Vertreterin eines Tagespflegevereins auch auf den hohen Frauenanteil im Feld zurückführt:

> »Wenn im Kohlebau irgendwas ist, dann sind die laut. Die sind in der Gewerkschaft, die haben eine Vertretung. Die kämpfen. Das haben wir noch nicht. Und es ist so frauenspezifisch still.« (ebd.: 49)

Tatsächlich artikulieren die interviewten Vertreter/innen der Jugendämter diese Problematik oftmals deutlicher als die Tagespflegepersonen (vgl. ebd.: 45). Einer wirksamen Antizipation und Praxis der Interessenartikulation und Organisierung stehen auch die Vereinzelung und die räumlich begrenzte Arbeit in der eigenen Wohnung entgegen, zudem, wie eine Akteurin es formuliert, der Status der Quasi-Selbstständigen, da ohne eine Arbeit im Team Austausch und Informationen oftmals fehlen (vgl. ebd.: 49).

Neben diesem geringen Organisationsgrad wirken zwei andere Aspekte ebenfalls hemmend auf eine gelingende Interessenartikulation: Erstens sehen viele Tagespflegevereine ihre Aufgabe eher in der fachpolitischen und weniger einer berufsgenossenschaftlichen oder gar gewerkschaftsähnlichen Vertretung.

> »Nicht die Tagespflegeperson steht im Handlungsmittelpunkt, sondern die Betreuungsform Tagespflege; ihr soll zur gleichwertigen Anerkennung [gegenüber der Betreuung in Einrichtungen, d. Verf.] verholfen werden.« (Wiemert 2010: 73 f.)[21]

Zweitens existiert keine institutionalisierte Ebene der Verhandlung mit den Jugendämtern. Die Träger der örtlichen Jugendhilfe sind als ausführende Organe erste Ansprechpartner der Vereine und der Tagespflegepersonen. Sie bestimmen durch Eignungsprüfung und Pflegeerlaubnis nicht nur den organisatorischen Rahmen, sondern setzen auch, wie bereits beschrieben, das Entgelt kommunal unterschiedlich fest. Mit anderen Worten: Sie sind die Verhandlungspartner in Tarifangelegenheiten – nur dass keine Strukturen für tarifähnliche Verhandlungen existieren. Wo und wie können, sollten, müssen oder dürfen Tagespflegepersonen

21 Wiemert bezieht dies vorrangig auf den Bundesverband Kindertagespflege; diese Feststellung lässt sich jedoch auch, wie die Interviews gezeigt haben, in weiten Teilen auf die lokalen Tagespflege/-müttervereine übertragen.

bei der Festlegung ihrer Arbeitsbedingungen und ihrer Entlohnung mitwirken und mitbestimmen? Dies ist in keiner Weise geregelt. Zwar sind in der Befragung auch lokale Beispiele für starke Verhandlungspositionen von Tagespflegevereinen und quasi-institutionalisierte Möglichkeiten der Interaktion mit den Jugendämtern aufgetaucht (vgl. Zennig u.a. 2011: 46). Allerdings fehlt es hier grundsätzlich an zum einen wirksamen und zum anderen kreisübergreifenden, landesweit verbindlichen Regelungen.

Zusammenfassung und Fazit: Eine Frage der Regulierung – und der Alternativen

Kindertagespflege in Hessen wird ausgebaut, um den Betreuungsanspruch für Kleinkinder ab dem Sommer 2013 zu realisieren und damit mehr Eltern und insbesondere Müttern eine Erwerbstätigkeit zu ermöglichen. Auch wenn die Zahl der Plätze vermutlich nicht ausreichen wird, um den Bedarf zu decken, so hat die Kindertagespflege in den vergangenen Jahren einen nennenswerten Umfang erreicht und unterlag in dieser Zeit einer erheblichen Transformation.

Allerdings vollzog sich dies bislang unter Bedingungen, die vor allem zulasten der in diesem Feld tätigen Quasi-Selbstständigen gehen: Tagespflegepersonen werden zwar jetzt qualifiziert, allerdings in einem Umfang, der weit unter einer substanziellen Berufsausbildung liegt. Hessen hat hier zudem einen Mindestumfang vorgegeben, der deutlich hinter dem vom DJI vorgeschlagenen Kerncurriculum zurück bleibt – und die Mehrheit der Tagespflegepersonen ist de facto in einem deutlich geringeren als dem vom DJI vorgeschlagenen Umfang qualifiziert. Tagespflegepersonen in Hessen arbeiten zudem in riskanter Abhängigkeit, denn die Entlohnung ist nicht existenzsichernd und wird auch durch informell vereinbarte Aufschlagzahlungen nur bedingt erhöht. Sie bleiben oftmals abhängig vom Einkommen des/der Ehepartners/in – oder aber von Aufstockungsleistungen des Jobcenters. Gleichzeitig steht die eigene Vereinbarkeit von Familie und Beruf in Frage, weil die Betreuungszeiten nicht einheitlich und grenzziehend geregelt sind, sondern bilateral vereinbart werden. Hinzu kommt, dass ein möglichst hoher Umfang an Betreuung angeboten werden muss, um das ohnehin geringe Einkommen zu erhöhen. Die eigene Interessenvertretung ist zudem mangelhaft, was einerseits auf den geringen Organisationsgrad zurückzuführen ist, andererseits aber auf die ungeregelte Frage der Mitbestimmung und der Verhandlungsmöglichkeiten von Tagespflegepersonen gegenüber den hessischen Jugendämtern. Alle Aspekte verweisen stets auf ein zentrales Problem: das der regionalen Heterogenität der Regelungen, denn die Differenzen zwischen den unterschiedlichen Kreiseinheiten in Hessen sind aufgrund mangelnder *landesweiter* Regelungen groß.

Der derzeitige Status Quo der Arbeitsbedingungen der in Kindertagespflege tätigen Personen in Hessen ist allerdings nicht alternativlos. Mehrere Beispiele zeigen, dass eine andere Organisationsform den in diesem Feld Tätigen nicht nur bessere Arbeitsbedingungen, sondern auch bessere Perspektiven und bessere Absicherung bietet. Grundsätzlich wäre mit einer Festanstellung der Tagespflegepersonen bei den Jugendämtern ihre auch sozialrechtliche Gleichstellung mit den in Kitas, Kindergärten und Krippen tätigen Erziehern/innen anzustreben. Zudem zeigt ein Beispiel der Gemeinde Sønderborg in Dänemark, dass und wie eine Festanstellung realisierbar ist (vgl. Wüst 2010: 18). Gleichwohl ist nicht von der Hand zu weisen, dass gerade die räumliche und zeitliche Flexibilität nicht nur für die Eltern der Tageskinder einen Vorteil darstellt,sondern auch, wie die Erhebung gezeigt hat, von mehreren Tagespflegepersonen als Argument gerade für ihre Tätigkeit ins Feld geführt wird – eben um die Vereinbarkeit von Erwerbstätigkeit und eigenen Kindern zu realisieren.

Deshalb lohnt hinsichtlich der Frage nach Alternativen ein Blick auf andere Organisationsformen, die auch für die hessischen Tagespflegepersonen bei entsprechender Unterstützung durch Land und Kommunen sowie bei entsprechend einheitlicher Regulierung eine Verbesserung darstellen könnten. Diese anderen Organisation sind einerseits die Tagesgroßpflege und andererseits die genossenschaftliche Organisation.

Die Tagesgroßpflege ist eine hierzulande bereits existente Alternative: Sie besteht aus mehreren Tagespflegepersonen, die insgesamt mehr als fünf Kinder betreuen und in denselben Räumlichkeiten tätig sind. Die konkreten Anforderungen sind bundeslandspezifisch unterschiedlich ausgestaltet (vgl. Gerszonowicz 2005: 30). In Hessen ist die Tagesgroßpflege erlaubt, es muss allerdings jedes Kind eindeutig einer Tagespflegeperson zugeordnet sein (vgl. Hessischer Landtag 2006). Tagesgroßpflege nimmt insgesamt zwar einen geringen Stellenwert ein, so lag der Anteil der Tagesgroßpflege bei nur 8,6 Prozent. Allerdings sind hier vor allem die regionalen Unterschiede eklatant: So finden sich insbesondere im Osten relativ viele Tagesgroßpflegestellen (vgl. Deutscher Bundestag 2009: 17). Zudem hat die Erhebung gezeigt, dass die kommunalen Regelungen auf Kreisebene offenbar erheblich beeinflussen, ob die Möglichkeit zur Tagesgroßpflege gegeben ist (vgl. Zennig u.a. 2011: 27).

Eine weitere Option ist der Zusammenschluss mehrerer Tagesmütter und -väter in Form einer Genossenschaft. Wie ein Beispiel aus Baden-Württemberg zeigt, konnte auf diese Weise ein umfassendes Netz an flexibler Care-Arbeit realisiert werden, bei der die dort Tätigen zudem anders abgesichert sind.[22] Gefördert von der Metropolregion Rhein-Neckar haben sich mehrere Tagespflegepersonen gemeinsam mit Altenpfleger/inne/n zusammengeschlossen, um für Erwerbstätige ein entsprechendes »Paket« aus einer Hand anzubieten. Zwar wird auch diese Form der Organisation ihre Vor- und Nachteile mit sich bringen, und zudem befindet sich diese Genossenschaft in einer relativ prosperierenden Region. Allerdings ist damit zumindest der Vereinzelung eine Alternative entgegen gesetzt. Es bleibt Aufgabe der hessischen Landesregierung, sich dieser Handlungsnotwendigkeiten und Alternativen anzunehmen.

Literatur

Brenke, Karl (2013), Allein tätige Selbständige: starkes Beschäftigungswachstum, oft nur geringe Einkommen, in: *DIW Wochenbericht*, 7–2013, S. 3–16.

Deutscher Bundestag (2009), *Bericht der Bundesregierung über den Stand des Ausbaus für ein bedarfsgerechtes Angebot an Kindertagesbetreuung für Kinder unter drei Jahren für das Berichtsjahr 2008. Drucksache 16/12268*, Berlin.

Gerszonowicz, Eveline (2005), Neue Organisationsmodelle privater und öffentlicher Angebote familiennaher Kleinkindbetreuung, in: Diller, Angelika/ Jurcyk, Karin/ Rauschenbach, Thomas (Hg.): *Tagespflege zwischen Markt und Familie – Neue Herausforderungen und Perspektiven*, München, S. 29–48.

Hessischer Landtag (2006), *Beschlussempfehlung und Bericht des Sozialpolitischen Ausschusses zu dem Gesetzentwurf der Landesregierung für ein Gesetz zur Zusammenführung und Änderung von Vorschriften der Kinder- und Jugendhilfe. Drucksache 16/6655*, Wiesbaden.

22 Vgl. www.familiengenossenschaft.eu

Hessischer Landtag (2012), *Antwort der Landesregierung auf die Große Anfrage der Abgeordneten Cardenas, van Ooyen, Schaus, Dr. Wilken und Wissler (Die LINKE) und Fraktion betreffend Ausbau der Kinderbetreuung im U3-Bereich — Ausbaustand, Bedarf und Bedarfsermittlung sowie Gebührenentwicklung.* Drs. 18/5978, Wiesbaden.

Hessisches Statistisches Landesamt (2012), *Statistische Berichte: Kinder und sonstige Personen in Tageseinrichtungen und Kindertagespflege in Hessen am 1. März 2012. KV7 – j/12,* Wiesbaden.

Hessisches Statistisches Landesamt (2013), Tagespflegepersonen und Kinder in Tagespflege. *http://www.statistik-hessen.de/themenauswahl/gesundheitswesen-soziales/landesdaten/sozialleistungen/kinder-u-jugendhilfe/tagespflegepersonen-und-kinder-in-tagespflege/index.html*, zuletzt aufgerufen am 04.03.2013.

Künzel, Gerd (2011), Social Entrepreneurship und Politik — Partnerschaftliches Handeln für sozialen Zusammenhalt? In: Jähnke, Petra/ Christmann, Gabriela B./ Balgar, Karsten (Hg.): *Social Entrepreneurship*, Wiesbaden, S. 149–154.

Manske, Alexandra/Schnell, Christiane (2010), Arbeit und Beschäftigung in der Kultur- und Kreativwirtschaft, in: Bühle, Fritz u.a. (Hg.): *Handbuch Arbeitssoziologie*, S. 699–727.

Plenarprotokoll des Hessischen Landtags 18/117 vom 25.09.2012

Wiemert, Heike (2010), *Tagesmutter als Beruf: eine Untersuchung über die prekäre Anerkennung der Kindertagespflege als Beschäftigungsfeld und das Arbeits- und Selbstverständnis von Tagesmüttern*, Bielefeld.

Wüst, Jürgen (2010), *Sichernde Rahmenbedingungen in der Kindertagespflege. Ein Praxisleitfaden*, Wiesbaden.

Zennig, Karin/Schritt, Katarina/Brand, Ortrun (2011), *Care-Arbeit in der Transformation: Arbeitsbedingungen von Tagesmüttern und -vätern im Prozess von Vermarktlichung, Flexibilisierung und Prekarisierung* .

Zerle, Claudia/Keddi, Barbara (2011), »Doing Care« im Alltag Vollzeit erwerbstätiger Mütter und Väter. Aktuelle Befunde aus AID:A, in: *Gender. Zeitschrift für Geschlecht, Kultur und Gesellschaft* 2011/3, 55–72.

»Bildung ist mehr wert!«

Interview von Kai Eicker-Wolf mit Kirsten Frank

Aktuell – also Anfang März 2013 – wird in Hessen kontrovers über den Gesetzentwurf der Fraktionen der CDU und der FDP für ein Gesetz zur Änderung des Hessischen Kinder- und Jugendhilfegesetzbuches und zur Änderung und Aufhebung anderer Rechtsvorschriften – Hessisches Kinderförderungsgesetz (HessKiföG) diskutiert. Über dieses Vorhaben und den Bereich der frühkindlichen Bildung und Betreuung sprach Kai Eicker-Wolf mit Kirsten Frank von ver.di Hessen, Fachbereich Gemeinden.

Kai Eicker-Wolf: Die Gewerkschaften lehnen zusammen mit vielen Organisationen den Gesetzentwurf von CDU und FDP für ein hessisches Kinderförderungsgesetz – kurz KiföG – ab. Warum?

Kirsten Frank: Die Regierungsfraktionen behaupten, dass ihr Gesetz der Erhöhung von Flexibilität und Bedarfsgerechtigkeit sowie der Qualitätssicherung diene. Tatsächlich verschlechtert der Gesetzentwurf die Arbeitsbedingungen der Erzieherinnen und Erzieher genauso wie die Qualität einer zentralen kommunalen Dienstleistung.

Was kritisieren die Gewerkschaften konkret?

Es gibt verschiedene Punkte. Durch die Ablösung der »gruppen-« durch die »kind-«bezogene Berechnung des Betreuungsschlüssels soll der Personalbedarf künftig nach der Anzahl der zu einem festen Stichtag, dem 1. März, tatsächlich angemeldeten Kinder ermittelt werden. Das bedeutet konkret, dass die maximale Förderung nur diejenigen Kitas erhalten, die die Gruppen voll besetzen – also mit 25 Kindern. Bei Kindern unter drei Jahren ist die Anhebung der maximalen Gruppengröße sogar von heute 8–10 auf bis zu 16 Kindern geplant. Das bedeutet eine erhebliche

Verschlechterung des Verhältnisses Erzieher/Erzieherin zur Zahl der betreuten Kinder.

Der derzeitig gültige pauschale Betreuungsschlüssel von 1,75 Fachkräften je Gruppe wird so ersetzt durch einen Schlüssel, der individuell nach der Gruppengröße und der Betreuungszeit der einzelnen Kinder berechnet wird. Es wird also keinen festen Betreuungsschlüssel für eine Gruppe geben. In der Praxis hat das zur Folge, dass der finanziell geförderte Betreuungsschlüssel selbst bei einer vollbesetzten Gruppe auf 1,49 sinken kann – und bei einer pädagogisch sinnvollen kleineren Gruppengröße sogar auf 1,19!

Außerdem kritisieren wir, dass künftig bis zu 20 Prozent des Personals für die Gruppenarbeit keine pädagogische Ausbildung braucht. Dies kann dazu führen, dass den ganzen Tag nur eine ausgebildete Erzieherin für eine Gruppe anwesend ist. Das stellt eine massive Abwertung des Berufs der Erzieherin und des Erziehers dar. Es wird immer wieder – auch und gerade von Politikerinnen und Politikern – gefordert, mehr Ressourcen in Bildung zu investieren, um international nicht noch weiter zurück zu fallen. Schon aktuell entspricht das Betreuungsverhältnis – also die vorgeschriebene Zahl von Erzieherinnen und Erziehern pro Kinderzahl – nicht den Empfehlungen der Europäischen Union und der pädagogischen Forschung. Eine qualitativ hochwertige Ausbildung ist notwendig, um den geforderten hohen Bildungsstandards zu genügen. Dequalifizierung und eine Verschlechterung des Betreuungsschlüssels stehen diesen Forderungen klar entgegen; der Landesregierung geht es nur um neue Möglichkeiten der Kostenreduzierung. Bildung sollte aber mehr wert sein!

Inwieweit trägt der Gesetzentwurf denn dem Ziel der Inklusion Rechnung?

In keiner Weise. Die Integration von Kindern mit Förderbedarf wird bei der Berechnung des personellen Bedarfs und der Gruppengröße nicht berücksichtigt. Zudem fehlt in dem Gesetzentwurf die Förderung der Hortbetreuung – damit entledigt sich das Land der Verantwortung für eine gute Schulkindbetreuung.

Insgesamt wird der Gesetzentwurf von CDU und FDP den modernen Anforderungen an eine qualitativ hochwertige frühkindliche Bildung und Erziehung einfach nicht gerecht. Bildungs- und Erziehungsfähigkeit von Kindern setzt eine angemessene Gruppengröße und einen vernünftigen Betreuungsschlüssel voraus, gerade auch mit Blick auf Inklusion. Kinder können nur in kleinen Gruppen individuell gefördert werden, wo sie sich einbringen können, und wo jedes einzelne Kind von den Fachkräften gesehen wird.

Im Interesse der Kinder, der Eltern sowie den pädagogischen Fachkräften muss die Arbeit in den Kindertagesstätten für alle Altersgruppen von null bis sechs Jahren und darüber hinaus hohen fachlichen Qualitätsstandards genügen. Das ist im Grunde eine gesamtgesellschaftliche Aufgabe. Die pädagogischen Fachkräfte und Beschäftigten in den Kindertageseinrichtungen sind nach unseren Erfahrungen meist hoch motiviert, ihr Ziel ist eine hochwertige Bildung, Erziehung und Entwicklung der Kinder, die in ihrer Obhut sind. Dafür brauchen sie Anerkennung und Wertschätzung, ausreichend Zeit, und ihnen steht auch eine angemessene Bezahlung zu. Das KiföG weist genau in die andere Richtung, bildungspolitisch ist das im Grunde ein Skandal.

Aus all diesen Gründen fordern wir die Rücknahme des Gesetzentwurfes, eine breite Diskussion zwischen Politik, Trägerverbänden und Gewerkschaft mit dem Ziel, in Hessen ein Gesetz auf den Weg zu bringen, dass den Anforderungen an die Betreuung und vorschulische Bildung wirklich entspricht!

Eine andere große gesetzliche Maßnahme, die den Bereich der Kinderbetreuung und der frühkindlichen Bildung betraf, war die Änderung des Hessischen Kinder- und Jugendhilfegesetzbuchs im Jahr 2006. Mit dem Gesetz wurden seinerzeit die Vorschriften der Kinder- und Jugendhilfe zusammengeführt. Wie ist diese Maßnahme zu bewerten?

Der damalige Gesetzentwurf – in dieser Zeit regierte die hessische CDU mit absoluter Mehrheit – wurde von uns kritisiert, und die Kritik ist nach meiner Auffassung auch im Rückblick berechtigt gewesen.

Die hessische Landesregierung hat mit dem Gesetz unter anderem die Möglichkeit geschaffen, Tageseinrichtungen auch in gewerblicher Trägerschaft zu führen. Das diente nach unserer Auffassung dem Ziel, Kindertagesstätten auch privat und gewinnorientiert betreiben zu können und die öffentlichen Fördermittel einzustreichen. Der ohnehin erkennbare Trend der CDU-geführten Landesregierungen zur Privatisierung wurde damit auch im Bildungsbereich unterstützt und verstärkt. Seit der Jahrtausendwende war es das Ziel von CDU und FDP, einen möglichst »schlanken Staat« zu schaffen – so steht es ja sogar explizit im letzten Koalitionsvertrag. Dieser Schlankheitswahn hat auch vor dem Bildungsbereich nicht Halt gemacht.

Darüber hinaus gibt es noch weitere Kritikpunkte. So weist das Gesetz den Tageseinrichtungen einen eigenständigen Bildungs- und Erziehungsauftrag zu. Doch wurden keine Aussagen getroffen, was die Landesregierung darunter eigentlich versteht. Es fehlt eine eindeutige Bestimmung, was der Bildungsauftrag beinhaltet und wie die Einrichtungen diesen Auftrag erfüllen sollen. Nach unserer Auffassung hätten hier die Kriterien des Hessischen Bildungsplanes und die Umsetzung in den Kitas gesetzlich festgeschrieben werden müssen.

Großen Raum nehmen in dem Gesetz die Regelungen zur Kindertagespflege ein. Nach dem Gesetz dürfen geeignete Tagespflegepersonen in ihrem Haushalt, im Haushalt des Personensorgeberechtigten oder in anderen geeigneten Räumen Kinder erziehen, bilden und betreuen. Nach welchen Kriterien die Tagespflegepersonen ausgewählt werden, welche Qualifikationen sie mitbringen müssen, welche Voraussetzungen die Räumlichkeiten und Umgebung erfüllen sollen, ist nicht definiert. An jedem Bildschirmarbeitsplatz innerhalb und außerhalb eines Betriebes sind Regelungen zu Qualität, Ausstattung und zur Unterweisung der dort arbeitenden Personen zu beachten. Bei der Betreuung und Bildung von Kindern scheint man nach Auffassung der Regierungsfraktionen auf solche Standards verzichten zu können.

Ganz generell hat sich die Landesregierung vorbehalten, wesentliche Arbeitsgrundlagen für Tageseinrichtungen auch per Rechtsverordnung zu erlassen. Dabei sollen jedoch nur bestimmte gesellschaftlich relevante Gruppen angehört werden. Die Organisationen der Beschäftigten in den Einrichtungen gehören nach Auffassung der Landesregierung jedoch nicht dazu.

Wie sieht es mit dem Ausbau der U3-Betreuungsplätze in Hessen aus?

Aktuell fehlen in den Kindertageseinrichtungen für Kinder von null bis drei Jahren etwa 3.000 Plätze. Dass nach dem Sommer ausreichend Plätze zur Verfügung stehen, glaube ich ehrlich gesagt nicht, denn es fehlt an ausgebildetem Personal und an ausgebauten Einrichtungen. Das wird sich in einem halben Jahr kaum beheben lassen. Man wird abwarten müssen, ob es zu Klagen kommt und wie die Gerichte dann entscheiden werden.

Wie hat sich die Arbeit für die Erzieherinnen und Erzieher eigentlich in den letzten Jahren entwickelt? Wo liegen hier die Herausforderungen?

Besonders der Anspruch auf eine möglichst frühe Förderung von Kindern, die erweiterte Beobachtung und Dokumentation wie auch die verstärkte Zusammenarbeit mit der Schule verändern die Arbeit in den Kitas. Die Anforderungen steigen, die Tätigkeit als Erzieherin und Erzieher wird formal aufgewertet. Dies alles verschärft aber schon bestehende Probleme: Es fehlen Verfügungszeiten für die eigene Weiterentwicklung, für Kooperationen, zur Vor- und Nachbereitung von Bildungsprojekten. Beobachtung und Dokumentation erfordern auch Arbeitszeit, das erledigt sich nicht einfach nebenbei.

Wenn die Gesellschaft eine gute und gezielte frühkindliche Förderung politisch will, muss der Gesetzgeber die entsprechenden Rahmenregelungen schaffen. Dazu gehören ausreichende Zeiten für Vor- und Nachbereitung, für Aus- und Weiterbildung, Freiräume zur Beratung von Eltern, eine gute Ausstattung der Kita auch für die Beschäftigten mit Zugang zu PC und Internet und nicht zuletzt Räume ohne Kinder zur Regeneration.

An die Erzieherinnen und Erzieher wird ein hoher Anspruch gestellt: Sie sollen weltoffen, sprachgewandt, mutig, kommunikativ und interkulturell versiert sein. Sie sind bei Problemen in der Familie oft der erste Ansprechpartner bzw. die erste Ansprechpartnerin. Deswegen ist die Ausbildung weiterzuentwickeln. Stichworte sind Sprachförderung, pädagogische Kompetenz, kindgerechte Lernformen mit Praxisbeispielen, interkulturelle Zusammenarbeit, Selbstmanagement, Teambildung, Kommunikation und nicht zuletzt gesetzliche Grundlagen.

Dies alles muss der Gesetzgeber berücksichtigen und vernünftige Regelungen verabschieden, um gute Bildungs- und Betreuungsleistungen für die Kinder, aber auch ein gutes Arbeitsumfeld für die Erzieherinnen und Erzieher zu schaffen. Die noch amtierende Landesregierung ist diesen Ansprüchen nicht gerecht geworden, und hieran wird sich auch die künftige Landesregierung messen lassen müssen.

13 Jahre schwarz-gelbe Schulpolitik

Harald Freiling und Gerd Turk

1. Einleitung

Auf keinem Feld der Politik lässt der Föderalismus den Ländern so viel Gestaltungsraum wie bei der Schulpolitik. Sie ist regelmäßig Gegenstand öffentlicher Kontroversen. Bei Wählerbefragungen wird gerade in Hessen die Schul- und Bildungspolitik immer wieder als wichtigstes landespolitisches Thema genannt.[1] Das erklärt, warum das von 1999 bis 2009 von der CDU und danach von der FDP geführte Kultusministerium und der Landtag auf diesem Politikfeld umfassende Aktivitäten entfaltet haben. Eine erste große Herausforderung für die Schulpolitik lag in der schon lange anhaltenden, gesellschaftlich sehr breit verankerten Kritik an der chronischen Unterfinanzierung der Schulen. Eine zweite in der andauernden sozialen Segregationswirkung des gegliederten Schulwesens, das Chancengleichheit vielleicht rechtlich, nicht jedoch real herstellt. Die gleich zu Beginn der Regierungszeit aufflammende öffentliche Debatte um internationale Schulleistungsvergleiche (»PISA-Schock«) gab dieser Auseinandersetzung neue Nahrung.

Eine auch nur annähernd vollständige Untersuchung aller schulpolitischen Debatten und Veränderungen in diesem Aufsatz ist illusorisch. Stattdessen werden wir unter weitgehendem Verzicht auf die chronologische Strukturierung die folgenden, nach unserer Einschätzung wesentlichen Dimensionen der Schulpolitik seit 1999 analysieren:

1 Dies gilt auch für die Befragung von Infratest dimap im Auftrag des Hessischen Rundfunks vom Dezember 2012. Rund ein Jahr vor der nächsten Landtagswahl bezeichnet mehr als jeder dritte Befragte (36 Prozent) den Bereich »Bildung/Schule/Ausbildung« als wichtigstes politisches Problem in Hessen.

- die Versuche zum Erhalt und zur Stabilisierung des gegliederten Schulsystems angesichts einer zunehmenden Bildungsaspiration,[2]
- die Entwicklung der personellen Ausstattung der Schulen,
- die Einwirkung auf schulische Lehr- und Lernprozesse durch Maßnahmen zur »Qualitätsentwicklung«,
- die Einflussnahme auf die professionelle Berufsausübung der Lehrkräfte,
- die Maßnahmen zur Beförderung schulischer Selbstständigkeit.

Dabei stößt man in allen Themenfeldern in unterschiedlichem Mischungsverhältnis auf ein Konglomerat aus konservativer Schulideologie, neoliberalem *Mainstream*, Konzepten der wissenschaftlichen Pädagogik und vorübergehenden pädagogischen Modetrends. Wir werden auch analysieren, welche der Maßnahmen kurzfristige oder auch nachhaltige Wirkung zeigten, am Widerstand der Betroffenen scheiterten oder durch Dilettantismus bei der Durchführung versandeten. Bemerkenswerte, aber letztlich episodische Phänomene, wie etwa die Relativierung der Evolutionstheorie oder aufgeregte Presseerklärungen zur Nationalhymne, beides durch die ehemalige Kultusministerin Wolff initiiert, müssen unberücksichtigt bleiben.

Der Haushalt des Kultusministeriums war für das Jahr 2011 mit Ist-Ausgaben von 4,4 Milliarden Euro in der Haushaltsrechnung des Landes Hessen der mit Abstand größte Einzeletat, sieht man von der Allgemeinen Finanzverwaltung und dem dort enthaltenen Schuldendienst ab. Bei den Personalausgaben des Landes Hessen entfielen 44 Prozent auf den Kultusbereich, gefolgt von dem Bereich Wissenschaft und Kunst mit 19 Prozent. Damit haben politische Entscheidungen im Bereich des Landeshaushalts, der Beschäftigungspolitik und der Arbeitsbedingungen für die Bediensteten des Landes im Schulbereich besonders gravierende Auswirkungen. Für die Auswirkungen der »Operation Sichere Zukunft« mit Arbeitszeitverlängerung, Einkommenskürzungen und Tarifpolitik »nach Gutsherrenart«, der »Schuldenbremse« oder den mitbestimmungsfeindlichen Novellierungen des Hessischen Personalvertretungsgesetzes, die oft vorrangig auf die Lehrerinnen und Lehrer

2 Unter Bildungsaspiration ist das Bestreben von Eltern zu verstehen, für ihre Kinder in der Hoffnung auf eine bessere soziale Zukunft möglichst hohe Bildungsabschlüsse zu ermöglichen.

als größte Beschäftigtengruppe zielten, sei auf andere Aufsätze in diesem Buch verwiesen.

Den *gesamten* Themenbereich umfassende wissenschaftliche Studien auf empirischer Basis liegen nicht vor. Die Landesregierung hat selbst bei weitreichenden Vorhaben fast ausnahmslos auf eine unabhängige wissenschaftliche Begleitung verzichtet. Unsere Darstellung stützt sich deswegen vorwiegend auf Expertisen, die zu einzelnen Maßnahmen in den Fachwissenschaften oder im Kontext der Gewerkschaft Erziehung und Wissenschaft (GEW) erstellt und veröffentlicht wurden.

2. Grundzüge der Schulpolitik von 1999 bis 2013

2.1 Schulstruktur, soziale Segregation und Privilegiensicherung

Auf der Suche nach den »ehernen Grundsätzen« oder dem »roten Faden« der Schulpolitik in den Regierungsjahren von Roland Koch (1999 bis 2010) und Volker Bouffier (seit 2010) und der in diesen Jahren amtierenden christ- und freidemokratischen Kultusministerinnen Karin Wolff (1999 bis 2008), Dorothea Henzler (2009 bis 2012) und Nicola Beer (seit 2012) sowie des Interimsministers Jürgen Banzer (2008 bis 2009) stößt man zuerst auf das starre Festhalten am gegliederten Schulwesen, das sowohl politisch als auch schulrechtlich und durch das entsprechende Verwaltungshandeln allen gesellschaftlichen Veränderungen zum Trotz mit »Zähnen und Klauen« verteidigt wurde. Weil das Gymnasium durch die wachsende Bildungsaspiration der Bevölkerung längst die Exklusivität früherer Jahrzehnte verloren hat, reagierte die strukturkonservative Politik von CDU und FDP mit hektischen Bemühungen, neue Formen der weiteren Ausdifferenzierung des gegliederten Schulwesens zu finden. Der geplante Modellversuch, ab der 7. Klasse G8- und G9-Klassen an ein und derselben Schule parallel anzubieten, treibt dies auf die Spitze. Hinter all diesen Maßnahmen steht der Versuch, die soziale Durchmischung in den weiterführenden Schulen aufzuhalten, die gesellschaftlichen Grenzlinien auch in der Schule abzubilden und die Selektions- und Allokationsfunktion der Schule bei der Verteilung von Lebens- und Berufsperspektiven zu erhalten.

All dies konnte die gesellschaftliche Entwicklung nicht bremsen: Von 2000 bis 2010 stiegen die Abiturientenquote[3] in Hessen von 29,0 Prozent (HKM 2004: 60) auf 34,3 Prozent (Statistisches Bundesamt 2012: 32) und der Anteil der Schülerinnen und Schüler, die in der Sekundarstufe I den gymnasialen Bildungsgang an einem Gymnasium oder einer Kooperativen Gesamtschule besuchen, von 33,2 auf 39,8 Prozent (Statistisches Bundesamt 2012: 12).

Bei der Umsetzung der Politik zur Privilegiensicherung hat sich die CDU Hessen allerdings selbst Fesseln angelegt. Mit ihrer – in Hinblick auf die Landtagswahl 1987 – erfolgreichen Kampagne gegen das von der SPD durchgesetzte Förderstufenabschlussgesetz von 1985 hatte sie sich darauf festgelegt, dass beim Übergang von der Grundschule auf die weiterführenden Schulen allein der Elternwille zählen soll (Aktion »Freie Schulwahl«). Damit war für die CDU-FDP-Koalition bei ihrem Regierungsantritt am 7. April 1999 eine Rückkehr zu einem streng reglementierten, an Noten oder Aufnahmeprüfungen gebundenen Verfahren zur Aufnahme an einem Gymnasium ausgeschlossen. Unverändert anknüpfen konnte die CDU dagegen an ihrer Rhetorik in der Auseinandersetzung mit der Schul- und Bildungspolitik der SPD und den insbesondere von den Gewerkschaften erhobenen Forderungen nach »einer Schule für alle«: Vor allem der ehemalige CDU-Kultusminister Christean Wagner (1987 bis 1991) in seiner Funktion als Vorsitzender der CDU-Fraktion im hessischen Landtag (seit 2005) und ihr schulpolitischer Sprecher Hans-Jürgen Irmer (mit Unterbrechungen von 1998 bis 2012) ließen keine Gelegenheit aus, jeden noch so vorsichtigen Schritt in Richtung eines längeren gemeinsamen Lernens als den Ruf nach einer »sozialistischen Einheitsschule«, als »Gleichmacherei« und »Zwangsbeglückung« zu diskreditieren. Flexiblere, modernere Reaktionen auf gesellschaftliche Veränderungen und ihre Abbildung in der Schule hatten unter diesem Regime keine Chance.

3 Zahl der Abiturienten bezogen auf die durchschnittliche Wohnbevölkerung der relevanten Altersjahrgänge

2.2 Zurück in die 50er Jahre: Schulpolitik im ersten Kabinett Koch

Auch wenn der Wahlsieg von CDU und FDP – die Freidemokraten waren am 7.2.1999 mit 5,1 Prozent nur knapp wieder in den Landtag eingezogen – überraschend war, so zeigten sich beide Parteien im Bereich der Schulpolitik doch gut auf den Wechsel vorbereitet. Mit dem »Ersten Gesetz zur Beschleunigung von Entscheidungsprozessen innerhalb der öffentlichen Verwaltung« und dem »Ersten Gesetz zur Qualitätssicherung an hessischen Schulen«, dem in den Jahren 2002 und 2005 noch ein zweites und drittes »Qualitätssicherungsgesetz« folgen sollten, profilierte sich die neue Landesregierung nicht nur durch kreative Wortschöpfungen zur Verschleierung des Abbaus von Mitbestimmungsrechten der Personalräte und zur Restrukturierung der Schulen, sondern auch durch präzise Einschnitte an zentralen Punkten.

Die Koalitionsvereinbarung von CDU und FDP für die Legislaturperiode von 1999 bis 2003 (CDU/FDP 1999) gab die Richtung vor, mit der Hessen zum »Bildungsland« gemacht werden sollte. Neben den auch von GEW und DGB begrüßten und auch weitgehend umgesetzten Einstellung zusätzlicher Lehrerinnen und Lehrer, die zwar weit hinter den Wahlversprechen Roland Kochs zurückblieben, aber immerhin den Abwärtstrend und die Nichteinstellungspolitik der vorangegangenen Jahre beendeten, knüpften CDU und FDP an ihrer Wahlkampf-Rhetorik vom Leistungsverfall an hessischen Schulen und einer angeblich geringen Wertigkeit des hessischen Abiturs an. Beide Parteien erklärten, dass »die leistungsorientierte Arbeit der Schulen […] wieder stärker unterstützt werden« solle (Hessen handelt 1999: 15). Angekündigt wurden auch verbindliche Vergleichsarbeiten und Abschlussprüfungen für den Haupt- und Realschulabschluss, ein Zentralabitur sowie erste Schritte zur Verkürzung der Schulzeit bis zum Abitur, zunächst durch die Zulassung von »Turbo-Klassen« an Gymnasien.

Das Gesetz zur Änderung des Hessischen Schulgesetzes (HSchG) trat bereits am 1.8.1999, also nicht viel mehr als 100 Tage nach dem Amtsantritt der neuen Kultusministerin Karin Wolff, in Kraft und enthielt insbesondere die folgenden Weichenstellungen:

- Der erst 1997 im Schulgesetz verankerte herkunftssprachliche Unterricht wurde wieder gestrichen und nur noch »im Rahmen bestehender personeller Möglichkeiten« fortgesetzt. Frei werdende Stellen wurden danach nicht wieder besetzt, der herkunftssprachliche Unterricht zum »Auslaufmodell«.

- Die Grundschule wurde vorrangig als Zulieferer für das gegliederte Schulwesen definiert und sollte »die Schülerinnen und Schüler auf die Fortsetzung ihres Bildungswegs in weiterführenden Bildungseinrichtungen vorbereiten«. Ziffernoten wurden wieder ab Klasse 2 verbindlich, und der bisherige Entscheidungsspielraum für die Klassen 2 und 3 wurde beseitigt.
- Den Grundschulen wurde auferlegt, bei einer Entscheidung der Eltern für ein Gymnasium oder eine Realschule eine Eignungsempfehlung abzugeben. Kinder, die ohne die Empfehlung in die 5. Klasse eines Gymnasiums oder einer Realschule wechseln, können »am Ende des Schulhalbjahres oder des Schuljahres in eine andere Schulform versetzt werden (Querversetzung)«. Die »Querversetzung« ist nicht nur eine weitere Wortschöpfung hessischer Schulpolitik, sondern auch ein Novum im Schulrecht, da hier die Zeugniskonferenz nicht nur eine »Nichtversetzung« beschließen, sondern den Schüler einer anderen Schulform zuweisen kann.

In den nächsten Monaten wurde die bis dahin geltende schulformübergreifende Stundentafel durch bildungsgangbezogene Stundentafeln ersetzt. Das Fach Arbeitslehre wurde aus dem Fächerkanon der Gymnasien gestrichen, der Stundenumfang für Sozialkunde bzw. Gesellschaftslehre, Kunst und Musik an Integrierten Gesamtschulen und Haupt- und Realschulen gekürzt. Im Sommer 2000 wurden Lehrplankommissionen für neue schulformbezogene Lehrpläne eingesetzt, die im August 2001 in Kraft traten. Die Integrierten Gesamtschulen wurden dabei komplett ignoriert.

Der DGB Hessen bilanzierte nach einem Jahr CDU-FDP-Regierung in einem Beschluss seines Landesbezirksvorstands zutreffend: »Chancengleichheit als Grundlage der Schulentwicklung ist unerwünscht.« (DGB Hessen 2000)

Mit dem »Zweiten Gesetz zur Qualitätssicherung an hessischen Schulen« vom 21.3.2002 wurde die Erlangung des Haupt- oder Realschulabschlusses an das Bestehen zentraler schriftlicher Prüfungen in Mathematik, Deutsch und Englisch sowie einer mündlichen oder Präsentationsprüfung gebunden, die ab dem Schuljahr 2003/04 eingeführt wurden.

Die Schulgesetzänderung von 2002 sah außerdem die Möglichkeit der Zurückstellung vom Schulbesuch für Kinder ohne ausreichende Deutschkenntnisse vor. Ausdruck dieser besonderen Ausprägung »hessischer Willkommenskultur« war ein großes Banner mit der Aufschrift »*Nur wer Deutsch kann, kommt in die erste Klasse*«, das 2004 im Eingangsbereich des Hessischen Kultusministeriums aufgehängt wurde.

2.3 Die Legitimationskrise des gegliederten Schulsystems

In die Zeit des ersten Kabinetts Koch fiel der mediale Tsunami der PISA-Studien. Die Erfolge insbesondere der skandinavischen Länder mit einem geringen Grad äußerer Differenzierung und dem langen gemeinsamen Lernen setzten die Gralshüter des gegliederten Schulwesens mit einer frühen Auslese nach einer gemeinsamen Grundschulzeit von gerade einmal vier Jahren unter Druck. Die Frage der Schulstruktur, die in der Auseinandersetzung um die Förderstufe und die Integrierte Gesamtschule in Hessen zur nationalen Überlebensfrage hochstilisiert wurde, wurde nun vermehrt als »unwichtig« abgetan, entscheidend sei »der gute Unterricht«. Karin Wolff begründete 2003 die Forderung nach einem Rücktritt des PISA-Koordinators Andreas Schleicher wie folgt:

> »Es liegt nicht am Schulsystem (integrierte Systeme oder gegliederte), auch wenn ein sog. Experte der OECD einen anderen Eindruck zu erwecken versucht. […] Wir haben kein Systemproblem, sondern ein Qualitätsproblem. Wer über das Schulsystem redet, übersieht das zentrale Ergebnis der Schulqualitätsforschung, dass es in erheblichem Umfang auf die Einzelschule ankommt. […] Wer eine Systemdebatte anzettelt, verhindert die Lösung des Qualitätsproblems.« (Wolff 2003: 131)

Auch die hohe soziale Selektivität, die Karin Wolff nach den durch alle Folgeuntersuchungen bestätigten PISA-Ergebnissen von 2001 als »aufrüttelnd«, als eklatanten »Mangel an Gerechtigkeit und insofern ein[en] Skandal« (Wolff 2003: 137 f.) bezeichnete, war und ist kein Anlass zum gründlichen Nachdenken. Ursachen für die große »Risikogruppe« und die hohe Zahl der Bildungsverlierer sind nicht die Schulstrukturen mit einer frühen sozialen Auslese nach der 4. Klasse, sondern »die Spaßgesellschaft« oder »die Spaßschule«, der man nur mit »Anstrengung und Durchhaltevermögen« begegnen könne: »Wenn Leistung zählt, setzt sich durch, wer Leistung bringt.« (Wolff 2003: 138)

2.4 CDU-Alleinregierung: Alles für die Schulkonkurrenz

Auf der Grundlage ihrer absoluten Mehrheit verkündete die CDU nach der Landtagswahl am 2. Februar 2003, Hessen nicht nur zum »Bildungsland«, sondern zum »Bildungsland Nr. 1« zu machen – ein Motto, das ihr in den folgenden Jahren bei zahlreichen Ländervergleichen zu Schülerleistungen, Bildungsausgaben, Arbeitsbedingungen und sozialer Selektivität regelmäßig auf die Füße fiel – und dann wieder in der Versenkung verschwand.

Im Mittelpunkt des schulpolitischen Regierungsprogramms standen die flächendeckende Schulzeitverkürzung durch Verkürzung der gymnasialen Mittelstufe (G8), das Bekenntnis zu »einer guten Hauptschule« und die Einführung des Landesabiturs für die im Schuljahr 2004/05 in der Jahrgangsstufe 11 befindlichen Schülerinnen und Schüler. Auf das Versprechen und die Umsetzung einer »Unterrichtsgarantie plus« wird an anderer Stelle eingegangen.

Die flächendeckende Einführung von G8 stand im Mittelpunkt der Auseinandersetzungen um das Dritte Gesetz zur Qualitätssicherung. Der Anfang 2004 vorgelegte Gesetzentwurf mobilisierte ein breites Bündnis von Eltern, Schülervertretungen, Personalräten, GEW und DGB. Bei einer Protestaktion vor dem Landtag wurden 74.000 Unterschriften am 22. November 2004 insbesondere gegen G8, aber auch gegen die Streichung des Begriffs der »Durchlässigkeit der Bildungsgänge« (§ 12 Abs.2) und die neuen Bestimmungen zu Mindestgrößen von Schulen übergeben, die mit einer Einschränkung der kommunalen Selbstverwaltung bei der Ausgestaltung ihrer Schulentwicklungspläne verbunden waren und die Gesamtschulen und Förderstufen einmal mehr benachteiligten.

In ihrem Regierungsprogramm hatte die CDU erneut landesweite Vergleichsarbeiten zur »Verwirklichung der Qualitätsgarantie« angekündigt, deren Ergebnisse »im Rahmen der Transparenz und Vergleichbarkeit von Schulleistungen durch eine Präsentation im Internet offen zu legen« seien. Der landesweite Mathematikwettbewerb diente als Probebühne für ein solches öffentliches Ranking, das mit der »empirischen Wende« der Schul- und Unterrichtsforschung und den großen Schulleistungsvergleichen TIMSS und PISA auch national an Fahrt gewann. Für die soziale Durchlässigkeit und Durchmischung der Schulen und für die Förderung von benachteiligten Kindern und Jugendlichen hatte und hat die mit Begriffen wie »Profilbildung« und »Ideenwettstreit«

verschleierte Konkurrenz der Schulen um die Schülerinnen und Schüler und Eltern verheerende Auswirkungen. In Zeiten gesellschaftlicher Krisen und großer Verunsicherung auch aufstiegsorientierter Mittelschichten hat *die* Schule den größten Zulauf, die Exklusivität und damit vermeintliche Vorteile bei der Verteilung von Zukunftschancen verspricht. Der Konkurrenzvorteil der Gymnasien und Realschulen gegenüber Hauptschulen oder integrierten Schulformen liegt also in der Möglichkeit, Schülerinnen und Schüler ablehnen zu können. Die große Zahl der Schülerinnen und Schüler, die auf dem Weg zum Abitur scheitern, wird nicht zum Ausdruck eines Scheiterns der Schule bei der individuellen Förderung, sondern zum Nachweis der Leistungsorientierung der Schule.[4] Jede weitere Ausdifferenzierung der Schulstruktur – von CDU und FDP regelmäßig mit dem Begriff der Vielfalt beworben – wird von Eltern genutzt, um angesichts des immer größeren Zulaufs zum Gymnasium neue Privilegien und Exklusivität versprechende Varianten bei der Schulwahl für ihre Kinder zu suchen: Das gilt für die Angebote bei der ersten Fremdsprache genauso wie für ein Parallelangebot von G8 und G9 an einer benachbarten oder an derselben Schule. Neben dem Wunsch, alles für die Bildung des Kindes zu tun, gilt es für viele Eltern außerdem, den gemeinsamen Schulbesuch mit Kindern »aus schwierigen Verhältnissen« spätestens nach dem Besuch der Grundschule zu vermeiden. Der mit der Schulkonkurrenz wirksame *Creaming-Effekt,* mit dem die »höheren Schulen« die durch Elternhaus und gegebenenfalls auch Nachhilfe intensiver geförderten Schülerinnen und Schüler »absahnen«, führt im öffentlichen *Ranking* der Schülerleistungen zu einem guten Abschneiden der Schulen, die lernschwache Schülerinnen und Schüler nicht aufnehmen oder wieder ausschulen können.

Der Bildungsaspiration der Eltern und der öffentlichen Aufmerksamkeit für Brennpunktschulen insbesondere in den Großstädten fiel auch die hessische Hauptschule zum Opfer. Die hessische CDU weigert sich bis heute, diese Realitäten zu akzeptieren. Kultusministerin Wolff

4 Hier ist noch nicht ausgemacht, welche langfristigen Wirkungen die im Kontext der UN-Menschenrechtskonvention novellierte Verordnung zur sonderpädagogischen Förderung in der Fassung vom 15. Mai 2012 hat. Danach besteht immer dann ein Anspruch auf sonderpädagogische Förderung, wenn »aufgrund der umfassenden und lang andauernden Beeinträchtigung des Kindes oder Jugendlichen davon auszugehen ist, dass ohne die Erfüllung dieses Anspruchs die Schulleistungen *in dem besuchten Bildungsgang* […] erheblich gefährdet sind.« (§ 8, Hervorhebung durch die Autoren.)

bezeichnete die Forderung nach einer Abschaffung der Hauptschule als »Fortsetzung der ideologisch begründeten Verachtung praktischer Begabungen, mit der von SPD-Kultusministern hessischen Schülerinnen und Schülern über viele Jahre hinweg schwerer Schaden zugefügt worden ist« (Freiling 2007). Trotz des Lobs der Hauptschule ging der Anteil der Schülerinnen und Schüler, die in Hessen eine Hauptschulklasse besuchen, an der Gesamtschülerzahl der allgemeinbildenden Schulen (ohne Grundschulen) zwischen 2000 und 2010 von 9,3 Prozent auf 2,2 Prozent zurück (Hessisches Statistisches Landesamt 2013). Die Zahl der Anmeldungen für eine Hauptschulklasse nach der Grundschulzeit geht inzwischen gegen Null. Haupt-, Real- und kooperative Gesamtschulen bildeten immer öfter schulformübergreifende Eingangsklassen.

Während alle anderen Bundesländer längst zu einem zweigliedrigen Schulsystem übergegangen sind oder gar vorsichtige Schritte zu einem längeren gemeinsamen Lernen gehen, hält die CDU an der Hauptschule und damit an der dem gegliederten Schulsystem zugrunde liegenden Begabungsideologie fest.

Die Zeit des »Interregnums« nach der Landtagswahl am 27. Januar 2008 reichte nicht aus, um schul- und strukturpolitische Kurskorrekturen vorzunehmen. Nach dem Rücktritt von Karin Wolff, die damit eine Mitverantwortung für die Wahlniederlage der CDU übernahm, leitete Übergangsminister Banzer eine moderate Öffnung ein. Insbesondere kündigte er Modifikationen bei G8 und eine Reduzierung der Klassenobergrenzen an. Der Amtsantritt von Kultusministerin Dorothea Henzler (FDP) war von dem Versprechen einer »105-prozentigen Unterrichtsversorgung« und einer ausgeprägten Schulfreiheitsrhetorik geprägt, die im Abschnitt 5 genauer betrachtet wird. Die Einführung der »Mittelstufenschule« dürfte ebenso eine Episode bleiben wie die eines neuen Schulabschlusses, des von niemandem geforderten »qualifizierenden Realschulabschlusses«. Die Mittelstufenschule trägt lediglich den Realitäten und Zwängen verbundener Haupt- und Realschulen Rechnung, die in den Eingangsklassen nur noch sehr selten Hauptschulklassen bilden können.

2.5 Mehr Stellen – mehr Qualität?

Vom Schuljahr 1999/2000 bis zum Schuljahr 2012/13 stieg die Zahl der Lehrerstellen in Hessen bei sinkenden Gesamtschülerzahlen um knapp neun Prozent an. Alle Kultusministerinnen und Kultusminister von CDU und FDP wurden nicht müde, diese Entwicklung zu würdigen, so auch Kultusministerin Nicola Beer in einer Presseerklärung vom 8.8.2012: »Hessens Schulen geht es so gut wie noch nie. Wir haben die beste Versorgung mit Lehrerstellen pro Schüler – noch nie war die Schüler-Lehrer-Relation so gut wie heute.«

Diese Zahlen suggerieren, Lehrkräfte hätten heute mehr Zeit, sich um den einzelnen Schüler und die einzelne Schülerin zu kümmern und deren Lernprozesse individuell zu fördern. Streng genommen lässt sich dies nur für den sukzessiven Wegfall der sogenannten »Sternchenregelung«, einer zur Regel gewordenen Ausnahmebestimmung in der Verordnung über die Klassenobergrenzen sagen, durch den in der Interimsphase zwischen den Landtagswahlen 2008 und 2009 die Klassenhöchstgrenzen in der Grundschule und der Sekundarstufe I um drei Schülerinnen und Schüler gesenkt wurden. Dazu waren bis heute zusätzliche 880 Stellen notwendig. Gemessen am pädagogischen Anspruch individueller Förderung sind die Lerngruppen in den allermeisten Fällen immer noch viel zu groß und in der gymnasialen Oberstufe sogar gestiegen. Immerhin beinhaltete diese Entscheidung eine Abkehr von der, unter anderem von Kultusministerin Wolff wiederholt vorgetragenen, Behauptung, dass die Klassengröße für den Lernerfolg irrelevant sei.

Weit überwiegend wurden die zusätzlichen Lehrerstellen aus den folgenden Gründen benötigt:

- um der wachsenden Bildungsaspiration der Eltern zu entsprechen: Zwischen 2000 und 2010 stieg die Zahl der Schülerinnen und Schüler der Sekundarstufe I an den hessischen Gymnasien und im gymnasialen Bildungsgang der Kooperativen Gesamtschulen von 176.256 auf 214.048, die einen höheren Bedarf an Unterrichtsstunden haben als Schülerinnen und Schüler in den anderen Bildungsgängen der Sekundarstufe I, erst recht in der Primarstufe. Noch stärker zeigt sich diese Tendenz in der Sekundarstufe II: In der Gymnasialen Oberstufe und den Beruflichen Gymnasien, die den weitaus größten Bedarf an Lehrerstellen im Verhältnis zur Schülerzahl aufweisen, hat sich die Schülerzahl um knapp 55 Prozent[5] erhöht, in der Fachoberschule um 105 Prozent.

- um die Einführung von G8 zu ermöglichen: Bis die ersten großen G8-Jahrgänge 2013 und 2014 die Schule verlassen und die von der Landesregierung angestrebte große Einsparung durch einen wegfallenden gymnasialen Jahrgang wirksam wird, mussten jedes Jahr für die umfangreichere Unterrichtsverpflichtung der G8-Schüler zusätzliche Lehrerstellen in hoher Zahl zur Verfügung gestellt werden. Nur wenige nennen das einen Beitrag zu höherer Bildungsqualität.
- um auf die demografische Entwicklung zu reagieren: Im Zeitraum von 1999 bis 2012 ist die Schülerzahl in der Primarstufe um 21,7 Prozent zurückgegangen, in den Sekundarstufen I und II dagegen gestiegen. Der Rückgang bei der Zahl der Grundschüler konnte dabei nicht in gleichem Umfang in Stellenstreichungen umgesetzt werden, weil die Zahl der Grundschulklassen nur um 10,6 Prozent sank. In dünner besiedelten Regionen, vor allem in denen mit Bevölkerungsrückgang, können die Klassen häufig nur unterhalb der Höchstfrequenz gebildet werden. Schulschließungen und zusammenlegungen sind politisch nur schwer durchsetzbar. Beides gilt abgeschwächt auch für Schulen der Sekundarstufe I.

Sinkende Schülerzahl, mehr Lehrerstellen: Das hat nichts daran geändert, dass Hessen auch im Bundesländervergleich nur im Mittelfeld der Bildungsausgaben pro Schüler rangiert.

Die demografische Entwicklung und gestiegene Bildungsansprüche sind die wahren Ursachen der höheren Lehrerstellenzahl. Mit einer Verbesserung der Lernbedingungen hat das ebenso wenig zu tun wie mit einer Entlastung der Lehrkräfte.

3. Was soll gelernt werden? Ein Schlingerkurs bis heute

Zu Beginn der ersten CDU-FDP-Regierung agierte das Hessische Kultusministerium (HKM) in der Frage, was in den Schulen gelernt werden

5 Damit liegt die Erhöhung erheblich über der Steigerung, die wegen der Doppeljahrgänge von G8 und G9 zu erwarten war.

soll, noch wie es zu erwarten war.[6] Es setzte gegen heftige Kritik *traditionelle Lehrpläne* durch.[7] Diese waren weitgehend durch eine zusammenhanglose Mixtur aus didaktisch-methodischen Prinzipien und einem umfangreichen, detaillierten Stoffkatalog charakterisiert. Vor allem aber waren sie ausgeprägt schulformspezifisch und sollten auf der curricularen Ebene das gegliederte Schulsystem zementieren. Die intensive öffentliche Debatte über das mäßige Abschneiden des deutschen Schulsystems bei den PISA-Testleistungen und vor allem bei der Herstellung von Chancengleichheit drängte nicht nur die hessische Schulpolitik in die Defensive. Der Föderalismus in der Schulpolitik und mit ihm die Kultusministerkonferenz (KMK) wurden in Frage gestellt. Die strategische Antwort, die die hessische Schulpolitik daraufhin entwickelte, prägt sie bis zum heutigen Tag. Es entstand eine merkwürdige Mischung aus dieser traditionellen Politik mit Versatzstücken aus der empirischen Schulforschung, aus der im Geist des Neoliberalismus in die Schulpolitik importierten betriebswirtschaftlichen Denkweise und Begrifflichkeit sowie aus pädagogischen Modetrends – mit den folgenden Zielen:

- Am Primat der frühen Auslese, der individuelle Förderung systematisch verhindert, sollte nicht gerüttelt werden.
- Die Bildungsausgaben sollten nicht merklich steigen.
- Die Verantwortung für Defizite des Schulwesens sollte nicht in der Bildungspolitik, sonders vorzugsweise bei den Lehrkräften gesucht werden.

Ein erster, eher episodischer Einstieg in die Umsetzung dieser diffusen, bildungstheoretisch unfundierten Strategie war ein Vertrag des HKM über eine Lehrerfortbildungsreihe mit *Heinz Klippert*, der sein Methodentraining für Lehrkräfte in der Tradition aller Heilsbringer den

6 Das Schulgesetz definiert in sehr allgemeiner Weise die Ziele schulischen Lernens. Das HKM präzisiert – unter Beteiligung des Landeselternbeirates und des Hauptpersonalrates der Lehrerinnen und Lehrer (HPRLL) – die Ziele und die zu ihnen führenden Wege durch überfachliche und fachspezifische Curricula. Im weiteren Sinn gehören dazu auch die Stundentafeln, die die Zeitkontingente für den Unterricht regeln. Im Rahmen dieser Vorgaben ist die pädagogische Freiheit der Lehrkräfte garantiert. Ob und wie weit diese Sollvorgaben in der schulischen Realität umgesetzt werden oder Papier bleiben, hängt von den komplexen Rahmenbedingungen schulischen Lernens ab.

7 Die folgenden Ausführungen beziehen sich vor allem auf die Sekundarstufe I; die analysierten Prozesse hatten jedoch weitreichende Auswirkungen auch auf die Grundschule und Konsequenzen für den Zugang zur gymnasialen Oberstufe.

Entscheidungsträgern gut verkaufen konnte. Es wurde der Anschein erweckt, als ob die Lehrkräfte überwiegend noch nach der Methode des Nürnberger Trichters unterrichteten, und dass eine systematische Methodenschulung die auffällig gewordenen Defizite des Schulsystems lösen könnte. Dabei waren es nicht zuletzt die umfangreichen Stoffkataloge der Lehrpläne, die Lehrkräfte bzw. solche, die die Lehrpläne ernst nahmen, zum Frontalunterricht und »Abarbeiten des Stoffs« drängten. Zu Recht wurde dem Klippertschen Methodentraining zudem vorgeworfen, es verstärke »den unkonzentrierten Umgang mit Inhalten und Medien.« (Gruschka/Martin 2002)

Weit nachhaltiger wirkte die Forderung nach einer »Output-Steuerung« auch im curricularen Bereich *(siehe auch Kapitel 5)*. Bisher sei Schule ausschließlich über den »Input« gesteuert worden, das heißt in *diesem* Kontext vor allem über Lehrpläne. Stattdessen käme es darauf an, klar und in abfragbarer Form festzulegen, über welche Fähigkeiten und welches Wissen die Schülerinnen und Schüler am Ende ihrer Schullaufbahnen und – davon abgeleitet – in den einzelnen Jahrgangsstufen verfügen sollten. Bald war nur noch von »Kompetenzen« die Rede. Tatsächlich ist diese Unterscheidung von Input- und Output-Steuerung in mehrfacher Hinsicht unsinnig. Auch frühere Curricula, auch die von der CDU heftig bekämpften Rahmenrichtlinien der 1970er Jahre, formulierten Ziele schulischen Lernens, auch wenn deren Überprüfbarkeit in standardisierten Tests noch nicht im Vordergrund stand. Ulrich Herrmann kommentierte ironisch: »Der Unterschied von Lehrplänen und ›Bildungsstandards‹ ist einstweilen der, dass es früher hieß ›die Schüler verstehen, können, wenden an, …‹, und jetzt – genauso.« (Herrmann 2004: 39)

Auch output-gesteuerte Schulen brauchen unabweisbar einen Input, nur wollten die Verfechter der Output-Steuerung ihre politische Verantwortung für diesen Input vergessen machen, insbesondere für angemessene so genannte *Opportunity-to-Learn-Standards*, deren Sicherung nun einmal viel Geld kostet. Der Output soll seitdem in *Bildungsstandards* normiert werden. Unter dem Druck von PISA ließ die KMK bis 2004 erste Bildungsstandards erstellen, die wegen ihrer Verengung des Bildungsbegriffs sehr kritisch aufgenommen wurden.[8] Die eng gefass-

8 Auf die umfangreiche und bis heute anhaltende kritische fachwissenschaftliche Diskussion kann hier nicht näher eingegangen werden.

ten Leistungsstandards führten zur »Testeritis« und zur Reduktion von Unterricht auf Testvorbereitung (*teaching to the test*). Ferner wurde kritisiert, dass es sich nicht um »Mindeststandards« handelt, sondern um an einem fiktiven Durchschnitt orientierte »Regelstandards«, die zudem weiterhin schulformspezifisch verfasst worden waren.

Die Behauptung, man übernehme das Steuerinstrument der Standards von den im internationalen Vergleich erfolgreichen skandinavischen Staaten, zeigte erneut den notorischen Unwillen, die komplexen Wirkungszusammenhänge schulischen Lernens zu erfassen:

> »Was sich international als durchaus vernünftig bewährt hat, kann deshalb trotzdem im deutschen Schulsystem möglicherweise zu ganz anderen Konsequenzen führen, und zwar selbst bei gut gemeinter Absicht. Lernkontrollen, Tests und schulübergreifende Vergleiche sind in der finnischen Schule gängiger Alltag. Sie sind Ausdruck der hohen diagnostischen Kompetenz der Lehrerinnen und Lehrer und tragen dazu bei, Lerndefizite frühzeitig festzustellen und nach Möglichkeiten ihrer Behebung zu suchen. Was mit diesen Mitteln festgestellt wird, wird einzig und allein unter dem Gesichtspunkt der Förderung ausgewertet, wie die erhobenen Ausgangslagen verbessert werden können. Die Frage, ob sie darüber hinaus für selektive Maßnahmen benutzt werden sollten, stellt sich überhaupt nicht, weil bis zum Ende der neunten Klasse derartige Entscheidungen nicht zu fällen sind. Schon von daher stellt sich im deutschen Schulsystem die Problematik vollkommen anders dar. Selbst wenn ein Instrument als ausschließliches Fördermittel angelegt sein sollte, kann nicht ausgeschlossen werden, dass es trotzdem implizit oder explizit gleichzeitig als Mittel zur Selektion (mit)verwendet wird, weil sich die Förder- und Selektionsfunktion in Deutschland sowohl ›theoretisch‹ als auch praktisch in der Reaktion der ›förderlichen Auslese‹ unweigerlich immer wieder zusammenfinden.« (Jürgens 2005: 23 f.)

Die KMK-Bildungsstandards, die an kaum einer hessischen Schule gedruckt vorlagen, blieben in Hessen nahezu wirkungslos. Die hessische Schulpolitik wirkte hier eigenartig unentschlossen und wirr. Während der zweiten Wahlperiode behauptete Kultusministerin Karin Wolff einmal, die Standards würden bereits für Hessen gelten, mal kündigte sie die Inkraftsetzung für 2008 an, dann wiederum wurden eigene hessische Bildungsstandards in Aussicht gestellt. Die alten Lehrpläne galten *de jure* weiter, ihr Verhältnis zu Bildungsstandards blieb ungeklärt. Als in der nach der Wahl 2003 beginnenden und bis heute andauernden öffentlichen Auseinandersetzung um den verkürzten gymnasialen Bildungsgang (G8) die massive Ausweitung und Verdichtung der Lernzeit beklagt wurde, wurde immer wieder die notwendige »Entrümpelung« der Lehrpläne bemüht, ohne dass man angeben konnte, wo sich bisher welcher »Wissensmüll« angesammelt hatte. Die Ankündigung hessischer Bildungsstandards, die das Problem der Stofffülle beheben würden, wurde zum neuen Heilsversprechen.

Auch unter FDP-Führung setzte das HKM wieder auf *hessische* Bildungsstandards und wiederholte dabei den grundlegenden Fehler der KMK von 2004: Es vermied systematisch die für eine Curriculum-Revision unerlässliche gesellschaftliche Debatte über zentrale bildungstheoretische und gesellschaftspolitische Fragen, wie sie unter anderem von Guido Steffens exemplarisch benannt wurden:

> »Von welchen Problemlagen und Widersprüchen ist die Gesellschaft geprägt? Welches sind die Herausforderungen für Bildung und Erziehung in diesem Kontext? Welches Bürgerverständnis soll leitend sein? Welche spezifische Aufgabe kommt der öffentlichen Schule dabei zu? Welchen spezifischen Beitrag bringen die Fächer dazu ein? Die Diskussion solcher grundlegender Fragen und eine begründete Positionierung darin, bildet einen normativen Hintergrund, vor dem sich dann plausibel zentrale Ziele von Schule und Unterricht formulieren lassen.« (Steffens 2010: 22 f.)

Stattdessen arbeitete das damit beauftragte Institut für Qualitätsentwicklung abgeschottet, aber mit hohem Personalaufwand an Standards, die zugleich zentrale empirische Überprüfungen ermöglichen und legitimieren sollten. Die erste Fassung erschien selbst dem Kultusministerium als Auftraggeber »nachbesserungsbedürftig«, so dass die Inkraftsetzung um ein ganzes Jahr auf den 1.8.2011 verschoben werden musste. Auch die jetzt *de jure* gültige Fassung wird mit hoher Wahrscheinlichkeit schulisches Lernen nicht wesentlich verändern. Meist entsprechen die zu erreichenden Kompetenzen am Ende dem *Common Sense*, während der politisch gesetzte Schulformbezug zu absurden sprachlichen Varianten führt. Nicht selten lassen die Formulierungen kaum oder gar nicht erkennen, ob bei den erwarteten Kompetenzen die von 15-Jährigen oder die von Studierenden gemeint sind. Zudem umreißen die fachlichen Bildungsstandards nur sehr abstrakt die sogenannten »Inhaltsfelder« und vermeiden systematisch *jegliche* fachdidaktische Erschließung, jede Festlegung bzw. Empfehlung von notwendigen Zeitkontingenten und eine Analyse altersgemäßer Kompetenzentwicklung. Es liest sich wie eine Kapitulationserklärung, wenn es in den meisten Bildungsstandards heißt: »Mit Bezug auf die Stundentafel des Gymnasiums und die dort ausgewiesenen Unterrichtszeiten lassen sich lernzeitbezogene Kompetenzerwartungen im Fach [...] nicht sinnvoll formulieren. Aus diesem Grund entfällt das Kapitel 7 im vorliegenden Entwurf.« (HKM o.J.:28)

Anstatt den Schulen ein überzeugendes Curriculum mit Freiräumen für schulbezogene Abweichungen vorzulegen, wurden die Fachkonferenzen beauftragt, den fehlenden Inhaltsbezug an jeder Schule mit einem eigenen Schulcurriculum herzustellen. Erst nach landesweiten Protesten wurde bei der Neufassung des Schulgesetzes 2011 auf eine gesetzliche Verpflichtung verzichtet: »Schulen *können* mit weiteren inhaltlichen Konkretisierungen aus den Kerncurricula einschließlich der zugrunde liegenden Wissensstände ein Schulcurriculum entwickeln, in dem der Aufbau überfachlicher Kompetenzen beschrieben wird und profilbezogene Ergänzungen aufgenommen werden.« (§ 4 Abs. 4 Satz 1, Hervorhebung durch die Autoren.)

Worin sich die Schulen eigentlich so deutlich unterscheiden, dass sie *komplett* eigene Curricula benötigen, kann das HKM bis heute nicht erklären. Bis zur Verabschiedung eines Schulcurriculums durch unbezahlte Mehrarbeit der Lehrkräfte gelten – die alten Lehrpläne!

Die hessischen Bildungsstandards haben also nicht nur kein Curriculum geschaffen, das diesen Namen verdient hätte, sondern auch das selbst gesetzte Ziel verfehlt, eine nachvollziehbare Basis für zentrale Tests und Prüfungen zu schaffen. Das ist nicht nur ein Scheitern auf ganzer Linie, es ist auch fatal für den Unterricht. Denn diese zentralen Prüfungen wurden für den Haupt- und Realschulabschluss und das Abitur trotzdem eingeführt. Zusammen mit zentralen Vergleichsarbeiten, dem Mathematikwettbewerb und informellen Leistungsvergleichen bilden sie ein ganzes System »heimlicher Lehrpläne«, das ohne weitere demokratische Legitimation den Unterricht zunehmend beeinflusst. Für jeden Oberstufenjahrgang wird per Erlass geregelt, welche Themenbereiche die zentral gestellten schriftlichen Abituraufgaben umfassen; diese Erlasse dominieren auch den Unterricht in der gymnasialen Oberstufe. Nicht mehr nur in Deutsch, sondern auch in den Fremdsprachen wird die Auswahl der Lektüren zentral vorgegeben. Auch wenn Lehrkräfte diese Vorgaben für fachdidaktisch problematisch halten, sehen sie sich gezwungen, ihren Unterricht danach zu gestalten: ein weiterer Schritt zur Deprofessionalisierung des Lehrerhandelns. Dabei ist es ein Mythos, dass ein Zentralabitur das »Niveau« der Reifeprüfung heben würde. Im Gegenteil legt es Schülerinnen und Schülern nahe, Lernvermeidungsstrategien zu entwickeln, weil sie davon ausgehen können, dass sie bestimmten Themen im Abitur ausweichen können.

Trotzdem soll der Prozess der Entwicklung der Bildungsstandards, wie er hier für die Primarstufe und die Sekundarstufe I skizziert wurde, nach zeitgleichen Ankündigungen von KMK *und* HKM für die gymnasiale Oberstufe kopiert werden, immerhin mit dem Versprechen, für die Sekundarstufe II werde es »keine Kompetenzen ohne Inhalte« geben!

Was soll in der Schule gelernt werden: Nach 13 Jahren Schlingerkurs ist diese Frage nicht zufriedenstellend beantwortet. Eine aus der öffentlichen Diskussion von Bildungszielen abgeleitete Curriculumrevision steht noch aus; sie muss auch die Stundentafeln und in der Oberstufe das System von Wahl- und Pflichtkursen einbeziehen. In dieser Zeit hat die schwarz-gelbe Schulpolitik zudem gravierende Verschiebungen von Zeitkontingenten zugunsten der sogenannten Hauptfächer und zu Lasten von Kunst und Musik, vor allem aber der politischen Bildung vorgenommen. So können heute junge Menschen in Hessen nach drei Jahren die Oberstufe mit Abitur verlassen, ohne sich mit den Problemen von Kriegen und Friedenssicherung, von Globalisierung und Armut auf der Erde auseinandergesetzt zu haben. Dafür, dass eine derartige Reduzierung schulischer Bildungsziele nicht sofort auffällt, sorgt die hessische »Testkultur«: In den »Hauptfächern« wird vergleichend getestet, in Kunst, Musik und politischer Bildung nicht.

4. Versuche zur Deprofessionalisierung der Lehrkräfte

4.1 Grundlagen des Lehrerberufs

Die schwarz-gelben Regierungsjahre sind auch durch wiederholte Maßnahmen gekennzeichnet, die Professionalität des Lehrerberufs zu untergraben. Eine solche Bildungspolitik verändert auch die Lehrerinnen und Lehrer – mit bedeutsamen Folgen für schulisches Lernen. In zweierlei Hinsicht unterscheiden sich die Berufsmerkmale des Lehrerberufs von denen freiberuflicher Akademiker:

– Lehrkräfte haben keine Klienten oder Kunden, mit denen sie auf der Basis beidseitiger Autonomie idealtypisch freie Vereinbarungen treffen, auch wenn der kultusministerielle »Neusprech« das zeitweise behauptet hat.

- Anders als Ärzten und Anwälten ist es Lehrkräften nicht möglich, wesentliche Elemente ihres Berufs, die »Regeln der Kunst« ihrer Berufsausübung *(lege artis)*, in erheblichem Umfang beispielsweise über die »Kammern« selbst zu bestimmen. Lehrertätigkeit wird in hohem Maße über die Konditionen der Aus-, Fort- und Weiterbildung, über die curricularen Vorgaben und die rechtliche Ausgestaltung des Schulwesens teils direkt, teils indirekt und nicht sofort wahrnehmbar durch die Landespolitik bestimmt.

Jede Bildungspolitik folgt so – oft unausgesprochen – einem bestimmten Lehrerleitbild. Mit wachsendem Selbstbewusstsein haben sich die Lehrkräfte schon seit Jahrzehnten in die politische Auseinandersetzung um ihre professionellen Standards eingemischt. Seit 1999 hat sich die politische Konfrontation in dieser Frage in Hessen zugespitzt. Lehrkräfte sind

> »[...] fachlich urteilsfähig und zuständig für die Identifizierung von Lernanlässen und -inhalten sowie für diejenige Umsetzung in Lernarrangements, die effektives selbständiges Schüler-Lernen ermöglichen [...], psychologisch kompetent und zuständig für die Initiierung, Förderung und Kontrolle/Korrektur der intra-psychischen Lernarbeit sowie ihrer sozial-emotionalen und ihrer institutionellen Randbedingungen[...].« (Herrmann 1999: 46)

Lehrpersonen »gestalten gemeinsam mit allen an Bildung und Erziehung Beteiligten eine pädagogische Schule, [...] sind Fachleute für das Lernen, [...] verfügen über personale Stärken für die Ausübung ihres Berufs und für ihre berufliche Weiterentwicklung.« (LCH 1999)

Aus einem solchen Berufsleitbild folgt nicht nur die Forderung nach einer angemessenen Lehrerausbildung. Vielmehr sollten die gesamten schulischen Lernbedingungen diesem Lehr- und Lernverständnis entsprechen und die »Fachleute für das Lernen« das Recht und die Verpflichtung haben, über diese Rahmenbedingungen des Lernens kollektiv mitzubestimmen.

Die Landesregierung hat demgegenüber diverse Versuche unternommen, den Lehrerberuf in Hessen zu deprofessionalisieren.

4.2 Lehrkräfte müssen billiger werden

Der Landesregierung reichte es nicht, über die Jahre die Einkommen im öffentlichen Dienst, somit auch bei den Lehrkräften, zu senken:[9] Lehrkräfte sollten noch billiger werden. Nachdem die CDU im Wahlkampf 1999 zu Recht den hohen Unterrichtsausfall skandalisiert hatte, verkündete sie nach der Wahl 1999 die »Unterrichtsgarantie« mit dem Anspruch der vollständigen Abdeckung der Stundentafel. 2005 kam mit einer Aufstockung der Mittel für Vertretungsunterricht um gerade einmal 16 Millionen Euro die »Unterrichtsgarantie plus« hinzu, nach der keine einzige Unterrichtsstunde in Hessen mehr ausfallen sollte – wohl wissend, dass eine echte Lehrerreserve nach Angaben eines HKM-Pressesprechers »eine Viertelmilliarde Euro kosten« würde und somit »nicht finanzierbar« sei.[10] Stattdessen sollten die Schulleitungen verpflichtet werden, im großen Umfang unter- oder auch unqualifiziertes Personal zu Minimallöhnen auf Stundenbasis für Vertretungsunterricht zu rekrutieren. Zuerst ging es um Freiwillige, doch bald auch um Langzeitarbeitslose und Leiharbeitsfirmen, die im Gesetz als »externe Personaldienstleister« firmierten. Die Mitbestimmung der Personalräte bei der Einstellung der Vertretungskräfte wurde massiv beschnitten. Der Widerstand an den Schulen und in der Öffentlichkeit gegen diesen eklatanten Vorstoß zur Deprofessionalisierung war relativ massiv, und das HKM reagierte hilflos mit »Handreichungen« zur Umsetzung und Drohungen mit disziplinarischen Maßnahmen gegen unbotmäßige Schulleitungen.

Als das Projekt zu scheitern drohte, regelte die CDU die »Unterrichtsgarantie plus« bis ins Detail per Gesetz und Verordnung, jedoch nur mit kurzer Haltbarkeit bis zur Landtagswahl 2008. Kultusministerin Wolff verlor nicht zuletzt wegen der »Unterrichtsgarantie plus« ihr Amt. In der Interimsphase bis zur Wahl im Januar 2009 wurde das Vorhaben in Form der »Verlässlichen Schule« entschärft. Bis heute entscheiden Schulleiter nach eigenem Ermessen über die Zugangsqualifikation der Vertretungskräfte, nach wie vor sind regional noch Leiharbeitsfirmen

---

9 Der Verbraucherpreisindex ist laut Statistischem Bundesamt von 1999 bis 2012 um 23,49 Prozent gestiegen, die Gehälter der hessischen Beamtinnen und Beamten im gleichen Zeitraum nur um 21,8 Prozent. Dabei sind Streichungen des Urlaubsgelds, die Kürzungen bei der Sonderzahlung und auch die Auswirkung der Arbeitszeitverlängerung noch nicht einmal berücksichtigt.

10 »Karin Wolff tritt wieder an«, in: Darmstädter Echo vom 03.03.2013

im Geschäft, doch dürfen die Vertretungskräfte nur noch für »pädagogische Betreuung und unterrichtsergänzende Maßnahmen« eingesetzt werden, also nicht mehr für den Unterricht. In der Praxis hat sich auf diesem Feld eine große Grauzone ausgebreitet. Statistische Erhebungen über Zahl, tatsächliche Tätigkeiten und Qualifikationen des Personals für die »Verlässliche Schule« sind nicht erhältlich; ebenso wenig gibt es empirische Untersuchungen über das Personal im Rahmen der Ganztagseinrichtungen, die ebenfalls ein Einfallstor für unterwertige, prekäre Arbeitsverhältnisse sind.

Auch Jürgen Banzer, Wolffs Nachfolger im Amt, unternahm 2009 einen weiteren Versuch, die Standards für die Qualifikation der Lehrkräfte zu senken. Konfrontiert mit dem von der Politik selbst geschaffenen Problem, für bestimmte Fächer keine Lehrkräfte mehr zu finden, konzipierte er einen Zugang für Quereinsteiger ins Lehramt, die vor allem eines sein sollten: billig. Ressourcen für die Qualifizierung der Quereinsteiger gab es nicht, die »geeigneten multimedialen Lernangebote« genauso wenig wie Kapazitäten für die versprochenen »Ausbildungsangebote an den Studienseminaren« oder die »Zeitressourcen« an den Schulen für Mentoren und Bewerber, damit diese »den Qualifizierungsauflagen nachkommen« können. Die Quereinsteiger sollten das Qualifizierungsprogramm bei voller Unterrichtsverpflichtung durchlaufen. Es gab auch keine nachvollziehbaren Anforderungen an die bisherigen Qualifikationen der Bewerber für diesen Quereinstieg. Der HPRLL klagte erfolgreich gegen den Verordnungsentwurf, weil er seine Mitbestimmungsrechte verletzt sah. Anfang 2009 trat dann eine veränderte Fassung in Kraft, die einen Hochschulabschluss zur Voraussetzung für den Quereinstieg machte und die Unterrichtsverpflichtung der Quereinsteiger in der Ausbildung reduzierte. Damit wurde das Projekt deutlich teurer und verlor für das HKM an Attraktivität. 2011 wurde das Verfahren komplett gestoppt und existiert heute nur noch in geringem Umfang im Bereich der beruflichen Schulen.

4.3 Deprofessionalisierung in der Aus- und Fortbildung

Für die zweite Phase der Lehrerausbildung, das Referendariat, leitete das HKM unter Karin Wolffs Leitung eine Fehlentwicklung ein, die sich nur noch als Desaster bezeichnen lässt. Mit dem Hessischen Lehrerbildungsgesetz (HLbG) von 2004 wurde die Ausbildung komplett »modularisiert« und folgte damit der Entwicklung der Universitäten im Bologna-Prozess – mit fatalen Konsequenzen. Neben der permanenten Überlastung der Lehrkräfte im Vorbereitungsdienst (LiV) behinderte die Modularisierung vor allem die Reflexion real existierender Zusammenhänge zwischen verschiedenen Dimensionen der Lehrertätigkeit, zwischen Fachdidaktik, pädagogisch-psychologischen Analysen und Handlungsoptionen. Kultusministerin Henzler ging in Ansätzen auf die nachhaltige Kritik an der »Vollmodularisierung« ein und berücksichtigte bei der Novellierung des HLbG 2010 auch einige Kritikpunkte der GEW. Nach wie vor fehlt ein schlüssiges Konzept zur Verzahnung von erster und zweiter Ausbildungsphase. Die Unterrichtsverpflichtung der LiV ist nach wie vor zu hoch, die Zahl der LiV pro Ausbilder wurde sogar noch erhöht, entsprechend auch die Arbeitszeit der Ausbilder. Die politische Zusage, die Einsparungen durch die Verkürzung des Referendariats von 24 auf 21 Monate für Freistellungskontingente für die Mentoren zu verwenden, die an den Schulen die LiV betreuen und beraten, wurde nicht eingehalten.

Fortbildung, für eine professionelle Berufsausübung ebenso wichtig wie die Ausbildung, war ein Stiefkind schwarz-gelber Bildungspolitik, vernachlässigt und herumgestoßen. In keinem Bereich der Bildungsverwaltung wechselte die institutionelle Zuständigkeit so oft wie für die Lehrerfortbildung. Mit dem HLbG von 2004 wurde sie in weiten Teilen dem Markt überlassen: Gewerbliche und gemeinnützige Anbieter sollten sich akkreditieren lassen, pro Lehrerstelle wurden gerade einmal 40 Euro im Jahr zur Verfügung gestellt. Fortbildung sollte grundsätzlich nur noch ohne Freistellung vom Unterricht stattfinden. Eine im Detail absurde Verpflichtung, »Fortbildungspunkte« zu sammeln, wurde zurückgenommen. Ganz andere Konditionen bietet die »Führungsakademie« für künftige Schulleiterinnen und Schulleiter: Dort ist eine Freistellung vom Unterricht auch für mehrtägige Veranstaltungen selbstverständlich, und es werden Zuschüsse für eine notwendige Kinderbetreuung offeriert.

Der gesellschaftliche und kulturelle Wandel verändert Schülerlernen und damit das Berufsfeld der Lehrkräfte permanent; das zeigt sich zum Beispiel nicht nur bei der Inklusion, die von der Fortbildung geradezu sträflich ignoriert wurde. Lehrerinnen und Lehrer müssen »engagierte, selbstkritisch-neugierige Autodidakten bleiben« (Herrmann 1999: 48).

Sie brauchen effiziente Fortbildung und Arbeitsbedingungen, die dies ermöglichen und fördern. Die ständig angewachsene Arbeitsbelastung durch die Pflichtstundenzahl auf einem historischen Rekordstand schadet unter dem Aspekt der Professionalisierung nicht nur der Gesundheit, sondern erschwert vor allem die Lehrerkooperation. Diese ist nicht nur dringend geboten, weil die Lehrkräfte *gemeinsam* in einer Klasse tätig sind, sondern sie ist auch eine der effizientesten Form der Fortbildung.

4.4 Professionalität und politische Gestaltung

Wegen ihres Status bleiben den Lehrkräften nur die Wege, über ihre Verbände und über das *in diesem Kontext* als Hilfskonstruktion anzusehende Personalvertretungsrecht Einfluss auf die Bildungspolitik zu nehmen. Eine Bildungspolitik, die Professionalität der Lehrkräfte überwiegend konterkariert, ist nur konsequent, wenn sie auf deren Expertise keinen Wert legt. Insbesondere in der Ära Koch/Wolff fehlte jegliche Verhandlungskultur, die diesen Namen verdient hätte. Gleich zu Beginn der ersten Wahlperiode wurden die Beteiligungsrechte nach dem Hessischen Personalvertretungsgesetz (HPVG) massiv beschnitten. Selbst die minimierten Beteiligungsrechte mussten die Personalvertretungen öfters bei Verwaltungsgerichten einklagen. Kollektive oder individuelle Äußerungen von Lehrkräften und Schulleitungen führten zu Disziplinarmaßnahmen oder Hinweisen auf den Dienstweg. Es war für die Lehrkräfte nur wenig tröstlich, dass die Voten von Landeselternbeirat und Landesschülervertretung (zum Beispiel bei der Einführung von G8) ebenso ignoriert wurden. Der *Umgangston* ist zwar seit der Landtagswahl 2009 etwas entspannter geworden; die Beteiligungsrechte wurden aber in keiner Weise verbessert.

Im letzten Jahrzehnt hat in der Lehrerschaft ein umfassender Generationenwechsel begonnen. Es ist völlig offen, ob sich die neue Lehrergeneration von dem unprofessionellen Leitbild ihres obersten Dienstherrn entmutigen lässt. Dass eine solche Anpassung den Status und die Berufszufriedenheit der Lehrkräfte beeinträchtigen würde, ist das eine; die Leidtragenden wären vor allem die jetzigen und künftigen Schülergenerationen, denn Professionalisierung und Deprofessionalisierung haben sehr nachhaltige Auswirkungen.

5. Neue Verwaltungssteuerung, selbstständige Schule und Sozialstaat

5.1 Schulrechtliche und schulorganisatorische Maßnahmen

Die Rhetorik, dass eine größere Selbstständigkeit der Schule der Schlüssel zu einem effizienteren Mitteleinsatz und zur Verbesserung der Qualität schulischer Leistungen ist, beherrscht die bildungs- und schulpolitischen Debatten spätestens seit den letzten Amtsjahren von Kultusminister Hartmut Holzapfel (SPD). Alle seine Nachfolgerinnen und Nachfolger sind diesem bundesweiten und internationalen Mainstream gefolgt, ohne dass dafür je ein theoretischer oder empirischer Nachweis erbracht wurde (Turk 2007). Schulrechtliche und schulorganisatorische Maßnahmen auf dem Weg zur »Selbstständigen Schule« waren

- die Aufnahme von »Grundsätzen der Selbstverwaltung« und die Verpflichtung zur Erstellung von Schulprogrammen (Schulgesetzänderung 1997),
- die Einführung eines »Experimentierparagrafen« in das Hessische Schulgesetz (Drittes Qualitätssicherungsgesetz von 2004),
- und die formale Etablierung einer allgemeinbildenden »Selbstständigen Schule« (SES) und einer »Selbstständigen Beruflichen Schule« (SBS) durch die Änderungen des Schulgesetzes 2011.

Der »Experimentierparagraf« bildete die rechtliche Grundlage für die Erprobung erweiterter Selbstständigkeit im Modellprojekt »Selbstverantwortung plus« (SV-plus), an dem 17 berufliche Schulen von 2005 bis 2011 teilnahmen. Hier wurden neben erweiterten Zuständigkeiten für Budget und Personal auch Möglichkeiten geschaffen, in die Schulverfassung und die Zuständigkeiten von Schul- und Gesamtkonferenzen einzugreifen. Von der Möglichkeit, Rechte der Schulgremien an einen Schulvorstand abzugeben, machte weniger als die Hälfte der beteiligten Schulen Gebrauch.

Mit der Schulgesetzänderung von 2011 wurde darüber hinaus die rechtlich umstrittene Grundlage für eine weitgehende Ausgliederung von beruflichen Schulen aus der öffentlichen Verantwortung in Form einer »Rechtlich selbstständigen Beruflichen Schule« (RSBS) als »rechtsfähige Anstalt des öffentlichen Rechts« gelegt. Vorläufer hierfür waren die

Zentren lebenslangen Lernens (ZLL): Unter dem Namen *Hessencampus* sollten Berufliche Schulen in Kooperation mit Volkshochschulen und anderen Bildungsträgern zum Anbieter von Weiterbildungsmaßnahmen auf dem privaten Bildungsmarkt werden. Ein von der Landesregierung in Auftrag gegebenes Rechtsgutachten kam allerdings zu dem Ergebnis, dass solche Angebote nach dem Europäischen Wettbewerbsrecht unzulässig sein können:

> »Das Lauterkeitsrecht hält den Staat dazu an, dafür zu sorgen, dass die Fort- und Weiterbildungseinrichtung sich mit den ihr überlassenen Ressourcen keine ungerechtfertigten Wettbewerbsvorteile verschafft. Das Wettbewerbsrecht (GWB) lässt erkennen, dass die Einrichtung eines Bildungsnetzwerks nicht unproblematisch ist, wenn hier die Ausbildungsangebote der Fort- und Weiterbildungseinrichtung gemeinsam mit anderen Anbietern festgelegt werden.« (Ennuschat/Röhl 2007: 116)

Schritte zu einer größeren Selbstständigkeit von Schulen sind höchst unterschiedlich motiviert. Reformpädagogische und demokratietheoretische Intentionen sind ebenso wirksam wie der Versuch, Schule und Bildung aus der öffentlichen Verantwortung auszulagern, Marktmechanismen zu unterwerfen und betriebswirtschaftlich zu steuern. Insbesondere in den ersten Regierungsjahren von Roland Koch wurde auch in Hessen die »Neue Verwaltungssteuerung« (NVS) ausgerufen. Die Abkehr von der kameralistischen Buchführung und die Umstellung auf »Produkthaushalte« können mindestens im Schulbereich als gescheitert angesehen werden. Der Versuch, auch für die Schulen »Produkte« zu definieren, haushaltstechnisch abzubilden und an Kennziffern zu messen, führte in die Absurdität und letztlich zu dem Formelkompromiss, die Zahl der Schülerinnen und Schüler in einem bestimmten Bildungsgang und die Zahl der Abschlüsse als »Produkt« bzw. als »Fachziel« zu definieren. Im Haushalt des Kultusministeriums wird dann *Bildung und Erziehung in der Grundschule* als *Produkt Nr. 1* definiert. Dies geht einher mit der Absicht, Schule durch »Effizienzsteigerung« und »dezentrale Ressourcenverantwortung« und durch die Deregulierung und Dequalifizierung von Beschäftigungsverhältnissen billiger zu machen und die Verantwortung von der politischen Ebene auf die Einzelschule zu verlagern.

5.2 Grenzen der Selbstständigkeit

Die mit der Einführung eines »Kleinen Schulbudgets« (2010) und eines »Großen Schulbudgets« für die SES und SBS (2012) verbundenen Hoffnungen auf größere finanzielle Spielräume wurden enttäuscht. Freiräume im Rahmen der gegenseitigen Deckungsfähigkeit und Budgetierung sind aufgrund der allgemeinen Unterfinanzierung des Bildungswesens nur scheinbar vorhanden. Wer beispielsweise von der Möglichkeit des Experimentierparagrafen 127c HSchG Gebrauch machen will, »von den bestehenden Rechtsvorschriften [...] bei der Bildung von Lerngruppen« abzuweichen, muss wissen, dass er die pädagogisch dringend gebotene Verkleinerung einer schwierigen Lerngruppe mit der Überschreitung der vorgeschriebenen Obergrenze in einer anderen Lerngruppe »erwirtschaften« muss.

Die Verheißungen der Entbürokratisierung, Dezentralisierung und Demokratisierung einer bis dahin zentralistischen, von oben nach unten regierenden Schulverwaltung erfüllten sich ebenfalls nicht. Auch das Instrument der »Zielvereinbarung«, das im Rahmen des angestrebten »Kontraktmanagements« einen neuen gleichberechtigten, partnerschaftlichen Umgang der Akteure versprach, reproduzierte – seiner verbalen Fassade entkleidet – das traditionelle hierarchische Staatsverständnis:

> »Im Regelfall bestehen hierarchische Weisungsverhältnisse zwischen den Kontraktpartnern. Innerhalb dieser Steuerungsebenen ersetzt damit der Kontrakt die mögliche Weisung. [...] Im Falle einer fehlenden Einigung müssen die Kontrakte [...] von der jeweils übergeordneten Steuerungsebene durch eine Weisung ersetzt werden.« (Hessisches Ministerium der Finanzen 2004: 5)

Dass die Erkenntnisse über die Vorzüge einer dezentralen Steuerung jederzeit anderen partei- und machtpolitischen Erwägungen geopfert werden, zeigt aktuell auch die Gründung eines »Landesschulamtes«, das mit großem finanziellen und bürokratischen Aufwand die regionale Verantwortung der Staatlichen Schulämter aushebelt und die Zuständigkeiten bei einer neuen Großbehörde zentralisiert.

Auch für die Schulen erweisen sich die neuen Spielräume durchgängig als unbedeutend. Die in der Öffentlichkeit präsentierten »best-practice-Bespiele« hatten nur wenig mit neuen rechtlichen Rahmenbedingungen zu tun, sondern waren auch unter den alten Bedingungen bei entsprechender Kreativität und pädagogischem Reformwillen realisierbar, beispielsweise die Abkehr von der Tradition der 45-minütigen Unterrichtsstunde. Dort wo Schulen aufgrund der Ankündigungen politisch unerwünschte Reformschritte gehen wollten, beispielsweise bei der Notengebung, der äußeren Fachleistungsdifferenzierung oder der Umwandlung einer Schule in eine Integrierte Gesamtschule, wurden diese in gewohnter Manier unterbunden. Auch die Einführung des hessischen Zentralabiturs 2004 schränkte die pädagogischen Möglichkeiten bei der Unterrichtsgestaltung erheblich ein.

Ernstzunehmen sind dagegen die Auswirkungen eines schulischen Globalbudgets, mit dem die Schulen – und das sind trotz den Haushaltsrecht der Gesamt- und Schulkonferenz in der Praxis die Schulleitungen – auch Zugriff auf die Personalmittel haben und Personal außerhalb der bestehenden Richtlinien einstellen können. Der Schulleiter einer SV-plus-Schule bekannte gegenüber der *Frankfurter Rundschau* freimütig:

> »Wir wissen jetzt, was ein Lehrer tatsächlich kostet, […] 51.000 Euro im Jahr nämlich. Damit kostet eine Lehrerstunde gut 50 Euro. Pädagogische Hilfskräfte sind für die Hälfte zu haben, und wenn Lehrer freiwillig Mehrarbeit leisten, dann muss die Schule dafür nur 26 Euro zahlen. Übers Jahr gerechnet sparen wir damit rund 100.000 Euro ein. « (FR v. 27.04.2009)

Die Rechnung, die Verantwortung für die Unterfinanzierung der Bildung den einzelnen Einrichtungen zuzuschieben, ist jedoch nicht aufgegangen, wie die gemeinsamen Initiativen von Lehrkräften, Eltern, Schülerinnen und Schülern, ihrer Interessenvertretungen und der Gewerkschaften für gute Bildung zeigen. Die Versuche, die Schulen einer betriebswirtschaftlichen Steuerung zu unterwerfen, mobilisierten Gegenbewegungen wie die »Frankfurter Einsprüche« namhafter Erziehungswissenschaftler, die mit dem Aufruf »Schule ist kein Betrieb« an die Öffentlichkeit traten.

5.3 Kritik an der selbstständigen Schule

Die fundamentale verfassungsrechtliche Kritik an einer weitgehenden Selbstständigkeit von Schulen und an der Schaffung eines Bildungsmarktes hat unter anderen Hartwig Schröder, langjähriger Justitiar der GEW Hessen und Leiter ihrer Landesrechtsstelle, in mehreren Veröffentlichungen aus den Grundsätzen des sozialen und demokratischen Rechtsstaates abgeleitet:

> »Die öffentliche Schule unterliegt den Bindungen des Rechtsstaates. ›Schulen sind keine Inseln im Rechtsstaat‹, formuliert Hermann Avenarius, profilierter Autor und Kommentator zu Fragen des Schulrechts. Im Zentrum steht der Grundsatz des ›Vorbehalts des Gesetzes‹. Danach ist der demokratisch legitimierte Gesetzgeber verpflichtet, alle entscheidenden Fragen der Gestaltung des Schulwesens in organisatorischer und pädagogischer Hinsicht sowie im Hinblick auf die Ressourcenzuweisung im Rahmen förmlicher Gesetze oder aufgrund eindeutig und klar definierter gesetzlicher Ermächtigungsnormen selbst zu regeln und sich dabei am Maßstab der Herstellung qualitativ gleicher Bedingungen für alle Schülerinnen und Schüler zu orientieren [...] . Dies setzt schulischer Selbstverwaltung überall dort Grenzen, wo auf der Ebene der Einzelschule getroffene Entscheidungen aktuell oder potenziell dazu führen, dass sich die Unterrichts- und Erziehungsbedingungen qualitativ auseinander entwickeln, auf unterschiedliche Ausgangsvoraussetzungen und Rahmenbedingungen nicht kompensatorisch im Sinne eines Ausgleichs bestehender Differenzen eingewirkt wird, sondern im Gegenteil eine Konkurrenz zum Beispiel um Ressourcen, um Schülerinnen und Schüler oder um Lehrkräfte dazu führt, dass die Qualität von Schulen und damit auch die Unterrichtsbedingungen und Lebenschancen für Schülerinnen und Schüler an unterschiedlichen Schulen immer weiter auseinander driften.« (Schröder 2006: 15)

Aus einem anderen Blickwinkel kam 2009 ein führender Jurist aus dem Hessischen Kultusministerium zu einem vergleichbaren Ergebnis:

> »Insgesamt ist daher festzustellen, dass jede Form veränderter oder erweiterter Verantwortung von Schule sich vorrangig an den Bedingungen des Demokratieprinzips orientieren muss, was bedeutet, dass die schulische ›Selbstverwaltung‹ – anders als die verfassungsrechtlich geschützte kommunale Selbstverwaltung – weder verfassungsrechtlich garantiert ist noch tatsächlich eingeräumt werden kann. Daher sollte weder von autonomer noch von ›selbstständiger Schule‹, sondern nur von ›selbstständigerer Schule‹ gesprochen werden.« (Bott 2009:191)

Grenzen der Selbstständigkeit von Schulen zeigte auch der Anfang 2009 vorgelegte »Abschlussbericht der Projektgruppe Eigenverantwortliche Schule« auf, die noch von Kultusministerin Wolff eingesetzt worden war. Bei einer grundsätzlichen Zustimmung zu dem Vorhaben wiesen die Mitglieder der Arbeitsgruppe, allesamt Schulleiter und Schulaufsichtsbeamte, auf »Missverständnisse hinsichtlich der im Kontext mit Schule verwendeten Begriffe ›Selbstständigkeit‹ oder ›Autonomie‹« hin:

> »Diese Begriffe suggerieren einen gewissen Grad an Unabhängigkeit, den die Eigenverantwortliche Schule in Deutschland aus verfassungsrechtlichen Gründen nicht haben kann. […] Eine aufsichtsfreie Schule wäre in Deutschland eindeutig verfassungswidrig. Die Sicherstellung gleichartiger Bildungschancen ist ein hohes Gut. Der Staat ist hier zur Gewährleistung verpflichtet.« (HKM 2009: 5)

Die Autorinnen und Autoren zeigten sich auch in der folgenden Beschreibung mit der Schulwirklichkeit und den rechtlichen Grundlagen vertraut:

> »Als sehr komplexe Organisation entzieht sich Schule tatsächlich vielfach rationaler Planungssystematik. Hier arbeiten Fachleute, die nicht einfach nur auf Anweisungen warten. Zudem ist die pädagogische Freiheit der Lehrkräfte gesetzlich festgeschrieben. Es gibt nur wenige Organisationseinheiten, in denen sich eine ähnliche Dichte an akademisch gebildetem, hoch qualifiziertem Personal findet. In diesen Organisationseinheiten gibt es ein hohes Potenzial an Problembewusstsein und auch an Problemlösefähigkeit. Dass diese Systeme schwer zu führen und zu steuern sind, ist in ihrer Struktur bereits angelegt.« (HKM 2009: 6)

Für das Modellprojekt SV-plus konnte die Arbeitsgruppe »einen direkten Zusammenhang zwischen erhöhter Eigenverantwortlichkeit der Schulen und dem erfolgreicheren Erreichen pädagogischer Ziele […] nicht ermitteln« (HKM 2009: 32). In einer ihrer ersten programmatischen Reden bekannte sich Kultusministerin Henzler in der Evangelischen Akademie Hofgeismar »mit allen daraus folgenden Konsequenzen« zur »eigenverantwortlichen Schule« als dem »grundlegenden Paradigmenwechsel in der Bildungspolitik«.[11] Die Ergebnisse der »sicher sehr fleißige(n) und engagierte(n) Expertengruppe« wurden allerdings kurzerhand von der Tagesordnung der Fachtagung abgesetzt, da die Arbeitsergebnisse insbesondere bei der »Darstellung und Bewertung des Modellversuchs SV+« nicht den »Erfahrungen« der Ministerin entsprachen.

5.4 Selbstständigkeit und Kontrolle

In all ihren Verlautbarungen zur »Selbstständigen Schule« betonten die Kultusministerinnen und Kultusminister von SPD, CDU und FDP

---

11 Das Redemanuskript liegt den Autoren vor.

seit den 1990er Jahren unisono, dass »Selbstständigkeit« und »Ressourcenverantwortung« zwei Seiten einer Medaille seien und dass »größere Selbstständigkeit« mit Rechenschaftspflicht und Kontrolle des Outputs verbunden sei. Als Maßnahme zur Verstärkung der externen Evaluation ist insbesondere die Einführung der Schulinspektion durch das Institut für Qualitätsentwicklung zu nennen. Sie war und ist von einem grundlegenden Misstrauen gegenüber der Schule und den Lehrkräften geprägt, das in der Öffentlichkeit bei Bedarf populistisch instrumentalisiert werden kann. So verkündete beispielsweise Kultusministerin Karin Wolff, mit einer größeren Selbstständigkeit bei pädagogischen, personellen oder finanziellen Entscheidungen werde »sich in der Schule endlich wieder eine Kultur der Verantwortlichkeit entwickeln« (Wolff 2006: 14). Im Klartext heißt dies: Bisher herrschte an den Schulen offensichtlich eine »Kultur der Verantwortungslosigkeit«. Weiter heißt es in der Pressemitteilung des HKM über die Regierungserklärung der Ministerin vom 24.1.2006:

> »Eigenverantwortung von Schule [könne] nur in einem fest umrissenen Qualitätsrahmen mit klaren Zielvorgaben gelingen: ›Freiheit der Schule und Verbindlichkeit in der Ergebnissicherung gehören wie zwei Seiten einer Medaille untrennbar zusammen. [...] Jede Schule muss sich bewähren und selbst entscheiden, wie sie die von uns gesetzten Ziele erreicht.‹«

Der Kontrollfunktion entspricht auch die Titulierung der Schulinspektion als »Schul-TÜV« in einer Pressemitteilung derselben Ministerin vom 30.11.2005. Auf die Verfahrensweisen und die bisherigen Erfahrungen mit der externen Evaluation von Schulen durch die Inspektorenteams kann an dieser Stelle aus Platzgründen nicht im Detail eingegangen werden. Die Erfahrungen der Schulen führten dazu, dass die GEW Hessen inzwischen die Abschaffung der teuren Schulinspektion fordert, da sie das Vortäuschen falscher Tatsachen fördert, kaum neue Erkenntnisse liefert, und offenkundige Mängel nicht zu zusätzlichen Ressourcen oder Handlungsoptionen führen. Während die Maßnahmen zur Entbürokratisierung und Demokratisierung der Schulen weitgehend ausgeblieben sind, hat die »andere Seite der Medaille« in Form von zentralen Abschlussprüfungen mit landesweitem Ranking und landesweiten Vergleichsarbeiten Schule stark verändert:

- Lehrerinnen und Lehrer müssen gegen ihre pädagogische Überzeugung ihren Unterricht auf Prüfungen ausrichten (*teaching to the test*).

- Unterrichts- und Sozialformen, die sich an der individuellen Förderung ausrichten, kommen zu kurz.
- Öffentliches Ranking verschärft die Konkurrenz der Schulen zu Lasten der Schulen in sozialen Brennpunkten und der Schulen, die Schülerinnen und Schüler mit Schwierigkeiten nicht ausschulen können und wollen.
- Der Zeitaufwand der Lehrkräfte für Verwaltungsarbeiten steigt, da alle Ergebnisse zentraler Prüfungen und Vergleichsarbeiten detailliert für jeden Schüler in landesweite Datensammlungen eingegeben werden müssen, ohne dass dies mit nennenswerten Erkenntnisgewinnen zur Verbesserung der individuellen Förderung verbunden ist.

Die Forderung der GEW, Schulinspektionen abzuschaffen und die verpflichtenden Vergleichsarbeiten durch geeignete Diagnosearbeiten zu ersetzen, die von der Lehrkraft angefordert werden können, berücksichtigt auch das Ergebnis einer Studie von Lars Holtkamp, der schon 2008 das Scheitern des neuen Steuerungsmodells in der gesamten öffentlichen Verwaltung konstatierte. Als eine Ursache machte er die »Datenfriedhöfe« aus, die »aufgrund der begrenzten Rationalität und Zeitressourcen der Steuerungspolitiker nicht verarbeitbar waren. Bei hohen Transaktionskosten blieb die outputorientierte Steuerung deshalb weitgehend wirkungslos.« (Holtkamp 2008: 438 f.).

6. Fazit

Untätigkeit lässt sich der schwarz-gelben Schulpolitik seit 1999 nicht vorhalten. Die Frage, ob und wie nachhaltig die *Realität* schulischen Lernens *verändert* wurde, muss differenziert beantwortet werden. »Masterpläne« und andere Projekte blieben weitgehend folgenlos. Wie beispielhaft aufgezeigt, ist das eher erfreulich. Nicht hinreichend klar abzusehen sind die Folgen des reduzierten Bildungsverständnisses, das sich in diversen Steuerungselementen wie Stundentafeln, Curricula und einer expansiven Testkultur ausdrückt. Unklar ist hier, in welchem Umfang die Lehrkräfte diesen Vorgaben tatsächlich folgen bzw. diese im Rahmen ihrer Möglichkeiten ignorieren oder unterlaufen.

Mit dem Konzept der »selbstständigen Schule« hat die Schulpolitik versucht, sich der politischen Verantwortung für die klar erkennbaren Defizite des hessischen Schulwesens zu entziehen. Auch hier berechtigen die öffentlichen Debatten und unterschiedliche Formen des Widerstands zu der Hoffnung, dass dieses Kalkül nicht aufgeht. Außerdem wurde immer wieder teils offen, teils subtil behauptet, für den Erfolg, vor allem aber für den Misserfolg schulischen Lernens seien vorrangig oder gar ausschließlich die Lehrkräfte verantwortlich. Unbestreitbar sind es die Lehrkräfte und nicht die Kultusministerinnen und Kultusminister, die mit den Schülerinnen und Schülern arbeiten. Sie sind aber keine *Aliens* und arbeiten nicht außerhalb der Gesellschaft und nicht ohne politische Vorgaben. Die GEW hat solche Formen der simplifizierenden Schuldzuweisung regelmäßig scharf zurückgewiesen. Doch nicht zuletzt unter dem Druck einer übermäßigen Arbeitsbelastung reagieren auch manche Lehrerinnen und Lehrer ähnlich simplifizierend, indem sie die eigene Rolle im schulischen System von Förderung und Auslese nicht in Frage stellen. Die Verbesserung von Schule sei ausschließlich durch eine Änderung der Lernbedingungen zu erreichen, wofür die Politik verantwortlich sei. Zur Professionalität von Lehrkräften gehört es jedoch auch, sich im Rahmen der gegebenen – zugegebenermaßen sehr beschränkten – Möglichkeiten um eine Weiterentwicklung der eigenen professionellen Fähigkeiten zu bemühen, immer wieder die eigene Funktion im System Schule zu reflektieren und gleichzeitig für eine Verbesserung der Konditionen schulischen Lernens zu kämpfen. Wenn sie dies nicht mehr tun sollten, wäre dies eine der gravierendsten Folgen einer verfehlten Bildungspolitik.

Das Kernproblem des Schulwesens haben CDU und FDP bereits vorgefunden: Reale Chancengleichheit und optimale Förderung des Lernens werden durch eine strukturell vorgegebene Auslese und unzureichende systemische Lernbedingungen verhindert. Es war der dezidierte politische Wille der CDU-geführten Landesregierungen, die Selektionsfunktion der Schule aufrechtzuerhalten. Gleichzeitig verhindert das selbst gewählte Korsett des »schlanken Staates« eine Verbesserung der Lernbedingungen. Das sind die zentralen Versäumnisse der letzten 13 Jahre, aus denen sich auch der zentrale Auftrag an eine neue Mehrheit ableiten lässt.

Literatur

Bott, Wolfgang (2009), Grenzen der Selbstständigkeit von Schulen, in: *Schulverwaltung Hessen/Rheinland-Pfalz*, H. 6, S. 190–191.

DGB Hessen (2000), Ein Jahr Regierung Koch, in: *HLZ*, H. 5, S. 18.

CDU/FDP (1999), Hessen handelt. Koalitionsvereinbarung von CDU und FDP vom 19.3.1999, in: *HLZ*, H. 5, S. 14–22.

Ennuschat, Jörg/Röhl, Hans Christian (2007), *Stellung beruflicher Schulen am Fort- und Weiterbildungsmarkt und ihre Konsequenzen für die künftige Rechtsform öffentlicher Schulen in Hessen. Gutachten im Auftrag des Landes Hessen*, Konstanz.

Freiling, Harald (2007), Hauptschule in Hessen, in: *HLZ*, H. 4, S. 22.

Gruschka, Andreas/Martin,Ellen (2002), Die Klippert-Schule als Retterin in der Not, in: *Frankfurter Rundschau* vom 25.7.2002

Herrmann, Ulrich (1999), »Lehrer« – Experte *und* Autodidakt?, in: Carle, Ursula/Buchen,Sylvia (Hg.), *Jahrbuch für Lehrerforschung Bd. 2*, Weinheim/München, S. 33–48.

Herrmann, Ulrich (2004), Schule im Jahre IV nach PISA. Ein Zehn-Punkte-Programm gegen die illusionären Erwartungen an »Bildungsstandards«, in: *Pädagogik*, H. 4/04, S. 39 ff.

Hessisches Ministerium der Finanzen (2004), *Konzept zum Kontraktmanagement in der Hessischen Landesverwaltung*, Wiesbaden, S. 5.

Hessisches Statistisches Landesamt (2013), *Schülerinnen und Schüler an allgemeinbildenden Schulen in Hessen 1990–2025 nach Schulformen*. http://www.statistik-hessen.de/themenauswahl/bildung-kultur-rechtspflege/landesdaten/bildung/regionalisierte-vorausberechnung-allgemeinbildenden-schulen/schuelerinnenschueler-nach-schulformen-vorausberechnung/index.html, gesichtet am 20.1.2013.

HKM [Hessisches Kultusministerium] (o. J.), *Bildungsstandards und Inhaltsfelder, Das neue Kerncurriculum für Hessen, Sekundarstufe I – Gymnasium, Politik und Wirtschaft*, Wiesbaden.

HKM [Hessisches Kultusministerium] (2004), *Bildungspolitik in Zahlen*, Wiesbaden.

HKM [Hessisches Kultusministerium] (2009), *Abschlussbericht der Projektgruppe Eigenverantwortliche Schule*, Wiesbaden.

Holtkamp, Lars (2008), Das Scheitern des neuen Steuerungsmodells, in: *dms – der moderne staat – Zeitschrift für Public Policy, Recht und Management*, H. 2, S. 423–446.

Jürgens, Eiko (2005), Schnellschuss Bildungsstandards, in: *HLZ*, H.10, S. 22–24.

LCH (1999), *LCH-Berufsleitbild und LCH-Standesregeln, Dachverband Schweizer Lehrerinnen und Lehrer*, verabschiedet von der LCH-Delegiertenversammlung am 19.06.1999, o. O.

Schröder, Hartwig (2006), Rechtsstaat, Sozialstaat, Demokratie. Selbstverwaltung der Schule aus verfassungsrechtlicher Sicht, in: *HLZ*, H.6, S.15–17.

Statistisches Bundesamt (2012), *Schulen auf einen Blick*, Wiesbaden.

Steffens, Guido (2010), Desaster Bildungsstandards, in : *HLZ*, H.3, S.22–23.

Turk, Gerd (2007), Neusprech und alte Töne. Hessische Schulen zwischen Autonomieversprechen und Obrigkeitsstaat, in: *HLZ*, Sonderheft März 2007.

Wolff, Karin (2003), Wirkung von PISA auf die aktuelle Bildungspolitik, in: Toni Hansel (Hg.), *PISA – und die Folgen? Die Wirkung von Leistungsvergleichsstudien in der Schule*, Herbolzheim, S. 128–152.

Wolff, Karin (2006), *Mehr Eigenverantwortung für Hessens Schulen – Schlüssel zur Qualität. Regierungserklärung der Hessischen Kultusministerin vom 24.1.2006*, Wiesbaden.

Die hessischen Hochschulen zwischen Studierendenrekorden und Exzellenzinitiativen

Roman George

Im Wintersemester 2012/13 hat die Studierendenzahl in der Bundesrepublik mit knapp 2,5 Millionen einen neuen Höchststand erreicht. Auch an den hessischen Hochschulen waren schon zum vorangegangenen Wintersemester erstmals mehr als 200.000 Studierende eingeschrieben – und die Zahlen steigen weiter an. Die Berichte über überfüllte Lehrveranstaltungen, eine unzureichende Ausstattung mit Lehrmitteln und nicht zuletzt auch über fehlenden Wohnraum weisen jedoch darauf hin, dass die Hochschulen mit der Bewältigung des »Studierendenberges« nicht nur gefordert, sondern mitunter vielleicht sogar überfordert sind. Gleichzeitig rückt die Problematik von prekären Arbeitsbedingungen, von endlosen Befristungsketten und von unsicheren Beschäftigungsperspektiven des wissenschaftlichen Personals zunehmend in den Fokus der hochschulpolitischen Diskussionen. Am 11. Oktober 2012 hat sich der Ausschuss für Wissenschaft und Kunst im hessischen Landtag im Rahmen einer öffentlichen Anhörung nicht nur mit der vom Bundesverfassungsgericht erzwungenen Neuregelung der Professorenbesoldung beschäftigt, sondern auf Antrag der drei Oppositionsfraktionen SPD, BÜNDNIS 90/DIE GRÜNEN und DIE LINKE auch mit prekären Beschäftigungsverhältnissen an den Hochschulen.

Gleich mehrere Entwicklungen verdeutlichen, dass sich die hessische Hochschullandschaft deutlich verändert hat: Die Tatsache, dass sich von den fünf öffentlichen Fachhochschulen nur noch zwei so bezeichnen, weist auf ein verändertes Selbstverständnis hin, das die auch von Fachhochschulen betriebene, eher anwendungsorientierte Forschung stärker betont. Die hessischen Universitäten hingegen scheinen auf den ersten Blick in ihren Forschungsbemühungen nur bedingt erfolgreich – zumindest insofern es keiner von ihnen gelungen ist, in den erlauchten Kreis der neu gekürten »Eliteuniversitäten« aufgenommen zu werden.

Ausgehend von den angerissenen Problembereichen werden im vorliegenden Beitrag die folgenden Fragen bearbeitet: Ist die Zunahme der Zahl der Studierenden gleichbedeutend mit einer sozialen Öffnung des Hochschulzuganges, oder sind auch gegenläufige soziale Schließungstendenzen zu konstatieren? Welche Probleme bestehen hinsichtlich der Beschäftigungsbedingungen, insbesondere des wissenschaftlichen Mittelbaus? Gleichen sich die Hochschulen aneinander an oder ist vielmehr eine stärkere Ausdifferenzierung und Hierarchisierung der Hochschullandschaft zu erwarten? Abschließend wird die Frage aufgeworfen, welcher Logik die hessische Hochschulpolitik folgt.

Soziale Öffnungs- und Schließungstendenzen

Die längerfristige Betrachtung der Studierendenzahlen in Hessen weist auf eine deutliche Expansion der Hochschulbildung hin: Waren Anfang der 1970er Jahre noch insgesamt knapp 70.000 Studierende immatrikuliert, so überschritt deren Zahl schon Anfang der 1980er Jahre die Schwelle von 100.000. In den 1990er Jahren pendelte sich die Zahl um die 150.000 ein, um dann ab der Jahrtausendwende, angetrieben von stark zunehmenden Erstimmatrikulationen, im Wintersemester 2011/12 erstmals über 200.000 zu steigen. Die Studierendenzahl hat sich somit im Verlauf von 40 Jahren mehr als verdreifacht (vgl. Tabelle 1). Verursacht war der Anstieg ab 2011 kurzfristig von doppelten Abiturjahrgängen durch die Verkürzung der gymnasialen Schulzeit sowie durch das Aussetzen der Wehrpflicht. Langfristig wirksam ist jedoch die deutlich erhöhte Beteiligung an der Hochschulbildung, die sich sowohl in einer Zunahme des Anteils der Studienberechtigten als auch der Studienanfänger/innen an einem Jahrgang ausdrückt. 2010 erreichten 49 Prozent eines Jahrganges eine Studienberechtigung – ein Anstieg um zwölf Prozent gegenüber dem Jahr 2000. Die Studienanfängerquote lag 2010 bei 45 Prozent (Brugger u.a. 2012: 6 f.).

Tabelle 1: Studierende in Hessen

Wintersemester	Studierende insgesamt	davon weiblich	davon im ersten Hochschulsemester
1972/73	67.244	19.781 (29,4 %)	12.457
1975/76	81.084	26.198 (32,3 %)	11.661
1980/81	92.275	32.357 (35,1 %)	14.935
1985/86	118.883	43.115 (36,3 %)	16.917
1990/91	150.624	55.858 (37,1 %)	22.746
1995/96	155.143	61.192 (39,4 %)	16.645
1996/97	150.660	60.495 (40,2 %)	16.521
1997/98	150.652	62.217 (41,3 %)	17.279
1998/99	148.907	63.022 (42,3 %)	16.935
1999/00	149.064	64.764 (43,4 %)	18.039
2000/01	150.868	67.093 (44,5 %)	19.549
2001/02	156.414	71.021 (45,4 %)	21.971
2002/03	164.608	75.803 (46,1 %)	23.278
2003/04	177.756	82.423 (46,4 %)	25.984
2004/05	160.026	74.727 (46,7 %)	24.777
2005/06	163.205	76.785 (47,0 %)	25.000
2006/07	163.476	77.523 (47,4 %)	23.698
2007/08	151.033	70.727 (46,8 %)	24.386
2008/09	171.249	80.583 (47,1 %)	28.518
2009/10	185.996	87.374 (47,0 %)	30.232
2010/11	196.545	91.520 (46,6 %)	31.118
2011/12	208.887	96.617 (46,3 %)	34.403
2012/13	215.209	99.862 (46,4 %)	32.916
1972/73 bis 2012/13	+147.965	+ 80.081 (+17,0 %)	+20.459

Ohne Beurlaubte, Quelle: Hessisches Statistisches Landesamt (2013a), eigene Berechnung und Zusammenstellung.

Die steigenden Studierendenzahlen sind aber nicht mit einer allgemeinen sozialen Öffnung der Hochschulen gleichzusetzen, vielmehr verläuft sie entlang verschiedener Dimensionen sozialer Ungleichheit, die sich in der Hochschulbildung widerspiegeln und die das Hochschulsystem selbst reproduziert. Genauer zu betrachten ist hier der Einfluss der sozialen Herkunft und des Geschlechts – aber auch andere Ungleichheitsdimensionen, wie eine vorliegende Beeinträchtigung oder ein bestehender Migrationshintergrund, haben erhebliche Auswirkungen auf die Chancen, ein Studium aufzunehmen und erfolgreich zu beenden.

Während Frauen Anfang der 1970er Jahre knapp ein Drittel der Studierenden stellten, hat sich ihr Anteil inzwischen auf annähernd die Hälfte aller Studierenden erhöht (zu Hessen vgl. Tabelle 1). Seit 2003 gelingt mehr Frauen als Männern der erfolgreiche Abschluss eines Studiums, so dass inzwischen 32 Prozent der Frauen eines Jahrganges einen Studienabschluss erreichen, während es unter den Männern 28 Prozent sind (Brugger u.a. 2012: 13). Mit Blick auf die Studienbeteiligung hat also offensichtlich eine Angleichung zwischen den Geschlechtern stattgefunden. Eine erhebliche Geschlechterdiskrepanz besteht aber weiterhin bei der Wahl des Studienfaches: Frauen studieren sehr viel häufiger Pädagogik, Sozialwissenschaft, Sozialwesen, Medizin, Gesundheits-, Sprach- und Kulturwissenschaft. Männer hingegen stellen einen Großteil der Studierenden der Fächergruppen Mathematik, Ingenieur-, Natur- und Wirtschaftswissenschaft. (Isserstedt u.a. 2010: 152 f.)

Die Sachverständigenkommission zur Erstellung des ersten Gleichstellungsberichtes zeigt sich darüber hinaus besorgt, dass mit der Umstellung auf die gestuften Studiengänge im Zuge der Bologna-Reform beim Übergang vom Bachelor- zum Masterstudium ein neues Übergangsrisiko im Bildungssystem entstanden ist, denn Frauen schreiben sich – über alle Fächergruppen hinweg – nach dem Bachelorabschluss deutlich seltener in einen weiterführenden Masterstudiengang ein als Männer (Sachverständigenkommission 2011: 89). Auch den Daten des Hessischen Statistischen Landesamtes (2013b) zufolge entfallen 50 Prozent der im Prüfungsjahr 2011 in Hessen abgelegten Bachelorabschlüsse auf Frauen, bei den Masterabschlüssen sind es hingegen nur 45 Prozent.

Die Beteiligung an Hochschulbildung ist ausgesprochen stark an die soziale Herkunft gekoppelt, was sich darin zeigt, dass Akademikerkinder zu 71 Prozent ein Hochschulstudium beginnen, während es bei Kindern ohne akademischen Hintergrund der Eltern nur 24 Prozent sind. Während Beamtenkinder mit 67 Prozent und die Kinder von Selbständigen mit 61 Prozent in den meisten Fällen ein Studium aufnehmen, ist das bei Angestelltenkindern nur bei 37 Prozent der Fall. Von 100 Arbeiterkindern nehmen lediglich 17 ein Studium auf, so dass sie unter den Studierenden eine kleine, im Verhältnis zur Gesamtbevölkerung deutlich unterrepräsentierte Gruppe bilden. In diesen Daten drückt sich auch aus, dass die Chancen, das Schulsystem mit einer Hochschulzugangsberechtigung erfolgreich zu durchlaufen, ebenfalls stark von der sozialen Herkunft abhängen. Aber auch die Entscheidung für ein Hochschulstudium der Studienberechtigten hängt mit der sozialen Herkunft zusammen: Studienberechtigte aus nichtakademischen Elternhäusern verzichten mit 35 Prozent deutlich häufiger auf die Studienaufnahme als Akademikerkinder mit 23 Prozent (Isserstedt u.a. 2010: 71 f.).

Die OECD (2012: 102 f.) hat aufgezeigt, dass die Bildungsmobilität in Deutschland im internationalen Vergleich besonders gering ausfällt und dass die Chancen auf ein Studium hier besonders stark an den sozialen Status der Eltern gebunden sind. Auch die Wahl der Hochschule und des Studienfaches ist an den sozialen Hintergrund der Studierenden gekoppelt: Studierende aus den niedrigen sozialen Herkunftsgruppen finden sich häufiger an Fachhochschulen, Studierende aus den höheren sozialen Herkunftsgruppen zumeist an den Universitäten. Studienfächer mit einer besonders privilegierten sozialen Zusammensetzung der Studierendenschaft sind zum Beispiel Musikwissenschaft, Geologie, Human- und Zahnmedizin. Am anderen Ende des Spektrums finden sich beispielsweise Gesundheitswissenschaft, Pflege, Erziehungswissenschaft, Sozialwesen und Kunst (Isserstedt u.a. 2010: 130 f.).

Einen unmittelbaren Einfluss auf die Beteiligung an Hochschulbildung in Abhängigkeit von der sozialen Herkunft hat der Gesichtspunkt der Studienfinanzierung. Die Einführung des Bundesausbildungsförderungsgesetzes (BAföG) im Jahr 1971 stand in einem klaren Zusammenhang mit der Expansion der Hochschulbildung, indem eine auf einem Rechtsanspruch basierende Absicherung des Lebensunterhaltes für Studierende geschaffen wurde. Doch in der weiteren Entwicklung wurde das BAföG durch zurückbleibende Fördersätze, stagnierende Freibeträge vom Elterneinkommen und durch die Einführung von Darlehen zunehmend entwertet, so dass ein tendenziell immer kleiner werdender Anteil der Studierenden BAföG bezieht (Keller 2011). Vor dem Hintergrund dieser Entwicklung und angesichts der restriktiven Regelungen zu Fachrichtungswechsel, Leistungsnachweisen und Regelstudienzeit verwundert es nicht, dass das BAföG die Studierenden anscheinend nur sehr bedingt finanziell absichert: In erster Linie beziehen Studierende aus den niedrigen sozialen Herkunftsgruppen Leistungen nach dem BAföG, da deren Eltern zwar zu Unterhaltszahlungen verpflichtet sind, das BAföG aber, dem Subsidiaritätsprinzip folgend, die geringeren finanziellen Möglichkeiten kompensiert (Isserstedt u.a. 2010: 210 f.). Gerade die

BAföG-Empfänger/innen aus den niedrigen sozialen Herkunftsgruppen geben an, dass sie ohne das BAföG nicht studieren könnten, halten aber gleichzeitig die Finanzierung ihres Lebensunterhalts besonders häufig für nicht gesichert (ebd.: 307 f.).

Die schwarz-gelbe Bundesregierung hat, nachdem Bildungsministerin Annette Schavan das BAföG zunächst noch gänzlich abschaffen wollte, keine Initiativen zu einer substanziellen Verbesserung unternommen, sondern stattdessen »Deutschlandstipendien« von 300 Euro monatlich ins Leben gerufen. Mit einem solch niedrigen Betrag können diese aber keinen grundlegenden Beitrag zur Absicherung des Lebensunterhaltes leisten. Zudem öffnen sie der Wirtschaft, die die Stipendien kofinanzieren soll, nicht nur Mitspracherechte bei der Ausgestaltung der Programme, sondern die Vergabe durch die Hochschulen ist auch von der Gewinnung von Stifter/innen abhängig – welche sich in strukturschwachen Regionen schwierig gestalten dürfte (Bultmann 2010). Zudem ist von den bestehenden Stipendienprogrammen bekannt, dass sie gerade nicht den Studierenden mit besonderen finanziellen Förderbedarfen zu Gute kommen, sondern dass überproportional oft Studierende aus den hohen sozialen Herkunftsgruppen profitieren – mit Ausnahme der Hans-Böckler-Stiftung des Deutschen Gewerkschaftsbundes (DGB), die besonders häufig Studierende aus niedrigen sozialen Herkunftsgruppen fördert (Böckler Impuls 2012).

Nach zwei Jahren Förderung durch das Deutschlandstipendium verkündet das Bundesministerium für Bildung und Forschung (2012a) die inzwischen erreichte Zahl von 10.977 Stipendien als Erfolg – und verschweigt, dass sie damit noch weit von den angepeilten acht Prozent aller Studierenden entfernt liegt. Die Goethe-Universität Frankfurt wird als positives Beispiel für die erfolgreiche Akquise von Sponsoren gelobt. Den Daten des Ministeriums zufolge zählt Hessen mit 871 Stipendien zu den erfolgreichsten Bundesländern (Bundesministerium für Bildung und Forschung 2012b: 5). Dennoch bezieht demnach, mit nicht einmal einem halben Prozent, nur ein verschwindend kleiner Anteil der Studierenden ein Deutschlandstipendium.

Die CDU-Regierung führte 2003 in Hessen Gebühren für Langzeitstudierende und für das Zweitstudium ein – angeblich um zumindest die Gebührenfreiheit des Erststudiums sicherzustellen. Nachdem das Bundesverfassungsgericht das im Hochschulrahmengesetz verankerte Verbot von Studiengebühren für das Erststudium gekippt hatte, kündigte dieselbe Regierung 2006 dann aber doch die Einführung von allgemeinen Studiengebühren in Höhe von 500 Euro ab dem ersten Semester an. Dies geschah, obwohl die Verfassung des Landes Hessen in Artikel 59 Absatz 1 ausdrücklich festhält, dass der Unterricht an allen öffentlichen Schulen und Hochschulen unentgeltlich ist (Keller 2007: 45 f.). Es folgte eine – nicht zuletzt für die maßgeblichen Organisator/innen in den Studierendenvertretungen – überraschende Mobilisierung gegen diese Pläne. Im Verlaufe des Sommersemesters 2006 dürfte sich ein Großteil der Studierenden an einer der zahlreichen Demonstrationen gegen die Studiengebühren oder an anderen Protestformen beteiligt haben. Die Auseinandersetzung wurde in Hessen in deutlich schärferer Form als in anderen Bundesländern geführt, da die Studierendenvertretungen auf eine eindeutige Ablehnung von allen Formen von Studiengebühren setzten. Darüber hinaus bemühten sie sich um den Brückenschlag zu anderen sozialen Gruppen, etwa indem sie gebührenfreie Bildung, von der Kindertagesstätte bis zur Hochschule, forderten.

Die Hochschulforschung hat inzwischen ein zentrales Argument gegen Studiengebühren bestätigt: Eine Befragung von Studienberechtigten des Jahrgangs 2006 zeigte auf, dass vier Prozent der Studienberechtigten aufgrund der Gebühren auf die Aufnahme eines Studiums verzichteten. Ein Teil schloss die Aufnahme eines Studiums zu einem späteren Zeitpunkt nicht aus, so dass rechnerisch 6.000 bis 18.000 Studienberechtigte des Jahrgangs verloren gingen – bemerkenswerter Weise auch in Bundesländern ohne Studiengebühren. Die ohnehin bestehende soziale Selektivität beim Hochschulzugang wird somit durch die Gebühren zusätzlich verstärkt, sie wirken insbesondere auf Frauen und auf Studienberechtigte aus nicht-akademischen Elternhäusern als ein zusätzliches Signal gegen die Aufnahme eines Studiums. (Heine u.a. 2008). Die Beispiele USA und Großbritannien zeigen zudem auf, dass auf einmal eingeführte Studiengebühren ein weitergehender Rückzug des Staates aus der Hochschulfinanzierung zu folgen droht. Dadurch steigen die Gebühren rasant an, so dass immer mehr Studierende ihr Studium mit einer immensen Verschuldung beenden (Brömme 2011).

Wenngleich die Einführung der Gebühren zum Wintersemester 2007/2008 nicht verhindert werden konnte, so hatten sie doch nur ein Jahr Bestand. Zwar erklärte der Hessische Staatsgerichtshof im Sommer 2008 die Gebühren für verfassungsgemäß,[1] aber die aus den vorangegangenen Wahlen hervorgegangene Landtagsmehrheit aus SPD, BÜNDNIS 90/DIE GRÜNEN und DIE LINKE, die sich im Zuge der Proteste klar gegen Studiengebühren positioniert hatten, schaffte die Gebühren nach nur einem Jahr wieder ab. Die ausfallenden Mittel wurden den Hochschulen aus dem Landeshaushalt ersetzt. Nachdem sieben Bundesländer allgemeine Studiengebühren eingeführt hatten, wurden sie in Hessen zuerst wieder abgeschafft, weitere Bundesländer folgten, und Anfang 2013 scheint ihr Bestand auch in den verbleibenden Gebührenländern, Bayern und Niedersachsen, in Frage zu stehen.

Arbeitsbedingungen des wissenschaftlichen Personals

Die personelle Ausstattung der Hochschulen hat sich in den vergangenen 20 Jahren deutlich verändert, sowohl hinsichtlich der Betreuungsrelationen, als auch was die Personalstruktur angeht. Von 1994 bis 2003 hat sich die Gesamtzahl des Personals von 39.000 auf etwa 41.000 nur geringfügig erhöht, ein stärkeres Wachstum setzte aber in den folgenden Jahren ein, so dass im Jahr 2011 knapp 47.000 Personen an den hessischen Hochschulen tätig waren (vgl. Tabelle 2). Das Personalwachstum hat in erster Linie im Bereich des wissenschaftlichen Mittelbaus stattgefunden, während sich die Zahl der Professor/innen nur geringfügig erhöht hat. Mit gerade einmal sieben Prozent stellen Letztere nur eine kleine Minderheit des gesamten Personals. Auch die Zahl des technisch-administrativen Personals stagnierte in den vergangenen 20 Jahren, so dass es nun den kleineren Teil des gesamten Personals ausmacht. Das stärkste Wachstum findet sich bei den wissenschaftlichen Mitarbeiter/

1 Mit über 70.000 Unterstützer/innen haben deutlich mehr als das erforderliche eine Prozent der Wahlberechtigten eine Verfassungsklage gegen die Gebühren unterstützt. Das Urteil des Staatsgerichtshofes im Sommer 2008 erfolgte mit nur einer Stimme Mehrheit, fünf der elf Richter/innen legten ein Sondervotum ab. Die Mehrheit sah jedoch, insbesondere aufgrund der gewährten Möglichkeit der Darlehensfinanzierung, keinen Verstoß gegen die Verfassung – darunter auch die umstrittene, von der CDU platzierte Karin Wolski. Sie trat 2010 nach der strafrechtlichen Verurteilung ihre Mannes als Richterin am Staatsgerichtshof zurück: Die Eheleute Wolski hatten die Millionengeschenke einer vermögenden Frankfurterin an Herrn Wolski über Jahre nicht versteuert (Bebenburg/Thieme 2010: 78 f.).

innen, die inzwischen ein Viertel des Personals stellen. Aber auch die Gruppe derjenigen, die – formal – dem nebenberuflichen wissenschaftlichen Personal (Lehrbeauftragte, wissenschaftliche Hilfskräfte, Gastprofessor/innen und Emeriti) zugerechnet werden, ist deutlich angewachsen.

Tabelle 2: Hochschulpersonal in Hessen

	1994	2003	2011	Frauenanteil 2011
Professor/innen		3.125 (7,7 %)	3.367 (7,2 %)	21,4 %
Dozent/innen, Assistent/innen		643 (1,6 %)	632 (1,4 %)	35,1 %
wissenschaftliche und künstlerische Mitarbeiter/innen		8.147 (20,0 %)	11.473 (24,6 %)	42,4 %
Lehrkräfte für besondere Aufgaben		525 (1,3 %)	787 (1,7 %)	47,0 %
Gastprofessor/innen, Emeriti		343 (0,8 %)	406 (0,9 %)	3,4 %
Lehrbeauftragte		4.813 (11,8 %)	6.670 (14,3 %)	35,4 %
wissenschaftliche Hilfskräfte		1.133 (2,8 %)	1.405 (3,0 %)	53,7 %
wissenschaftliches und künstlerisches Personal insgesamt	17.849 (45,8 %)	18.729 (46,1 %)	24.740 (53,0 %)	37,6 %
Verwaltungs-, technisches und sonstiges Personal	21.117 (54,2 %)	21.919 (53,9 %)	21.981 (47,0 %)	68,6 %
Personal insgesamt	38.966 (100,0 %)	40.648 (100,0 %)	46.721 (100,0 %)	52,2 %

Beschäftigte am Stichtag 1. Dezember, in Klammern: Anteil am gesamten Hochschulpersonal, Quelle: Statistisches Bundesamt (2012: 44 f.), Statistisches Bundesamt (2004: 16, 41 f.), eigene Berechnung und Zusammenstellung.

Eine der größten Beschäftigtengruppen wird in der amtlichen Statistik allerdings gänzlich ausgelassen: die studentischen Hilfskräfte, also Studierende, die neben dem Studium an der Hochschule beschäftigt sind. Von den 8.000 studentischen Hilfskräften an hessischen Hochschulen im Jahr 2009 hatten zwei Drittel eine Vertragslaufzeit von sechs Monaten oder weniger. Auch der Umfang der monatlichen Arbeitszeit ist für ein Fünftel der Hilfskräfte mit unter 20 Stunden so gering, dass sie nur ein minimales Einkommen aus der Tätigkeit erzielen können (Hessischer Landtag 2009). Hessen ist das einzige Bundesland, in dem die Hochschulen völlig selbständig über die Vergütung der studentischen und wissenschaftlichen Hilfskräfte, die aus den geltenden Tarifverträgen ausgeschlossen sind, entscheiden können. Darüber hinaus schließt das Hessische Personalvertretungsgesetz in Artikel 3 Absatz 3 studentische Hilfskräfte explizit aus der Vertretung durch den Personalrat aus. Das Beispiel Berlin zeigt, dass die Arbeitsverhältnisse auch für diese Beschäftigtengruppe deutlich besser gestaltet werden können: Ein besonderer Tarifvertrag sichert dort unter anderem eine höhere Bezahlung und eine Regelarbeitszeit von 40 Monatsstunden. Das Hochschulgesetz sieht zudem eine Beschäftigungsdauer von in der Regel zwei Jahren vor, und ein eigenständiger Personalrat vertritt die Interessen dieser Beschäftigtengruppe. All dies spiegelt sich in deutlich besseren Arbeitsbedingungen für die studentischen Hilfskräfte an den Berliner Hochschulen wider (Lenger u.a. 2012). Am Beispiel der Arbeit von Tutor/innen lässt sich aufzeigen, dass studentische Hilfskräfte äußerst verantwortungsvolle Tätigkeiten ausüben. Bessere Arbeitsverhältnisse, wie sie sich am ehesten an den Berliner Hochschulen finden, kommen nicht nur der sozialen Lage der Studierenden entgegen, die zumeist auf einen eigenen Verdienst angewiesen sind. Sie sind auch der Qualität der ausgeübten Tätigkeit förderlich (George 2013).

Für die Mittelbaubeschäftigten ergibt sich die Problematik ihrer Situation insbesondere aus den Anforderungen an die eigene wissenschaftliche Qualifikation – unter den Bedingungen einer hohen Arbeitsbelastung einerseits und geringer Planungssicherheit angesichts befristeter Beschäftigungsverhältnisse mit immer kürzeren Laufzeiten andererseits. Mit dem 2007 in Kraft getretenen Wissenschaftszeitvertragsgesetz (WissZeitVG) hat der Bundesgesetzgeber den Hochschulen und den Forschungseinrichtungen Befristungsmöglichkeiten eingeräumt, die weit über die sonst üblichen Regelungen hinausgehen: Eine sachgrundlose Befristung ist für Wissenschaftler/innen in der Regel für bis zu sechs Jahre vor der Promotion und bis zu sechs Jahre nach der Promotion möglich (neun Jahre in der Medizin). Die Evaluation des Wissenschaftszeitvertragsgesetzes hat aufgezeigt, dass die Hochschulen exzessiven Gebrauch von diesen Möglichkeiten machen: So ist mit der Einführung des WissZeitVG der Anteil der befristeten wissenschaftlichen Mitarbeiter/innen auf deutlich über 80 Prozent angestiegen – und das bei einer häufig extrem kurzen Vertragslaufzeit, denn über die Hälfte der auf Basis des WissZeitVG von den Hochschulen abgeschlossenen Arbeitsverträge haben eine Laufzeit von unter einem Jahr. »Langfristige« Arbeitsverträge von über zwei Jahren bestehen nur bei elf Prozent der Verträge. Die familienpolitische Komponente, die Eltern einen zusätzlichen Befristungszeitraum von jeweils zwei Jahren einräumt, wird hingegen fast nie genutzt (Jongmanns 2011).

Der hessische Gesetzgeber hat seinerseits ebenfalls zu einer Zuspitzung der Befristungsproblematik beigetragen, indem er mit der Novellierung des Hessischen Hochschulgesetzes 2009 die bis dahin bestehende Regelung, dass Qualifikationsstellen in der Regel auf drei plus zwei Jahre befristet werden sollen, ersatzlos gestrichen hat. Eine Einschränkung der Befristungsmöglichkeiten hat sich allerdings aus der Rechtsprechung des Bundesarbeitsgerichtes (2011) ergeben, welches die Befristung einer Sprachlektorin nach dem WissZeitVG für unzulässig erklärt hat, da bei einer nicht-wissenschaftlich geprägten Tätigkeit, wovon bei Sprachunterricht ausgegangen werden kann, nur die engeren Befristungsmöglichkeiten nach dem Teilzeit- und Befristungsgesetz angewendet werden dürfen. Die Lektorin musste daher in ein unbefristetes Beschäftigungsverhältnis übernommen werden. Auch an den hessischen Hochschulen dürfte die Befristung – zumindest eines Teils – der Lehrkräfte für besondere Aufgaben einer richterlichen Überprüfung nicht standhalten.

Eine zunehmende Arbeitsbelastung durch die Lehre ergibt sich schon alleine aus der aus Tabelle 2 ersichtlichen Verschlechterung der Betreuungsrelationen: Der Personalbestand hat sich von 1994 bis 2003 um 20 Prozent erhöht. Da die Zahl der Studierenden im gleichen Zeitraum jedoch um 35 Prozent angewachsen ist, hat sich die Personalausstattung im Verhältnis zur Zahl der Studierenden deutlich verschlechtert. Zwar ist zumindest die Gruppe des wissenschaftlichen Personals insgesamt ähnlich stark angewachsen wie die Zahl der Studierenden, in den Untergruppen mit dem stärksten Wachstum, den wissenschaftlichen Mitarbeiter/innen und den Lehrkräften für besondere Aufgaben, herrscht jedoch eine hohe Teilzeitquote vor (Statistisches Bundesamt 2012: 142 f.), bei den dem nebenberuflichen Personal zugerechneten wissenschaftlichen Hilfskräften und Lehrbeauftragten ist es per Definition nicht mehr als die Hälfte der regulären Arbeitszeit. In Vollzeitäquivalenten gerechnet hat sich das Betreuungsverhältnis also deutlich verschlechtert, so dass pro Wissenschaftler/in eine steigende Zahl Studierender zu betreuen ist.

Mit dieser Entwicklung einhergehend hat die Landesregierung 2006 die per Verordnung bestimmte Lehrverpflichtung des wissenschaftlichen Personals – je nach Beschäftigtengruppe in unterschiedlichen Ausmaßen – deutlich erhöht. Untersuchungen zur Zeitverwendung von wissenschaftlichen Beschäftigten haben aufgezeigt, dass die reale Arbeitszeit die vertraglich vereinbarte Stundenzahl deutlich überschreitet. Desto geringer die vertragliche Stundenzahl, desto höher der Anteil der unbezahlten Arbeitszeit – so dass auch Teilzeitbeschäftigte faktisch meist die Stundenzahl einer Vollzeitstelle arbeiten (Grühn u.a. 2009: 27). Die exemplarische Untersuchung des Arbeitsalltags von Mittelbaubeschäftigten an hessischen Universitäten bestätigt diesen Befund. Es zeigt sich zudem, dass die Arbeit sich durch eine räumliche und zeitliche Entgrenzung kennzeichnet – dies alles vor dem Hintergrund höchst unsicherer Beschäftigungs- und Lebensperspektiven. Die Bestimmung des Hessischen Hochschulgesetzes, dass auf Qualifikationsstellen ein Drittel der Arbeitszeit für die eigene Qualifikation zur Verfügung stehen muss (Artikel 65 Absatz 2), wird so in der Praxis zumeist unterlaufen. Wenn überhaupt, dann ist die Arbeit an der wissenschaftlichen Qualifikation in der Freizeit möglich (George u.a. 2011).

In einem weiten Verständnis von Prekarität, welches diese als eine Abweichung vom unbefristeten, sozialversicherten und auf Vollzeit basierenden »Normalarbeitsverhältnis« versteht, kann ein Großteil des Mittelbaus als prekär beschäftigt gelten, denn lediglich eine kleine Minderheit verfügt über ein unbefristetes Beschäftigungsverhältnis. In einem engeren Sinne finden sich insbesondere wissenschaftliche Hilfskräfte, Lehrbeauftragte und Promotionsstipendiat/innen in einer prekären Lage, da sich hier unsichere Beschäftigungsperspektiven – in unterschiedlicher Ausprägung – mit einem geringen Einkommen überlagern. Wissenschaftliche Hilfskräfte werden von den hessischen Universitäten untertariflich vergütet. Die Vertragslaufzeit beträgt für über 90 Prozent bis zu einem Jahr, und selbst den ohnehin auf die Hälfte der regulären Arbeitszeit begrenzten Stundenumfang unterschreiten viele Arbeitsverträge (Hessischer Landtag 2009).

Im Gegensatz zu den Hilfskräften sind Lehrbeauftragte überhaupt nicht beschäftigt, sondern sie erhalten – auch das nicht in allen Fällen –

lediglich eine Vergütung, die zwischen den Hochschulen und den Fachbereichen variiert. Sie haben somit keinerlei Planungssicherheit über das jeweilige Semester hinaus, und sie sind über diese Tätigkeit nicht in die sozialen Sicherungssysteme integriert. Die eigentliche Funktion von Lehraufträgen, Expert/innen mit einer außerhochschulischen Tätigkeit für ein ergänzendes Lehrangebot zu gewinnen, wird in der Praxis zunehmend unterlaufen, indem Lehrbeauftragte für die Aufrechterhaltung des regulären Lehrbetriebes eingesetzt werden. Darauf weist etwa der hohe Anteil am gesamten Lehrangebot hin, der an der Hochschule für Musik und Darstellende Kunst Frankfurt bei zwei Dritteln liegt, an den Fachhochschulen zwischen 20 und 45 Prozent und an den Universitäten zwischen vier und 20 Prozent. Aber auch die Tatsache, dass ein erheblicher Anteil der Lehrbeauftragten über mehrere Semester tätig ist, weist auf eine Zweckentfremdung seitens der Hochschulen hin (Hessischer Landtag 2012a). Für die meisten wissenschaftlichen Hilfskräfte und Lehrbeauftragten dürfte die unterstellte Nebenberuflichkeit eine reine Fiktion sein, denn zumeist verfügen sie über kein weiteres Einkommen – angesichts der realen Arbeitsbelastungen an den Hochschulen wäre das auch kaum möglich. Im Zusammenhang mit der geringen Vergütung ergibt sich somit für beide Gruppen in der Regel ein Einkommen im Armutsbereich.

Bei der Förderung des wissenschaftlichen Nachwuchses erfreuen sich Stipendien zunehmender Beliebtheit, denn so fallen seitens der Geldgeber/innen keine Sozialversicherungskosten an. Genau daraus ergeben sich aber gravierende Nachteile für die geförderten Nachwuchswissenschaftler/innen: In der gesetzlichen Krankenversicherung bleibt ihnen nur die Möglichkeit einer freiwilligen Versicherung, da keine Versicherungsoption etwa analog zur studentischen Krankenversicherung für sie besteht. Dadurch muss ein erheblicher Anteil des Stipendiums für die Krankenversicherung aufgewendet werden. Stipendiat/innen erwerben zudem weder in der Rentenversicherung noch in der Arbeitslosenversicherung Ansprüche (Würmann 2012).

Deutlich mehr öffentliche Aufmerksamkeit als die Prekaritäts-Problematik des Mittelbaus hat allerdings die Professorenbesoldung gefunden, nachdem ein Marburger Professor, der in der 2005 eingeführten leistungsorientierten Besoldung neben dem abgesenkten Grundgehalt Leistungszulagen in Höhe von einigen Euro erhalten hat, bis vor das Bundesverfassungsgericht gegangen ist. Dieses gab ihm Recht, indem es feststellte, dass die hessische W-Besoldung Professor/innen nicht amtsangemessen alimentiert und so eine Neuregelung erzwang (Bundesverfassungsgericht 2012). Das Land reagierte mit einer deutlichen Anhebung der Grundbezüge in der W2- und in der W3-Besoldung – unter Beibehaltung von leistungsbezogenen Vergütungsbestandteilen. Das Grundproblem einer leistungsbezogenen Besoldung, die auf extrinsische statt auf intrinsische Anreizstrukturen setzt, bleibt damit allerdings erhalten: Die wissenschaftliche Leistung ist nicht objektiv messbar, denn die zur Messung herangezogenen Indikatoren können niemals das gesamte Spektrum für den Wissenschaftsbetrieb wünschenswerter Tätigkeiten abdecken. Es droht, dass wichtige Aufgaben vernachlässigt werden, weil sich die vorgeblich nach Leistung Vergüteten zunehmend auf die Tätigkeiten konzentrieren, die entsprechend honoriert werden (Münch 2011: 123f.).

Im internationalen Vergleich zeichnet sich die Personalstruktur der deutschen Hochschulen durch einen besonders kleinen Anteil von Professor/innen bei einem ausgesprochen hohen Anteil von Mittelbaubeschäftigten, die keine eigenständige Forschung und Lehre leisten, aus (Kreckel 2008). Für die wissenschaftliche Karriere bedeutet dies im Zusammenhang mit dem Habilitations-Modell, dass sich eine solche nur bedingt planen lässt: Ob die Berufung auf eine Professur, als die strukturell einzige wissenschaftliche Dauerposition, gelingt, zeigt sich erst sehr spät. Der Schwund von Wissenschaftler/innen aus dem Wissenschaftssystem ist daher sehr groß – angesichts der Ausdehnung von Mittelbaustellen bei gleichzeitiger Stagnation der Professuren haben sich die Erfolgschancen noch weiter verringert. Dieses Karrieremodell ist einer der Gründe für den Verlust von Wissenschaftlerinnen auf dem Weg zur Professur, denn insbesondere für Frauen stellen sich eine Wissenschaftskarriere und eine Elternschaft als Gegensätze dar (Koch/Selent 2013). In Hessen liegt der Anteil der Professorinnen mit 21 Prozent zwar geringfügig über dem Bundesdurchschnitt von 19 Prozent (Brugger u.a. 2012: 26), dennoch befindet es sich mit diesem Wert wie die gesamte Bundesrepublik – trotz eines Frauenanteils von 44 Prozent bei den Promotionen – weit hinter den meisten anderen Ländern Europas (European Commission 2012). Unter diesen Strukturproblemen des wissenschaftlichen Karrieremodells leiden nicht nur die Betroffenen, sie schaden auch der Leistungsfähigkeit des gesamten Wissenschaftssystems, da der Ausstieg aus diesem nur bedingt mit der Qualität der geleisteten wissenschaftlichen Arbeit zusammenhängt.

Entwicklung der Hochschullandschaft

Das Bild der öffentlichen Hochschulen in Hessen hat sich in den vergangenen Jahren verändert: Die ehemaligen Fachhochschulen Gießen, Wiesbaden und Darmstadt nennen sich inzwischen Technische Hochschule Mittelhessen, Hochschule RheinMain und Hochschule Darmstadt. Dem Namen nach gibt es in Hessen nur noch die Fachhochschulen Frankfurt und Fulda, wenngleich sie vom Hessischen Hochschulgesetz (Artikel 2 Absatz 1) allesamt den fünf öffentlichen Fachhochschulen zugerechnet werden. Neben den fünf Universitäten und den zwei Kunst- und Musikhochschulen ist Anfang 2013 die aus der Forschungsanstalt und dem Fachbereich Geisenheim der Hochschule RheinMain hervorgegangene Hochschule Geisenheim als Hochschule neuen Typs hinzugekommen. Zunächst in Kooperation mit einer Universität erhält nun erstmals eine nicht-universitäre Hochschule das Promotionsrecht (Artikel 4 Absatz 4 HHG). Nicht nur die zunehmende Forschungstätigkeit seitens der Fachhochschulen, auch die Angleichung der Studienabschlüsse im Zuge der Bologna-Reform verwischt die ehemals recht scharfe Abgrenzung zwischen den verschiedenen Hochschultypen zunehmend.

Wenig Glück hatten die hessische Landesregierung und die Landeshauptstadt Wiesbaden mit der großzügigen finanziellen Unterstützung der privaten European Business School (EBS) in Wiesbaden in Höhe von etwa 50 Millionen Euro. Die mit dem Aufbau der juristischen Fakultät zur Universität aufgestiegene Privathochschule bietet Studiengänge für mehrere Tausend Euro pro Semester im Bereich Betriebswirtschaft und Recht an. Die EBS findet sich in der öffentlichen Berichterstattung, seitdem ihrem ehemaligen Präsidenten Christopher Jahns die Veruntreuung von Hochschulmitteln zugunsten seines eigenen Unternehmens vorgeworfen wird (Himmelrath 2011). Der Landesrechnungshof monierte zudem, dass die Hochschule die zweckgebundenen öffentlichen Fördermittel nicht korrekt verwendet hat und ihr – offensichtlich hohes – Defizit aus diesen bestreitet. Im Dezember 2012 setzten die Oppositionsparteien im Hessischen Landtag die Einsetzung eines Untersuchungsausschusses durch, der die näheren Umstände der Förderung der EBS mit Landesmitteln klären soll (Hessischer Landtag 2012b).

In der viel beachteten, noch von der rot-grünen Bundesregierung ins Leben gerufenen, Exzellenzinitiative ist weder in der ersten noch in der zweiten Phase einer hessischen Universität ein Erfolg in der prestigeträchtigsten dritten Linie, den mit dem Prädikat »Eliteuniversität« verbundenen Zukunftskonzepten, gelungen. Die Universitäten Frankfurt und Gießen sowie die TU Darmstadt hatten zumindest mit einzelnen Graduiertenschulen und Exzellenzclustern Erfolg, während die Universitäten Marburg und Kassel leer ausgingen und die Fachhochschulen gar nicht erst antragsberechtigt waren (Deutsche Forschungsgemeinschaft 2011). Problematisiert werden soll hier allerdings weniger das mäßige Abschneiden der hessischen Universitäten, als vielmehr die Grundsätze der mit der Exzellenzinitiative verbundenen hochschulpolitischen Weichenstellung: Die Initiative läuft auf die Spaltung der Hochschullandschaft hinaus, in der wenige forschungsstarke Universitäten mit hohem Drittmittelaufkommen vielen unterfinanzierten Hochschulen, die sich auf die Massenausbildung konzentrieren, gegenüber stehen (Hartmann 2010).

Die im Rahmen der Exzellenzinitiative vergebenen Gelder gehen überwiegend genau an die Universitäten, die traditionell am stärksten von der Deutschen Forschungsgemeinschaft (DFG) gefördert werden. So legt die DFG selbst dar, dass der Anteil der Drittmittel in den vergangenen Jahren deutlich zugenommen hat und inzwischen etwa ein Viertel der gesamten Hochschulfinanzen ausmacht (Deutsche Forschungsgemeinschaft 2012: 29 f.). Durch die Exzellenzinitiative hat sich der Konzentrationseffekt deutlich verstärkt: Ohne die Gelder der Initiative vereinen allein die zehn am stärksten geförderten Universitäten 31 Prozent aller DFG-Mittel auf sich, unter deren Berücksichtigung sind es hingegen 37 Prozent (ebd.: 76 f.). Dieser Prozess der Akkumulation von Drittmitteln an wenigen Standorten wird auch als »Matthäus-Effekt« bezeichnet. Die Annahme, dass die wettbewerbliche Vergabe von Drittmitteln dabei allein eine höhere wissenschaftliche Leistungsfähigkeit honoriere, hält einer sorgfältigen Überprüfung jedoch nicht stand (Münch 2011: 275 f.).

Tabelle 3: Der »Matthäus-Effekt« an hessischen Hochschulen

	DFG-Mittel 2008–2010	Exzellenz-initiative	LOEWE 2008–2013	Mittel pro Professor/in der Hochschule
Goethe-Universität Frankfurt	131,7 Mio. € (Rang 16)	3 Cluster	43,6 Mio. € (29,8 %)	DFG: 229.043 € LOEWE: 75.809 €
TU Darmstadt	126,2 Mio. € (Rang 18)	1 Cluster, 1 Grad.schule	37,7 Mio. € (25,8 %)	DFG: 429.252 € LOEWE: 128.354€
Justus-Liebig-Universität Gießen	68,3 Mio. € (Rang 35)	1 Cluster, 1 Grad.schule	22,5 Mio. € (15,0 %)	DFG: 187.637 € LOEWE: 60.082 €
Philipps-Universität Marburg	66,9 Mio. € (Rang 36)	-	30,2 Mio. € (20,6 %)	DFG: 192.795 € LOEWE: 87.092 €
Universität Kassel	-	-	4,5 Mio. € (3,1 %)	LOEWE: 14.854 €
Technische Hochschule Mittelhessen	-	-	4,2 Mio. € (2,9 %)	LOEWE: 20.790 €
Hochschule Darmstadt	-	-	2,0 Mio. € (1,4 %)	LOEWE: 6.621 €
FH Frankfurt	-	-	1,6 Mio. € (1,1 %)	LOEWE: 6.577 €
European Business School	-	-	0,8 Mio. € (0,5 %)	LOEWE: 18.429 €

DFG-Bewilligungen inklusive Exzellenzinitiative, im Rahmen der Exzellenzinitiative bewilligte Exzellenzcluster zur Förderung der Spitzenforschung und Graduiertenschulen zur Förderung des wissenschaftlichen Nachwuchses in der ersten Phase 2005-2012, im Rahmen der ersten drei Runden von LOEWE bewilligte Mittel, Quelle: Deutsche Forschungsgemeinschaft (2012: 76), Deutsche Forschungsgemeinschaft (2011), Hessisches Ministerium für Wissenschaft und Kunst (2011: 172 ff.), Statistisches Bundesamt (2012: 77, 85), eigene Berechnung und Zusammenstellung.

Aus Hessen finden sich unter den 40 Universitäten mit der höchsten DFG-Förderung die Goethe-Universität Frankfurt und die TU Darmstadt mit Rang 16 und 18 in der vorderen Hälfte, die Justus-Liebig-Universität Gießen und die Philipps-Universität Marburg mit Rang 35 und 36 hingegen in der zweiten Hälfte des Feldes (vgl. Tabelle 3). Angeführt wird das DFG-Ranking traditionell von der RWTH Aachen und der LMU München. Auch für die hessischen Hochschulen zeigt sich, dass Erfolge in den ersten beiden Linien der Exzellenzinitiative stark mit den traditionellen Platzierungen im DFG-Ranking korrelieren. Die Landesregierung hat mit der Landes-Offensive zur Entwicklung Wissenschaftlich-ökonomischer Exzellenz (LOEWE) ein zusätzliches Förderprogramm auf Landesebene aufgelegt. Die Analyse der Verteilung der über dieses Programm vergebenen Mittel zeigt auf, dass dieses nicht etwa die Effekte der Exzellenzinitiative zumindest ansatzweise korrigiert, vielmehr verstärkt es sie (Hartmann 2010: 375 f.). Die von 2008 bis 2013 im Rahmen der ersten drei Förderstaffeln bewilligten Mittel verteilen sich höchst ungleich: Von den den Hochschulen insgesamt bewilligten 146 Millionen Euro konzentrieren sich allein 56 Prozent bei der Goethe-Universität Frankfurt und der TU Darmstadt. Weitere 36 Prozent der Mittel entfallen auf die mittelhessischen Universitäten in Marburg und Gießen. Somit verbleibt nur noch ein knappes Zehntel der Fördersumme, das sich auf die weit abgeschlagene Universität Kassel, drei Fachhochschulen und die private EBS verteilt.

Solche Hochschulrankings sind höchst fragwürdig, wenn sie als verlässlicher Indikator für die wissenschaftliche Leistungsfähigkeit interpretiert werden – allein schon, da absolute Werte größere Hochschulen bevorteilen. Bezieht man die aufgeführten Drittmittel auf die Zahl der Professor/innen der Hochschule, so zeigt sich, dass die TU Darmstadt klar vorne liegt, was mit ihrem ingenieur- und naturwissenschaftlichen Profil zusammenhängt. Die hinsichtlich des Fächerprofils besser vergleichbaren Universitäten in Frankfurt, Gießen und Marburg schneiden bei einer pro-Kopf-Betrachtung jedoch ähnlich ab: Der Vorsprung der Goethe-Universität bei den DFG-Mitteln schrumpft zusammen und hinsichtlich des LOEWE-Programms liegt sogar die Philipps-Universität Marburg vorne. Die Universität Kassel findet sich jedoch auch bei einer pro-Kopf-Betrachtung bei den LOEWE-Mitteln weit abgeschlagen auf einem ähnlichen Niveau wie die beteiligten Fachhochschulen. Eine solche Betrachtung zeigt, dass die suggerierte Exzellenz einzelner Hochschulen bei einer genaueren Betrachtung zumindest deutlich zu relativieren ist.[2] Die eingeschlagene Politik der Förderung von Leucht-

2 Die TU Darmstadt gehört der TU9 an, in der sich die neun »führenden« technischen Hochschulen 2006 zusammengeschlossen haben. Die Universität Frankfurt ist Mitglied der 2012 gegründeten »German U15«, bestehend aus 15 großen, dem Selbstverständnis nach forschungsstarken Universitäten. Diese Universitäten werden vermutlich zu-

türmen treibt aber die Konzentrationsprozesse weiter voran, so dass sich die bislang eher symbolische Exzellenz zunehmend auch materiell niederschlägt.

Die Spaltung der Hochschullandschaft in einige forschungsorientierte, finanziell gut ausgestattete Universitäten einerseits und viele unterfinanzierte, auf die Lehre konzentrierte Universitäten und Fachhochschulen auf der anderen Seite bringt verschiedene Probleme mit sich: Sie verschlechtert die Ausbildungssituation für das Gros der Studierenden, die sich überwiegend an überfüllten, unterfinanzierten Hochschulen wiederfinden, an denen Forschung kaum möglich ist. Auch unter regional- und strukturpolitischen Gesichtspunkten ist es problematisch, wenn sich die Forschungsaktivitäten zunehmend in wenigen Ballungszentren konzentrieren. Aber auch das Hauptargument für die Ausdifferenzierung, die versprochene Steigerung der wissenschaftlichen Leistungsfähigkeit, hält einer näheren Überprüfung nicht stand: Zwar lässt sich durch die Konzentration der Mittel auf wenige Standorte deren Sichtbarkeit erhöhen, die Leistungsfähigkeit des gesamten Wissenschaftssystems reduziert sich aber. Für die Wissensevolution ist gerade das Nebeneinander von konkurrierenden Ansätzen essenziell, unter der Konzentration auf wenige große Forschungsstandorte leidet aber der wissenschaftliche Pluralismus. Dieser Prozess wird durch die Drittmittelfinanzierung verstärkt, welche die Verengung auf wenige Mainstream-Themen und Mainstream-Methoden befördert, was den auf Vielfalt angewiesenen wissenschaftlichen Fortschritt behindert. Der mit der Drittmittelfinanzierung zusammenhängende Aufwand bei der Formulierung von Anträgen, Begutachtung, Evaluation und Berichterstattung bindet inzwischen einen erheblichen Anteil der vorhandenen Ressourcen, die für die genuine wissenschaftliche Tätigkeit nicht mehr zur Verfügung stehen (Münch 2011: 236 f.).

nehmend eigenständig ihre Partikularinteressen gegenüber der Politik und den anderen Hochschulen vertreten.

Fazit

Der Umbau der hessischen Hochschulen hat sich in den vergangenen Jahren – wie auch bundesweit – an dem Leitbild der unternehmerischen Hochschule orientiert. Diesem zufolge sollen sich die Hochschulen als Unternehmen verhalten, die auf Bildungsmärkten um Studierende und auf Wissenschaftsmärkten um Drittmittel konkurrieren. Damit einher ging die innere Entdemokratisierung der Hochschulen, durch die Verlagerung von Kompetenzen aus den Kollegialgremien in die Hochschulleitungen und durch die Installation von Hochschulräten. Das Land Hessen hat zudem die TU Darmstadt und die in eine Stiftungsuniversität umgewandelte Goethe-Universität Frankfurt mit einer besonders weitgehenden Autonomie ausgestattet, einschließlich der Tarifhoheit. Die Umstellung auf die leistungsorientierte W-Besoldung soll durch die Setzung finanzieller Anreize ein entsprechendes wettbewerbsorientiertes Verhalten der Professor/innen befördern. Das wissenschaftliche Personal wird zunehmend durch Drittmittel finanziert und daher lediglich befristet beschäftigt (Keller 2007: 48 f., Münch 2011: 370 f.).

Darüber hinaus werden die aufgezeigten Probleme durch die eklatante Unterfinanzierung der hessischen Hochschulen verstärkt: Während im Bundesdurchschnitt 8.540 Euro pro Universitätsstudierenden im Jahr ausgeben werden, sind es in Hessen nur 8.210 Euro. An hessischen Fachhochschulen sind es 3.500 Euro statt der durchschnittlichen 3.890 Euro (Brugger u.a. 2012: 36). Entsprechend schlechter sind auch die Betreuungsrelationen: An hessischen Universitäten kommen rechnerisch 20,3 Studierende auf eine Vollzeitlehrkraft, an den Fachhochschulen sind es 29,0. Der Bundesdurchschnitt ist sowohl an Universitäten mit einem Wert von 17,9 als auch an Fachhochschulen mit 23,7 deutlich besser (ebd.: 20).

Der innere Zusammenhang zwischen zunehmender Drittmittelfinanzierung, Polarisierung der Hochschullandschaft, inhaltlicher Verengung der Wissensproduktion und Prekarisierung der Arbeitsbedingungen lässt sich exemplarisch an LOEWE besonders deutlich aufzeigen: Die Konzentration der Mittel an den ohnehin am stärksten geförderten Universitäten wurde bereits aufgezeigt, aber auch hinsichtlich der Inhalte der geförderten Zentren und Schwerpunkte zeigt sich, dass diese überwiegend aus dem Bereich der MINT-Fächer (Mathematik, Informatik, Naturwissenschaften, Technik) kommen. Darüber hinaus ist bemerkenswert, dass das Land Hessen mit Siemens und der Deutschen Bank über die Mitgliedschaft im – ansonsten nur aus Wissenschaftler/innen zusammengesetzten – Programmbeirat zwei Großunternehmen als »Vertretern der Wirtschaft« (Hessisches Ministerium für Wissenschaft und Kunst 2011: 13 f.) unmittelbaren Einfluss auf die öffentliche Forschungsförderung gewährt. Aus der Personalübersicht der geförderten Projekte geht zudem hervor, dass aus den Mitteln überwiegend befristete Beschäftigungsverhältnisse finanziert werden: Dies gilt nicht nur für 93 Prozent der 1.219 Wissenschaftler/innen, sondern auch für 13 von 27 Professor/innen und auch für 92 Prozent der 1.408 nichtwissenschaftlichen Mitarbeiter/innen (ebd.: 175, 181).

Die hessische Hochschulpolitik hat sich in den vergangenen Jahren zwar klar am Leitbild der unternehmerischen Universität orientiert, gleichwohl ist dies noch lange nicht kohärent umgesetzt. Das liegt nicht zuletzt an Gegenkräften, wie der erfolgreichen Verteidigung des gebührenfreien Studiums, welche die Kommodifizierung der Hochschulbildung und die Entwicklung eines entsprechenden Bildungsmarktes verhinderte. Aber auch das Bundesverfassungsgericht hat mit seinem Urteil zur W-Besoldung den Leistungselementen in der Professorenbesoldung Grenzen gesetzt, was ebenfalls dem Einzug von ökonomischen Steuerungselementen entgegenwirkt. Das Modell der unternehmerischen Hochschule gerät zunehmend in die Kritik, so stellt etwa die grün-rote Koalition in Baden-Württemberg in ihrem Koalitionsvertrag aus dem Jahr 2011 fest, dass »das Leitbild der ›Unternehmerischen Hochschule‹, das dem aktuellen Landeshochschulgesetz zugrunde liegt, […] noch nie zu den Hochschulen gepasst« hat (BÜNDNIS 90/DIE GRÜNEN/SPD 2011: 12).

Der DGB hat nach intensiven Diskussionen im Dezember 2012 ein hochschulpolitisches Programm unter dem Titel »Für eine demokratische und soziale Hochschule« vorgelegt. Das Programm versteht sich als Gegenentwurf zur unternehmerischen Hochschule und fordert unter anderem die soziale Öffnung der Hochschulbildung, gute Arbeit an den Hochschulen, deren Demokratisierung und einen Ausbau der öffentlichen Hochschulfinanzierung (Deutscher Gewerkschaftsbund 2012). Die Studierenden und die Hochschulbeschäftigten in Hessen, aber auch die an echtem wissenschaftlichen Fortschritt interessierte Öffentlichkeit, haben eine andere Hochschulpolitik verdient.

Literatur

Bebenburg, Pitt von/Thieme, Matthias (2010), *Ausgekocht: Hinter den Kulissen hessischer Machtpolitik*, Frankfurt/M.

Böckler Impuls (2012), *Arbeiterkinder an der Uni: Hürdenlauf zum Akademiker*, H. 7, S. 4–5.

Brömme, Tino (2011), US-Studenten haben eine Billion Dollar Schulden, in: *Frankfurter Rundschau*, 18.12.2011.

Brugger, Pia/Threin, Marco/Wolters, Miriam (2012), *Hochschulen auf einen Blick. Ausgabe 2012*, Wiesbaden.

Bultmann, Torsten (2010), Eliten statt Massen: Zum neuen Nationalen Stipendienprogramm, in: *Forum Wissenschaft*, Jg. 27, H. 3, S. 30–32.

Bundesarbeitsgericht (2011), *Bundesarbeitsgericht Urteil vom 1.6.2011, 7 AZR 827/09 Persönlicher Geltungsbereich des WissZeitVG.*

Bundesministerium für Bildung und Forschung (2012a), Zahl der Deutschlandstipendien hat sich 2012 verdoppelt, Pressemitteilung vom 20.11.2012, *http://www.bmbf.de/press/3377.php*.

Bundesministerium für Bildung und Forschung (2012b), Themenservice Zahlen und Fakten: Das Deutschlandstipendium, 20.11.2012, *http://www.deutschlandstipendium.de/_media/Zahlen_Fakten_Das_Deutschlandstipendium.pdf*.

Bundesverfassungsgericht (2012), *2 BvL 4/10* vom 14.02.2012.

BÜNDNIS 90/DIE GRÜNEN/SPD (2011), *Der Wechsel beginnt. Koalitionsvertrag zwischen BÜNDNIS 90/DIE GRÜNEN und der SPD Baden-Württemberg: Baden-Württemberg 2011–2016.*

Deutsche Forschungsgemeinschaft (2011), *Exzellenzinitiative auf einen Blick: Der Wettbewerb des Bundes und der Länder zur Stärkung der universitären Spitzenforschung*, Bonn.

Deutsche Forschungsgemeinschaft (2012), *Förderatlas 2012: Kennzahlen zur öffentlich finanzierten Forschung in Deutschland*, Bonn.

Deutscher Gewerkschaftsbund (2012), *Für eine demokratische und soziale Hochschule: Das hochschulpolitische Programm des Deutschen Gewerkschaftsbundes*, Berlin.

European Commission (2012): *She Figures 2012: Gender in Research and Innovation – Statistics and Indicators*, Brussels.

George, Roman/Junge, Barbara/Schoneville, Holger (2011), Traumjob oder Albtraum? Arbeitsbedingungen junger Wissenschaftler, in: *hlz – Zeitschrift der GEW Hessen für Erziehung, Bildung, Forschung*, Jg. 64, H. 1–2, S. 12–13.

George, Roman (2013), Gute Tutorienarbeit unter welchen Voraussetzungen? Die Beschäftigungsbedingungen von Tutorinnen und Tutoren, in: Kröpke, Heike/Selent, Petra/Wiemer, Matthias (Hg.), *Tutorienarbeit im Diskurs*, Berlin/Münster/Wien/Zürich/London, im Erscheinen.

Grühn, Dieter/Hecht, Heidemarie/Rubelt, Jürgen/Schmid, Boris (2009), *Der wissenschaftliche »Mittelbau« an deutschen Hochschulen: Zwischen Karriereaussichten und Abbruchtendenzen*, Berlin.

Hartmann, Michael (2010), Die Exzellenzinitiative und ihre Folgen, in: *Leviathan*, Jg. 38, H. 3, S. 369–387.

Heine, Christoph/Quast, Heiko/Spangenberg, Heike (2008), *Studiengebühren aus der Sicht von Studienberechtigten: Finanzierung und Auswirkung auf Studienpläne und -strategien*, HIS: Forum Hochschule 15/2008, Hannover.

Hessischer Landtag (2009), *Kleine Anfrage der Abg. Angela Dorn und Sarah Sorge (BÜNDNIS 90/DIE GRÜNEN) vom 21.07.2009 betreffend Situation studentischer und wissenschaftlicher Hilfskräfte an den hessischen Hochschulen – Teil 1 und Antwort der Ministerin für Wissenschaft und Kunst*, Drucksache 18/965.

Hessischer Landtag (2012a), *Kleine Anfrage der Abg. Wissler (DIE LINKE) vom 17.01.2012 betreffend Lehrbeauftragte an hessischen Hochschulen – Stand Wintersemester 2011/2012 I und Antwort der Ministerin für Wissenschaft und Kunst*, Drucksache 18/5152.

Hessischer Landtag (2012b), *Dringlicher Antrag der Fraktionen der SPD und BÜNDNIS 90/DIE GRÜNEN betreffend Einsetzung eines Untersuchungsausschusses*, Drucksache 18/6813.

Hessisches Ministerium für Wissenschaft und Kunst (2011), *LOEWE – Landes-Offensive zur Entwicklung Wissenschaftlich-ökonomischer Exzellenz: Jahresbericht 2010*, Wiesbaden.

Hessisches Statistisches Landesamt (2013a), Studierende (ohne Beurlaubte) in Hessen seit dem Wintersemester 1972/73, 03.01.2013 *http://www.statistik-hessen.de/themenauswahl/bildung-kultur-rechtspflege/landesdaten/bildung/hochschulen/studierende-zeitreihe/index.html.*

Hessisches Statistisches Landesamt (2013b), Erfolgreiche Abschlussprüfungen (einschl. Promotionen) an den Hochschulen in Hessen im Prüfungsjahr 2011 nach Prüfungsarten, 03.01.2013, *http://www.statistik-hessen.de/themenauswahl/bildung-kultur-rechtspflege/landesdaten/bildung/hochschulen/abschlusspruefungen-nach-pruefungsarten/index.html.*

Himmelrat, Armin (2011), Präsident unter Verdacht: Affäre um private Hochschule wirft generelle Fragen auf, in: *hlz – Zeitschrift der GEW Hessen für Erziehung, Bildung, Forschung*, Jg. 64, H. 5, S. 28.

Isserstedt, Wolfgang/Middendorf, Elke/Kandulla, Maren/Borchert, Lars/Leszczensky, Michael (2010), *Die wirtschaftliche und soziale Lage der Studierenden in der Bundesrepublik Deutschland 2009. 19. Sozialerhebung des Deutschen Studentenwerkes durchgeführt durch HIS Hochschul-Informations-System*, Berlin.

Jongmanns, Georg (2011), *Evaluation des Wissenschaftszeitvertragsgesetzes (WissZeitVG): Gesetzesevaluation im Auftrag des Bundesministeriums für Bildung und Forschung*, HIS: Forum Hochschule 4/2011, Hannover.

Lenger, Alexander/Schneickert, Christian/Priebe, Stefan (2012), *Studentische MitarbeiterInnen: zur Situation und Lage von studentischen Hilfskräften und studentischen Beschäftigten an deutschen Hochschulen und Forschungseinrichtungen*, Frankfurt/M.

Keller, Andreas (2007), Über Gebühr reformiert – die Umstrukturierung der hessischen Hochschulen: Fortschrittliche Hochschulpolitik – als Hessen noch ›vorn‹ war, in: Geis, Marco/Niese, Steffen/Schröder, Christian (Hg.), *Hessen hinten! Sieben Jahre hessische CDU an der Macht – Eine kritische Bilanz*, Marburg, S. 43–51.

Keller, Andreas (2011), Stiller Ausverkauf: Zur wechselhaften Geschichte des BAföG, in: *Forum Wissenschaft*, Jg. 28, H. 3, S. 4–7.

Koch, Dorothee/Selent, Petra (2013), Karriere kostet: Vereinbarkeit von Familie und Beruf an Hochschulen, in: *hlz – Zeitschrift der GEW Hessen für Erziehung, Bildung, Forschung*, Jg. 66, H.1–2, S.12.

Kreckel, Reinhard (2008), Die akademische Juniorposition zwischen Beharrung und Reformdruck: Deutschland im Strukturvergleich mit Frankreich, Großbritannien und USA sowie Schweiz und Österreich, in: Gützkow, Frauke/Quaißer, Gunter (Hg.), *Jahrbuch Hochschule gestalten 2007/2008. Denkanstöße in einer föderalisierten Hochschullandschaft*, Bielefeld, S. 117–135.

Münch, Richard (2011), *Akademischer Kapitalismus: Über die politische Ökonomie der Hochschulreform*, Berlin.

OECD (2012), *Education at a Glance 2012: OECD indicators*, OECD Publishing.

Sachverständigenkommission (2011), *Gutachten der Sachverständigenkommission an das Bundesministerium für Familien, Senioren, Frauen und Jugend: Neue Wege – Gleiche Chancen. Gleichstellung von Frauen und Männern im Lebensverlauf*, Drucksache 17/6240.

Statistisches Bundesamt (2004), *Bildung und Kultur: Personal an Hochschulen 2003,* Fachserie 11 Reihe 4.4, Wiesbaden.

Statistisches Bundesamt (2012), *Bildung und Kultur: Personal an Hochschulen 2011,* Fachserie 11 Reihe 4.4, Wiesbaden.

Würmann, Cord (2012), *Sozialversicherung für Promovierende*, Frankfurt/M.

Ausbildung in Hessen[1]

Michael Fütterer

Einleitung

Das duale System der Berufsausbildung ist immer wieder Gegenstand der öffentlichen Debatte in Deutschland. Hauptmerkmal des dualen Systems ist die parallele Ausbildung in Betrieb und Berufsschule. Der praktische Teil der Ausbildung wird im Betrieb vermittelt, während die Berufsschule den theoretischen Teil übernimmt. Der Betrieb und die Berufsschule sind dabei nicht gleichwertig, da der überwiegende Teil der Ausbildung im Betrieb stattfindet. Die Unternehmen haben weitgehende Verfügungsmacht über die betrieblichen Ausbildungsplätze und weitreichende Rechte in der Berufsausbildung.

Seit 1995 gibt es regelmäßig mehr ausbildungssuchende Jugendliche als Ausbildungsplätze. Statt eine Berufsausbildung im dualen System anzufangen, blieb und bleibt für viele Jugendliche nur der Weg in das sogenannte Übergangssystem. Das Übergangssystem soll Jugendlichen ohne Ausbildungsplatz den Einstieg in eine Berufsausbildung ermöglichen. Es ist umstritten und gilt als wenig effizient (Münk 2008). Diese dritte Lehrstellenkrise nach vorherigen Krisen in den 1970er und 1980er Jahren hat mittlerweile zu über 1,5 Millionen junger Menschen im Alter von 20 bis 29 Jahren ohne qualifizierenden Berufsabschluss geführt (Sommer 2012).

Als im Jahr 1999 CDU und FDP die Regierung in Hessen übernahmen, fehlten bundesweit jährlich etwa 250.000 Ausbildungsplätze – in Hessen waren es knapp 12.000. Seitdem verminderte sich die Lücke zwischen Angebot und Nachfrage bundesweit auf rund 76.000 Stellen im September 2012 (Bundesinstitut für Berufsbildung 2012), in Hes-

1 Für wertvolle Hinweise und Kritik bedanke ich mich bei Lisa Hofmann, Helmut Weick und David Meienreis.

sen betrug die Lücke immerhin noch 8.379 Stellen. Dies und die große Anzahl der Jugendlichen ohne Berufsausbildung zeigen, dass im Bereich der Berufsausbildungspolitik nach wie vor großer Handlungsbedarf besteht.

Dieser Artikel will eine Bilanz der Berufsausbildungspolitik der schwarz-gelben Landesregierung bzw. der zeitweilig alleinigen CDU-Regierung in Hessen ziehen. Dies stellt ein schwieriges Unterfangen dar. Wie in kaum einem anderen Politikbereich ist hier Bundespolitik mit Landespolitik verwoben, spielen wirtschaftliche Interessen, Entwicklungstendenzen und Widersprüche des Kapitalismus eine bedeutende Rolle. Es handelt sich um einen Bereich, der sich auf den Zugang junger Menschen zu einer Berufsausbildung auswirkt und somit in beträchtlichem Maße individuelle Lebenswege beeinflusst. Gleichzeitig setzt die hessische Landesregierung nicht nur wirtschaftliche, politische und schulische Rahmenbedingungen, sondern bietet als größter Arbeitgeber Hessens eine Vielzahl von Ausbildungsplätzen an.

Angesichts dieser Fülle von Faktoren erscheint eine umfassende Aufarbeitung von 13 Jahren schwarz-gelber Berufsausbildungspolitik in einem Artikel kaum machbar. Ich werde mich auf die Politik der Landesregierung auf Bundesebene beziehen, die Berufsschulpolitik der Landesregierung diskutieren sowie die Rolle der Landesregierung als Arbeitgeber und Ausbilder. Zusätzlich wird ein Überblick der derzeitigen Lage auf dem Ausbildungsmarkt gegeben, Daten zu ausbildenden Betrieben und zur Ausbildungsqualität aufgeführt sowie Zugänge und Ausschlüsse von Jugendlichen in die betriebliche Ausbildung aufgezeigt.

Viele Probleme des dualen Systems der Berufsausbildung lassen sich nicht ursächlich auf eine fehlgeleitete Landes- oder Bundespolitik zurückführen. Daher ist es notwendig, zu Beginn einige grundsätzliche Überlegungen zur Berufsausbildung im Kapitalismus anzustellen und die strukturellen Besonderheiten des dualen Systems hervorzuheben. Die derzeitigen Erscheinungsformen der Probleme des dualen Systems lassen sich daraus zwar nicht ableiten, aber sie können nicht verstanden werden, ohne ihre strukturellen Ursachen zu erkennen.

Abschließend werde ich politische Handlungsmöglichkeiten diskutieren und eine zusammenfassende Bewertung von 13 Jahren schwarz-gelber Landesregierung vornehmen.

Dieser Artikel erhebt keinen Anspruch auf Vollständigkeit. Vieles kann hier nur angerissen werden, wie die unterschiedliche Beteiligung von Frauen und MigrantInnen am dualen System oder die Kämpfe von Gewerkschaften und betrieblichen Interessenvertretungen um bessere Ausbildung. Eine umfassende Analyse der Berufsausbildung müsste diese und viele weitere Punkte systematisch aufarbeiten und die Beziehungen zu anderen gesellschaftlichen Bereichen aufzeigen.

Widersprüche und Probleme des dualen Systems

Bildung – dabei ist es unerheblich, ob es sich um Berufsausbildung im dualen System oder universitäre Bildung handelt – steht im Kapitalismus stets unter dem Vorbehalt, Qualifikationen zu vermitteln, die im Arbeitsprozess verwertbar sind (Atzmüller 2004: 588). Das notwendige Qualifikationsniveau richtet sich nach den konkreten Anforderungen, die aus dem Produktionsprozess entspringen, und es verändert sich mit der Produktionsorganisation. Während beispielsweise im Fordismus die Qualifikationsprofile vor allem in der industriellen Produktion relativ homogen gehalten sowie auf enge Kompetenzbereiche beschränkt waren, und die Handhabung von Routineprozessen im Vordergrund der Berufsausbildung stand, veränderte sich das Qualifikationsverständnis in den vergangenen Jahrzehnten:

> »In den dezentralisierten Unternehmenseinheiten mit flachen Hierarchien werden Produktionsaktivitäten mit operativen Instandhaltungs- und Qualitätssicherungsaufgaben sowie mit kaufmännischen Tätigkeiten zu Profit- oder Kompetenzzentren zusammengeführt« (ebd.).

Sogenannte Schlüsselqualifikationen, wie kognitive Kompetenz, Methoden-, Team- und Organisationskompetenz sowie Reflexionsvermögen, gewinnen an Bedeutung. Sie werden nun gezielt gefördert und für den Verwertungsprozess genutzt.

Veränderungen in Produktionsprozessen führen zu einer Entwertung einmal erworbener Qualifikationen und fordern von den Beschäftigten eine beständige Weiterqualifizierung. Mit Berufsausbildung war bisher ein längerfristiges stabiles Set von Fähigkeiten verbunden, die den »Arbeitskräften das Agieren in der Arbeitswelt ermöglichten« (ebd.: 594). Dieses Modell ist mit dem Ende des Fordismus teilweise in die Krise geraten, was sich in gesunkener Ausbildungsbereitschaft einzelner Unternehmen ausdrückt. Dies liegt auch an der zunehmenden Spezialisierung einzelner Betriebe, die immer weniger eine breite Qualifizierung bieten können. Betriebe suchen nun vermehrt BewerberInnen mit allgemeinen Qualifikationen für den Eintritt in unternehmensinterne Arbeitsmärkte.

Ziel dessen ist allerdings nicht die größtmögliche Bildung jedes und jeder Einzelnen, sondern die möglichst genaue Anpassung des Qualifikationsniveaus an den konkreten Arbeitsprozess und die Verwertungsinteressen des einzelnen Unternehmens. Dies liegt nicht zuletzt daran, dass mit der Qualifizierung von Arbeitskräften immer Kosten verbunden sind.[2] Deshalb kann die Qualifizierung bestimmter Schichten von Lohnabhängigen einhergehen mit einer fortschreitenden Dequalifizierung anderer Lohnabhängiger. Jüngst zeigt sich dies auch in der Debatte um eine mögliche Modularisierung von Berufsausbildung. Sie beinhaltet aus Sicht ihrer KritikerInnen die Gefahr, die klassische Form der Berufsausbildung in ihrer Ganzheitlichkeit zu untergraben, da Module dazu dienen können, Kurzausbildungen einzuführen (Holland-Letz 2010: 53).

Das Interesse des einzelnen Unternehmens, die eigenen Ausbildungskosten nach Möglichkeit zu reduzieren, drückt sich ebenfalls in der allgegenwärtigen Kritik an vermeintlich ausbildungsunfähigen Jugendlichen aus. Hierbei geht es letztlich darum, BewerberInnen einzustellen, die optimal zu den Anforderungen des Betriebs passen: Eine ideale Arbeitskraft ist diejenige, der nichts oder nur noch wenig beigebracht werden muss. In diesem Zusammenhang ist auch der Begriff marktbenachteiligte Jugendliche zu sehen: Gemeinhin werden darunter junge Erwachsene verstanden, deren Qualifikationen nicht ausreichen, um einen Ausbildungsplatz zu finden. Damit wird die betriebswirtschaftliche Rationalität stillschweigend akzeptiert, die den Ausbildungsentscheidungen von Unternehmen zu Grunde liegt. Jugendliche, die bereits im allgemeinbildenden, dreigliedrigen Schulsystem benachteiligt wurden, werden nun zusätzlich von der Ausbildung ausgeschlossen.

2 Unbeachtet soll an dieser Stelle der Widerspruch von Bildung als Möglichkeit zu gesellschaftlicher Emanzipation und Bildung als Moment der Herrschaftssicherung bleiben, wie er beispielsweise von Heydorn (1970) herausgearbeitet wird. Ergänzend sei darauf hingewiesen, dass es sich bei Berufsausbildung immer auch um die soziale Re-Konstruktion der Arbeitskraft handelt, das heißt darum, die Individuen für das Funktionieren im Arbeitsprozess zu erziehen.

Der Druck zur Kostenreduktion und Verwertbarkeit wirkt sich nicht nur auf die Ausbildung im Betrieb aus, sondern ebenfalls auf die staatliche Bildungspolitik. Staatliche Bildungsausgaben finanzieren sich immer auch aus Unternehmensgewinnen. Deren Anteil am Gesamtsteueraufkommen ist seit den 1960er Jahren allerdings kontinuierlich von 34,7 Prozent auf 15,1 Prozent im Jahr 2008 gesunken (Fütterer u.a. 2008: 53), nicht zuletzt auf Druck der Unternehmen. Dies wirkt sich auf die Finanzierung des Bildungswesens aus und führt beispielsweise zu mangelhaft ausgestatteten (Berufs-)Schulen oder einem Mangel an qualifiziertem Lehrpersonal.

Eine enge Kooperation zwischen Schule und Betrieb dient nicht zuallererst der individuellen Entwicklung und der Unterstützung von Jugendlichen, damit sie einen Beruf erlernen, der sie interessiert. Das Ziel ist vielmehr, Jugendliche in die Ausbildung zu bringen, in die sie aus betriebswirtschaftlicher Sicht am besten passen.

Die Eigenlogik von Bildungsprozessen und unterschiedlichen Lernbedürfnissen stehen stets unter Kostenvorbehalt und dem Primat der Verwertbarkeit. Pädagogische Rationalität muss sich gegenüber betriebswirtschaftlicher Rationalität stets rechtfertigen. Weitergehende Lerninhalte stehen zur Disposition, wenn sie nicht ihre Nützlichkeit nachweisen können.

Wenn sich diese Tendenzen ungebrochen durchsetzten, untergrübe das Kapital seine eigenen Grundlagen: Qualifikationen über das im konkreten Produktionsprozess nötige Maß hinaus und eine fundierte Ausbildung ermöglichen den Beschäftigten, auf Veränderungen im Produktionsprozess zu reagieren und sich beständig auf neue Situationen einzustellen. Diese Spannung ist konstitutiv, und sowohl die staatliche Ausbildungspolitik als auch die Unternehmenspraktiken bewegen sich stets innerhalb dieses Widerspruchs und werden von ihm geprägt (Altvater/Huisken 1971: 12). Damit sind die Probleme des dualen Systems der Berufsausbildung allerdings nicht ausreichend bestimmt.

Zu den Besonderheiten des dualen Systems zählt die generelle Abhängigkeit des Angebots an Ausbildungsplätzen von der wirtschaftlichen Entwicklung. In wirtschaftlichen Krisen geht das Angebot an Ausbildungsplätzen zurück, und Ausbildung an sich steht unter dem Vorbehalt der wirtschaftlichen Rentabilität für das Unternehmen. Am 30. September 2012 standen bundesweit 584.500 Ausbildungsplätze 627.300 BewerberInnen gegenüber. Damit sank das Ausbildungsangebot gegenüber dem Vorjahr um 14.500 Plätze (-2,4 Prozent), was auf die nachlassende Konjunktur sowie weniger außerbetriebliche Ausbildungsplätze zurückgeht. Die Zahl der BewerberInnen ging um 14.200 Personen zurück (-2,2 Prozent), überwiegend aufgrund der demographischen Entwicklung (Bundesinstitut für Berufsbildung 2012). Gleichzeitig blieben bundesweit 33.300 Stellen unbesetzt, das heißt rund 76.000 Jugendliche konnten keine Berufsausbildung beginnen, obwohl sie einen Ausbildungsplatz gesucht hatten. Laut Bundesinstitut für Berufsbildung bildeten 2010 zudem nur noch knapp 23 Prozent aller Betriebe aus (Bundesinstitut für Berufsbildung 2010). Ein umfassender Blick auf den Ausbildungsmarkt wird allerdings erst möglich, wenn die Kategorie der ausbildungsinteressierten Jugendlichen herangezogen wird (Anbuhl 2012a: 6). Diese vom Bundesinstitut für Berufsbildung geschaffene Kategorie setzt sich zusammen aus der Zahl der neuen Ausbildungsverträge sowie der Jugendlichen und jungen Erwachsenen, die zwar den BewerberInnenstatus erhalten, aber keinen Ausbildungsplatz bekommen haben. Laut Bundesinstitut für Berufsbildung haben im Jahr 2012 824.626 junge Menschen ein ernsthaftes Interesse an einer Ausbildung bekundet, davon haben aber nur 551.271 einen Ausbildungsvertrag unterschrieben. Damit haben nur etwa 67 Prozent der jungen Menschen einen Ausbildungsplatz gefunden (ebd.). Die übrigen 33 Prozent, also 273.355 Menschen, sind entweder in einer Warteschleife mit Vermittlungsauftrag (60.379), in einer Warteschleife ohne Vermittlungsauftrag (107.393), ihr Verbleib ist nicht bekannt (89.933) oder sie gelten als offiziell unversorgt (15.650).

In Hessen standen im September 2012 44.839 BewerberInnen 36.460 Ausbildungsstellen gegenüber. Während die Zahl der BewerberInnen gegenüber dem Vorjahreswert in Höhe von 42.273 um 6,1 Prozent anstieg, ging die Zahl der Ausbildungsplätze im Jahr 2011 in Höhe von 37.152 um 1,9 Prozent zurück (Bundesagentur für Arbeit, Regionaldirektion Hessen 2012).[3] Damit verbunden ist der Rückgang

3 Die Bundesagentur für Arbeit hält in ihren Statistiken an der Trennung von versorgten und unversorgten Jugendlichen fest. Unter versorgten Jugendlichen versteht die Arbeitsagentur Jugendliche, die eine Alternative zu einer Berufsausbildung gefunden haben (z.B. Berufsvorbereitungsjahr), obwohl sie eigentlich eine Ausbildungsstelle wollten. Als Ausbildungsplatzlücke erscheinen hier regelmäßig nur die unversorgten BewerberInnen, also diejenigen, die keine Alternative gefunden haben. Dieses Vorgehen ist äußerst fragwürdig, weil es den Wunsch der Jugendlichen nach einer beruflichen Ausbildung ignoriert.

der Ausbildungsbeteiligung der Betriebe in Hessen. Diese ist seit 2008 kontinuierlich gesunken und lag 2011 nur noch bei 30 Prozent aller hessischen Betriebe (Nüchter/Larsen 2012: 4). Damit liegt die Quote zwar deutlich höher als im Bundesdurchschnitt, ging aber seit Beginn der 2000er Jahre um rund fünf Prozent zurück. 64 Prozent der hessischen Betriebe besitzen eine Ausbildungsberechtigung, mehr als die Hälfte lässt diese allerdings brachliegen. Betriebe, die in naher Zukunft mit Fachkräftebedarf rechnen, haben mit 42 Prozent eine deutlich höhere Ausbildungsbeteiligungsquote.

Ausbildungsplätze fehlen seit 1995. Mitte der 2000er Jahre war der Mangel so eklatant, dass jährlich bis zu 250.000 Ausbildungsplätze fehlten. In den vergangenen Jahren schloss sich die Lücke zwischen Angebot und Nachfrage etwas, allerdings nur, wenn davon abgesehen wird, dass 2,2 Millionen Menschen im Alter von 20 bis 34 Jahren keine abgeschlossene Berufsausbildung haben (Anbuhl 2012b: 3). Das beständige Mehr an BewerberInnen gegenüber den Ausbildungsplätzen erlaubte den Unternehmen eine Bestenauslese, so dass mittlerweile die Hälfte der Berufe für BewerberInnen mit maximal Hauptschulabschluss faktisch versperrt ist (Autorengruppe Bildungsberichterstattung 2012: 122).

Von diesem Ausbildungsplatzmangel sind nicht alle Jugendlichen gleichermaßen betroffen. Junge Frauen und Menschen mit Migrationshintergrund sind stärker betroffen. Die Einmündungsquote junger Schulabgängerinnen in eine duale Ausbildung ist mit 64,2 Prozent niedriger als die Quote junger Männer mit 68,8 Prozent (Bundesinstitut für Berufsbildung 2012). Junge Frauen weichen häufiger auf schulische Ausbildungsgänge aus und münden häufiger in Ausbildungsgänge mit einer vergleichsweise niedrigen Ausbildungsvergütung ein (Fütterer u.a. 2008: 30). Dies liegt unter anderem daran, dass sich das Ausbildungssystem noch immer an einer männlichen Normalbiografie orientiert (Ness 2007: 17). Für junge Eltern oder schwangere Frauen gibt es zwar offiziell die Möglichkeit von Teilzeitberufsausbildungen, faktisch lassen sich nur wenige Betriebe darauf ein. Das Ungleichgewicht zwischen Frauen und Männern im dualen System spiegelt sich auch bei den Ausbildenden wider. Der Anteil von Ausbilderinnen beträgt nur rund ein Viertel.

BewerberInnen ohne deutsche Staatsbürgerschaft haben im Vergleich zu deutschen BewerberInnen einen schlechteren Zugang in das duale System der Berufsausbildung. Sie stellen die Mehrheit der AltbewerberInnen und ihre Einmündungsquote[4] ist deutlich niedriger als die deutscher Jugendlicher (66,9 Prozent zu 44,9 Prozent). Bei gleicher Qualifikation erhalten sie seltener einen Ausbildungsplatz als deutsche BewerberInnen (ebd.). Besonders deutlich wird dies anhand der jüngsten Zahlen des Bundesinstituts für Berufsbildung: Während die Einmündungsquote bei deutscher Staatsangehörigkeit 69 Prozent betrug, belief sie sich bei italienischer Staatsangehörigkeit auf 53,1 Prozent und bei türkischer Staatsangehörigkeit auf 40,2 Prozent. Diese besonderen Formen der Benachteiligung im dualen System der Berufsausbildung sind selten Gegenstand öffentlicher Auseinandersetzungen.

Da es zuallererst Betriebe sind, die Ausbildungsplätze anbieten, hängt das Ausbildungsplatzangebot einer Region von der örtlichen Wirtschaftsstruktur ab. In strukturschwachen Gebieten ist oft nicht nur das Ausbildungsplatzangebot niedriger, sondern auch das Angebot an unterschiedlichen Ausbildungsberufen. Dies erfordert von Ausbildungssuchenden eine erhöhte Mobilität, falls sie vor Ort entweder keinen Ausbildungsplatz finden oder der gewünschte Ausbildungsberuf nicht angeboten wird (Hoffmann-Cadura 2011: 26).

Diese Probleme führen dazu, dass jedes Jahr etwa 300.000 Jugendliche in das sogenannte Übergangssystem einmünden, das keine unmittelbare Perspektive auf einen beruflichen Abschluss bietet (DGB-Bundesvorstand 2012: 10). Das sind 28,4 Prozent der Jugendlichen, die eine berufliche Ausbildung anstreben. Erklärtes Ziel dieses Übergangssystems ist es, den Jugendlichen eine Perspektive auf einen Ausbildungsplatz zu bieten und ihnen gegebenenfalls zu ermöglichen, Schulabschlüsse nachzuholen. Faktisch wird es diesem Anspruch nicht gerecht. Dazu ist es zu unübersichtlich und zu unabgestimmt (Staudt 2012: 228). Zu Recht wird das Übergangssystem als Warteschleife und Maßnahmendschungel kritisiert, in welchem Jugendliche eher demotiviert und enttäuscht werden. Mittlerweile hat

> »der Übergangsbereich […] eine ähnliche Größenordnung wie der gesamte Bereich Industrie und Handel. Dort wurden 2011 340.000 Ausbildungsverträge abgeschlossen. Gemessen an dem Übergangsbereich mutet das Handwerk mit seinen rund 150.000 neuen Auszubildenden geradezu be-

4 Als Einmündungsquote bezeichnet das Bundesinstitut für Berufsbildung den Anteil aller institutionell erfassten Ausbildungsinteressierten, die am Ende eines Berichtszeitraums in eine Berufsausbildung eingemündet sind.

> scheiden an. Der Übergangsbereich ist auch teuer. Zurzeit belastet er die öffentlichen Haushalte mit rund 4,3 Milliarden Euro« (Anbuhl 2012b: 2)

Nicht nur im reinen Mangel an Ausbildungsplätzen, sondern auch in der Ausbildungsqualität zeigen sich die skizzierten systemischen Probleme des Ausbildungssystems. Sie variiert stark von Branche zu Branche: während werdende Bankkaufleute, IndustriemechanikerInnen und MechatronikerInnen ihren Ausbildungsgängen hohe Qualität bescheinigen, bewerten angehende Hotelfachleute, FachverkäuferInnen im Lebensmittelhandwerk und Restaurantfachleute ihre Ausbildung überwiegend schlecht (DGB-Bundesvorstand 2012: 11). Bei den zuletzt genannten Ausbildungsberufen ist einerseits die Vertragslösungsquote überdurchschnittlich hoch (Restaurantfachleute: 47,6 Prozent; Hotelfachleute: 29,5 Prozent, FachverkäuferInnen Lebensmittelhandwerk: 34,7 Prozent), andererseits weisen diese und andere qualitativ schlecht bewertete Ausbildungen einen hohen Prozentsatz an unbesetzten Ausbildungsstellen auf (ebd.: 9). Die Vermutung liegt nahe, dass Ursachen für bestehende Besetzungsprobleme nicht bei den BewerberInnen zu suchen sind, sondern in den Berufen, die bekanntermaßen schlechte Ausbildungsbedingungen bieten.

Es zeigt sich, dass in den Ausbildungsberufen, in denen Unternehmen ein unmittelbares Interesse an hochqualifizierter Arbeitskraft haben, die Ausbildung besser ist als in Bereichen, in denen die Auszubildenden oftmals bereits als vollwertige Arbeitskraft eingesetzt werden können. Der DGB-Jugend-Ausbildungsreport zeigt auch, dass es einen Zusammenhang zwischen betrieblicher und gewerkschaftlicher Interessenvertretung und guter Ausbildungsqualität gibt (ebd.: 46): Besteht eine Interessenvertretung im Betrieb, steigt auch die Ausbildungsqualität. Dies liegt zum einen daran, dass betriebliche Interessenvertretungen wie Betriebs- und Personalräte sowie Jugenda- und Auszubildendenvertretungen faktisch die Einhaltung von Gesetzen überwachen und einfordern, sowie zum anderen daran, dass sie mittels Dienst- und Betriebsvereinbarungen Einfluss auf die Ausbildungsbedingungen nehmen (Busse/Klein 2010).

Die Politik der Landesregierung

Im Folgenden soll die Politik der hessischen Landesregierung einer kritischen Betrachtung unterzogen werden. Beginnen werde ich damit, das Handeln der Landesregierung in Beziehung zur Bundespolitik im Ausbildungsbereich zu setzen. Danach gehe ich zur hessischen Landespolitik über. Schwerpunkte werden die Berufsschulpolitik sowie der hessische Ausbildungspakt sein. Abschließen werde ich diesen Teil mit einer Betrachtung der Rolle des Landes Hessen als Arbeitgeber.

Hessen in der Bundespolitik

Zentrale politische Entscheidungen, die das Berufsbildungssystem betreffen, werden auf Bundesebene getroffen. Dies betrifft sowohl rechtliche Rahmenbedingungen, wie das Berufsbildungs- oder Jugendarbeitsschutzgesetz, als auch politische Programme, um mehr Ausbildungsplätze zu schaffen. In der 2000er Jahren wurde auf bundespolitischer Ebene eine Reihe von Veränderungen im Bereich Berufsausbildung begonnen. In vielen davon entschied der Bundesrat mit, so dass die hessische Landesregierung hier unmittelbaren Einfluss nehmen konnte. Es ist also angebracht zu untersuchen, wie Schwarz-Gelb bzw. die CDU-Regierung sich hier verhielt. Die Untersuchung erstreckt sich auch auf die Bereiche, die nicht im Bundesrat mitentschieden wurden oder wo es nicht einmal zu einem Gesetzesvorhaben gekommen ist. Dies ist deshalb wichtig, weil diese Untätigkeit die berufsbildungspolitischen Vorstellungen der hessischen Landesregierung verdeutlicht. Zudem zählte der langjährige CDU-Ministerpräsident Roland Koch zu den führenden Köpfen seiner Partei mit bundespolitischem Einfluss.

Die politischen Projekte, die diskutiert werden, sind der sogenannte Nationale Pakt für Ausbildung und Fachkräftenachwuchs in Deutschland, der 2004 der Debatte um eine gesetzliche Umlagefinanzierung folgte, die Auseinandersetzung um den Ausbildungsbonus und das Grundrecht auf Ausbildung sowie die Novellierung des Berufsbildungsgesetzes.

2004 geriet die rot-grüne Bundesregierung angesichts des eklatanten Ausbildungsstellenmangels – es fehlten rund 250.000 Ausbildungsplätze – unter Zugzwang. Noch 1997 hatten SPD, Grüne und PDS ein Gesetz zur Einführung einer gesetzlichen Umlagefinanzierung in den Bundestag eingebracht, waren damit allerdings an der CDU/FDP-Mehrheit gescheitert (Fütterer u.a. 2008: 13). Nach der Regierungsübernahme 1998 wurde das Gesetz von SPD und Grünen nicht beschlossen; es wurde nichts gegen den Ausbildungsplatzmangel unternommen. 1999 brachte die PDS das gleiche Gesetz wie 1997 erneut in den Bundestag ein und die rot-grüne Regierungsmehrheit stimmte dagegen. 2004 ließ sich das Problem nicht mehr aussitzen: mit den Stimmen von Rot-Grün beschloss der Bundestag im Mai ein Gesetz zur Ausbildungsumlage. Es sah vor, dass Betriebe, die nicht oder zu wenig ausbilden, eine Ausbildungsumlage zahlen. Betriebe, die genügend ausbilden, sollten unterstützt werden.

Da das Gesetz im Bundesrat scheiterte – auch die CDU-Landesregierung aus Hessen stimmte dagegen – und WirtschaftsvertreterInnen scharfe Kritik übten, zog die Bundesregierung das Umlagegesetz zurück. Zwar hatte das Gesetz eine Reihe gewichtiger konzeptioneller Schwächen[5] im Vergleich zu der 1997er und 1999er Vorlage, aber es wäre immerhin ein Schritt in die richtige Richtung gewesen, das Ausbildungsplatzangebot von wirtschaftlichen Schwankungen zu entkoppeln, um allen Jugendlichen eine Perspektive auf eine berufliche Ausbildung zu geben.

Statt des Gesetzes zu einer Umlagefinanzierung schlossen Bundesregierung und die Spitzenverbände der deutschen Wirtschaft den Nationalen Pakt für Ausbildung und Fachkräftenachwuchs in Deutschland. Diese freiwillige Vereinbarung sah zunächst vor, bis 2007 30.000 neue Ausbildungsplätze zu schaffen (ebd.: 62). 2007 wurde der Pakt verlängert und erweitert. Nun sollten jährlich 60.000 neue Ausbildungsplätze geschaffen werden und zusätzlich 40.000 Plätze für die betriebliche Einstiegsqualifizierung eingerichtet werden. Die Einstiegsqualifizierung bestand aus staatlich geförderten betrieblichen Praktika, die keinen An-

5 Die Bemessungsgrenze zur Auslösung des Gesetzes war zu gering. Das Gesetz sollte nur ausgelöst werden, wenn das Angebot an Ausbildungsplätzen am 30. September nicht um 15 Prozent über der Zahl der offiziell noch nicht versorgten Jugendlichen gelegen hätte. Dies hätte keineswegs einen Ausbildungsplatz für alle Jugendlichen garantiert, geschweige denn ein auswahlfähiges Angebot für die Jugendlichen. Es war zudem keine Obergrenze bei der Rückvergütung zusätzlicher Ausbildungsleistungen vorgesehen. Betriebe, die Auszubildende vornehmlich als billige Arbeitskraft betrachten, hätten durch die Ausbildungsumlage zusätzlich profitieren können. Qualitative Gesichtspunkte spielten keine Rolle (Nehls 2004: 23).

spruch auf einen Ausbildungsplatz bedeuteten. Für die Unternehmen boten sie vielmehr eine willkommene Gelegenheit, kostenlose Arbeitskräfte einzustellen. Zudem mussten die PraktikantInnen keine Berufsschule besuchen. Ein Sanktionsinstrument für den Fall der Nichteinhaltung war nicht vorgesehen, zudem hießen neue Ausbildungsplätze nicht automatisch zusätzliche Ausbildungsplätze. Der Pakt konnte erfüllt sein und dennoch das Ausbildungsplatzangebot sinken. Die Bundesverwaltung erhöhte die eigenen Ausbildungsanstrengungen und die Bundesagentur für Arbeit schuf neue außerbetriebliche Ausbildungsplätze (ebd.: 64).

Zu keiner Zeit sicherte der Ausbildungspakt allen Jugendlichen einen Ausbildungsplatz, geschweige denn ein für die Jugendlichen auswahlfähiges Angebot. Das Bundesverfassungsgericht legte in einem Urteil vom 10.12.1980 fest, dass ein auswahlfähiges Angebot an Ausbildungsplätzen für Jugendliche nur dann vorliege, wenn das Angebot die Nachfrage nach Ausbildungsplätzen um 12,5 Prozent übersteige (ebd.: 13). Dies bedeutet im Übrigen, dass der tatsächliche Ausbildungsplatzmangel höher ist als nur die Differenz zwischen Nachfrage und Angebot.

Im aktuellen Ausbildungspakt verlegen sich Bundesregierung und Arbeitgeberverbände darauf, die Berufsorientierung und Förderung von leistungsschwächeren Jugendlichen zu unterstützen, da geeignete BewerberInnen fehlten und nicht das Angebot zu niedrig sei.

Fest im Ausbildungspakt verankert ist der Diskurs um vermeintlich ausbildungsunfähige Jugendliche. So hatte der Ausbildungspakt von Anfang an lediglich das Ziel, allen ausbildungswilligen und ausbildungsfähigen Jugendlichen einen Ausbildungsplatz zu ermöglichen. Der Diskurs über vermeintlich mangelhafte Fähigkeiten der Jugendlichen, eine Ausbildung erfolgreich zu absolvieren, taucht vermehrt seit Mitte der 1990er Jahre auf und erreicht immer dann einen Höhepunkt, wenn die Zahl der Jugendlichen ohne Ausbildungsplatz besonders hoch ist oder wenn wie zuletzt viele Ausbildungsplätze in Bereichen unbesetzt bleiben, die sich durch eine schlechte Ausbildungsqualität auszeichnen (ebd.: 27).

Mit der Etablierung des Begriffes Ausbildungsreife im bildungs- und beschäftigungspolitischen Diskurs wurde eine begriffliche Grenze gezogen, die schon sehr früh den weiteren Bildungsweg und die weiteren beruflichen Aussichten entscheidet. Durch die Kritik an der vermeintlich fehlenden Ausbildungsreife vieler Jugendlicher werden die Probleme des

Ausbildungssystem pädagogisiert und individualisiert und zur Legitimation des Status Quo auf dem Ausbildungsmarkt genutzt (Dobitschat u.a. 2012: 4). Der Begriff an sich ist äußerst umstritten und kann nicht fundiert bestimmt werden. Die ihm zugrundeliegende These eines Leistungsverfalls der Jugendlichen lässt sich nicht bestätigen (ebd.).

Der Ausbildungspakt stellt das Interesse der Jugendlichen an betrieblichen Ausbildungsplätzen weiter unter den Vorbehalt wirtschaftlicher Interessen. Die Jugendlichen kommen lediglich als zukünftige, verwertbare Arbeitskräfte vor. Unter diesem Aspekt stellt sich die Frage gar nicht, ob und wie genügend Ausbildungsplätze und ein auswahlfähiges Angebot geschaffen werden können. Die hessische Landesregierung begrüßte den Ausbildungspakt und schloss ebenfalls 2004 erstmals einen Ausbildungspakt mit den hessischen Unternehmerverbänden, der bis heute fortgeführt wird.

Da der Ausbildungspakt nicht zu der gewünschten grundsätzlichen Trendwende auf dem Ausbildungsmarkt geführt hatte, wurde 2008 der Ausbildungsbonus vom Bundestag beschlossen. Der Ausbildungsbonus sieht vor, Betriebe, die ausbilden, aus Mitteln der Bundesagentur für Arbeit zu fördern. Einzelne Bundesländer versuchten bereits, durch finanzielle Anreize zusätzliche Ausbildungskapazitäten zu schaffen, haben aber von diesem Instrument Abstand genommen, weil es zu Mitnahmeeffekten führt und im Ergebnis die Zahl der Ausbildungsverhältnisse nicht wesentlich beeinflusst. Die hessische Landesregierung unterstützte die Einführung des Ausbildungsbonus auf Bundesebene.

Als Reaktion auf den Ausbildungspakt und den Ausbildungsbonus, die nicht zu einer Behebung des Ausbildungsplatzmangels beitrugen, und als Reaktion auf das gescheiterte Gesetz zur Ausbildungsumlage aus dem Jahre 2004, erhoben Gewerkschaften und SchülerInnenvertretungen die Forderung nach einem Grundrecht auf Ausbildung (Fütterer u.a. 2008: 73). Dieses soll jedem und jeder, der/die sich für eine berufliche Ausbildung entscheidet, einen Rechtsanspruch auf einen Ausbildungsplatz sichern. Es ersetzt die Forderung nach einer Ausbildungsplatzumlage nicht, erscheint aber vor dem Hintergrund der Schwächen des Umlagegesetzes von 2004 als notwendige Ergänzung, um allen interessierten Menschen einen Ausbildungsplatz zu garantieren. Bis zum Jahr 2008 sammelten Gewerkschaften, SchülerInnen- und Elternvertretungen mehr als 72.554 Unterschriften für eine Petition zur Einführung eines Grundrechts auf Ausbildung an den Bundestag. Auf

Empfehlung des Petitionsausschusses wurde die Petition im Bundesrat ohne die übliche Anhörung abgelehnt. Vor der hessischen Landtagswahl 2009 befragte die LandesschülerInnenvertretung Hessen CDU, SPD, Grüne, FDP und DIE LINKE nach ihrer Position zum Grundrecht auf Ausbildung. Die damals alleinregierende CDU sah im Grundrecht auf Ausbildung keine geeignete Maßnahme, um mehr Ausbildungsplätze zu schaffen. Die FDP lehnte es ebenfalls ab und sah nicht das Problem fehlender Ausbildungsplätze, sondern bemängelte eine angeblich fehlende Ausbildungsreife. Lediglich SPD und DIE LINKE unterstützten damals die Forderung nach einem Grundrecht auf Ausbildung, während die Grünen ebenfalls nicht davon ausgingen, ein Grundrecht würde das Ausbildungsplatzangebot erhöhen.

Im Jahr 2005 wurde mit den Stimmen von SPD, Grünen, CDU und FDP das Berufsbildungsgesetz novelliert. Die Neuerung beinhaltete eine Aufwertung vollschulischer Ausbildungsgänge, stärkte das Gewicht der beruflichen Schulen und Verbundausbildungen (Fust 2005: 26). Allerdings wurde versäumt, grundsätzliche Probleme anzugehen:

> »[…] die Dominanz der Kammern, die sich immer mehr auf die öffentliche Hand verlagernde Finanzierung, die unterschiedliche Wertigkeit der Lernorte Betrieb und Berufsschule, die Defizite des Prüfungswesens, die zunehmende Exklusion vieler Jugendlicher mit niedrigen Schulabschlüssen von einer Ausbildung, […] die Verfügungsmacht [der Wirtschaft, Anm. MF] über die betrieblichen Ausbildungsplätze« (Herdt 2005: 26).

Die Möglichkeit, vermehrt vollschulische Ausbildungsplätze zu schaffen, wurde von der hessischen Landesregierung nur zögerlich genutzt (DGB Hessen-Thüringen 2011: 4). Vielmehr steht zu befürchten, dass die bisherigen vollschulischen Ausbildungsplätze dem Spardiktat zum Opfer fallen.

Landespolitik: Berufsschulreformen, Ausbildungspakt – vertane Chancen

Ein zentrales Projekt der hessischen Landesregierung ist der Versuch, betriebswirtschaftliche Steuerungsinstrumente unter dem Label der selbständigen beruflichen Schule (SBS) in die Berufsschulen einzuführen (Becker 2012: 18). Grundlage dafür war das siebenjährige Modellprojekt Selbstverantwortung plus, das 2011 auslief.[6] Im selben Jahr wurde mit einer Änderung des hessischen Schulgesetzes die Möglichkeit geschaffen, Berufsschulen umzuformen.[7]

Entschied sich eine Schule für die Teilnahme an dem Modellprojekt, führte dies zu tiefgreifenden Änderungen in der Schulstruktur: die Schulleitungen wurden gegenüber der Schulkonferenz, der Gesamtkonferenz und dem Personalrat gestärkt, Zielvorgaben und Qualitätsmanagement wurden zur Kontrolle von Bildungsprozessen verfügt. An die Stelle längerfristiger Bildungsplanung traten Projekte, die oft nach Ablauf nicht in den Schulalltag integriert werden konnten.

Die Schulen erhielten vollständige Budgethoheit, so dass sie sich bei knappen Mitteln selbständig Partnerinnen in der Wirtschaft suchen konnten. Dass diese Einfluss auf die Lerninhalte nehmen, ist naheliegend. Zunächst wurde die Zuweisung von Stellenanteilen an die Berufsschulen durch eine schulische Hoheit über die Personalmittel ersetzt, diese wurde aber von der Landesregierung aufgegeben. Einerseits, weil kritisiert wurde, dass diese zu Lohndumping, Deprofessionalisierung und prekärer Beschäftigung von Lehrkräften führe, da die Schulleitungen die Personalmittelhoheit dazu nutzen würden, LeiharbeiterInnen, Ein-Euro-JobberInnen und Honorarkräfte einzustellen, andererseits weil dies mit einem für die Schulen kaum zu bewältigenden Verwaltungsaufwand verbunden war. Die Gewerkschaft Erziehung und Wissenschaft wies zudem darauf hin, dass dies zu einer zusätzlichen Belastung der Personalräte führe.

Während die Evaluationsmaßnahmen zu Beginn des Modellprojektes von den Beteiligten noch als Chance zur Reflexion der Arbeit wahrgenommen wurden, änderte sich dies im Verlauf des Projektes: das Qualitätsmanagement wurde von den Beteiligten als unnötiger Aufwand und Ressourcenverbrauch bezeichnet (ebd.). Den Schulen, die sich am Modellprojekt beteiligten, wurden zudem zusätzliche Projektstellen versprochen, die mehr pädagogische Freiheit ermöglichen sollten. Diese

---

6 Ähnliche Reformen mit dem Ziel, betriebswirtschaftliche Steuerungselemente in Bildungseinrichtungen ins Werk zu setzen, fanden auch im Bereich der Hochschulbildung statt (Bauer u.a. 2010/Silomon-Pflug 2010).

7 Ergänzend sei an dieser Stelle auf die verfassungsrechtlichen Bedenken hingewiesen, die in der selbständigen beruflichen Schule eine Verletzung des Demokratie-, Rechts- und Sozialstaatsgebots des Grundgesetzes sehen (Schröder 2011).

Stellen waren allerdings von Anfang an auf die Dauer des Modellprojektes befristet.

Die Einführung dieser betriebswirtschaftlichen Steuerungsmethoden führte zu einer weiteren Entdemokratisierung der Berufsschulen. Nicht das Ziel der Kooperation von Berufsschulen steht hinter diesem Reformvorhaben, sondern der Versuch, Berufsschulen in Konkurrenz zueinander zu bringen. Verstärkt würde dies noch durch den Wegfall der Schulbezirke für Berufsschulen. Im Koalitionsvertrag von 2009 plante die schwarz-gelbe Landesregierung zu prüfen, ob Betriebe selbständig wählen können sollten, wohin sie die Auszubildenden schicken. Ergebnis wäre eine Konkurrenz der Berufsschulen um die Betriebe (Becker 2009) und eine noch stärkere Ausrichtung der Unterrichtsinhalte und Unterrichtsorganisation an den Interessen der Betriebe. Gleichzeitig zeigt sich in dem Modellversuch das Ziel der Landesregierung, die Verantwortung für die unzureichende Versorgung mit Personal und Sachmitteln auf die Berufsschulen abzuwälzen, die nun mit der Verwaltung des Mangels beauftragt werden.

Eine Zuspitzung erfährt dieses Projekt in der rechtlich selbständigen Schule, die ebenfalls im Hessischen Schulgesetz verankert wurde. Entscheidet sich eine Berufsschule für die Umwandlung zu einer rechtlich selbständigen Schule, wird sie zu einer rechtsfähigen Anstalt des öffentlichen Rechts mit dem/der SchuldirektorIn als Geschäftsführung. Diese und ein Verwaltungsrat haben die Entscheidungshoheit inne, und die Gesamtkonferenz hat nur noch beschränkte Mitwirkungsrechte. Bisher gibt es an diesem Modell nur ein geringes Interesse seitens der Berufsschulen. Die Idee der Landesregierung ist, dass Berufsschulen in dieser Form auf dem privaten Weiterbildungsmarkt aktiv sein könnten. Abgesehen davon, dass es ohnehin strittig ist, ob Weiterbildung marktförmig organisiert sein solle, wirft dies europarechtliche Fragen auf: Da die Berufsschulen weiterhin Gelder aus öffentlicher Hand erhielten, riefe dies das europäische Wettbewerbsrecht auf den Plan (Becker 2012: 19). Wird die Tätigkeit von beruflichen Schulen auf dem Markt Programm – und nur dann ergibt die auch rechtliche Verselbständigung der beruflichen Schule Sinn –, besteht die Gefahr, dass die beruflichen Schulen ihre verfassungsrechtlichen Privilegien im Verhältnis zum sonstigen Dienstleistungssektor verlieren, die sie als Teil des öffentlichen Schulwesens genießen. Es ist möglich, dass die berufliche Bildung in vollem Umfang nach den Regeln des Marktes funktionieren muss. Damit ginge eine Privatisierung des Teils der beruflichen Bildung, der bisher von beruflichen Schulen erbracht wurde, einher – mit allen Konsequenzen in Bezug auf die Qualität der erbrachten Leistungen und der Arbeitsverhältnisse.

2004 schaffte die hessische Landesregierung die Berufsschulpflicht ab. Bis dato mussten auch Jugendliche ohne Berufsausbildung die Berufsschule mindestens drei Jahre besuchen. Die Landesregierung argumentierte, dass der Unterricht den betroffenen Jugendlichen nichts bringen würde. Zwar waren die entsprechenden Maßnahmen in der Tat fragwürdig, anstatt diese aber zu verbessern oder den betroffenen Jugendlichen eine Ausbildung zu ermöglichen, entledigte sich die hessische Landesregierung der Verantwortung, die implizit mit der Berufsschulpflicht einher ging, nämlich den Jugendlichen ein vernünftiges Angebot zu machen.

Am Übergangssystem in Hessen änderte die Landesregierung kaum etwas. Noch immer verbleiben jährlich etwa 34.000 junge Menschen in diesem System, ohne dass die Mehrheit dadurch eine wirkliche Perspektive auf eine berufliche Qualifizierung oder einen weiterführenden Schulabschluss erhält (Staudt 2011).

Die hessische Landesregierung schloss 2004 mit den hessischen Unternehmerverbänden einen Ausbildungspakt. Im vorhergehenden Teil ist bereits grundsätzlich auf solche freiwilligen Maßnahmen eingegangen worden, daher nur eine kurze Bilanz.

Trotz des Mangels an Ausbildungsplätzen hat der aktuelle Pakt nicht das Ziel, mehr Ausbildungsplätze zu schaffen. Stattdessen sprechen Landesregierung und Arbeitgeber von einem Überangebot an Ausbildungsplätzen (IHK Hessen: 2010). Doch auch zu Zeiten, als das erklärte Ziel des Paktes die Erhöhung des Ausbildungsangebots umfasste, wurden die Versprechen der Landesregierung und der Unternehmensverbände nicht eingelöst. Laut DGB Hessen-Thüringen (2011: 1) ging trotz Ausbildungspakt im Zeitraum von 2007 bis 2010 die Zahl der eingetragenen Ausbildungsverhältnisse um 2.800 zurück. Die Berufsausbildung in außerbetrieblichen Einrichtungen, die aus Mitteln der Bundesagentur für Arbeit finanziert wird, fing jedes Jahr zwischen 2.300 und 3.000 Jugendliche – bis zu 7,5 Prozent aller hessischen Auszubildenden – auf. Die Kammern machen in ihrer Statistik keinen Unterschied zwischen betrieblicher und außerbetrieblicher Ausbildung und verdecken dadurch den Rückgang an betrieblicher Ausbildung. Wenn Unternehmen dennoch von einer vermeintlichen Entspannung auf dem Ausbildungsmarkt reden, liegt dies nicht an einer gestiegenen Ausbildungsbereitschaft. Ein Trend zu mehr angebotenen Stellen lässt sich über die konjunkturelle Entwicklung hinweg nicht beobachten (ebd.: 2).

Gleichzeitig reduzierte das Land Hessen seine Unterstützung für benachteiligte Jugendliche bzw. für entsprechende Ausbildungsbetriebe seit 2007 schrittweise. Mittlerweile stabilisiert sie sich auf niedrigem Niveau, wie aus dem aktuellen Doppelhaushalt der hessischen Landesregierung hervorgeht. Einige Programme erfuhren einschneidende Kürzungen oder wurden komplett eingestellt. Für die Ausbildung von AltbewerberInnen wurden im Jahr 2008 Mittel für 2.500 Plätze bereitgestellt, 2010 wurden 218 unterstützt. Die Unterstützung für mehrere hundert Auszubildende in Insolvenzbetrieben jährlich wurde gestrichen. Stattdessen schob die Landesregierung den Kommunen die Aufgabe zu, die Ausbildungsförderung zu übernehmen. Allerdings wurden zunächst angekündigte Mittel von 17,3 Millionen Euro auf fünf Jahre um sieben Millionen Euro gekürzt.

Zuletzt vertat die hessische Landesregierung mit der Neuregelung des hessischen Vergabegesetzes eine wichtige Gelegenheit, Ausbildung in Hessen zu fördern. Soziale und ökologische Kriterien werden in dem jüngst beschlossenen Gesetz nur unzureichend berücksichtigt (Hessischer Landtag 2012a). Andere Bundesländer, wie Berlin, Bremen, Rheinland-Pfalz, Thüringen, schreiben die Berücksichtigung von Ausbildungsquoten in Vergabegesetzen bereits vor bzw. die entsprechenden Gesetze enthalten Kann-Regelungen. Die hessischen Oppositionsfraktionen SPD, Grüne und LINKE haben immer wieder Gesetzesvorschläge für eine andere Vergabepraxis eingebracht: Die Vorschläge von SPD und Grünen beinhalteten die Möglichkeit, Ausbildung zu einem Kriterium der Vergabe zu machen, während die LINKE einforderte, dass die Beteiligung des Bewerbers an der beruflichen Ausbildung zwingend berücksichtigt werden müsste (Hessischer Landtag 2012b/Hessischer Landtag 2012c/Fraktion DIE LINKE im Hessischen Landtag 2012).

Das Land Hessen als Arbeitgeber

Wie eingangs erwähnt, ist das Land Hessen der größte Arbeitgeber im Bundesland. Dies änderte sich auch unter der CDU-FDP bzw. CDU-Landesregierung nicht, auch wenn es einen Rückgang der Beschäftigtenzahlen des Landes gab. 2001 arbeiteten 164.986 Menschen im unmittelbaren Landesdienst, 2008 nur noch 125.737 (Hessisches Statistisches Landesamt 2013).

Das Land Hessen betont, Ausbildung einen hohen Stellenwert einzuräumen (Hessischer Landtag 2009). Zwar habe sich die Ausbildungskapazität aufgrund von Privatisierungen verringert, dennoch bilde das Land Hessen weiterhin über den eigenen Bedarf hinaus aus. Zudem dürfe die Ausbildung im BeamtInnenbereich nicht vergessen werden. Allerdings erreichte die Ausbildungsquote des Landes nie die notwendigen sieben Prozent aller sozialpflichtig versicherten Beschäftigten. Diese Quote wäre bundesweit in allen Betrieben und Dienststellen notwendig, um ausreichend Ausbildungsplätze für alle Jugendlichen zu sichern.

Laut Antwort des Hessischen Innenministeriums auf eine kleine Anfrage der SPD aus dem Jahr 2009 (ebd.) bildete das Land Hessen im Ausbildungsjahr 2009/10 in allen Ressorts und den untergeordneten Dienststellen 838 Azubis aus. In den Jahren zuvor bildete das Land Hessen 844 (2008/09), 883 (2007/08), 855 (2006/07 bzw. 2005/06) und 832 (2004/05) Menschen aus. Damit trug das Land den im hessischen Ausbildungspakt gemachten Zugeständnissen Rechnung, es zeigt sich aber, dass die Ausbildungszahlen in der Tendenz rückläufig sind. Besonders stark zeigt sich dies bei der ordentlichen und Sozialgerichtsbarkeit. Bei den ordentlichen Gerichten sollen in den kommenden zwei Jahren nur noch 498 bzw. 465 Azubis ausgebildet werden. 2010 waren es noch 562 Auszubildende. Eine besondere Bedeutung erhält dies, da nicht alle aufgrund von Verrentung freiwerdenden Stellen nachbesetzt werden sollen. So soll in diesem Bereich ein Beitrag zur sogenannten Konsolidierung im Personalbereich geleistet, also Stellenabbau betrieben werden. Die Reduzierung des Ausbildungsangebots steht also unter zwei Vorzeichen: reduzierter Bedarf und Kosteneinsparungen.

Relevant ist hier der Begriff des Bedarfes, den das Land Hessen anlegt: er meint nicht etwa den Bedarf der Jugendlichen an beruflicher Ausbildung oder etwa den Bedarf der Menschen des Landes Hessen an gut funktionierenden öffentlichen Dienstleistungen und Verwaltungsabläufen, geschweige denn den Anspruch der Beschäftigten auf gute Arbeitsbedingungen ohne Überarbeitung wegen Personalmangels. Bedarf meint die Anzahl der Beschäftigten, die das Land Hessen vor dem Hintergrund der chronischen Finanzierungskrise der öffentlichen Haushalte beschäftigten will.

Die hessische Landesregierung und die Ausbildung – ein Resümee mit Forderungen

Die bisherigen Ausführungen werfen kein gutes Licht auf das Handeln der hessischen Landesregierung in Ausbildungsfragen. Weder auf bundes- noch auf landespolitischer Ebene wurden die grundsätzlichen Probleme und Widersprüche des dualen Systems der Berufsausbildung angegangen. Keine der Maßnahmen hat die Abhängigkeit des Ausbildungsplatzangebots von der wirtschaftlichen Entwicklung auch nur annähernd aufgehoben. Jedes politische Vorhaben stand unter dem Vorbehalt, dass es den Verwertungsinteressen der Wirtschaft nützt oder ihnen zumindest nicht schadet. Die Jugendlichen – ob mit oder ohne Ausbildung – sind lediglich Mittel zum Zweck. Der Ausbildungsplatzmangel wird meist unter dem Gesichtspunkt eines möglichen Fachkräftemangels und Standortnachteils für die deutsche Wirtschaft diskutiert. Selten wird der Anspruch der Jugendlichen auf eine gute Ausbildung und Zukunftsperspektiven zum Ausgangspunkt genommen.

Anstatt die Probleme und Widersprüche zu bearbeiten, wurde die Schuld für den Ausbildungsplatzmangel bei den betroffenen Jugendlichen gesucht oder das Problem kleingeredet. Auf Landesebene wurden Gelegenheiten wie bei der Novellierung des Vergabegesetzes versäumt und mit der Reform des Schulgesetzes Möglichkeiten geschaffen, betriebswirtschaftliche Steuerungsmechanismen in die Berufsschulen zu bringen. Hintergrund ist der Versuch, die Verantwortung für die mangelnde Ausstattung beruflicher Schulen auf die unterste Ebene zu delegieren, und die Umstrukturierung von Bildungseinrichtungen und -inhalten im Interesse von Unternehmen.

Die Ausbildungsbemühungen des Landes Hessen stehen ebenfalls unter dem Vorbehalt knapper Kassen. Notwendig wäre hier ein Ausbau der Ausbildungskapazitäten mit dem Ziel, mehr Menschen im öffentlichen Dienst zu beschäftigten, um so einerseits die Arbeitsbelastung der Beschäftigten zu reduzieren, andererseits einen qualitativ hochwertigen öffentlichen Dienst sicherzustellen.

Nun wäre es allerdings verkürzt, darauf zu hoffen, dass es eine andere Regierung – egal welcher Couleur – besser machen möge. Auch diese sähe sich grundlegenden Zwängen und Tendenzen gegenüber: der Abhängigkeit des Ausbildungsangebots von einzelbetrieblichen Entscheidungen; dem Druck, für Unternehmen verwertbare Qualifikationen zu produzieren; der beständigen Infragestellung darüber hinausgehender Ausbildungsinhalte; dem Interesse der Unternehmen an der optimalen Verwertung der Arbeitskraft; dem Druck, öffentliche Ausgaben zu reduzieren, um nur einige zu nennen.

Daraus folgt einerseits, dass es keine Lösung ist, die Berufsausbildung völlig in die öffentliche Hand zu überführen. Die angesprochenen Tendenzen und Zwänge sind systembedingt und verschwinden nicht dadurch, dass die Berufsausbildung öffentlich organisiert wird, ganz abgesehen davon, dass damit neue Probleme einhergingen, wie beispielsweise die Frage des Übergangs in den Beruf und die der Ausbildungsvergütung. Zudem unterschätzen solche Vorschläge das Potential, das berufliche Ausbildung im Hinblick auf eine demokratische Re-Organisation der Wirtschaft hat. Die Tendenzen und Zwänge wirken genauso in öffentliche Bildungseinrichtungen hinein, wie an den jüngsten Entwicklungen in der Hochschullandschaft zu sehen ist.

Andererseits bedeutet dies, dass Zwängen und Entwicklungstendenzen Widerstand entgegengesetzt werden muss, um Veränderungen im Interesse Ausbildungssuchender und Auszubildender überhaupt denkbar zu machen. Dies ist ohne eine Selbstorganisation der Betroffenen in Gewerkschaften, SchülerInnenvertretungen und anderen Organisationen oder Gruppen nicht möglich.

Ob die im ersten Teil skizzierten Probleme und Widersprüche letztendlich im Kapitalismus aufgehoben werden können, muss bezweifelt werden, allerdings gibt es sehr wohl konkrete Maßnahmen, mit denen sie angegangen werden können. Daran wird jede zukünftige Landesregierung zu messen sein. Aktuell bleibt die Forderung nach einer gesetzlichen Umlagefinanzierung und einem Grundrecht auf Ausbildung, um das Ausbildungsangebot von wirtschaftlichen Entwicklungen zu entkoppeln. Hier sind beispielsweise entsprechende Bundesratsinitiativen denkbar, wie sie bereits seit vielen Jahren von Gewerkschaften, SchülerInnenvertretungen und Azubis eingefordert werden.

Da betriebliche Interessenvertretungen und Gewerkschaften wichtige Akteurinnen bei der Verbesserung von Ausbildungsbedingungen sind, müssen deren Einflussmöglichkeiten auf die Berufsausbildung im Betrieb und der Dienststelle ausgeweitet werden. Dort, wo im Betrieb keine qualifizierende Berufsausbildung sichergestellt werden kann, sind außerbetriebliche Ausbildungen eine Option.

Die personelle und sachliche Ausstattung der Berufsschulen muss deutlich verbessert werden. Dazu bedarf es dringend einer anderen Steuerpolitik, die Unternehmen und große Einkommen deutlich stärker als bisher an der Finanzierung öffentlicher Bildungsausgaben beteiligt. Für Jugendliche und junge Erwachsene, die Beratungs-, Orientierungs- und Nachholbedarf haben (z.B. Ausbildungs-, Studien- oder SchulabbrecherInnen), können sogenannte Produktionsschulen eingerichtet werden. Das didaktische Modell ist die Einheit von Lernen und Arbeiten in der beruflichen Ausbildung durch die Produktion von Gebrauchswerten.

Zusätzlich sei an dieser Stelle auf die Ausbildungsgarantie für Jugendliche bis 18 Jahren in Österreich verwiesen. Dadurch haben Jugendliche, die keine betriebliche Ausbildung gefunden haben, den Anspruch auf eine überbetriebliche Berufsausbildung. Die Jugendlichen erhalten eine Ausbildungsvergütung, die der Staat zahlt, und gelten rechtlich als Auszubildende (Trinko 2013). Ähnliche Debatten werden mittlerweile auch in Deutschland geführt, wie jüngst eine Studie der Bertelsmann-Stiftung zeigt, die diskutiert, ob und wie das Übergangssystem durch eine Ausbildungsgarantie ersetzt werden könne (Klemm 2012). Die Tatsache, dass die unternehmernahe Bertelsmann-Stiftung derartige Fragen diskutiert, zeigt, dass das Problem fehlender Ausbildungsplätze und des mangelhaften Übergangssystems nicht nur von Gewerkschaften, SchülerInnenvertretungen und linken Parteien gesehen wird. Allerdings können daraus nicht automatisch gemeinsame Handlungsmöglichkeiten abgeleitet werden: wirtschaftsdemokratische Anforderungen an berufliche Ausbildung, Ausbildungsqualität und die Bearbeitung der systemischen Probleme des dualen Systems sind von der Bertelsmann-Stiftung nicht zu erwarten.

Auch wenn sich die Ausbildungsinhalte im Kapitalismus immer danach richten werden, welche Qualifikationen Unternehmen brauchen, dürfen sie nicht darauf reduziert werden. Zu einem breiten Verständnis von beruflicher Bildung gehört auch die Frage, inwieweit Beschäftigte fähig sind, Arbeitsprozesse, -inhalte und -zwecke zu hinterfragen und zu verändern. Dies ist eine wesentliche Voraussetzung für eine demokratische Umgestaltung der Wirtschaft.

Literatur

Altvater, Elmar/Huisken, Freerk: (1971), Programmatische Aspekte einer politischen Ökonomie des Ausbildungssektors, in: Dies. (Hg.): *Materialien zur politischen Ökonomie des Ausbildungssektors*, Erlangen, S. 11–32.

Anbuhl, Matthias (2012a), *Klein gerechnet – Wie der Ausbildungspakt die Lage auf dem Ausbildungsmarkt schönt. DGB-Analyse zur Aussagekraft der offiziellen Ausbildungsstatistik anhand der Pakt-Bilanz*, Berlin.

Anbuhl, Matthias (2012b), *In der Warteschleife – die Probleme von fast 300.000 Jugendlichen beim Übergang von der Schule in die Ausbildung. DGB-Expertise zur Struktur und Entwicklung des Übergangsbereichs*, Berlin.

Atzmüller, Roland (2004), Qualifikationsanforderungen und Berufsbildung im Postfordismus, in: *Prokla. Zeitschrift für kritische Sozialwissenschaft*, Jg. 34, H. 137, S. 587–605.

Autorengruppe Bildungsberichterstattung (2012), *Bildung in Deutschland 2012*, gefördert von KMK und BMBF, Frankfurt/M./Berlin.

Bauer, Christoph/Brüchert, Oliver/Burckhardt, Simon/Färber, Corina/Hammermeister, Juliane/Kapfinger, Emanuel/Sablowski, Thomas/Schlesinger, Nils (Hg.), *Hochschule im Neoliberalismus. Kritik der Lehre und des Studiums aus Sicht Frankfurter Studierender und Lehrender*, Frankfurt/M.

Becker, Ralf (2009), Nach der Landtagswahl: Berufsbildende Schulen, in: *HLZ*, Jg. 62, H. 2. S. 18.

Becker, Ralf (2012), Selbständige Schule – Traum oder Wirklichkeit – Erfahrungen aus dem Modellversuch »Selbstverantwortung Plus«, in: *HLZ*, Jg. 65, H 4, S. 18–19.

Bundesagentur für Arbeit, Regionaldirektion Hessen (2012), Arbeitsmarkt in Zahlen – Ausbildungsstellenmarkt, 04.01.2013, *http://www.arbeitsagentur.de/Dienststellen/RD-H/RD-H/A01-Allgem-Info-Seiten-Presse-Statistik/Statistik-Zahlen-Daten-Fakten/Publikation/Ausbildungsmarkt.pdf*

Bundesinstitut für Berufsbildung (2010), Ausbildungsbetriebsquote, 16.01.2013, *http://www.bibb.de/dokumente/pdf/ausbildungsbetriebsquote_d_1999-2010.pdf.*

Bundesinstitut für Berufsbildung (2012), *Entspannung auf dem Ausbildungsmarkt gerät ins Stocken*, Bonn.

Busse, Gerd/Klein, Claudia (2010), *Duale Berufsausbildung. Betriebs- und Dienstvereinbarungen. Handlungsempfehlungen*, Frankfurt/M.

DGB Hessen-Thüringen (2011), *Duale Ausbildung in Hessen: Erfolgreiches Konzept stark vernachlässigt. Bilanz des hessischen Ausbildungspakts (2007 bis 2010).*

DGB-Bundesvorstand (2012), *DGB-Jugend Ausbildungsreport*, Berlin.

Dobischat, Rolf/Kühnlein, Gertrud/Schurgatz, Rober (2012), *Ausbildungsreife. Ein umstrittener Begriff beim Übergang Jugendlicher in die Berufsausbildung*, Arbeitspapier 189, Hans-Böckler-Stiftung.

Fraktion DIE LINKE im Hessischen Landtag (2012), *Dringlicher Gesetzentwurf der Fraktion DIE LINKE für ein hessisches Tariftreue- und Vergabegesetz (Hessisches Fairgabegesetz).* Hessischer Landtag.

Fust, Torsten (2005), Viele Probleme nicht gelöst. BBIG-Reform verabschiedet, in: *Erziehung und Wissenschaft*, Jg. 57, H. 3, S. 26.

Fütterer, Michael/Hofmann, Lisa/Weick, Helmut (2008), *Ausbildung für Alle! Wege aus der Ausbildungskrise,* Hamburg.

Herdt, Ursula (2005), Der Ball ist ins Feld geworfen. GEW-Kommentar zur BBIG-Novellierung, in: *Erziehung und Wissenschaft*, Jg. 57, H. 3., S. 26.

Hessischer Landtag (2012a), *Gesetzentwurf der Fraktionen CDU und FDP für ein Gesetz zur Förderung der mittelständischen Wirtschaft und zur Vergabe öffentlicher Aufträge*, Drucksache 18/6492).

Hessischer Landtag (2012b), *Gesetzentwurf der Fraktion der SPD für ein Gesetz zur Sicherung von Tariftreue und Sozialstandards sowie fairem Wettbewerb bei der Vergabe öffentlicher Aufträge (Hessisches Tariftreue- und Vergabegesetz),* Drucksache 18/6291.

Hessischer Landtag (2012c), *Gesetzentwurf der Fraktion BÜNDNIS 90/ DIE GRÜNEN für ein Hessisches Gesetz zur Gewährleistung von Tariftreue, Mindestentgelt und fairem Wettbewerb bei öffentlichen Auftragsvergaben (Hessisches Tariftreue- und Vergabegesetz, HTVG),* Drucksache 18/6268.

Hessischer Landtag (2009), *Kleine Anfrage des Abgeordneten Fuhrmann (SPD) vom 17.6.2009 betreffend Ausbildungsplätze in Landesbehörden und Antwort des Ministers des Innern und für Sport*, Drucksache 18/822.

Hessisches Statistisches Landesamt (2013), Gesamtbeschäftigte des unmittelbaren Landesdienstes in Hessen 1998 bis 2008, 28.02.2013, *http://www.statistik-hessen.de/themenauswahl/finanzen-personal-steuern/landesdaten/finanzen-personal/land/gesamtbeschaeftigte-des-unmittelbaren-landesdienstes/index.html.*

Heydorn, Heinz-Joachim (1970), *Über den Widerspruch von Herrschaft und Bildung*, Frankfurt/M.

Hoffmann-Cadura, Silvia (2011), *Ausbildung in Deutschland. Eine kritische Betrachtung des dualen Systems*, Hamburg.

Holland-Letz, Matthias (2010), *Privatisierungsreport – II: Berufsbildende Schulen unter Druck*, Frankfurt/M, GEW.

IHK Hessen (2010), Hessischer Pakt für Ausbildung, 16.01.2013, *http://www.ihk-hessen.de/themen/berufliche/ausbildungspakt/.*

Klemm, Klaus (2012), *Was kostet eine Ausbildungsgarantie in Deutschland? Studie im Auftrag der Bertelsmann-Stiftung*, Gütersloh.

Münk, Dieter (2008), Berufliche Bildung im Labyrinth des pädagogischen Zwischenraums: Von Eingängen, Ausgängen, Abgängen – und von Übergängen, die keine sind, in: Ders./Rützel, Josef/Schmidt, Christian (Hg.): *Labyrinth Übergangssystem. Forschungserträge und Entwicklungsperspektiven der Benachteiligtenförderung zwischen Schule, Ausbildung, Arbeit und Beruf*, Pahl-Rugenstein, Bonn, S. 31–52.

Nehls, Hermann (2004), Noch nicht in Sack und Tüten. Ausbildungsumlage beschlossen – für die Schublade?, in: *Erziehung und Wissenschaft*, Jg. 56, H. 6, S. 23.

Ness, Harry: Beschädigte Identität (2007), in: *Erziehung und Wissenschaft*, Jg. 59, H. 6, S. 17.

Nüchter, Oliver/Larsen, Christa (2012), *Fachkräftesicherung durch Aus- und Weiterbildung. Zwischenbilanz zu 10 Jahren IAB-Betriebspanel Hessen.* Institut für Wirtschaft, Arbeit und Kultur. Zentrum der Goethe-Universität Frankfurt/M.

Silomon-Pflug, Felix (2010), *Gouvernementale Regierung (in) der Hochschule des 21. Jahrhunderts.* Marburg.

Schröder, Hartwig (2011), Selbstständige Schule – Keine Inseln im Rechtsstaat – Verfassungsrechtliche Grenzen der Eigenständigkeit von Schulen, in: *HLZ*, Jg.64, H. 4, S. 16–17.

Sommer, Michael (2012), »Jammern über Fachkräftemangel ist unglaubwürdig«, in: *Soli Aktuell* Jg. 13, H.7, S. 6.

Staudt, Dieter (2011), Möglichkeiten, Probleme und Perspektiven. In: *HLZ*, Jg. 64, H. 3, S. 7–9.

Staudt, Dieter (2012), Zur Zukunft der berufsbildenden Schulen und zum Übergang von allgemeinbildenden zu berufsbildenden Schulen, in: Institut Solidarische Moderne (Hg.): *Solidarische Bildung. Crossover: Experimente selbstorganisierter Wissensproduktion*, VSA-Verlag Hamburg, S. 228–231.

Trinko, Michael: Ausbildungsgarantie in Österreich, in: Gegenblende. Das gewerkschaftliche Debattenmagazin, 03.02.2013, *http://www.gegenblende.de/++co++2797826a-6632–11e2–82a8–52540066f352.*

Autorinnen und Autoren

Ortrun Brand, Diplom-Politikwissenschaftlerin, Promovendin am Promotionskolleg »Geschlechterverhältnisse im Spannungsfeld von Arbeit, Organisation und Demokratie« an der Universität Marburg.

Kai Eicker-Wolf, Dr., Abteilung Wirtschafts- und Strukturpolitik beim DGB-Bezirk Hessen-Thüringen.

Kirsten Frank, Gewerkschaftssekretärin, ver.di Hessen, Landesfachbereich Gemeinden.

Harald Freiling, bis 2012 Lehrer an der Integrierten Gesamtschule Kelsterbach, Mitglied im geschäftsführenden Landesvorstand der GEW Hessen.

Michael Fütterer, B.A. (Politikwissenschaften und Jura), Mitglied im Bezirksjugendvorstand von ver.di Hessen.

Dirk Gehrke, Dr., Gesamtbetriebsratsvorsitzender der Universitätsklinik Gießen und Marburg GmbH (UKGM).

Roman George, Diplom-Politikwissenschaftler, Promovend am Promotionskolleg »Geschlechterverhältnisse im Spannungsfeld von Arbeit, Organisation und Demokratie« an der Universität Marburg.

Karl Koch, Dr., Referent Sozialpolitische Grundsatzfragen im Diözesanverband Limburg.

Dajana Kratzer-Rudolf, Diplom-Politkwissenschaftlerin, Abteilung Wirtschafts- und Strukturpolitik, IG Metall Bezirksleitung Mitte.

Stefan Körzell, Vorsitzender des DGB-Bezirks Hessen-Thüringen.

Uta Meier-Gräwe, Dr., Prof. für Wirtschaftslehre des Privathaushalts und Familienwirtschaft, Universität Gießen.

Christian Rothländer, war Gewerkschaftssekretär beim ver.di Landesbezirk Hessen, dort unter anderem zuständig für die Tarifkoordination »öffentlicher Dienst« sowie den Bereich »Mitbestimmung/Personalvertretungsrecht«. Seit Anfang April 2013 ist er in der Freistellungsphase des Blockmodells der Altersteilzeit.

Clarissa Rudolph, Dr. Prof. für Politik und Soziologie, Hochschule Regensburg.

Werner Rügemer, Dr., Publizist und Sachbuchautor, Köln.

Thorsten Schulten, Dr., Referat Arbeits- und Tarifpolitik in Europa am Wirtschafts- und Sozialwissenschaftlichen Institut (WSI) in der Hans-Böckler-Stiftung.

Achim Truger, Dr., Prof. für Volkswirtschaftslehre an der Hochschule für Wirtschaft und Recht, Berlin.

Gerd Turk, bis 2009 Lehrer an der Albert-Einstein-Schule in Schwalbach/Ts., Mitglied des geschäftsführenden Landesvorstands der GEW Hessen.